V

Zu diesem Buch

»Die neuen Grenzen des Wachstums« sind das Folgewerk
eines Weltbestsellers: In 29 Sprachen wurden »Die Grenzen
des Wachstums« verbreitet, die 1972 so sensationell gewirkt
und die große Debatte über die Zukunft der Menschheit erst
recht angestoßen haben.
Zwanzig Jahre danach legen Dennis L. Meadows und seine
Mitautoren die brisanten Hochrechnungen einer Systemanalyse auf der Basis aktuellster Daten vor: Welche Grenzen sind heute bereits überschritten? Wie läßt sich das
bedrohliche Bevölkerungswachstum eindämmen? Welche
Gefahren signalisieren die Warnzeichen aus der Biosphäre?
Und welche Chancen bleiben uns, um einen globalen Zusammenbruch abzuwenden?
Nach der Erfindung des Ackerbaus und nach der Industriellen Revolution – so das Fazit – ist die Menschheit nun zu der
dritten großen Umwälzung ihrer Geschichte aufgerufen: zur
ökologischen Erneuerung, zu einer Umwelt-Revolution.

Donella H. Meadows
Dennis L. Meadows
Jørgen Randers

Die neuen Grenzen des Wachstums

Deutsch von Hans-Dieter Heck

uisA:

Esta crónica del siglo
te será útil! Te la envío en
acto de afecto

David

Rowohlt

20.–23. Tausend Februar 1995

Veröffentlicht im Rowohlt Taschenbuch Verlag GmbH,
Reinbek bei Hamburg, November 1993
Die Originalausgabe erschien unter dem Titel
»Beyond the Limits« bei Chelsea Green Publishing Co,
Post Mills, Vermont, USA
Copyright © 1992 by Donella H. Meadows,
Dennis L. Meadows and Jørgen Randers
Für die deutsche Ausgabe Copyright © 1992 by
Deutsche Verlags-Anstalt GmbH, Stuttgart
Wissenschaftliche Beratung der deutschen Ausgabe:
Hartmut Bossel
Umschlaggestaltung Susanne Müller
Gesamtherstellung Clausen & Bosse, Leck
Printed in Germany
1490-ISBN 3 499 19510 0

Inhalt

Geleitwort von Jan Tinbergen

(Nobelpreisträger für Wirtschaftswissenschaften)

Von diesem Buch können wir alle lernen, gerade auch wir Ökonomen. Wir lernen mehr über den Hintergrund, vor dem Wirtschaftsprozesse ablaufen, und über den Raum, in dem sie ablaufen – unseren Planeten Erde. Dieser Hintergrund, dieser Raum ist sehr weit im Vergleich zu den Problemen, mit denen sich üblicherweise Wirtschaftswissenschaftler befassen. Aber dieser Raum ist dennoch begrenzt, und alles, was wirtschaftlich auch immer geschieht, läuft in diesem Raum und vor diesem Hintergrund ab.

Für zwei Dinge allerdings gibt es keine Grenzen: keine für die Zahl künftiger Generationen, auf die wir Rücksicht nehmen müssen, und keine für den Erfindungsgeist. Die künftigen Generationen fordern uns heraus. Wir müssen nicht nur für unsere eigene Generation Sorge tragen; auch alle künftigen Generationen müssen sich aus den begrenzten Flüssen der irdischen Ressourcen versorgen und ernähren können. Unsere Kreativität hat Ideen und Maßnahmen zu entwickeln, die diesen Ansprüchen gerecht werden.

Unsere Verantwortlichkeit für alle Generationen verpflichtet uns aber besonders gegenüber den Mitmenschen, die in armen Regionen der Erde leben oder in den ärmsten Stadtvierteln überall auf der Welt vegetieren. In der Gegenwart wie auch in der Zukunft erstreckt sich unsere Verpflichtung nicht nur auf die Beschaffung von Nahrung und materieller Existenzgrundlagen, sondern auch dazu, die Umwelt in sauberem, funktionsfähigem Zustand zu halten.

Das Zeitalter global völlig ungleich verteilter Einkommensverhältnisse neigt sich dem Ende zu. Aber bei der gegenwärtigen Entwicklung würde es viel zu lange dauern, bis sie einander angleichen: ein halbes Jahrtausend. Es ist sehr zweifelhaft, ob die höchsten heutigen Einkommen auch in Zukunft haltbar sind. Die Marktwirtschaft bedarf offensichtlich gewisser Regelungen, um öffentliche Güter bereitzustellen, zu krasse Verteilungsmängel zu vermeiden und auch in Zukunft aufrechterhaltbare Zustände zu schaffen.

Es ist das Verdienst der »neuen Grenzen des Wachstums«, daß das Buch uns die gegenwärtige Lage klar bewußt macht und erkennen läßt, wo und wann die Grenzen des Möglichen erreicht sind. Es beschreibt die Bedingungen, unter denen eine nachhaltige Entwicklung, eine saubere Umwelt und gerechtere Einkommensverteilung schließlich erreicht werden können. Das Werk zeigt diese Möglichkeiten auf und macht klar, daß auch sie begrenzt sind; stärker, als die meisten Ökonomen sich vorstellen wollen. Wir erfahren, daß der auch in weiterer Zukunft erreichbare durchschnittliche Einkommenspegel heute schon niedriger liegt, als er noch vor zwanzig Jahren möglich gewesen wäre. Das haben wir selbst verschuldet, weil wir die Begrenzungen bei der Nutzung natürlicher Ressourcen nicht wahrhaben wollten. Dieses Buch macht aber auch deutlich, wie die menschliche Kreativität in vieler Hinsicht unsere Zukunftsaussichten auch verbessert hat, zum Beispiel durch günstigere Energienutzungsgrade, durch das Recycling und durch die Steigerung der Lebenserwartung.

Wir Wirtschaftswissenschaftler müssen den Autoren Dank sagen, weil sie uns gezeigt haben, wie die gegenwärtige Entwicklung die natürlichen Begrenzungen zu überschreiten droht. Sie haben uns darauf hingewiesen, welche Beiträge die Wirtschaftswissenschaften und andere Wissenschaftsdisziplinen zu leisten haben, um Kriege zu vermeiden, den Hunger zu beheben, Krankheiten zu lindern, die Umweltverschmutzung zu beseitigen und eine dauernd existenzfähige Zukunft zu schaffen.

Vorwort der Autoren

Vor zwei Jahrzehnten haben wir das Buch »Die Grenzen des Wachstums«[1] verfaßt. Es berichtete über die im kommenden Jahrhundert zu erwartenden Folgen der ständigen Zunahme der Weltbevölkerung und der Weltwirtschaft und stellte grundlegend wichtige Fragen: Was geschieht wohl, wenn die Zahl der Menschen auf der Erde unkontrolliert weiter steigt? Wie wird sich das Wirtschaftswachstum bei den gegenwärtigen Wachstumsraten auf die Umwelt auswirken? Wie könnte man Wirtschaftsformen finden, die sich in die auf unserem Planeten gegebenen Begrenzungen einfügen und dennoch die Lebensgrundlagen für alle Menschen sichern?

Wir arbeiteten damals am Massachusetts Institute for Technology (MIT) in Cambridge (USA) für den Club of Rome, eine internationale Vereinigung renommierter Geschäftsleute, Politiker und Wissenschaftler. Sie hatten uns beauftragt, im Rahmen einer zweijährigen Forschungsarbeit die Ursachen und Folgen des Wachstums der Bevölkerung, des Industriekapitals, der Nahrungsmittelproduktion, des Rohstoffverbrauchs und der Umweltverschmutzung zu analysieren. Dazu entwickelten wir ein umfassendes Computerprogramm, das Weltmodell *World 3*[2]. Es ermöglichte uns, die zahlreichen Wechselwirkungen zwischen den wachsenden Größen zu verfolgen, und ließ erkennen, in welche Richtung sie sich wahrscheinlich weiterentwickeln werden.

»Die Grenzen des Wachstums« machten die Ergebnisse unserer Forschungen der Öffentlichkeit bekannt[3]. – Sie erregten sofort weltweites Aufsehen. Die Zusammenarbeit des angesehenen MIT mit dem bereits weltweit bekannten Club of Rome, der sich aus Sorge um die Zukunft der Menschheit konstituiert hatte, und die Arbeit mit damals fast noch geheimnisvollen Computern wirkten offensichtlich sensationell. Die Weltpresse berichtete mit Schlagzeilen wie:

»Computer berechnet Zukunft und gerät ins Zittern«,

»Studie erkennt Katastrophe um 2100«,

»Wissenschaftler warnen vor Welt-Katastrophe«.[4]

Das Buch wurde vielfach so mißverstanden, als hätten wir eine Zukunft des Schreckens prophezeit. Es enthielt aber keine Prognose und
beschrieb auch keine vorherbestimmte Zukunft, sondern neuartige
Chancen für die Menschheit. Es stellte zwar eine eindringliche Warnung dar, doch die war verknüpft mit Hinweisen auf die sich bietenden
Auswege, die recht vielversprechend waren.

Hier folgen nun die drei summarischen Schlußfolgerungen aus den
»Grenzen des Wachstums«, wie wir sie 1972 formuliert hatten. Deren
zweite enthält eine Verheißung – eine sehr optimistische –, die aber
nach unseren damaligen Analysen durchaus berechtigt war – und noch
immer ist. Vielleicht hätten wir sie zuerst aufführen sollen.

1. Wenn die gegenwärtige Zunahme der Weltbevölkerung, der Industrialisierung, der Umweltverschmutzung, der Nahrungsmittelproduktion und der Ausbeutung von natürlichen Rohstoffen unverändert anhält, werden die absoluten Wachstumsgrenzen auf der Erde
   im Laufe der nächsten hundert Jahre erreicht. Mit großer Wahrscheinlichkeit führt dies zu einem ziemlich raschen und nicht aufhaltbaren Absinken der Bevölkerungszahl und der industriellen
   Kapazität.
2. Es erscheint möglich, diese Wachstumstrends zu ändern und einen
   ökologischen und wirtschaftlichen Gleichgewichtszustand herbeizuführen, der auch lange in der Zukunft aufrechterhalten werden kann.
   Es könnte so erreicht werden, daß die materiellen Lebensgrundlagen
   für jeden Menschen auf der Erde sichergestellt sind und noch immer
   Spielraum bleibt, individuelle menschliche Fähigkeiten zu nutzen
   und persönliche Ziele zu erreichen.
3. Je eher die Menschheit sich entschließt, diesen Gleichgewichtszustand herzustellen, und je rascher sie damit beginnt, um so größer
   sind die Chancen, daß sie ihn auch erreicht.[5]

(»Die Grenzen des Wachstums«, 1972)

Uns schien, daß diese Sätze keine Bedrohung, sondern eine Herausforderung formulieren, eine Gesellschaft anzustreben, die materiell zurei-
chend ausgestattet, sozial ausgeglichen und ökologisch nachhaltig ist
– eine Gesellschaft, die schließlich für die Menschen befriedigender
sein könnte als die vom Wachstum besessenen Gesellschaftsformen
heutigen Zuschnitts.

Auf die eine oder andere Weise haben wir uns seitdem ständig mit
dieser Herausforderung befaßt. Und Millionen anderer Menschen taten

dies auch. Sie erforschten und verbesserten die Nutzung der Energie, entwickelten neue Materialien, gewaltfreies Konflikt-Management, neuartige basisdemokratische Formen kommunaler Entwicklung, Methoden zur Schadstoffverhütung in Fabriken und zum Abfall-Recycling in den Städten, sie schufen ökologisch verträgliche Anbauformen in der Landwirtschaft und setzten internationale Vereinbarungen zum Schutz der Ozonschicht durch. Viel ist in den beiden letzten Jahrzehnten geschehen, um neue Technologien, Ideen und Institutionen zu entwickeln, die eine nachhaltige Zukunft sichern können. Aber gleichzeitig wurde in alter Weise weiter gesündigt: Viele Millionen leben fortgesetzt in hoffnungsloser Armut, natürliche Ressourcen werden weiter vergeudet, noch mehr Schadstoffe wurden in der Umwelt angehäuft, und weiterhin wird die Natur zerstört. So wurde die Kapazität der Erde, die Lebensformen zu erhalten, noch weiter geschmälert.

Zwanzig Jahre nach dem ersten Erscheinen der »Grenzen des Wachstums« wollten wir zunächst lediglich diese widersprüchlichen Trends dokumentieren und das Buch auf aktueller Datenbasis neu herausgeben. Als wir dann aber unser Computermodell mit den neuesten Daten wieder arbeiten ließen, zeigte sich bald – und auch angesichts unserer eigenen Erfahrungen in den letzten zwei Jahrzehnten –, daß eine Aktualisierung des damaligen Buches nicht ausreichen würde. Denn durch das Weiterwirken der Wachstumstrends war die Menschheit in eine völlig neue Lage auch im Verhältnis zu ihren Grenzen gelangt.

1971 sah es so aus, als werde man erst nach einigen Jahrzehnten die materiellen Grenzen für die Nutzung vieler Rohstoffe und der Energie erreichen. 1991 aber zeigten die Computerläufe und die Neubewertung der Daten, daß die Nutzung zahlreicher Ressourcen und die Akkumulation von Umweltgiften bereits die Grenzen des langfristig Zuträglichen überschritten haben – trotz verbesserter Technologien, trotz des mittlerweile gewachsenen ökologischen Bewußtseins und trotz strengerer Umweltgesetze.

Das war nicht allzu überraschend. Wir hatten es insgeheim schon zuvor befürchtet. Denn wir haben ja auch die Zerstörung der Wälder, die Erosion landwirtschaftlicher Nutzflächen und die verschmutzten und verschlammten Flüsse vor Augen. Wir wußten Bescheid über die chemischen Veränderungen in der Ozonschicht und kannten den Treibhauseffekt. Wir haben die statistischen Zahlen über die Fischerei auf den Weltmeeren ebenso verfolgt wie die über Grundwasserabsenkungen und das Aussterben biologischer Arten. Als wir Kollegen gegen-

über erstmals von einer »Welt jenseits ihrer Grenzen« sprachen, gab es
keinen Widerspruch. Auch in der Literatur der letzten zwanzig Jahre
fanden sich viele Belege dafür, daß die Ausbeutung der Rohstoffe und
die Umweltschädigung bereits zu weit fortgeschritten seien. Einige dieser Veröffentlichungen werden in unserem Buch zitiert.

Allerdings, bevor wir mit der Arbeit an den vorliegenden »Neuen Grenzen des Wachstums« begannen, hatten sich diese Eindrücke noch nicht
zu dem neuen Befund geformt: Die Menschheit hat ihre Grenzen überzogen; unsere gegenwärtige Art zu handeln läßt sich nicht mehr lange
durchhalten. Eine lebenswerte Zukunft muß zu einer Epoche des Rück-
zugs werden, in der man die Aktivitäten zurückfährt und die entstandenen Schäden ausheilen läßt. Es hat sich erwiesen, daß das materielle
Wachstum die Armut nicht beseitigen kann. Man muß sie jetzt bekämpfen, während sich die wirtschaftliche Tätigkeit vermindert. Das ist
zunächst keine erfreuliche Erkenntnis. Auch wir konnten sie nicht
sofort akzeptieren.

Aber je weiter wir mit den neuesten Zahlen rechneten, um so eindeu-
tiger wurde das Gesamtbild. Nur zögerlich setzten wir das Computermodell *World 3* wieder in Gang, um neue Zukunft-Szenarios ablaufen
zu lassen. Denn jetzt, so fürchteten wir, könnte sich zeigen, daß es
auf längere Frist keine Möglichkeiten mehr gibt, der Menschheit eine
erträgliche und stabile Zukunft zu sichern.

Aber solche Möglichkeiten zeigten sich dann doch. Zwar waren in den
letzten zwanzig Jahren einige der Optionen von 1971 nur noch sehr
beschränkt nutzbar geblieben. Dafür haben sich aber andere Möglichkeiten ergeben. Mit Hilfe der neuentstandenen Technologien und Institutionen ist es möglich geworden, den ständigen Strom von Ressourcen
aus der Umwelt und von Schadstoffen in die Umwelt zurück zu reduzieren und dabei dennoch die Lebensqualität anzuheben. Sogar die
Massenarmut ließe sich beheben, so zeigten die Analysen – trotz des
durch die heutige Altersstruktur noch vorprogrammierten Bevölkerungswachstums. – Keine dieser Möglichkeiten jedoch läßt sich realisieren, wenn das Bevölkerungswachstum ungezügelt weitergeht und wenn
nicht rasch die Wirkungsgrade der Energie- und Ressourcennutzung
erhöht sowie der Rohstoff- und der Energieeinsatz weltweit ausgewoge-
ner verteilt werden.

Die vorliegenden globalen Daten, die Computerläufe und auch unsere
eigenen Erfahrungen der letzten zwanzig Jahre lassen darauf schließen,
daß die zitierten drei Schlußfolgerungen aus den alten »Grenzen des

Wachstums« noch immer gültig sind. Freilich müssen sie jetzt entschiedener formuliert werden:

1. Die Nutzung vieler natürlicher Ressourcen und die Freisetzung schlecht abbaubarer Schadstoffe haben bereits die Grenzen des physikalisch auf längere Zeit Möglichen überschritten. Wenn der Einsatz dieser Materialien und die Energieflüsse nicht entscheidend gesenkt werden, kommt es in den nächsten Jahrzehnten zu einem nicht mehr kontrollierbaren Rückgang der Nahrungsmittelerzeugung, der Energieverfügbarkeit und der Industrieproduktion.

2. Das ist aber vermeidbar, wenn zwei grundsätzliche Änderungen erfolgen: Die politischen Praktiken und Handlungsweisen, die den Anstieg des Verbrauchs und der Bevölkerungszahlen begünstigen, müssen umfassend revidiert werden; daneben sind die Wirkungsgrade des Energieeinsatzes und der Nutzeffekt materieller Ressourcen drastisch anzuheben.

3. Eine dauerhaft existenzfähige Gesellschaft ist technisch und wirtschaftlich noch immer möglich. Sie könnte lebenswertere Perspektiven haben als eine Gesellschaft, die ihre Probleme durch konstante Expansion zu lösen versucht. Der Übergang zu einer dauerhaft existenzfähigen Gesellschaft erfordert den sorgfältigen Ausgleich zwischen langfristigen und kurzfristigen Zielvorstellungen; der Nachdruck muß auf ausreichende Versorgung, gerechte Verteilung und Lebensqualität und weniger auf Produktionsausstoß gelegt werden. Dazu ist mehr erforderlich als nur Produktivität und Technologie; gefragt sind Reife, partnerschaftliches Teilen und Weisheit.

Diese Schlußfolgerungen stellen keine Vorhersage, sondern eine an Bedingungen gebundene Warnung dar. Sie bieten eine Lebenschance und sind kein Todesurteil. Das aufgezeigte Ziel ist keine graue Zukunft. Es verdammt die Armen nicht, in ständiger Armut weitervegetieren zu müssen, und verurteilt die Reichen nicht, jetzt arm zu werden. Es könnte uns endlich die Ziele erreichen lassen, die die Menscheit in ihrem ständigen Bemühen um materielles Wachstum schon immer verfolgt hat.

Wir hoffen sehr, daß sich die Menschheit für Nachhaltigkeit entscheiden wird. Das ist der Sinn unseres Buches. Wir verkennen aber nicht die gewaltigen Schwierigkeiten, die dabei zu überwinden sind. Wir vertreten die Ansicht, daß der Übergang zu einer dauerhaft existenzfähigen Gesellschaft technisch und wirtschaftlich möglich ist; vielleicht erweist er sich sogar als leicht begehbarer Weg, wenn erst die Anfänge gemacht sind. Aber er stellt ohne Zweifel ein psychologisches und politisches Wagnis dar, da doch bislang alle Erwartungen, das Selbstverständnis unzähliger Menschen und die moderne industrielle Kultur fast ausschließlich auf die erhofften Segnungen beständigen materiellen Wachstums ausgerichtet sind.

Ein Hochschullehrer hat klug beobachtet, wie seine Studenten auf die Erkenntnis reagiert haben, daß es auf dieser Welt Grenzen gibt. Er schrieb:

»Wenn wir mit der Möglichkeit eines Zusammenbruchs konfrontiert werden und erkennen, daß wir unbedingt eine Form der Stabilität zu wählen haben, wenn wir also die Unabweisbarkeit eines neuen *existenzfähigen* Zustands einsehen, empfinden wir zunächst eine Art von Hilflosigkeit – ob wir uns das nun eingestehen oder nicht. Wenn man so auf seine eigenen Kräfte zurückgeworfen wird, sieht man sich einer Art kosmischer Verlassenheit ausgesetzt, die man bisher nicht gekannt hat. Man fühlt sich verwaist, nicht mehr als wohlbehütetes Kind einer kosmischen Ordnung und als begünstigter Erbe eines historischen Prozesses. Die Grenzen des Wachstums schließen solche Empfindungen aus und lassen uns erkennen, vielleicht zum erstenmal im Rahmen der menschlichen Erfahrung, daß der einzig entscheidende Plan unser eigener sein muß. Mit einem Schlag werden wir aller Sicherheiten einer irgendwie gearteten Vorsehung und des Fortschritts beraubt. Alle Verantwortung für die Zukunft wird uns in die Hände gedrückt.«[6]

Auch wir haben so empfunden, als wir vor zwei Jahrzehnten am Forschungsprojekt des Club of Rome gearbeitet haben. Viele andere Menschen haben gleichartige emotionale Prozesse durchgemacht. Aber man kann sie überstehen. Sie können sogar neuartige Perspektiven für die Zukunft eröffnen. Doch solche Zukunftsformen werden sich nur dann realisieren lassen, wenn sich die gesamte Menschheit zu ihnen bekennt. Die Vorstellungen von den Begrenzungen, von Nachhaltigkeit, von ausreichender Versorgung, von gerechter Verteilung und Effektivität wirken dann nicht länger als Mauern, Hindernisse oder Bedrohung. Sie wandeln sich zu Leitlinien in eine neue Welt. Die Nachhaltigkeit – und nicht bessere Waffen, Machtkämpfe und Ansammlung materiellen Reichtums sind die entscheidende Herausforderung für die Aktivität und Kreativität der Menschen.

Wir halten die Menschheit heute für fähig, diese Herausforderung anzunehmen und der Welt eine bessere Struktur zu geben. Wenn akzeptiert wird, daß es materielle Grenzen des Wachstums gibt, ist das bereits der erste Schritt auf dieses Ziel zu. Wir empfinden das Zurücknehmen nicht länger durchhaltbarer ökonomischer Aktivitäten nicht als ein Opfer, sondern im Gegenteil als eine Chance: So könnte man das ständige Anrennen gegen die uns auf der Erde gezogenen Grenzen beenden und die selbstgewählten und unnötigen Zwänge überwinden, die wir uns mit unseren Institutionen, Denkvorstellungen, Glaubenssätzen und unserer Moral aufgebürdet haben.

Aus diesem Grund haben wir »Die Grenzen des Wachstums« nicht einfach auf die Ebene der neuesten Daten gehoben, sondern mit den neuesten Analysen ein völlig neues Buch gemacht.

Durham, New Hampshire,   Donella H. Meadows
November 1991   Dennis L. Meadows
                                                Jørgen Randers

Widmung und Danksagung

Wir widmen dieses Buch

Aurelio Peccei, dem Gründer des Club of Rome. Seine tiefempfundene Besorgnis über die Lage der Menschheit und sein unerschütterliches Vertrauen in die Menschheit haben nicht nur uns dazu bewogen, nach den Möglichkeiten einer dauerhaften menschlichen Zukunft zu forschen.

Jay W. Forrester, dem emeritierten Professor an der Sloan School of Management des MIT. Er war unser Lehrer und hat den Prototyp des Computermodells entwickelt, das wir für die Studien zu diesem Buch genutzt haben. Sein tiefgründiges Systemverständnis hat uns dazu verholfen, die Verhaltensformen der Wirtschaft und der Umwelt besser zu verstehen.

Die folgenden Personen haben sehr wesentlich dazu beigetragen, daß dieses Buch entstanden ist. Wir danken ihnen herzlich:

Ian und Margo Baldwin von der Chelsea Green Publishing Company, die sich des Projekts angenommen und für seine Fertigstellung engagiert haben; Angela Cook von der University of New Hampshire sowie Anita Brown und Mardy McGregor vom Dartmouth College für ihre unentwegten Hilfeleistungen; Lew Feldstein und der New Hampshire Charitable Trust: sie unterstützten die Schaffung eines Forschungszentrums für Politik in New Hampshire; Suzanne MacDonald für ihre Gastfreundschaft bei ausgedehnten Diskussionen und ihre Ermutigung für erschöpfte Buchautoren; Peter Matson von der Sterling Lord Literistic, der dazu beigetragen hat, daß die Arbeit an diesem Buch von den alten »Grenzen des Wachstums« losgelöst wurde und zu einer zügigen Veröffentlichung führte; Maria und Engelke Randers, die uns ihren Mann bzw. Vater für viele Wochen zur Mitarbeit über den Atlantik hinweg ausgeliehen haben; die Bewohner der Foundation Farm: sie hielten den heimischen Herd warm, während einer der Farmer sich mit Bücherschreiben beschäftigte; James Hornig: er hat am Dartmouth College ein Klima geschaffen, das uns neben Material auch intellektuelle Hilfe für unsere Studien zur Vorbereitung dieses Buches bot; Barry Richmond und Steve Peterson von High Performance Systems, Inc. für die Software STELLA II c: sie machte das Weltmodell *World 3* sehr viel leichter handhabbar, als es noch vor 20 Jahren war.

Zu den engagierten Lesern der Korrekturbogen und zum Ratgeberkreis gehörten: William W. Behrens III, Allen Boorstein, Hartmut Bossel, Lester Brown, Chester Cooper, Herman Daly, Joan Davis, Judy Gabriel, Jay Harris, John Harte, James Hornig, Nathan Keyfitz, Niels Meyer, Don Michael, Mario Molina, Russell Peterson, Aromar Revi, John Sterman und Steve Viederman. Wir haben ihre Vorschläge nicht immer im Detail berücksichtigen können: Ihre Kommentare waren stets offen, anregend und hilfreich. Ihre – trotz ihrer vielen eigenen Verpflichtungen – raschen und zupackenden Reaktionen zeugen für ihr Engagement für die in diesem Buch angeschnittenen Fragen.

Finanziell gefördert wurde das Projekt »Die neuen Grenzen des Wachstums« von dem Pew Scholars Program, Jane und Allen Boorstein, Jay Harris und William Welsh.

Das Team für die Forschungsarbeiten, das auch die Computerläufe, die Grafiken und das Manuskript erstellte, bestand aus: Dr. Bert des Vries, Nationalinstitut für Gesundheit und Umweltschutz (RIVM), Niederlande; Thomas Fiddaman, Institut für Politik und Sozialforschung, University of New Hampshire, USA; Dr. Dennis L. Meadows, Institut für Politik und Sozialforschung, University of New Hampshire, USA; Dr. Donella H. Meadows, Programm für Umweltstudien, Dartmouth College, USA; Dr. Jørgen Randers, Vorsitzender der S. Sejersted Bodtker & Co.; AS, Norwegen; Diana Wright, Programm für Umweltstudien, Dartmouth College, USA.

Das ursprüngliche Forschungsteam für die Studien zu den »Grenzen des Wachstums« (1972), das auch das Computermodell *World 3* geschaffen hat, arbeitete in der System Dynamics Group der Sloan School of Management am Massachussetts Institute of Technology (MIT) in

Cambridge, Mass., USA. Es war vom Club of Rome beauftragt und wurde von der Volkswagen-Stiftung finanziert. Die damaligen Mitglieder des Teams waren:

Dr. Alison A. Anderson (USA), Dr. Jay M. Anderson (USA), Ilyas Bayar (Türkei), Dr. William W. Behrens III (USA), Farhad Hakimzadeh (Iran), Dr. Steffen Harbordt (Deutschland), Judith A. Machen (USA), Dr. Dennis L. Meadows (USA), Dr. Donella H. Meadows (USA), Dr. Peter Milling (Deutschland), Nirmala S. Murthy (Indien), Dr. Roger F. Naill (USA), Dr. Jørgen Randers (Norwegen), Stephen Schantzis (USA), Dr. John A. Seeger (USA), Marilyn Williams (USA), Dr. Erich K. O. Zahn (Deutschland).

Zum Verständnis bestimmter Begriffe

(mit Einfügungen des Übersetzers)

Manche in diesem Buch verwendeten Begriffe haben in der Umgangssprache unterschiedliche Bedeutungen und müssen daher definiert werden, um Mißverständnisse zu vermeiden.

Unter dem Begriff *Kapital* ist in diesem Buch kein Geldwert zu verstehen; es bezeichnet vielmehr die Maschinen, Fabriken und Anlagen, mit denen man Wirtschaftsgüter und Dienstleistungen erzeugt. Wenn vom Geld die Rede ist, das man zur Finanzierung solcher Ausrüstungen benötigt, wird es als *Finanzkapital* bezeichnet.

Wir verwenden in diesem Buch zahlreiche Ausdrücke aus dem Bereich der Systemanalyse. Sobald sie im Text auftauchen, wird ihre jeweilige Bedeutung erklärt. Außerdem sind sie im Glossar am Ende des Buches alphabetisch aufgelistet. Beispiele solcher Bezeichnungen sind die Begriffe *System, Struktur, Grenzüberziehung, Überschwingen, exponentielles Wachstum, Rückkoppelung, Quelle, Senke* und *Durchsatz*.

Bei der Übersetzung mußte man gelegentlich neue Wendungen erfinden, weil die Systemforschung manche Begriffe verwendet, für die es keinen geläufigen deutschen Ausdruck gibt. Das gilt zum Beispiel für den oft auftauchenden Begriff *Grenzüberziehung* (engl. overshoot). Er bezeichnet einen Zustand, der nicht lange aufrechterhalten werden kann, weil bestimmte Grenzen überschritten sind und man gewissermaßen von angesammelten Vorräten lebt. Ähnliches gilt für die *Nachhaltigkeit* (engl. sustainability), einen dauernd erhaltbaren Zustand. Der deutsche Fachausdruck der Systemforschung *Nachhaltigkeit* gilt in Ökologie, Land- und Forstwirtschaft sowie Wirtschaftswissenschaft, würde jedoch in unterschiedlichen Zusammenhängen oft mißverständliche Vorstellungen vermitteln. Wir haben den Ausdruck auch mit »dauernd erhaltbar« oder »zukünftig existenzfähig« wohl immer im Zusammenhang eindeutig verständlich wiedergegeben.

Schwierigkeiten kann es bei Begriffen geben, die zur Unterscheidung der Hauptregionen unserer Erde dienen. Wir lehnen die Ausdrücke *entwickelte Länder* und *Entwicklungsländer* ab; die Gründe dafür

werden sich zeigen, wenn wir neue und unterschiedliche Entwicklungsformen vorstellen. Die Ausdrücke *Erste, Zweite* und *Dritte Welt* unterscheiden grob die Marktwirtschaften westlichen Zuschnitts von den
Gegenden Europas, in denen bislang Planwirtschaften herrschten,
sowie vom »Rest der Welt«. Aber diese Unterscheidungen entspringen
westlichen Denkmustern; ihre relative Bedeutung ist im Schwinden
begriffen. *Nord* und *Süd* hingegen sind zwar geographisch unexakte,
aber wertfreie Bezeichnungen, die in Dokumenten der Vereinten Nationen oft gebraucht werden, um zwischen den reicheren und ärmeren
Gebieten der Erde zu unterscheiden.

Bei der Unterscheidung zwischen Regionen mit unterschiedlichen Gra-
den der Industrialisierung ist der im Amerikanischen benutzte Ausdruck »less-industrialized« im Deutschen ungeläufig. Wir verwenden
statt dessen oft *nicht industrialisiert,* was freilich unscharf ist, denn
Staaten gänzlich ohne Industrieansiedlungen gibt es auch in den ärmsten Regionen der Erde nicht mehr. Die Unterscheidung zwischen
industrialisiert (das sind in erster Linie die Gebiete Europas, Nordamerikas und Japans) und *nicht industrialisiert* ist also zwischen den
Gebieten mit florierender Industriekultur und den Regionen zu ziehen,
in denen der größere Teil der Bevölkerung noch weitgehend unter
vorindustriellen Bedingungen vor allem von der Landwirtschaft lebt,
wie etwa in großen Teilen Asiens, Afrikas und Südamerikas. Die Industrialisierung umfaßt sehr viel mehr als nur die Güterproduktion. Sie
bestimmt die gesamte Lebensführung, die Familiengrößen, die Verbrauchsgewohnheiten und beeinflußt die Geburten- und Sterberaten.

Die wichtigste Differenzierung in diesem Buch ist aber die zwischen
Wachstum und *Entwicklung.*

Wachsen bedeutet, daß eine Größe materiell zunimmt. Entwickeln
aber bezeichnet eine qualitative Änderung. Wenn etwas wächst, wird
es quantitativ größer; wenn es sich entwickelt, wird es qualitativ besser – oder zumindest andersartig. Quantitatives Wachstum und qualitative Änderung unterliegen unterschiedlichen Gesetzen. Unser Planet entwickelt sich insgesamt ohne Wachstum, seine Masse nimmt
dabei nicht zu. Unsere Wirtschaft, die nur ein Untersystem der
begrenzten und nicht wachsenden Erde darstellt, muß wohl über
kurz oder lang eine gleichartige Entwicklungsform annehmen.

(Nach Robert Goodland, Herman Daly und Salah El Serafy)[1]

Dies deutet darauf hin, daß es zwar materielle Grenzen des Wachstums
gibt, aber nicht notwendigerweise auch Grenzen der Entwicklung.

Kapitel 1

Grenzüberschreitung

»*Die Zukunft ist nicht mehr so, wie wir sie uns einst vorgestellt haben und wie sie aussehen könnte, wenn die Menschen ihre Hirne und ihre Möglichkeiten besser genutzt hätten. Dennoch kann die Zukunft noch immer das bieten, was wir vernünftigerweise brauchen.*«
Aurelio Peccei, Gründer des Club of Rome (1981)[1]

»Übers Ziel hinausschießen« bedeutet, Grenzen unwissentlich und unbeabsichtigt zu überschreiten. Täglich werden in den verschiedensten Bereichen des Lebens Grenzen überschritten, die eingehalten werden sollten. Da schlittert zum Beispiel auf vereister Straße ein Kraftwagen unversehens über ein Stoppzeichen hinaus.

Man kann die Fangkapazität einer Fischereiflotte so ausbauen, daß sie den Fischbestand ausrottet, der doch die Grundlage ihrer Existenz ist. Immer wieder kommt es vor, daß nach einem Bebauungsplan mehr teuere Eigentumswohnungen hochgezogen werden, als sich dann zahlungsfähige Interessenten finden lassen. Wenn ein Kraftwerk zu groß geplant wird, kann es nach Fertigstellung mehr Strom liefern, als die Wirtschaft und Privatkunden abzunehmen vermögen.

Es gibt sehr unterschiedliche Grenzüberziehungen. Aber die Ursachen dafür sind immer die gleichen. *Erstens* haben wir es mit rascher Bewegung, rascher Veränderung zu tun. *Zweitens* gibt es eine Grenze, über die die Bewegung nicht hinausgehen sollte. Und *drittens* haben wir Schwierigkeiten, die Situation unter Kontrolle zu halten wegen … Der Fahrer überschätzt die Bremswirkung auf der schlüpfrigen Fahrbahn; die Fangkapazität der Fischereiflotte wird rascher erhöht als verläßliche Daten über die nachwachsenden Fische vorliegen; das Stromversorgungsunternehmen entscheidet zu rasch auf Grund unsicherer Bedarfsabschätzungen über die Größe eines Kraftwerks, dessen Bau dann Jahre erfordert.

In diesem Buch geht es um Grenzüberziehungen in sehr viel größeren

Dimensionen. Sie umfassen die gesamte Menschheit: Ihre Wirtschaft entnimmt die benötigten Rohstoffe unserem Planeten und gibt ihm dafür Abfälle und Umweltgifte zurück. Aber der Abbau der Ressourcen und die Vermüllung erfolgen vielfach zu rasch und sind so nicht länger durchzuhalten. Die Umwelt verkraftet das nicht. Die Menschheit hat ihre Grenzen aus den gleichen Gründen überzogen, die allen Grenzüberziehungen zugrunde liegen. Das Wandlungstempo ist zu hoch, aber die Warnsignale stellen sich erst spät ein, sie sind unvollständig und verzerrt, werden mißachtet oder kurzerhand geleugnet. Der Bewegungsschwung ist hoch, aber die Reaktion ist zu langsam.

Im einfachsten Fall kommt es nach einer Grenzüberziehung zu einer direkten Kollision. Aber auch eine bewußte Kehrtwendung, eine Korrektur durch sorgfältig abgewogenes Zurückfahren ist möglich. In diesem Buch werden diese beiden Möglichkeiten näher analysiert, soweit sie für die menschliche Gesellschaft und ihren Planeten von Bedeutung sind. Wir sind überzeugt, daß Korrekturmaßnahmen möglich sind und daß sie zu einer wünschenswerten, ausreichend versorgten, gerechten und nachhaltigen Zukunft führen können. Wenn aber solche Korrekturen nicht erfolgen sollten, so wird eine Art von Kollaps nicht nur wahrscheinlich, sondern unvermeidlich, und dies wohl noch zu Lebzeiten vieler von uns.

Dies sind bislang nur hochgreifende Behauptungen. Wie aber kamen wir darauf? Wie lassen sie sich belegen?

Wir haben die langzeitlichen Folgen der gegenwärtig ablaufenden Prozesse in der Gesellschaft analysiert. Dazu haben wir vier unterschiedliche Instrumente zur Betrachtung eingesetzt, vier verschiedenartige Linsensätze gewissermaßen, die jeweils unterschiedliche Bilder der Welt ergeben, ähnlich wie Mikroskope und Fernrohre Dinge anders zeigen als man sie mit dem unbewaffneten Auge wahrnimmt. Drei dieser »Linsensätze« sind üblicher Art; sie sind leicht zu beschreiben und relativ einfach zu handhaben: Es handelt sich um die klassischen wirtschaftlichen und wissenschaftlichen Theorien vom Weltsystem; um die statistischen Daten über vorhandene Ressourcen und die Umwelt sowie um unser Computermodell, das derartige Informationen integriert und miteinander in Zusammenhang bringt. Das Buch stellt dar, wie wir diese »Linsensätze« genutzt und was sie uns gezeigt haben.

Unser vierter »Linsensatz« aber ist wahrscheinlich der entscheidende: Es ist unsere grundsätzliche Art, die Dinge zu sehen, unsere »Weltsicht«, unser sogenanntes »Paradigma«. Jedermann hat eine derartige

Weltsicht. Sie entscheidet stets, was man überhaupt wahrnehmen kann.
Und es erscheint fast unmöglich, sie anderen Menschen eindeutig zu
beschreiben.

Unsere Weltsicht wurde zunächst von der Industriegesellschaft west-
licher Prägung geformt, in der wir aufgewachsen sind, dazu durch
unsere wissenschaftliche und wirtschaftswissenschaftliche Ausbildung.
Beträchtlich beigetragen hat weiterhin all das, was wir von Kollegen
bei der Zusammenarbeit in verschiedenen Gebieten der Erde gelernt
haben. Besonders bestimmend für unsere Betrachtungsweise aber ist
unser systemwissenschaftlicher Blickwinkel, der nicht von allen geteilt
wird.

Diese systemdynamische Betrachtungsweise ist freilich nicht von vorn-
herein besser als andere. Wie jeder Aussichtspunkt, etwa der Gipfel
eines Berges, macht sie manche Dinge sichtbar, die man von einem
anderen Standort aus nicht erkennen kann; andere Objekte dagegen
werden verdeckt. Unsere Systemausbildung hat uns gelehrt, die Welt
gewissermaßen als ein Bündel sich dynamisch entwickelnder Verhaltensmuster zu betrachten: Da erkennen wir zum Beispiel Wachstum
und Schwund, Zyklen und Grenzüberziehung. Unsere Aufmerksamkeit
ist auf gegenseitige Verflechtungen und Wechselwirkungen gerichtet.
Die Wirtschaft und die natürliche Umwelt sehen wir in diesem Sinne
als ein *einheitliches System*. Da gibt es Bestandsgrößen, Durchflußmengen, Rückkoppelungen und Grenzwerte. Sie alle beeinflussen
unablässig das Verhalten des Gesamtsystems.

Die systemdynamische Betrachtungsweise ist keineswegs die einzig
brauchbare zur Analyse dieser Welt. Wir verlassen uns auch nicht allein
auf sie. Aber sie vermag besonders aufschlußreiche Informationen zu
liefern und macht es möglich, Probleme auf neuartige Weise anzugehen
und gleichzeitig unerwartete Möglichkeiten zu erkennen. Wir wünschen uns, daß die Leser diese Betrachtungsweise nachvollziehen,
damit sie zu eigenen Schlußfolgerungen über den Zustand dieser Welt
gelangen und die sich für die Zukunft bietenden Wahlmöglichkeiten
selbst bewerten können.

Die Gliederung dieses Buches entspricht der inneren Logik unserer
Analysen des globalen Systems. Man braucht keine höhere Mathematik, um es zu verstehen, und man muß dazu auch kein Computerexperte
werden. Wir haben bereits dargestellt, daß es zu Grenzüberziehungen
kommt: durch die Kombination von rascher Veränderung, bestehenden
Grenzen und unvollständiger Information über die Reaktion auf diese

Grenzen. Entsprechend dieser kausalen Abfolge werden wir die globale Situation darstellen: Zuerst betrachten wir die Veränderungen in der Bevölkerung und in der Wirtschaft, dann die auf unserem Planeten wirksamen Grenzgrößen und schließlich die Art und Weise, wie die Menschheit diese Grenzen zu erkennen und auf sie zu reagieren vermag.

Im nächsten Kapitel werden zunächst die raschen Veränderungen behandelt, die im globalen System durch das Bevölkerungs- und das Wirtschaftswachstum entstehen. Seit mehr als 200 Jahren ist Wachstum die dominierende Verhaltensweise unseres sozioökonomischen Systems. Abbildung 1–1 zeigt, wie das Wachstum der Weltbevölkerung immer steiler aufwärts tendiert, obwohl seit kurzem in einigen Ländern die Geburtenraten zurückgehen. Der Abbildung 1–2 ist zu entnehmen, daß die Industrieproduktion noch etwas rascher zugenommen hat als

Abbildung 1–1   Wachstum der Weltbevölkerung

Bevölkerung in Milliarden

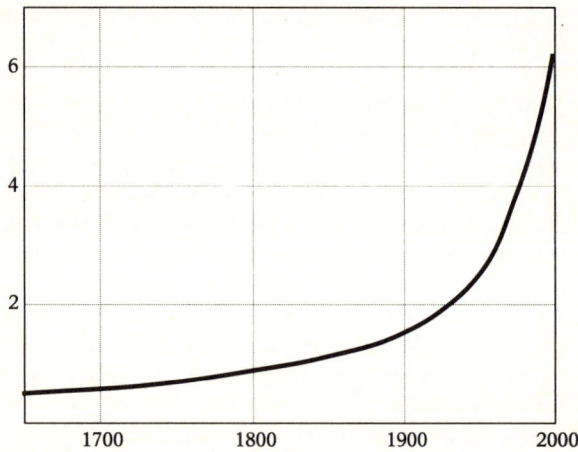

Seit Beginn der Industriellen Revolution ist die Weltbevölkerung exponentiell gewachsen. Die Wachstumsrate betrug 1991 etwa 1,7 %. Dies entspricht einer Verdoppelungszeit von 40 Jahren (Quelle: Vereinte Nationen; D. J. Bogue).

die Bevölkerung, trotz gelegentlicher kurzer Einbrüche bei der Wirtschaftsentwicklung, wie etwa nach größeren Preiserhöhungen für Erdöl. Weil aber das Wirtschaftswachstum generell schneller verlief als das der Bevölkerung, ist auch der materielle Lebensstandard der Menschen zwar langsam, doch unablässig weiter gestiegen – jedenfalls im mathematischen Durchschnitt der Weltbevölkerung.

Aber auch die Umweltschädigung nimmt zu. In Abbildung 1–3 ist der Anstieg des Kohlendioxid-Gehalts der Atmosphäre aufgezeichnet. Er ist eine Folge der Verbrennungsprozesse bei der Nutzung fossiler Brennstoffe und der Brandrodungen großer Waldgebiete.

Weitere derartige Graphiken illustrieren das Wachstum beim Einsatz von Kunstdünger, das Wachstum der Städte, des Energieverbrauchs, des Materialeinsatzes und anderer Sektoren menschlicher Aktivitäten. Natürlich wächst nicht alles gleich rasch. So ist zum Beispiel die

Abbildung 1–2   Globale Industrieproduktion

Index 1963 = 100

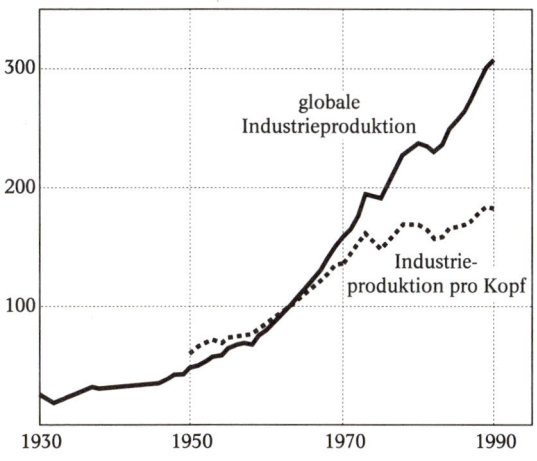

Auch die weltweite Gesamtproduktion der Industrie zeigt eindeutig exponentielle Zunahme. Die beiden Einbrüche nach 1970 sind Folgen der damaligen Ölpreis-Schocks. Von 1970 bis 1990 betrug die Wachstumsrate der Industrieproduktion durchschnittlich 3,3 % jährlich; die Produktion pro Kopf nahm um 1,5 % jährlich zu (Quellen: Vereinte Nationen; Public Reference Bureau).

Zuwachsrate beim Erdölverbrauch weltweit zurückgegangen. Dafür ist die Wachstumrate des Erdgasverbrauchs gestiegen. Einige der Änderungen beim materiellen Verbrauch in den letzten zwanzig Jahren sind in der Tabelle 1–1 zusammengestellt. Man sieht, daß die Wachstumsraten zwar variieren können, daß aber generell das Wachstum der dominierende Faktor bleibt.

Das sollte uns allerdings nicht wundern, da Wachstum von den meisten Menschen geradezu gefeiert wird. Nahezu alle Gesellschaften, die reichen ebenso wie die armen, streben nach Expansion, um mit ihren wichtigsten und dringendsten Problemen fertigzuwerden. In den hoch-

Abbildung 1–3　Kohlendioxidgehalt der Atmosphäre

in Teilen pro Million Volumeneinheiten (ppm)

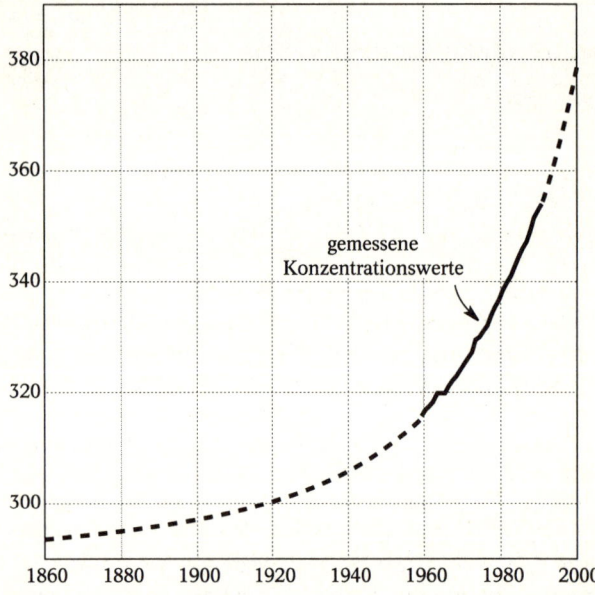

Die Konzentration von Kohlendioxid in der Atmosphäre ist im letzten Jahrhundert von 290 Teilen pro Million Volumeneinheiten (ppm) auf über 350 ppm gestiegen. Die Nutzung fossiler Brennstoffe und Brandrodungen sind die Ursachen dieser weiterhin exponentiellen Zunahme, die zu einem globalen Klimawandel führen kann (Quellen: L. Machta; T. A. Boden).

Tabelle 1–1   Weltweites Wachstum in ausgewählten Sektoren

	1970		1990	
Weltbevölkerung	3,6	Mrd	5,3	Mrd
Kraftfahrzeuge	250	Mio	560	Mio
gefahrene Kilometer/Jahr (nur OECD-Länder)				
PKW	2584	Mrd	4489	Mrd
Lastwagen	666	Mrd	1536	Mrd
Ölverbrauch/Jahr	17	Mrd	Barrel	24	Mrd
Kohleverbrauch/Jahr	2,3	Mrd	Tonnen	5,2	Mrd
Kapazität E-Werke	1,1	Mrd	Kilowatt	2,6	Mrd
Strom aus Kernkraft/Jahr	79		Terawatt-Std.	1884	
Getränkeverbrauch				
nicht alkoholisch/Jahr	23	Mrd	Liter	58	Mrd
Bierverbrauch/Jahr	19	Mrd	Liter	29	Mrd
Aluminium für				
Getränkebehälter	72700		Tonnen	1251900	
Müll aus Gemeinden/Jahr (nur OECD-Länder)	302	Mio	Tonnen	420	Mio

industrialisierten Staaten erscheint Wachstum notwendig, um die erforderlichen Arbeitsplätze, die soziale Mobilität und den technischen Fortschritt zu sichern. Die armen Menschen in der Dritten Welt sehen im Wachstum die einzige Möglichkeit, jemals aus ihrer erbärmlichen Lage herauszukommen. Man wünscht sich viele Kinder, die in armen Familien auch eine gewisse Garantie für eine spärliche soziale Absicherung darstellen. Solange es keine überzeugenden anderen Lösungen für die dringenden Probleme dieser Welt gibt, werden sich die Menschen an die Vorstellung klammern, daß das Wachstum der Schlüssel zu einer besseren Zukunft sei. Und sie werden alles tun, um noch mehr Wachstum zu erzeugen.

Dies sind jedoch nur die psychologischen und institutionellen Ursachen des Wachstums. Es gibt aber auch *strukturelle* Ursachen, die gewissermaßen in die verschiedenen Verkopplungen zwischen Bevölkerung und Wirtschaft eingebaut sind. Im Kapitel 2 befassen wir uns mit diesen strukturellen Ursachen des Wachstums und ihren Verflechtungen im System. Es wird dabei klar, warum Wachstum im globalen System so dominiert und warum es nur sehr mangelhaft, wenn überhaupt, Probleme zu lösen vermag.

Tatsächlich kann Wachstum zwar einige Probleme beseitigen, aber es schafft dabei neue Probleme. Die bestehenden Beschränkungen sind dafür die Ursache. Dies ist das Thema von Kapitel 3.

Unsere Erde ist begrenzt. Deshalb kann jegliche Art materiellen Wachstums, seien es nun die Zahl der Menschen, die ihrer Autos oder auch nur die der Schornsteine, nicht unendlich weitergehen. Aber die wirklich entscheidenden Grenzen für das Wachstum sind nicht die Menge der Menschen, der Kraftwagen, der Gebäude und der Schornsteine. Begrenzt sind vielmehr die Durchsatzmengen an Energie und Materialien, die notwendig sind, um die Menschen am Leben und die Kraftwagen, die Gebäude und die Kamine funktionsfähig zu erhalten.

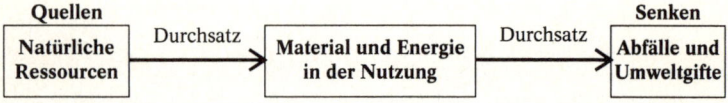

Menschheit und Wirtschaft hängen von einem ständigen Durchfluß von Luft, Wasser, Nahrungsmitteln, Materialien und fossilen Brennstoffen aus der Umwelt ab. All das wird dann in Form von Müll und Verschmutzungen der Umwelt wieder zurückgeliefert. Die Grenzen des Wachstums werden bestimmt von der Leistungsfähigkeit der *Quellen* dieser Durchsätze in der Erdumwelt und der Aufnahmefähigkeit der *Senken*, den Müll und die Schadstoffe aufzunehmen und in unschädliche Formen umzusetzen.

Im Kapitel 3 wird an Hand statistischer Daten der Zustand der verschiedenartigen Quellen und Sinks untersucht. Dabei ergeben sich qualitativ unterschiedliche Erkenntnisse, die man als gut und als schlimm einander gegenüberstellen kann.

Zu den *schlimmen* Nachrichten gehört, daß wichtige Quellen Zeichen der Erschöpfung zeigen und viele Senken überlastet sind. Die Durchsatzmengen, die für die wirtschaftliche Tätigkeit erforderlich sind, können also nicht mehr lange aufrechterhalten werden – auf unabsehbare Zeit schon gar nicht.

Eine *gute* Nachricht ist dagegen die Feststellung, daß so hohe Durchsatzmengen wie gegenwärtig nicht erforderlich sind, um einen anständigen Lebensstandard für alle Menschen zu sichern.

Denn es ist möglich geworden, durch technische Innovationen den Nutzeffekt von Rohstoffen zu erhöhen. Dadurch läßt sich die Produktion von Gebrauchsgütern und Dienstleistungen aufrechterhalten und gleichzeitig die der Umwelt aufgebürdete Last vermindern. Es bieten sich viele Wege und Möglichkeiten, um die menschliche Gesellschaft wieder hinter die kritischen Grenzgrößen des Durchsatzes zu bringen. Aber damit hat es noch nicht sein Bewenden. Die erkennbar gewordenen Möglichkeiten werden noch keineswegs genutzt, zumindest nicht in dem Maße, wie es erforderlich wäre, um eine wirksame Kursänderung herbeizuführen. Sie unterbleibt deshalb, weil offensichtliche und dringende Gründe dafür nicht vorliegen. Dies ist der Hauptgegenstand des Kapitels 4, in dem die Signale näher untersucht werden, welche die Menschheit warnen könnten, weiterhin in einer Phase der Grenzüberziehungen zu verharren. Außerdem wird analysiert, wie rasch die Menschheit auf solche Signale überhaupt reagieren kann.

In diesem Kapitel 4 wenden wir uns dem Computer-Weltmodell *World 3* zu. Seine Struktur, sein Verwendungszweck und sein Verhalten werden beschrieben. Wir zeigen, was geschieht, wenn das Modell das Verhalten des Weltsystems unter der Voraussetzung simuliert, daß kein struktureller Wandel eintritt, keine Anstrengungen unternommen werden, um vorauszuschauen, Warnsignale einzubauen oder Probleme zu lösen, bevor sie offen sichtbar und kritisch werden. Solche Simulationen zeigen, daß dann die Grenzüberziehung zum Zusammenbruch führt.

Glücklicherweise ist jedoch die reale Welt des Menschen komplexer und flexibler als ein zwangsläufig sehr viel einfacher strukturiertes Weltmodell. Im Kapitel 5 beschäftigen wir uns daher mit einem ermutigenden Beispiel über die Fähigkeiten der Menschen, vorauszublicken, Beschränkungen zu erkennen und Aktivitäten zurückzuschrauben. Wir beschreiben die weltweiten Reaktionen auf die Berichte über den Zerfall der Ozonschicht der Stratosphäre. Das ist eine aus verschiedenen Gründen sehr wichtige Fallstudie. Einerseits nämlich berechtigt sie zur Hoffnung, andererseits illustriert sie, Punkt für Punkt, alle strukturellen Phasen und Zusammenhänge, die auch im Weltsystem auftreten: rasches Wachstum bei bestehenden Begrenzungen, träge Reaktionen auf Warnsignale (sowohl politischer Art wie auch im natürlichen System) und schließlich Grenzüberziehungen. Die Schlußfolgerungen, die aus der Story vom Ozonloch zu ziehen sind, erscheinen auch heute noch nicht eindeutig. Das wird auch in den nächsten Jahrzehnten so bleiben. Deshalb handelt die Geschichte im Grunde von der vorausschauenden Vorsicht. Sie wird zum Musterbeispiel dafür, wie schwierig es ist, mit unserem lückenhaften Wissen und unseren bescheidenen Fähigkeiten zur Voraussicht dem komplexen Wirtschaftssystem trotz des hohen Veränderungsdrucks gangbare Wege durch die noch viel kompliziertere natürliche Umwelt zu weisen.

Im Kapitel 6 befassen wir uns wieder mit dem Weltmodell *World 3* und entwickeln verschiedene Hypothesen über die menschlichen Fähigkeiten, besonders über die Fertigkeiten, in die heute hohes Vertrauen gesetzt wird: die Möglichkeiten der technologischen Entwicklung und des freien Marktes. In einem gewissen Maße sind diese menschlichen Kapazitäten bereits in der Struktur von *World 3* enthalten. Wir stellen jetzt die Frage, was geschehen würde, wenn die Weltgesellschaft all ihr Können mit Nachdruck auf jene Technologien konzentrieren würde, mit denen man Umweltverschmutzung vermeiden, nutzbare Böden erhalten, das Gesundheitswesen und das Recycling verbessern und die Effektivität der Ressourcennutzung erhöhen kann.

Eine solche Konzentration würde tatsächlich viel helfen, wäre aber nicht ausreichend. Denn technologische Maßnahmen und Reaktionen des Marktes wirken stets verspätet und sind in sich unvollständig. Sie benötigen Zeit, Kapital und erfordern eigene Material- und Energieflüsse. Ihr jeweiliger Nutzeffekt kann außerdem leicht durch überwiegende Wachstumskräfte zunichte gemacht werden. Technologischer Fortschritt ist ebenso wichtig wie flexibles Marktverhalten. Aber um das Weltsystem in den Zustand der Nachhaltigkeit hinüberzuführen, ist mehr erforderlich. Im Kapitel 7 ist davon die Rede.

Wir sehen dort den Verlauf von Simulationen, für die Intelligenz durch Weisheit ergänzt wurde. Dabei werden zwei verschiedene Versionen des Begriffs »Genug« definiert. Die eine bezieht sich auf den materiellen Verbrauch, die andere auf wünschbare Familiengrößen. Zusammen mit den technologischen Veränderungen, die schon bei den in Kapitel 6 beschriebenen Simulationen wirksam geworden sind, ergeben nun neue Simulationen, daß sich die Weltbevölkerung bei etwa acht Milliarden stabilisiert. Alle diese Menschen könnten unter Bedingungen leben, die etwa dem mittleren Lebensstandard im gegenwärtigen Europa entsprechen. Und bei vertretbaren Annahmen zur zukünftigen Effizienz des freien Marktes und zum weiteren technischen Fortschritt wären die für eine derartige Gesellschaft erforderlichen Material- und Energieflüsse immerhin so reduziert, daß sie auf unabsehbare Zeit durchgehalten werden könnten. Bei diesem Simulationslauf wird also die Phase der Grenzüberziehung in einen Zustand der Nachhaltigkeit umgewandelt.

Aber der Begriff der Nachhaltigkeit ist unserer vom Wachstum bestimmten Welt so fremd, daß er in Kapitel 7 genau definiert werden muß. Wir schildern, wie eine Welt im Zustand der Erhaltbarkeit aussehen könnte – und auch, wie sie *nicht* aussehen würde. Wir sehen keine Gründe dafür, daß in einer nachhaltigen Welt Menschen noch in Armut leben müßten. Im Gegenteil, wir glauben, daß es in einer solchen Welt sowohl möglich wie nötig wäre, allen Menschen einen höheren Standard materieller Sicherheit zu gewähren als sie heute haben. Eine nachhaltige Gesellschaft befände sich weder im Zustand der Stagnation, noch wäre sie langweilig oder unbeweglich. Sie müßte weder zentral kontrolliert noch einheitlich und undemokratisch regiert werden. In solch einer Welt stünden die erforderliche Zeit und die Mittel zur Verfügung, um die begangenen Fehler zu korrigieren und sich zu entwickeln, ohne über die gesetzten Grenzen hinauszuwachsen.

Das Schlußkapitel 8 verdankt sich stärker unseren eigenen Denkmodellen als dem formalisierten Computer-Modell. Es ist unser sehr persönlicher Versuch, eine Welt im nachhaltigen Zustand zu entwerfen und darzulegen, wie man zu ihr gelangen könnte. Das ist natürlich eine komplexe Aufgabe. Wir wissen sehr wohl, wie schwierig es ist, dauerhafte Lösungen für die Probleme der Armut und der Arbeitslosigkeit ins Auge zu fassen, für deren Behebung man bislang einzig auf Wachstum setzte. Aber Wachstum löst diese Probleme auch nicht – und das Wachstum ist eben nicht aufrechtzuhalten. Aber es gibt andere Möglichkeiten.

Was auch immer wir den globalen Daten entnehmen können, was immer die Computerläufe ergeben und uns die eigene Erfahrung vermittelt – alles deutet darauf hin, daß die gangbaren Wege in eine erstrebenswerte Zukunft in den letzten zwanzig Jahren enger und schwieriger geworden sind, weil die Grenzen bereits überzogen wurden. Aber noch immer finden sich gangbare Wege. Die Abbildung 1–4 gibt einen Begriff davon, wie vielfältig die Möglichkeiten weiterhin sind. Die Darstellung ist durch das Übereinanderkopieren der Kurven zur Gesamtbevölkerung und zum Pro-Kopf-Verbrauch bei allen Computer-Szenarios entstanden, die in diesem Buch vorgestellt werden.

Bei solchen Szenarios ergibt sich eine bunte Palette höchst verschiedenartiger Wege in die Zukunft. Einige Kurven zeigen kollapsartige Zusammenbrüche, andere sanfte Übergangsformen in mehr oder minder nachhaltige Zustände. Aber eine Kurve, die kontinuierliches Wachstum erkennen läßt, findet sich nirgends. Wir müssen die Lasten, die wir der

Abbildung 1–4   Alternative Entwicklungspfade für Bevölkerung und materiellen Lebensstandard

Bevölkerung

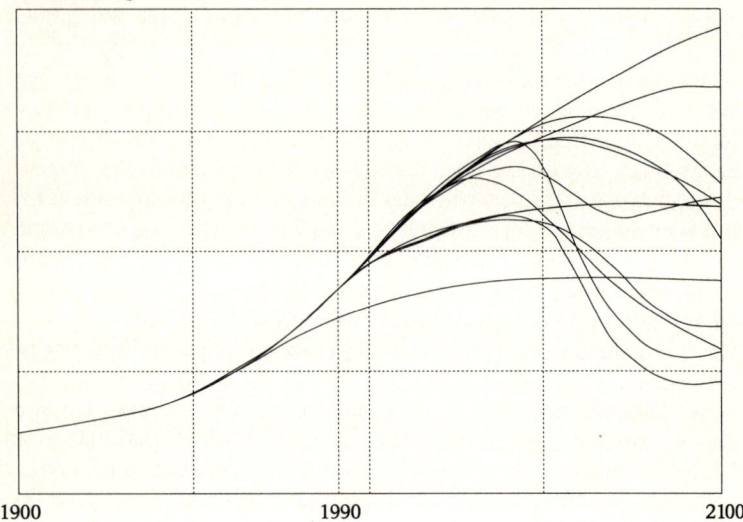

1900   1990   2100

Materieller Lebensstandard

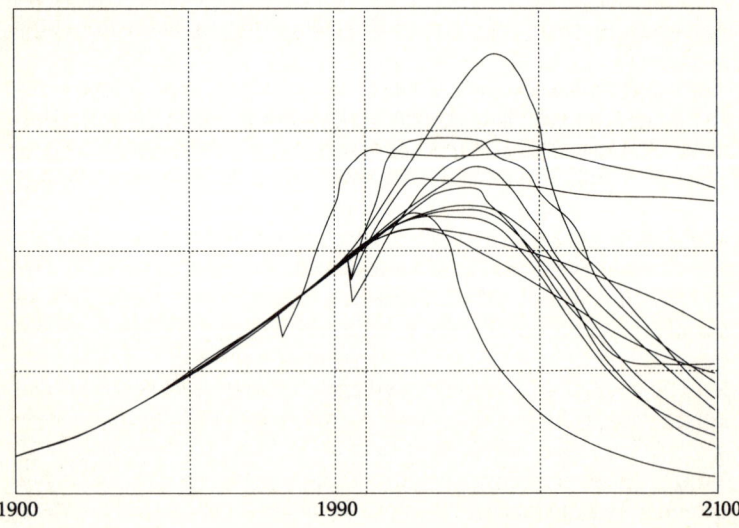

1900   1990   2100

Umwelt auferlegen, mit allen menschlichen Mitteln auf ein nachhaltiges
Maß reduzieren durch bewußte Wahl, technologische und organisatori-
sche Anstrengungen; anderenfalls bewirkt dies schließlich die Umwelt
selbst auf ihre Weise: durch Mangel an Ernährungsgrundlagen, an Energie und Rohstoffen sowie durch eine mehr und mehr unzuträgliche
Umweltsituation.

Vor zwanzig Jahren stellten wir den »Grenzen des Wachstums« ein
Zitat des damaligen Generalsekretärs der Vereinten Nationen, U Thant,
voran (1969):

> »Ich will die Zustände nicht dramatisieren. Aber nach den Informa-
> tionen, die mir als Generalsekretär der Vereinten Nationen zugehen,
> haben nach meiner Schätzung die Mitglieder dieses Gremiums noch
> etwa ein Jahrzehnt zur Verfügung, ihre alten Streitigkeiten zu verges-
> sen und eine weltweite Zusammenarbeit zu beginnen, das Wettrüsten
> zu stoppen, den menschlichen Lebensraum zu verbessern, die Bevöl-
> kerungsexplosion niedrig zu halten und den notwendigen Impuls zur
> Entwicklung zu geben. Wenn eine solche weltweite Partnerschaft
> innerhalb der nächsten zehn Jahre nicht zustande kommt, so werden,
> fürchte ich, die erwähnten Probleme derartige Ausmaße erreicht
> haben, daß ihre Bewältigung menschliche Fähigkeiten übersteigt.«

Für das vorliegende Buch im Abstand von zwei Jahrzehnten haben wir
ein neueres Zitat mit einer optimistischeren Note als Motto gesucht,
etwa dieses:

> »Die Menschheit ist fähig, die Weiterentwicklung nachhaltig zu
> gestalten und sicherzustellen, daß sie den Ansprüchen der gegenwär-
> tigen Generation gerecht wird, ohne aber die Möglichkeiten künfti-
> ger Generationen zu behindern, ihre eigenen Bedürfnisse zu befrie-
> digen.«

Brundtland-Kommission für Umwelt und Entwicklung (1987)[2]

Doch wer weiß, womöglich hatte U Thant doch recht und war lediglich
mit seiner Zeitangabe etwas voreilig. Dann wird ihn der weitere Verlauf

Abbildung 1–4
Unterschiedliche Annahmen über Ziele, Technikentwicklung, Wirtschaftsprio-
ritäten und ökologische Grenzen führen zu unterschiedlichen Entwicklungspfa-
den bis 2100. Einige Szenarien zeigen einen Verfall; bei anderen stellt sich ein
stabiles nachhaltiges Gleichgewicht auf hohem Niveau ein.

der Geschichte bestätigen. Vielleicht aber liegt die Wahrheit auch in
der Mitte zwischen den Einschätzungen der beiden Zitate. Denn beide
zusammen umfassen, auch nach den Ergebnissen unserer Analyse und
nach unserem eigenen Urteil, die enorme Spannweite möglicher künftiger Entwicklungen dieser Welt. Und sie akzentuieren die Bedeutung der
Entscheidungen, die wir zu treffen haben.

Kapitel 2

Die treibende Kraft: exponentielles Wachstum

»Ich bin entsetzt über mich, weil auch ich so naiv war und die Bedeutung exponentieller Funktionen nicht erkannt habe ... Obwohl ich wußte, daß die miteinander verknüpften Probleme des Verlusts der biologischen Artenfülle, der Abholzung der tropischen Regenwälder, des Waldsterbens auf der nördlichen Hemisphäre und der Klimaveränderung exponentiell zunehmen, habe ich erst jetzt in vollem Umfang erfaßt, wie schnell sich diese Bedrohungen steigern.«
Thomas E. Lovejoy (1988)[1]

Die Hauptursachen für das Überziehen von Grenzen sind abrupte Veränderungen, rascher Wandel und Wachstum. Unablässig wachsen auf der Erde die Bevölkerung, die Produktion von Nahrungsmitteln und Industriegütern, der Rohstoffverbrauch und die Belastung der Umwelt. Diese immer raschere Zunahme folgt einer mathematischen Beziehung, die *exponentielles Wachstum* genannt wird.

Wenn man das Ergebnis menschlicher Tätigkeiten aufzeichnet, ergeben sich fast immer exponentielle Wachstumskurven, gleichgültig, ob es sich etwa um den Einsatz von Düngemitteln handelt oder um die Ausbreitung von Städten (Abbildungen 2–1 und 2–2). Zwar lassen die Kurven Einbrüche und Spitzen erkennen, die von Störungen verursacht werden, etwa von Witterungseinflüssen, von technischen Veränderungen und manchmal auch von politischen Umwälzungen. Doch den exponentiellen Verlauf ändert das nicht. Seit Beginn der Industriellen Revolution vor 200 Jahren ist exponentielles Wachstum das wichtigste Charakteristikum aller menschlichen Aktivitäten; es wurde nahezu allgemein begrüßt.

Es ist aber auch der treibende Faktor, der die Menschen und ihre Wirtschaft gegen die Begrenzungen auf unserer Erde und darüber hinaus vorstoßen läßt. Offensichtlich ist das exponentielle Wachstum im globalen sozialen System der Menschen tief verwurzelt. Deshalb findet sich seine kausale Struktur auch im Kernbereich des Weltmodells *World 3*. Unsere Leser sollten verstehen, wie es zustande kommt und zu welchen zeitlichen Entwicklungen es führt. Es ist ein kurzer, interessanter Ausflug in die Mathematik.

Abbildung 2–1   Globaler Düngemitteleinsatz

in tausend Tonnen pro Jahr

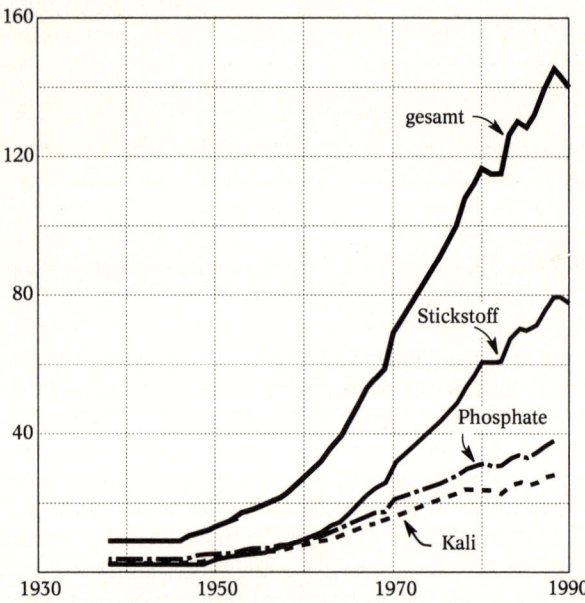

Der globale Verbrauch von Düngemitteln steigt exponentiell. Vor 1970 betrug die Verdoppelungszeit 10 Jahre, nach 1970 belief sie sich auf 15 Jahre. Gegenwärtig ist der Düngemitteleinsatz rund 15mal höher als am Ende des Zweiten Weltkriegs (Quelle: Vereinte Nationen).

Die Mathematik des exponentiellen Wachstums

Nehmen Sie bitte mal ein Blatt Papier und falten Sie es. Dann liegen zwei Papierblätter aufeinander, die am Falz noch zusammenhängen. Falten Sie es noch mal; jetzt ist der kleine Papierstoß viermal dicker als ein ungefaltetes Blatt; nach der nächsten Faltung ist er achtmal dicker.

Nun, vierzigmal kann man ein Blatt Papier natürlich nicht falten. Aber man könnte ja soviel Papierblätter aufeinanderlegen, daß die Dicke des

Abbildung 2–2   Verstädterung

in Milliarden

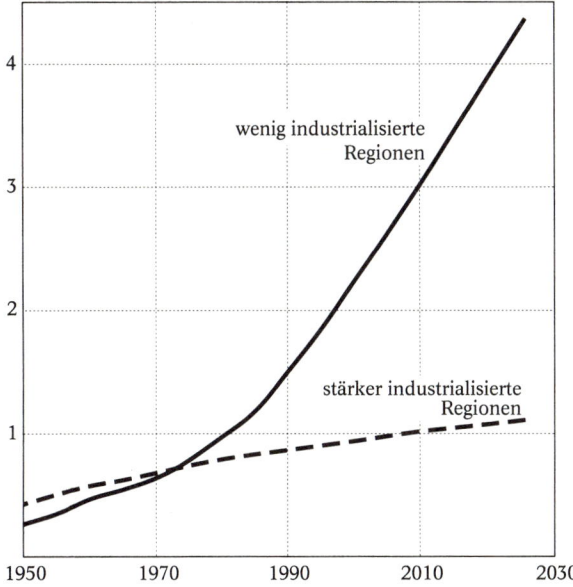

In den wenig industrialisierten Regionen der Dritten Welt werden die Stadtbevölkerungen exponentiell zunehmen, in den Industrieländern wachsen die Städte nur noch langsam und nahezu linear. In der Dritten Welt betrug die Verdoppelungszeit der Stadtbewohner bislang rund 20 Jahre; deren Städte dehnten sich also rascher aus, als die Weltbevölkerung zugenommen hat (Quellen: Vereinte Nationen; Population Reference Bureau).

Papierstoßes einer vierzigfachen Faltung entspricht. Wie hoch wäre dann wohl dieser Papierstoß? Zwanzig Zentimeter? Oder eher zwei Meter?

Sie könnten ihn kaum auf den Tisch legen – denn er wäre rund 350 000 Kilometer hoch und würde bis zum Mond reichen.[2]

So ist das mit dem exponentiellen Wachstum: Eine Verdoppelung folgt auf die andere, immer und immer wieder. Und immer wieder überrascht das Ergebnis. Denn die meisten Menschen denken linear und stellen sich deshalb auch Wachstum als einen linearen Prozeß vor.

Wenn ein Straßenbautrupp eine neue Straße jede Woche um einhundert Meter weitertreibt, dann wächst der neue Verkehrsweg linear. Ebenfalls linear steigt der Inhalt eines Sparschweines, in das ein kleines Kind jeden Tag etwa drei Pfennige steckt, so daß am Ende des Jahres etwa zehn Mark zusammenkommen. Bei *linearem Wachstum erhöht sich die wachsende Größe in gleichen Zeitabständen immer um den gleichen Betrag.* Der Zuwachs ist nicht abhängig davon, wieviel von der Straße bereits fertiggestellt ist oder wieviel Geld in dem Sparschwein schon steckt.

Beim *exponentiellen Wachstum dagegen ist der jeweilige Zuwachsbetrag der schon vorhandenen Größe proportional.* Exponentielles Wachstum zeigt zum Beispiel eine Kolonie von Hefezellen. Das ist einfach eine Flasche mit Zuckerwasser, in dem man ein wenig Bäckerhefe auflöst. In der trüben Flüssigkeit schwimmend, teilt sich jede Hefezelle etwa nach zehn Minuten. Aus einer einzigen Zelle werden also nach zehn Minuten zwei, nach 20 Minuten vier, nach 30 Minuten acht, nach 40 Minuten 16 Zellen und so weiter: Je mehr Zellen die Kolonie bereits enthält, um so mehr neue Zellen kommen pro Teilung hinzu.

Zehn Jahre lang wird das Kind natürlich nicht Pfennige sparen. Viel wahrscheinlicher wird es als Jugendliche(r) 100 Mark auf der Bank zu einem Zinssatz von sieben Prozent anlegen. Dann wächst dieser Betrag ebenfalls exponentiell – und über längere Zeit sehr viel rascher als beim Sparen im Sparschwein. Im ersten Jahr kommen sieben Prozent von 100 Mark = 7 Mark hinzu. Das Konto beträgt dann 107 Mark. Im zweiten Jahr ist der Zuwachs – Zins – sieben Prozent von 107 = 7,49 Mark; der Kontostand steigt auf 114,49 Mark, nach dem dritten Jahr erreicht er 122,50 Mark – nach dem 10. Jahr 201,37 Mark, hat sich also verdoppelt (Abbildung 2–3).

Die prozentuale Zunahme, die Wachstumsrate des Geldes auf der Bank bleibt Jahr um Jahr gleich, aber der tatsächliche Zuwachs in Mark und

Pfennig steigt ständig entsprechend der bereits angesammelten Geldmenge. Genauso verhält es sich mit den Hefezellen in der Kolonie; nur ist deren Wachstumrate sehr viel höher. Sie beträgt einhundert Prozent in zehn Minuten.

Exponentielles Wachstum kann zu so überraschenden Ergebnissen führen, daß die Menschen seit jeher fasziniert davon waren. Eine alte Legende aus Persien berichtet von einem Höfling, der seinem Herrscher ein prächtiges Schachspiel verschaffte. Dafür erbat er sich nur ein einziges Reiskorn auf dem ersten Feld des Schachbretts, auf dem zweiten Feld zwei Körner, auf dem dritten vier – und so fort. Das erschien dem Schah als niedriger Lohn, denn er rechnete sich rasch aus, daß auf das zehnte Feld erst 512 Körner kämen. Tatsächlich aber war der steinreiche Herrscher viel zu arm, um die anscheinend so bescheidene Bitte zu erfüllen: Dem vierzigsten Feld müßte man schon tausend Milliarden

Abbildung 2–3   Lineares und exponentielles Wachstum beim Sparen

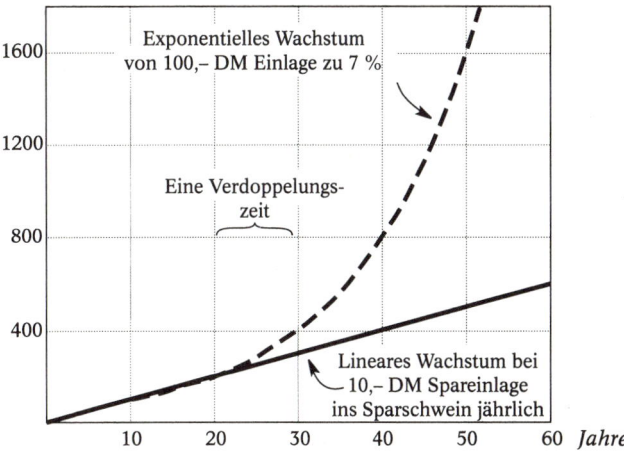

Wenn ein Kind jedes Jahr zehn Mark in Pfennigen in sein Sparschwein steckt, so wächst dessen Inhalt linear auf 100,– DM in 10 Jahren. Wenn es als Jugendlicher aber auf der Bank 100,– DM zu 7 % Zinsen anlegt, wächst das Guthaben viel rascher und exponentiell, mit einer Verdoppelungszeit von 10 Jahren. Nach 50 Jahren wäre das Guthaben auf 1600,– DM angewachsen.

Reiskörner zuteilen – und auf das 64. Feld des Brettes käme weitaus
mehr Reis, als es überhaupt auf der Erde gab. So kann exponentielles
Wachstum verblüffen.

Aus Frankreich stammt eine Denksportaufgabe für Kinder, die einen
weiteren Aspekt exponentiellen Wachstums illustriert – die geradezu
unheimlich wirkende Geschwindigkeit, mit der es feste Grenzen
erreicht. Die Geschichte erzählt von einem Gartenteich, in dem eine
Seerose wächst. Die Pflanze verdoppelt die Zahl ihrer Blätter täglich.
Nach 30 Tagen würde sie bei unbeschränktem Wachstum den ganzen
See bedecken und alle anderen Lebensformen ersticken. Noch am
21. Tag nimmt sie erst $\frac{1}{128}$ der Seeoberfläche ein. Und am 25. Tag sind es
$\frac{1}{32}$ des Wassers. Das erschüttert niemanden. Auch am 29. Tag ist noch
immer die Hälfte der Wasseroberfläche frei, was noch nicht so schlimm
aussieht.

Was bringt jetzt aber die nächste Verdoppelung? Am folgenden Tag ist
der gesamte Teich zugewuchert. Kein Wasser ist mehr zu sehen, und die
Blätter wuchern bereits über die Uferböschung.[3] So kann exponentielles Wachstums unversehens zum Überziehen von Grenzen führen,
wenn man es nicht aufmerksam verfolgt.

Man kann den Verlauf exponentiellen Wachstums auch mit dem Begriff
der sogenannten *Verdoppelungszeit* beschreiben. Darunter versteht
man diejenige Zeitspanne, in der sich eine exponentiell wachsende
Größe jeweils verdoppelt. Bei der Seerose beträgt die Verdoppelungszeit einen Tag, bei der Geldanlage zu sieben Prozent zehn Jahre. Es gibt
einen einfachen Zusammenhang zwischen Zinssatz bzw. Wachstums-

Tabelle 2–1   Verdoppelungszeiten

Wachstumsrate (in % jährlich)	Verdoppelungszeit (Jahre)
0,1	700
0,5	140
1,0	70
2,0	35
3,0	23
4,0	18
5,0	14
7,0	10
10,0	7

rate in Prozenten und der zur Verdoppelung einer exponentiell wachsenden Größe erforderlichen Zeit: Die Verdoppelungszeit ist gleich 70 dividiert durch die Wachstumsrate (Tabelle 2–1).
Zu welch erschreckenden Zukunftsaussichten kurze Verdoppelungszeiten führen müßten, zeigt eine hypothetische Hochrechnung der Bevölkerung Nigerias:

Tabelle 2–2   Wachstum der Bevölkerung Nigerias bei gleicher Rate

Jahr	Bevölkerung
1990	118 Mio
2014	236 Mio
2038	472 Mio
2062	944 Mio
2086	1888 Mio

1990 betrug die Bevölkerung 118 Millionen bei der hohen jährlichen Wachstumsrate von 2,9 Prozent. Das entsprach einer Verdoppelungszeit von 70 durch 2,9 gleich 24 Jahren. Angenommen, daß diese Wachstumsrate auch künftig so hoch bliebe, so würde die Bevölkerung Nigerias entsprechend Tabelle 2–2 zunehmen. Ein Kind, das 1990 in Nigeria geboren wurde, müßte als siebzigjähriger Mensch dann in einer achtmal so dicht gedrängten Bevölkerung leben wie heute. Gegen Ende des nächsten Jahrhunderts gäbe es 1,8 Milliarden Nigerianer, sechzehnmal mehr als heute. In dem relativ kleinen Land würden fast dreimal mehr Menschen leben als heute auf dem gesamten afrikanischen Kontinent. Weshalb man derartige ins Unsinnige führende Hochrechnungen überhaupt anstellt? Sie zeigen überzeugend, daß solch eine Art von Zukunft völlig irreal ist. Exponentielles Wachstum kann sich einfach nicht mehr lange fortsetzen, wenn die Verdoppelungszeiten bereits kurz sind. Aber warum geht das Wachstum vorerst dennoch weiter? Und was wird es wohl zum Stoppen bringen?

Was wächst warum exponentiell?

Exponentielles Wachstum stellt sich stets dann ein, wenn entweder eine wachsende Größe sich selbst reproduziert – oder aber, wenn eine Größe durch eine andere, sich selbst reproduzierende Größe zum Wachstum getrieben wird.

Alle biologischen Arten, von den Bakterien bis zum Homo sapiens sapiens, vermehren sich entsprechend der ersten Grundbedingung. Denn alle Kreaturen pflanzen sich fort, reproduzieren sich also selbst. Und je mehr Kreaturen es bereits gibt, um so mehr Nachkommen zeugen sie.

Die Struktur eines Systems mit Selbstreproduktion läßt sich grafisch so darstellen:

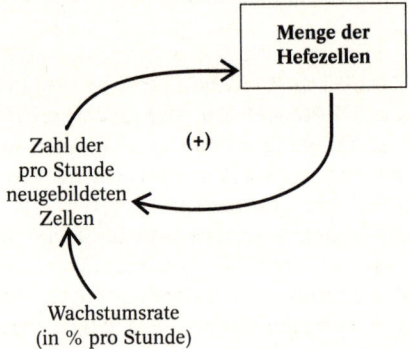

Der Kasten um die Menge der Hefezellen, die Population, deutet an, daß es sich hierbei um eine *Bestandsgröße* von Hefezellen handelt, die bei früheren Verdoppelungen entstanden ist. Wirkende kausale Beziehungen bzw. Einflüsse sind als Pfeile dargestellt. Sie können sehr unterschiedlicher Art sein, zum Beispiel eine sich bewegende Materialmenge (Flußgröße), aber auch die Übertragung von Informationen. Der obere Pfeil in der Zeichnung repräsentiert den Fluß aus neugebildeten Zellen, der den Bestand erhöht. Der Pfeil unten nach links stellt die in den Zellen wirksame genetische Information dar, die zur Zellteilung, also zu Schaffung neuer Zellen führt. Wieviel Zellen tatsächlich neu entstehen, wird von einer weiteren Information bestimmt, der *Wachstumsrate*.

Grundsätzlich gilt: Je größer die Population, der Bestand, bereits ist, um so mehr neue Hefezellen entstehen, sofern die äußeren Bedingungen eine Zellvermehrung zulassen.

Das Pluszeichen (+) zwischen den Pfeilen besagt, daß sie eine *positive Rückkopplungsschleife* bilden. Das ist eine in sich geschlossene Kette von Ursachen und Wirkungen, in der die Zunahme eines Elements Veränderungen zur Folge hat, welche die ursprüngliche Zunahme noch verstärken: Eine Zunahme führt zu weiterer Zunahme; eine Abnahme zu verstärkter Abnahme. Die Bezeichnung positiv ist in diesem Falle nicht unbedingt gleichbedeutend mit »gut«. Sie bezieht sich auf den verstärkenden Effekt innerhalb der Rückkopplung. (In gleichem Sinne sind negative Rückkopplungen, die anschließend behandelt werden, nicht unbedingt »schlecht«; in ihnen führt vielmehr eine Veränderung zu einer abgeschwächten Gesamtwirkung. Wir werden sehen, daß negative Rückkopplungen oftmals stabilisierende Wirkung haben.)

Ob nun eine positive Rückkopplung erfreulich wirkt oder ob sie ein »Teufelskreis« ist, hängt davon ab, ob das von ihm verursachte Wachstum erwünscht ist oder nicht. Positive Rückkopplungen verursachen das exponentielle Wachstum der Hefezellen, das den Hefeteig aufgehen läßt und Backwaren locker und bekömmlich macht; sie sind verantwortlich für die Verbreitung von Krankheitskeimen etwa bei Pflanzenerkrankungen und Erkältungen – natürlich geht auch die Vermehrung des Geldes auf der Bank auf ihr Konto. Wenn immer in einem System eine positive Rückkopplung wirkt, ist es auch fähig, exponentiell zu wachsen – oder exponentiell abzunehmen.

Dies bedeutet allerdings nicht, daß solch ein System auch tatsächlich wächst, sondern nur, daß es die strukturell bedingte Fähigkeit dazu hat. Die tatsächliche Wachstumsrate ist von vielen äußeren Umständen abhängig, so etwa davon, ob Nährstoffe vorhanden sind (zum Beispiel Zucker bei Hefekulturen), wie hoch das allgemeine Zinsniveau ist (bei Geldeinlagen), ob geeignete Temperaturen herrschen (bei chemischen und biologischen Systemen), ob konkurrierende Organismen vorhanden sind (zum Beispiel Schimmelpilze, die Bakterienkulturen stören). Bei menschlichen (sozialen) Systemen ist oft entscheidend, ob Anreize wirken oder Entmutigung herrscht, welche Ziele man sich gesetzt hat. Das strukturelle Wachstumsvermögen einer Bevölkerung kann durch äußere Faktoren oder durch innere Motive der Menschen gebremst oder annulliert werden. Aber wann immer Bevölkerungswachstum auftritt, ist es exponentieller Art – solange es nicht aufgehalten wird.

Exponentiell wachsen kann aber auch das *Industriekapital.* Darunter sind keine Geldwerte zu verstehen, sondern die Maschinen, Geräte, Ausrüstungen und Fabriken, mit denen man Industriegüter herstellt, unter anderem wiederum Maschinen, Geräte, Ausrüstungen und Fabriken. Eine Stahlhütte kann den erforderlichen Stahl zum Aufbau einer neuen Stahlhütte produzieren. Eine Maschine zur Herstellung von Muttern und Schrauben kann die Muttern und Schrauben herstellen, die eine neue Maschine zur Herstellung von Muttern und Schrauben zusammenhalten. Je mehr Fabriken es bereits gibt, um so mehr neue Fabriken lassen sich bauen, entsprechend dem komplizierten System der eigen- und gegenseitigen Belieferung mit Investitionsgütern, das die industrielle Produktion möglich gemacht hat.

Keineswegs zufällig erwarten heute die Menschen ein jährliches Wirtschaftswachstum, das nach Prozenten – etwa drei bis fünf – des Wirtschaftsprodukts des jeweiligen Vorjahrs bemessen wird und damit eine Wachstumsrate darstellt. Man erhofft sich also exponentielles Wirtschaftswachstum. Meist stellt es sich auch ein, weil Industriekapital neues Industriekapital erzeugen kann. Eine Volkswirtschaft wächst immer dann exponentiell, wenn diese Selbstreproduktion von Industriekapital nicht behindert wird, etwa durch ungünstiges Verhalten der Verbraucher, durch Arbeitskräftemangel, durch Knappheit an Rohstoffen und Energie, durch mangelnde Investitionsbereitschaft, unfähige Führungskräfte und andere Erscheinungen aus der vielfältigen Palette von Faktoren, welche die Funktion eines komplexen Produktionssystems weitgehend lähmen können.

Genau wie das System der Bevölkerung besitzt auch das Wirtschaftssystem eine innere *Struktur,* die es zu bestimmtem *Verhalten,* eben exponentiellem Wachstum befähigt. Auch im Wirtschaftssystem wirken positive Rückkopplungen. Es wird aber auch durch weitere, andersartige Rückkopplungen beeinflußt. Jedermann weiß, daß Volkswirtschaften keineswegs immer wachsen. Aber sie zeigen starke Wachstumstendenzen. Die meisten von ihnen wachsen auch, wann immer das möglich ist.

Bevölkerung und Industriekapital sind die treibenden Wachstumskräfte in den industrialisierten Regionen der Erde. Die drei anderen Sektoren mit Wachstumstendenzen – die Nahrungsmittelproduktion, die Nutzung von Ressourcen und die Umweltverschmutzung – sind strukturell nicht fähig, sich selbst zu reproduzieren. Sie werden vielmehr durch die Zunahme der Bevölkerungs- und des Industriekapitals zum Wachstum getrieben. Es gibt keine Rückkopplungen, die bewirken könnten, daß ins Grundwasser gelangte Pestizide noch mehr Pestizide erzeugen. In Kohleflözen unter Tage wird keine neue Kohle ausgebrütet, und die Förderung von Kohle fördert die Kohleförderung nicht. Wenn man zwei Millionen Tonnen Weizen erntet, wird es dadurch nicht automatisch einfacher, demnächst vier Millionen Tonnen Weizen einzufahren. Im Gegenteil, sobald man sich bestimmten Grenzen nähert, macht jede Verdoppelung bei der Nahrungsmittelproduktion und beim Abbau von Rohstoffen mehr Schwierigkeiten als die zuvor bereits erreichte Verdoppelung.

Die Nahrungsmittelproduktion und der Rohstoff-Abbau nehmen also nur deshalb exponentiell zu, weil eine exponentiell wachsende Bevölkerung auch exponentiell mehr Nahrung und Materialmengen braucht. Bislang waren die Menschen recht erfolgreich, die erforderlichen Mengen zu beschaffen. Auch die Umweltverschmutzung und die Entstehung von Müll werden zum Wachstum angetrieben, weil steigende Durchsatzmengen von Materialien und Energie eben zu entsprechenden Mengen von Abfällen führen.

Das exponentielle Wachstum von Bevölkerung und Industriekapital und die damit zunehmenden Mengen an Nahrungsmitteln, Materialien und Abfällen ist keine bloße Annahme, es ist eine Tatsache. Es handelt sich um strukturell verwurzelte Fakten. Der Wirkungsmechanismus ist voll erkannt und registrierbar. Seit Jahrhunderten ist dieses exponentielle Wachstum bislang unaufhaltsam im Gange, mit nur wenigen, insgesamt bedeutungslosen Unterbrechungen.

Wachstum der Weltbevölkerung

Um das Jahr 1650 gab es etwa 500 Millionen Menschen auf der Erde. Die jährliche Wachstumsrate betrug damals rund 0,3 Prozent. Das entsprach einer Verdoppelungszeit von 250 Jahren. Bis 1900 war dann die Weltbevölkerung auf 1,6 Milliarden angestiegen, ihre Wachstumsrate auf 0,5 Prozent. Die Verdoppelungszeit betrug nur noch 140 Jahre. 1970 erreichte die Bevölkerungszahl 3,6 Milliarden bei einer Wachstumsrate von 2,1 Prozent. Das war nun kein exponentielles Wachstum mehr, es war *superexponentiell* geworden, denn die Wachstumsrate selbst wuchs exponentiell.

Die Ursachen dafür sind an sich durchaus erfreulich: Die Sterberaten sind gefallen. Zwar sind auch die Geburtenraten zurückgegangen, jedoch sehr viel langsamer. Weniger Sterbefälle bei noch immer zahlreichen Geburten: das hat die Zahl der Menschen drastisch erhöht. Zwischen 1971 und 1991 fiel die Sterberate weiter, aber auch die Geburtenrate ging etwas stärker zurück (Abbildung 2–4). Während in dieser Zeit die Weltbevölkerungszahl von 3,6 Milliarden auf 5,4 Milliarden stieg, ging die Wachstumsrate von 2,1 auf 1,7 Prozent zurück.[4] Das ist eine sehr beachtliche Veränderung, doch sie bedeutet keineswegs, daß sich das Bevölkerungswachstum nun allmählich Null nähert. Trotz der geringeren Wachstumsrate war 1991 der Bevölkerungszu-

Abbildung 2–4   Der demographische Übergang

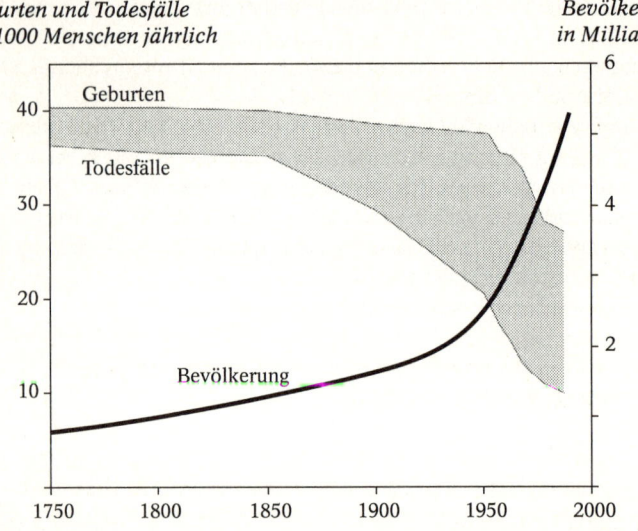

*Geburten und Todesfälle
auf 1000 Menschen jährlich*

*Bevölkerung
in Milliarden*

Die gerasterte Zone zwischen Geburten und Todesfällen ergibt die jeweilige Rate des Bevölkerungswachstums über der betreffenden Jahreszahl (untere waagerechte Skala). Bis etwa 1970 hat weltweit die Zahl der jährlichen Todesfälle rascher abgenommen als die Zahl der Geburten. Dadurch stieg die Wachstumsrate der Bevölkerung. Seit 1970 aber fällt die Geburtenzahl ein wenig rascher als die Zahl der Todesfälle. Dadurch ist auch die Wachstumsrate der Weltbevölkerung etwas zurückgegangen. Doch noch immer ist das Bevölkerungswachstum exponentiell (Quelle: Vereinte Nationen).

wachs in absoluten Zahlen höher als jemals zuvor. Die Tabelle 2–3 erklärt, warum:

Tabelle 2–3   Zuwachs der Weltbevölkerung 1971 und 1991

Jahr	Bevölkerung	×	Wachstumsrate	=	Zuwachs
1971	3,6 Mrd.	×	2,1 % jährl.	=	76 Mio.
1991	5,4 Mrd.	×	1,7 % jährl.	=	92 Mio.

Die Wachstumsrate ist eben nicht in dem Maße gefallen wie die Gesamtbevölkerung zugenommen hat. Deshalb steigt die Zahl der jeweils in einem Jahr neu hinzukommenden Menschen weiter. Das Wachstum ist noch immer exponentiell, wenn auch mit einer geringeren Rate. Der Zuwachs von 92 Millionen im Jahre 1991 entspricht der Bevölkerung Deutschlands, der Schweiz und Österreichs zusammen, oder – da sich ja 90 Prozent der Bevölkerungsvermehrung in der Dritten Welt abspielen – der Bevölkerung Mexikos plus der von Honduras. Selbst wenn die Geburtenraten so sinken sollten, wie nach extrem optimistischen Hochrechnungen bestenfalls zu erwarten ist, müssen wir mit einer weiteren enormen Zunahme der Weltbevölkerung rechnen, besonders aus den Ländern der Dritten Welt (Abbildung 2–5).
Die beiden folgenden Rückkopplungen steuern das dynamische Verhalten des Bevölkerungssystems:

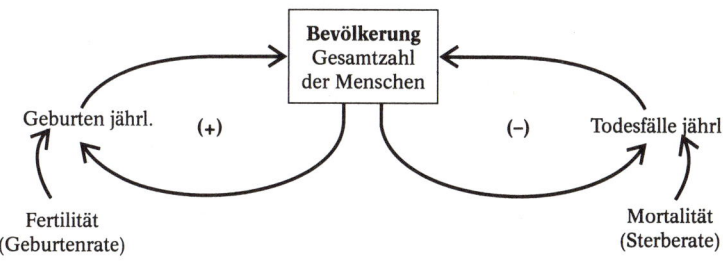

Die positive Rückkopplung links verursacht das exponentielle Wachstum. Je größer die Bevölkerung, desto mehr Babys werden jährlich geboren – und je mehr Babys, desto größer die Bevölkerung. Nach einer bestimmten Verzögerungszeit sind die Babys erwachsen; jetzt werden also noch mehr Babys geboren und vergrößern die Bevölkerung weiter.

Aber auch die negative Rückkopplung rechts beeinflußt das Bevölkerungswachstum. Während positive Rückkopplungen das potentielle Wachstum verursachen, tendieren *negative Rückkopplungen* dazu, das Wachstum zu begrenzen und ein System in einem akzeptablen Zustand zu halten oder es zu stabilisieren.

In einer negativen Rückkopplung bewirkt die Veränderung eines Elements über die Ursachen-Wirkungskette, daß es gegensinnig zur ursprünglichen Änderung verändert, also nach einer ursprünglichen

Abbildung 2–5   Bevölkerungszuwachs

Jährlicher Bevölkerungszuwachs in Millionen

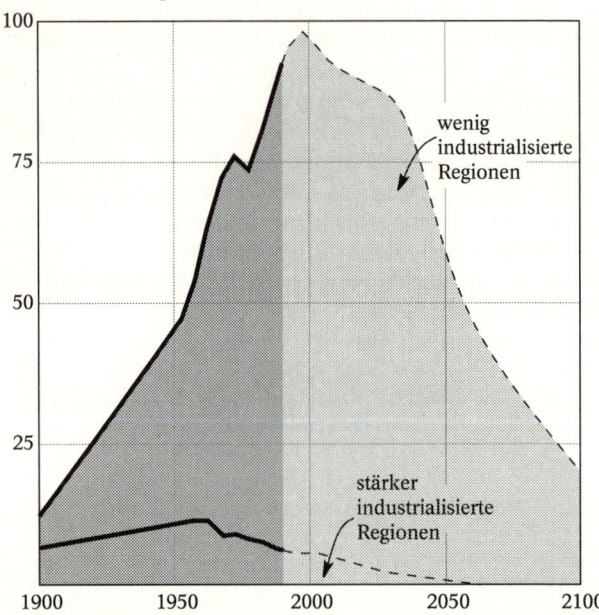

Die Zahl der Menschen, die jedes Jahr zusätzlich die Erde bevölkern, wird nach den Hochrechnungen der Weltbank noch mindestens ein Jahrzehnt weiter zunehmen. Doch es handelt sich hierbei um sehr optimistische Annahmen; wenn man ihnen folgt, wäre nach 2000 ein rascher Rückgang der Geburtenzahlen in der Dritten Welt zu erwarten (Hochrechnungen gestrichelte Linien – Quellen: Vereinte Nationen; E. Bos et al.).

Verstärkung im Endeffekt abgeschwächt wird: Je mehr Menschen pro Jahr sterben, um so mehr nimmt die Bevölkerung ab, so daß dann im nächsten Jahr auch entsprechend weniger Leute sterben.

Die Zahl der jährlichen Todesfälle in einer Bevölkerung ist gleich der Gesamtbevölkerung multipliziert mit der durchschnittlichen *Mortalität*. Diese Mortalität ist eine Flußrate und gibt an, wieviel Prozent der Gesamtbevölkerung jährlich sterben.

Die Zahl der jährlichen Geburten ist gleich der Gesamtbevölkerung multipliziert mit der *Fertilität*. Auch die Fertilität ist eine Flußrate und gibt an, wie viele Babys in Prozenten der Gesamtbevölkerung jährlich geboren werden. Fertilität und Mortalität zusammen bestimmen die *Wachstumsrate;* sie ist gleich der Fertilität minus Mortalität.

Nun sind natürlich Fertilität und Mortalität einer Bevölkerung niemals konstant. Sie sind abhängig von wirtschaftlichen Einflüssen, von der Umwelt und demographischen Faktoren wie dem durchschnittlichen Einkommen, der Ausbildung, dem Gesundheitszustand, Maßnahmen zur Familienplanung, religiösen Überzeugungen, der Umweltverschmutzung und von der Altersstruktur der Bevölkerung. Die beiden recht einfachen Rückkopplungen im System der Bevölkerung können deshalb unterschiedliche dynamische Verhaltensformen zur Folge haben.

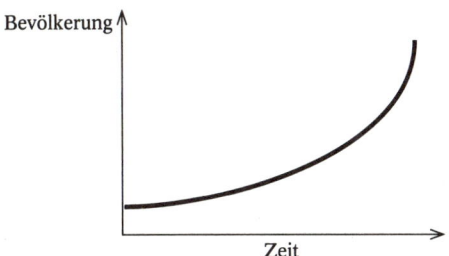

Wenn die Fertilität größer als die Mortalität ist, so wächst die Bevölkerung exponentiell.

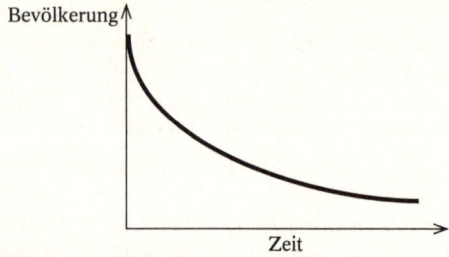

Ist die Mortalität größer als die Fertilität, nimmt die Bevölkerungszahl ab und tendiert gegen Null.

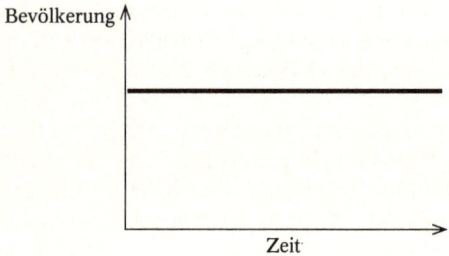

Wenn die Fertilität gleich der Mortalität ist, werden gleich viele Menschen nachgeboren wie jeweils sterben. Es herrscht *dynamisches Gleichgewicht*.

Die Bevölkerungsentwicklung kann im Laufe der Zeit jedes dieser drei Verhaltensmuster annehmen. Sie sind auch in den realen Bevölkerungen zu beobachten. Das jeweilige Verhältnis von Fertilität zu Mortalität bei den Nationen und ethnischen Gruppen ist so unterschiedlich wie deren Kulturen und geschichtliche Vergangenheit. Aber trotz dieser Unterschiede zeigen sich einige Grundregeln:

Einige der armen Bevölkerungen mit geringer Industrialisierung, darunter viele in Afrika, haben hohe Mortalität bei noch höherer Fertilität. Ihre Wachstumsraten liegen bei zwei bis drei Prozent jährlich. Sie werden noch weiter ansteigen, sobald die Mortalität abzunehmen beginnt.

Die Bevölkerungen der hochindustrialisierten Länder wie in Nordamerika, Europa, in Teilen der früheren UdSSR und in Japan weisen meist niedrige Mortalität und Fertilität auf; ihre Wachstumsraten sind gering und liegen unter einem Prozent pro Jahr. Bei wenigen europäischen Bevölkerungen ist im letzten Jahrzehnt das schwache exponentielle Wachstum in eine sehr langsame Bevölkerungsabnahme übergegangen. (Bei der deutschen Bevölkerung beträgt dieser Bevölkerungsschwund nahezu 30 Prozent pro Generation.)

In den Bevölkerungen mit mittlerem Grad der Industrialisierung wie in Brasilien, Indonesien, Thailand und Ägypten zeigt sich relativ geringe Mortalität bei noch immer hoher, aber abnehmender Fertilität. Die Wachstumsraten sind sehr unterschiedlich; in einigen Ländern sind sie bescheiden, in anderen geradezu rasant (ein Prozent bis zu vier Prozent).

Auf Grund dieser Unterschiede der Fertilität und Mortalität haben die Demographen eine Theorie ausgearbeitet, die *demographischer Übergang* genannt wird. Sie besagt, daß bei niedrigem Niveau der Industrialisierung sowohl Fertilität als auch Mortalität hoch sind und die Bevölkerungen langsam wachsen. Wenn sich dann die Ernährung und die medizinische Versorgung verbessern, sinkt die Sterberate (Mortalität). Die Geburtenrate (Fertilität) hinkt jedoch über eine bis zwei Generationen hinter dieser Entwicklung her und bleibt zunächst hoch. Dadurch entsteht eine große Differenz zwischen Fertilität und Mortalität, die rasches Bevölkerungswachstum zur Folge hat.

Wenn sich schließlich die Lebensformen voll entwickelter Industriegesellschaften ausbreiten, sinkt auch die Fertilität und damit das Bevölkerungswachstum.

Die dokumentierten demographischen Übergänge in sechs verschiedenen Ländern sind in der Abbildung 2–6 dargestellt. Wie man sieht, sind in Ländern mit langer Industriegeschichte, wie zum Beispiel in Schweden, die Geburten- und Sterberaten über lange Zeit sehr langsam gefallen. Es kam nie zu großen Unterschieden zwischen Fertilität und Mortalität; die Wachstumsrate stieg kaum je über maximal zwei Prozent jährlich. Deshalb sind über die gesamte Epoche des demographischen Übergangs im Norden die Bevölkerungen allenfalls auf das Fünffache ihres ursprünglichen Bestands gewachsen.

In den Ländern, die man zum wirtschaftlichen Süden rechnet, begannen die Sterberaten viel später zu sinken, fielen dann aber sehr rasch. Dadurch ergab sich eine große Differenz zwischen Geburten- und Sterberaten; es kam zu rapidem Bevölkerungswachstum, wie es die Länder des Nordens niemals erleben mußten (Nordamerika bildet da

Abbildung 2–6a   Demographischer Übergang in den Industrieländern

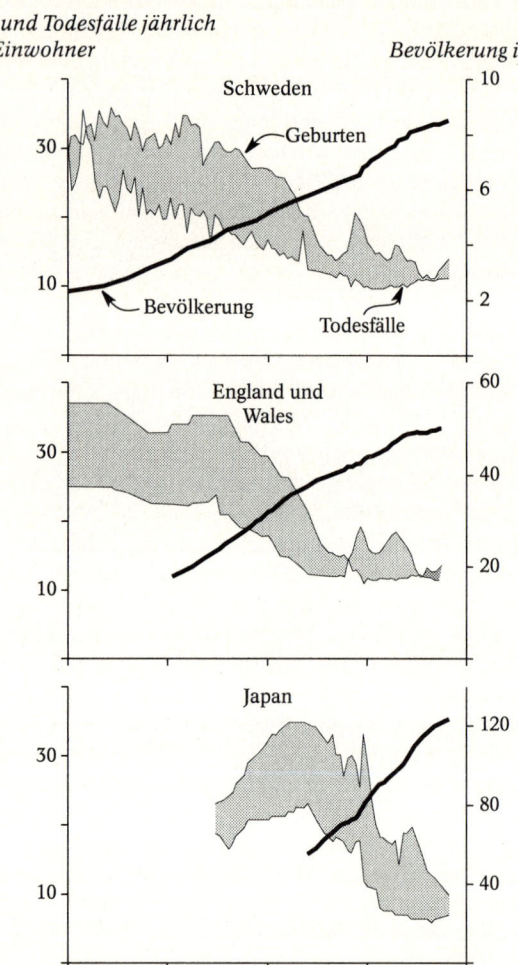

Geburten und Todesfälle jährlich
pro 1000 Einwohner   *Bevölkerung in Millionen*

Beim demographischen Übergang gehen zuerst die Todesfälle zurück, erst später fällt auch die Geburtenrate. In Schweden begann der demographische Übergang schon vor fast zwei Jahrhunderten; die Geburtenzahlen lagen aber nie sehr hoch über der Zahl der Sterbefälle. In diesen zwei Jahrhunderten ist die gesamte Bevölkerung Schwedens um weniger als das Fünffache gestiegen. In Japan lief der demographische Übergang in weniger als einem Jahrhundert ab. Die Länder

Abbildung 2–6b   Demographischer Übergang in Drittweltländern

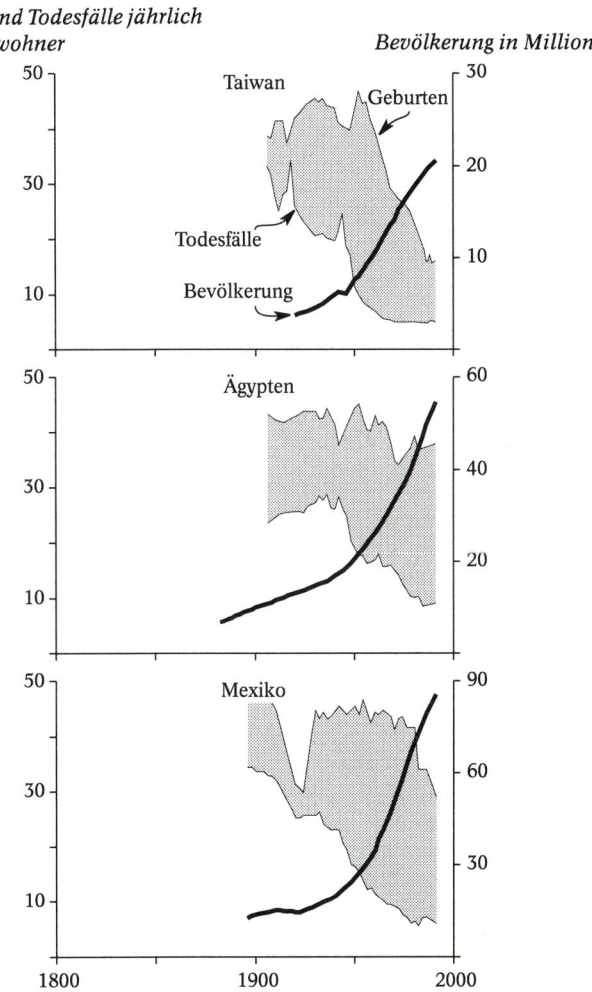

*Geburten und Todesfälle jährlich
je 1000 Einwohner*

Bevölkerung in Millionen

der Dritten Welt haben für diesen Wandel noch weniger Zeit zur Verfügung. Deshalb stellt sich bei ihnen zunächst eine große Differenz zwischen Geburten und Zahl der Sterbefälle ein, die zu raschem Bevölkerungswachstum führt (Quellen: Vereinte Nationen; R. A. Easterlin; J. Chesnais; N. Keyfiz; Population Reference Bureau; U. K. Office of Population Census and Surveys).

eine Ausnahme, weil es als Immigrationsgebiet längere Zeit Bevölke-
rungsüberschüsse vor allem aus Europa aufgenommen hat). Die Bevölkerungen vieler jetzt mäßig industrialisierter Länder des Südens sind
bereits bis auf das Zehnfache angewachsen und wachsen rasch weiter.
In diesen Regionen ist der demographische Übergang noch keineswegs
abgeschlossen. Es sieht so aus, als werde er gerade durch das rasche
Bevölkerungswachstum verzögert.

Abbildung 2–7   Geburtenraten und Bruttosozialprodukt (BSP) 1989

Geburten pro 1000 Einwohner jährlich

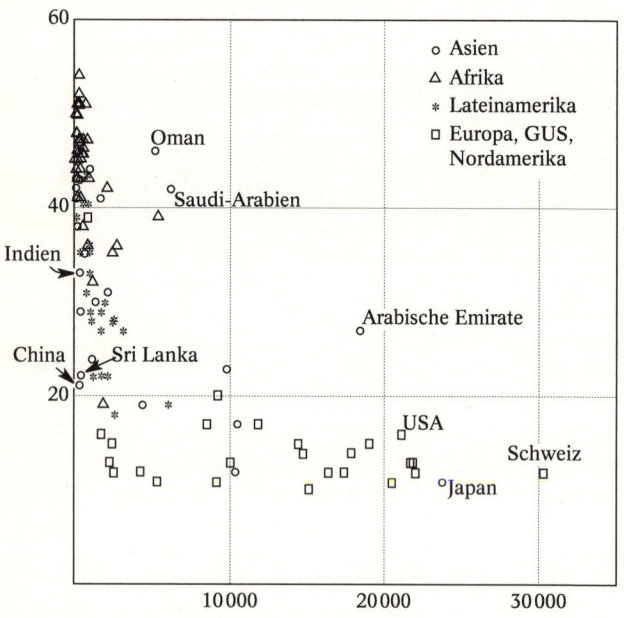

BSP in $ jährlich pro Kopf

Sobald eine Gesellschaft wohlhabender wird, beginnen die Geburtenzahlen zu
fallen. In allen armen Ländern der Erde werden jährlich auf 1000 Einwohner
zwischen 20 und 50 Kinder geboren. Doch in den reichsten Industrieländern
liegen die Geburtenzahlen immer unter 20 Neugeborenen pro 1000 Einwohner
jährlich. Nur die Öl-Staaten des Nahen Ostens haben Geburtenraten über dem
Durchschnitt (Quellen: Population Reference Bureau; CIA).

Die Demographen streiten noch über die Ursachen des demographischen Übergangs, besonders über die Faktoren, die zum Geburtenrückgang führen. Geringere Geburtenraten sind sicherlich nicht nur eine Folge höherer Einkommen. Die Zusammenhänge sind komplizierter, wie Abbildung 2–7 über das Verhältnis von Bruttosozialprodukt pro Kopf und Geburtenraten in verschiedenen Ländern zeigt. Ohne Zweifel besteht ein gewisser Zusammenhang zwischen Wirtschaftskraft und Geburtenrate. Aber er ist nicht eindeutig. Es gibt Abweichungen: So haben China und Sri Lanka bemerkenswert geringe Geburtenraten im Verhältnis zu ihrem Pro-Kopf-Einkommen. Auffallend sind auch die im Verhältnis zur Wirtschaftskraft ungewöhnlich hohen Geburtenraten in einigen reicheren Ländern des Nahen Ostens.

Vermutlich ist nicht so sehr der Stand der Entwicklung eines Landes maßgebend. *Direkt* entscheidend für niedrigere Geburtenzahlen sind offenbar die durch die Wirtschaftsentwicklung entstehenden Veränderungen der Lebensformen, besonders des Lebensstils der Frauen, in den Familien. Wichtiger als das durchschnittliche Sozialprodukt pro Kopf sind wohl Erziehung und Ausbildung der Menschen, die verfügbaren Arbeitsplätze (speziell solche für Frauen) sowie Maßnahmen zur Familienplanung und die Senkung der Kindersterblichkeit. In China, Sri Lanka, Costa Rica, Singapur, Thailand, Malaysia und einigen anderen Ländern hat sich gezeigt, daß derartige sozialen Errungenschaften zur Senkung der Geburten den meisten Familien zu geringen Kosten vermittelt werden können. Aber das geht nur dann, wenn die betreffenden Gesellschaften willens sind, ihre Ressourcen in diese Richtung zu steuern.

Industrielles Wachstum garantiert also nicht automatisch verbesserte Lebensbedingungen und fallende Wachstumsraten einer Bevölkerung. Aber es schafft ohne Zweifel günstige Voraussetzungen dafür. Deshalb ist es besonders wichtig, die Ursachen und Folgen des industriellen Wachstums zu verstehen.

Das globale Wirtschaftswachstum

Bei Debatten über Wirtschaftsfragen kommt es oft zu Verständigungsschwierigkeiten, weil man vielfach nur mangelhaft zwischen Geld, den in Geldwert bemessenen realen Gütern und den sehr unterschiedlichen Funktionen dieser Güter in der Wirtschaft unterscheidet. Wir müssen

deshalb die Begriffe klar definieren. Abbildung 2–8 zeigt, wie in
World 3 die reale Wirtschaft dargestellt ist. Entsprechend wird sie auch
in diesem Buch besprochen.

Industriekapital (oder *Kapital*) bezeichnet produktive Hardware: die
Maschinen, Werkanlagen und Fabriken, mit denen man Produkte
herstellt (selbstverständlich unter Einsatz von Arbeitskräften, Energie,

Abbildung 2–8
Kapitalströme im Wirtschaftssektor
von World3

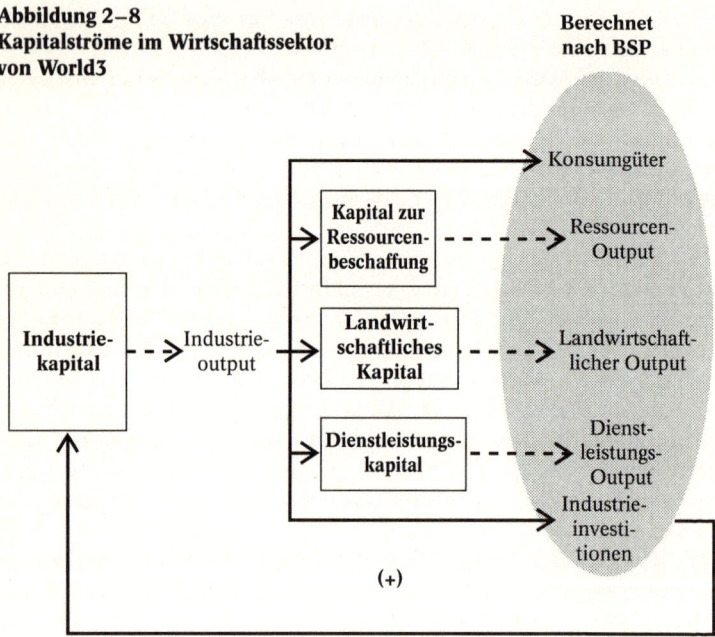

Die Produktion und die Verteilung des Industrieprodukts sind entscheidend für
das Verhalten des Wirtschaftssektors, auch in *World3*. Der Grundstock des
Industriekapitals bestimmt die Höhe des jährlichen Industrieoutputs, der sich
auf fünf Sektoren verteilt, abhängig von den Wünschen und dem Bedarf der
Bevölkerung. Ein Teil des Outputs geht in den unmittelbaren Verbrauch, ein
anderer Teil wird im Ressourcen-Sektor zur Beschaffung benötigter Materialien
genutzt. Ein Teil des Industrieprodukts fließt in den Landwirtschaftssektor und
dient dort zur Entwicklung von Landflächen und zur Steigerung der Erträge. Ein
weiterer Teil des Outputs wird in Dienstleistungen investiert. Der restliche Teil
des Outputs sind Investitionsgüter zur Erhöhung des Kapitalstocks, der dadurch
größeren Industrieoutput erreichen kann.

Rohstoffen, von Landflächen, Technologie, finanziellen Mitteln, mit Hilfe des Managements und der Möglichkeiten, die das natürliche Ökosystem der Erde bietet. Im nächsten Kapitel werden wir diese Hilfsfaktoren für die Produktion, besonders Energie, Rohstoffe, Landnutzung, Wasser und die Dienstfunktionen des Ökosystems, näher besprechen).

Der ununterbrochene Strom industriell erzeugter Güter und Waren ist das *Industrieprodukt* oder der *Industrie-Output*.

Ein Teil dieses Outputs ist für den unmittelbaren Gebrauch bestimmt. Das sind die *Verbrauchsgüter*, zum Beispiel Kraftwagen, Kleidung, Fernsehgeräte, Häuser etc.

Ein anderer Teil des Outputs sind zum Beispiel Bohrtürme und Bohrgeräte, Ausrüstungen und Abbaumaschinen für den Bergbau, Pipelines und Öltanker; sie gehören zum *Kapital zur Rohstoffgewinnung*, das die benötigten Rohmaterialien und Energieträger beschafft.

Traktoren, Bewässerungssysteme, Land- und Erntemaschinen rechnet man zum *landwirtschaftlichen Kapital*. Dessen Output sind in erster Linie Nahrungsmittel.

Krankenhäuser, medizinische Einrichtungen, Schulen, Universitäten, Banken, Läden und Warenhäuser gehören zum *Dienstleistungskapital;* sein Output sind Gesundheitsdienste, Erziehung und Ausbildung, Vermittlung von Wissen und Werten etc.

Schließlich ist ein wichtiger Teil des Industrie-Outputs neugeschaffenes Industriekapital, die *Investitionsgüter* wie etwa neue Stahlwerke, elektrische Generatoren und neue Werkzeugmaschinen. Sie werden dazu genutzt, das Industriekapital selbst zu vergrößern, so daß künftig der Industrie-Output erhöht werden kann.

Alles, was wir hier erwähnt haben, sind materielle Dinge, Hardware. Es ist kein Geld. Das Geld hat die Funktion, Informationen über die relativen Kosten und den Wert dieser Hardware zu vermitteln; der Wert ergibt sich durch den Aufwand der Hersteller und die Nachfrage der Benutzer über den Markt. Die Geldbewegungen vermitteln und motivieren die Flüsse des materiellen Kapitals und der Produkte. Der über ein Jahr aufsummierte Geldwert aller produzierten Güter und Dienstleistungen, des Outputs entsprechend Abbildung 2–8, ist das *Bruttosozialprodukt (BSP)*.

Geldflüsse interessieren uns hier nicht besonders, denn nur physikalisch-materielle Flüsse, nicht aber Geldflüsse, unterliegen den Begrenzungen unseres Planeten. Wir benutzen dennoch die Zahlenwerte des BSP in zahlreichen Abbildungen und Tabellen, denn die Wirtschafts-

daten werden weltweit als monetäre Größen und nicht als physikalische Mengen verbucht. Dabei gilt unser Interesse aber immer den physikalisch-materiellen Größen, die von den Zahlen des BSP repräsentiert werden: dem Industrie-Output in Form von Kapital, Waren, Dienstleistungen, Rohstoffen und landwirtschaftlichen Produkten.
Wir haben bereits darauf hingewiesen, daß auch das Industriekapital durch Selbstreproduktion exponentiell wachsen kann. Die Struktur seiner Regelkreise, die diese Reproduktion möglich macht, gleicht der des Bevölkerungssystems.

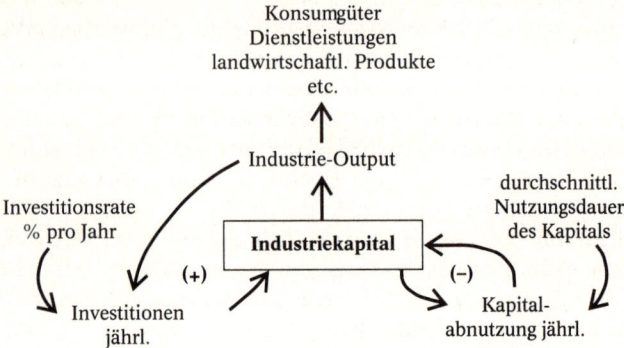

Ein bestimmter Bestand an Industriekapital, der *Kapitalstock* (also Fabriken, Transportmittel, Computer, Werkzeuge, Kraftwerke, Maschinen etc.), kann eine bestimmte Menge von Industrieprodukten pro Jahr herstellen, den Industrie-Output, sofern die dazu erforderlichen Arbeitskräfte, Energie- und Rohstoffmengen sowie andere notwendige Inputs zur Verfügung stehen. Einige Prozente dieser Jahresproduktion sind Investitionsgüter, wie zum Beispiel neue Werkhallen, Stahlhütten, Werkzeugmaschinen etc. Die Investitionen vergrößern den Kapitalstock, so daß künftig ein höherer Output möglich wird. Der Prozentsatz der Investitionsgüter am Industrie-Output ist eine variable Flußrate und entspricht der Fertilität der Bevölkerung im Bevölkerungsmodell. Seine Höhe hängt ab von den Entscheidungen der Führungskräfte, aber auch von den im Wirtschaftssystem wirkenden Beschränkungen, von der allgemeinen Geschäftslage etc.
Die positive Rückkopplung, die Investitionen schafft, ist links im Strukturdiagramm des Industriekapitals dargestellt. Größeres Kapital schafft höheren Output und damit auch mehr Investitionsgüter; höhere Inve-

stitionen aber vergrößern das Kapital. Ein erneuerter und vergrößerter Kapitalstock hat wiederum höheren Output zur Folge, und so fort. Auch in dieser Rückkopplung wirken Verzögerungszeiten, denn die Planung, Finanzierung und dann der Bau großer Einheiten des Kapitals wie Eisenbahnlinien, Kraftwerke und Raffinerien dauern oft mehrere Jahre bis Jahrzehnte.

Im Kapitalsystem ist also wie im Bevölkerungssystem ein positiver »Geburten-Regelkreis« wirksam. Es gibt aber auch einen negativen »Sterbe-Regelkreis«: Maschinen und sonstige Ausrüstungen nutzen sich bekanntlich ab und veralten. Sie müssen dann abgebaut und verschrottet werden. Die Rate dieser *Kapitalabnutzung* wirkt analog der Mortalität der Bevölkerung. Je größer der Kapitalstock ist, um so mehr Kapital muß jährlich ausgesondert werden. Die Kapitalabnutzung tendiert dazu, das Kapital zu verringern. Verschlissenes Kapital wird nach gegebenen Möglichkeiten durch Investitionen ersetzt. Nur der Teil der Investitionsrate, der die Rate der Kapitalabnutzung überschreitet, vergrößert den Kapitalstock.

Da im System des Industriekapitals prinzipiell dieselben Rückkopplungsschleifen wirksam sind wie in dem der Bevölkerung, kann es auch dieselben grundsätzlichen Verhaltensmuster zeigen: Es kann exponentiell wachsen, sich exponentiell vermindern oder auch im dynamischen Gleichgewicht stehen. Und entsprechend dem demographischen Übergang der Bevölkerungen durch die Industrialisierung unterliegen auch die Wirtschaftssysteme einer langfristigen Wandlung. In vorindustriellen Wirtschaften sind die Landwirtschaft und die Dienstleistungen vorherrschend. Wenn sich dann aber Industriekapital bildet und zu wirken beginnt, befruchtet dies alle Wirtschaftszweige. Aber das Industriekapital wächst zunächst rascher als alle anderen Sektoren. Später jedoch, wenn sich eine gut funktionierende industrielle Basis gebildet hat, verlagert sich das Wachstum wieder mehr auf die Dienstleistungen (Abbildung 2–9).

Moderne Industriegesellschaften werden oft Dienstleistungsgesellschaften genannt. Sie benötigen aber weiterhin eine sehr umfangreiche landwirtschaftliche und industrielle Basis. Krankenhäuser, Altersheime, Schulen, Banken, Kaufhäuser, Restaurants, Hotels, Verlage, die Presse, Rundfunk und Fernsehen, der gesamte Tourismus: all das gehört zu den Dienstleistungen. Wer schon einmal die Kolonnen von Lastfahrzeugen gesehen hat, die solche Großbetriebe mit Nahrungsmitteln, Papier, Brennstoffen und anderen Gütern beliefern und deren Müllmengen wieder wegkarren, hat einen Begriff davon, wie solide und umfangreich das industrielle und landwirtschaftliche Fundament der modernen Dienstleistungsgesellschaften sein muß.

In der realen Welt von heute sind die positiven Rückkopplungen in der Bevölkerung und der Industrie absolut vorherrschend. Das Industriekapital ist von Anfang an exponentiell und rascher als die Bevölkerung gewachsen. In den zwanzig Jahren zwischen 1970 und 1990 hat die globale Industrieproduktion fast um 100 Prozent zugenommen, sich also annähernd verdoppelt (siehe Abbildung 1–2). Da in derselben Zeitspanne auch die Bevölkerung um rund 50 Prozent zugenommen hat, wird für jede heute lebende Person ein Drittel mehr an Industriegütern produziert als vor zwanzig Jahren – allerdings nur im mathematischen Durchschnitt.

Abbildung 2–9   BSP der USA nach Sektoren

in Milliarden $ jährlich (Stand 1982)

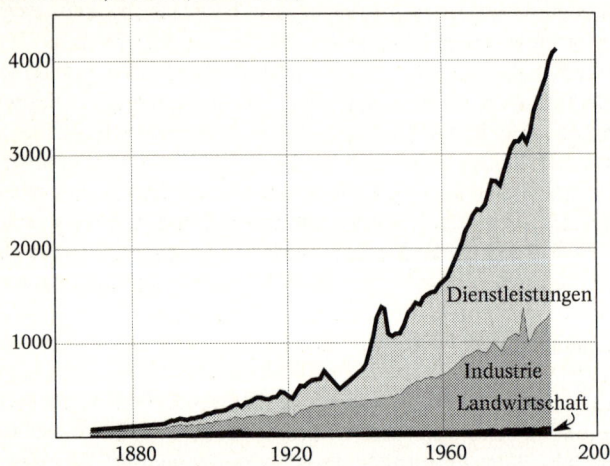

Der Verlauf der Verteilung des Bruttosozialprodukts der USA nach Sektoren zeigt den langsamen Wandel in Richtung der Dienstleistungsgesellschaft. Die Dienstleistungen beanspruchen einen ständig wachsenden Anteil der Wirtschaft. Dennoch steigen auch die Anteile der Industrie selbst und des landwirtschaftlichen Sektors weiter, in absoluten Zahlen gerechnet (Quellen: U. S. Bureau of the Census; U. S. Council of Economic Advisors).

Armut schafft Bevölkerung – Bevölkerung schafft Armut

Wenn das Kapital rascher wächst als die Bevölkerung, steigt der Lebensstandard der Menschen. Das fördert wiederum den demographischen Übergang, und der bremst dann das Bevölkerungswachstum. So sagt es zumindest die Theorie.

Nun, in einem gewissen Maß laufen solche Prozesse in einigen Regionen der Erde tatsächlich ab. Doch weder das Wirtschaftswachstum noch die demographische Reaktion darauf erfolgen so rasch, wie sie eigentlich sollten. In einigen Teilen der Erde ist die Entwicklung sogar rückläufig: Der wirtschaftliche Wohlstand sinkt, und die Wachstumsraten der Bevölkerung stagnieren oder steigen. Die Ursache dafür ist die ungleiche räumliche Verteilung des Wachstums der industriellen Wirtschaft.

Das Wirtschaftswachstum konzentriert sich in den bereits hochindustrialisierten Ländern. Abbildung 2–10 zeigt, wie das Bruttosozialprodukt pro Kopf in einigen stark bevölkerten Nationen angewachsen ist, und illustriert, daß die reichen Länder in den letzten Jahrzehnten viel stärker als die armen vom Wachstum profitiert haben. Der Entwicklungsbericht der Weltbank von 1991 weist 40 gering industrialisierte Länder aus, in denen seit 1980 die Pro-Kopf-Einkommen gefallen sind. Rund 800 Millionen Menschen leben in diesen Ländern, fast ein Sechstel der Menschheit.[5]

Diese wirtschaftliche Stagnation in den armen Ländern hat vielerlei Ursachen, so mangelnde Ausbildung und geringer Kenntnisstand der Menschen, schlechter Gesundheitszustand und ungeschicktes Management, und oft dies wiederum bedingt durch systematische Unterdrückung, korrupte Verwaltungen und die schlichte Mißachtung der armen Menschen durch die Reicheren. Es gibt aber auch Ursachen, die in der Struktur des Wachstumssystems verwurzelt sind, wie wir hier bereits gezeigt haben.

Seit Jahrhunderten hat sich in den reichen Ländern ein riesiger Kapitalstock aufgebaut, der sich nun ständig weiter vermehrt. Die meisten Grundbedürfnisse und Verbraucherwünsche können in den wohlhabenden Ländern leicht gedeckt werden. Deshalb lassen sich dort hohe Spar- und Investitionsraten für die Zukunft erwirtschaften, ohne daß man sich in der Gegenwart einschränken muß. (Obwohl sich hohe Sparquoten in konsumorientierten Gesellschaften oft nicht immer einstellen.) Das Bevölkerungswachstum der reichen Länder ist gering. Deshalb kann deren Industrie viele Investitionsgüter produzieren und ist nicht gezwungen, relativ hohe Dienstleistungen zu erbringen, um den Grundbedürfnissen einer rasch wachsenden Bevölkerung, vor allem im Gesundheitswesen und in der Ausbildung, nachzukommen.

Das Bevölkerungs- und das Kapitalsystem wirken so zusammen, wie es die zynische Formel beschreibt: »Die Reichen werden reicher, und die Armen kriegen Kinder.« Das ist nicht zufällig so, sondern hat struktu-

Abbildung 2–10   BSP pro Kopf in einigen Staaten

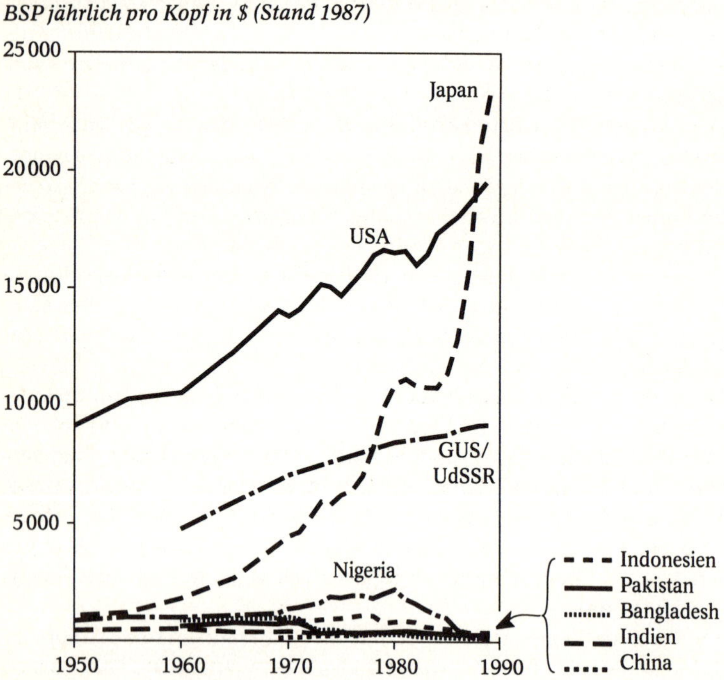

BSP jährlich pro Kopf in $ (Stand 1987)

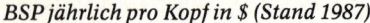

Das Wirtschaftswachstum findet vor allem in den bereits wohlhabenden Ländern statt. In den fünf Ländern Indonesien, China, Pakistan, Indien und Bangladesch lebt fast die Hälfte der Weltbevölkerung. Dennoch steigt das gesamte Bruttosozialprodukt dieser Staaten kaum über die untere Null-Linie, wenn man es im gleichen Maßstab aufzeichnet wie das BSP der reichsten Länder, das fast den oberen Rand der Grafik erreicht (Quellen: Weltbank; CIA).

relle Gründe. Dieses Systemverhalten wird so lange weiterwirken, bis man entschlossen Gegenmaßnahmen ergreift. Das Bevölkerungswachstum behindert das Wachstum von Industriekapital, weil ein ständig steigender Bedarf an Schulen, Krankenhäusern, Rohstoffen und Grundbedürfnissen entsteht. Das Kapital kann deshalb nicht genügend Investitionsgüter produzieren.

Die Armut verewigt das Bevölkerungswachstum, denn sie zwingt die Menschen unter Lebensbedingungen, in denen es keine Ausbildung, keine Gesundheitsfürsorge, keine Familienplanung und keinerlei Aussichten gibt, voranzukommen – außer der, eben eine große Familie zu haben und zu hoffen, daß viele Kinder etwas zum Einkommen beitragen und bei der Arbeit helfen.

Auf internationalen Konferenzen kommt es oft zu leidenschaftlichen Diskussionen über die Rückkopplung Armut–Bevölkerung: Ist der Pfeil von der Bevölkerung zur Armut – oder der von der Armut zur Bevölkerung wichtiger?

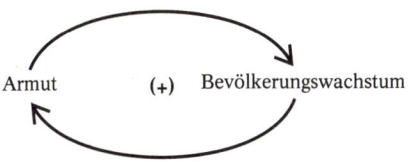

In der Praxis sind beide Pfeile wirksam. Leider können sie sich als positiver Regelkreis so verstärken, daß aus ihnen eine Spirale nach abwärts wird. Sie führt in eine Falle, in der die Armen arm bleiben und die Bevölkerung weiter wächst. Eine Auswirkung dieser Falle zeigt Abbildung 2–11: Fast überall in der Dritten Welt ist seit 1970 die Nahrungsmittelproduktion stark gestiegen; sie hat sich verdoppelt oder gar verdreifacht. Da aber auch die Bevölkerungen gewachsen sind, haben die Menschen im Durchschnitt kaum mehr zu essen bekommen. In Afrika ist die Nahrungsmittelmenge pro Kopf sogar gefallen. Zwischen 1985 und 1989 ist die Ernährung pro Kopf in 94 Nationen zurückgegangen; nur in 58 Ländern hat sie sich erhöht.[6]

Die nüchternen Kurven auf der Abbildung 2–11 bedeuten zwei tragische Entwicklungen. Die menschliche Tragödie: eine landwirtschaftliche Errungenschaft, eine früher unvorstellbare Erhöhung der Nahrungsmittelproduktion reichte gleichwohl nicht aus, um hungernden Menschen mehr zu geben; sie hielt nur mehr Menschen hungrig am

Abbildung 2–11   Welt-Nahrungsproduktion

Index (1952–1956 = 100)

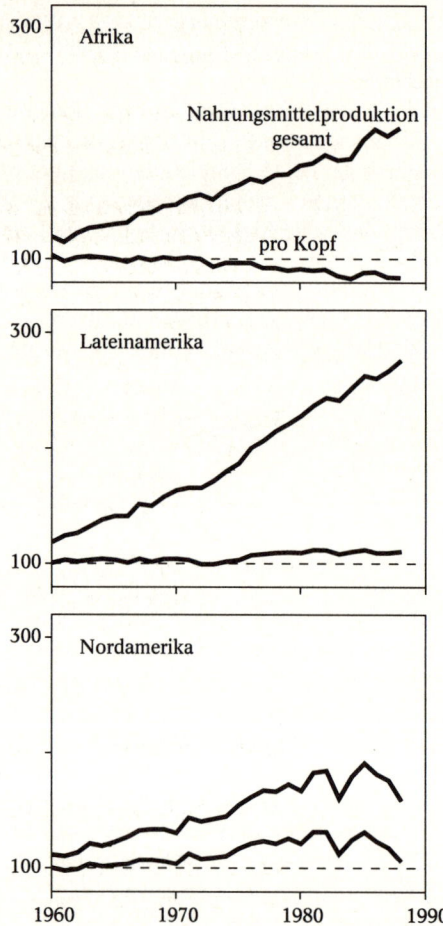

Die Nahrungsmittelproduktion hat sich im Laufe der letzten 30 Jahre gerade in den Ländern, in denen Hunger herrscht, verdoppelt und in manchen auch verdreifacht. Aber die Nahrungsmittel pro Kopf sind in diesen Gebieten kaum reichlicher geworden, weil das Bevölkerungswachstum fast gleich stark gestiegen ist wie die Nahrungsmittelproduktion – in Afrika sogar stärker (Quelle: FAO).

Abbildung 2–11 (Forts.)

Index (1952–1956 = 100)

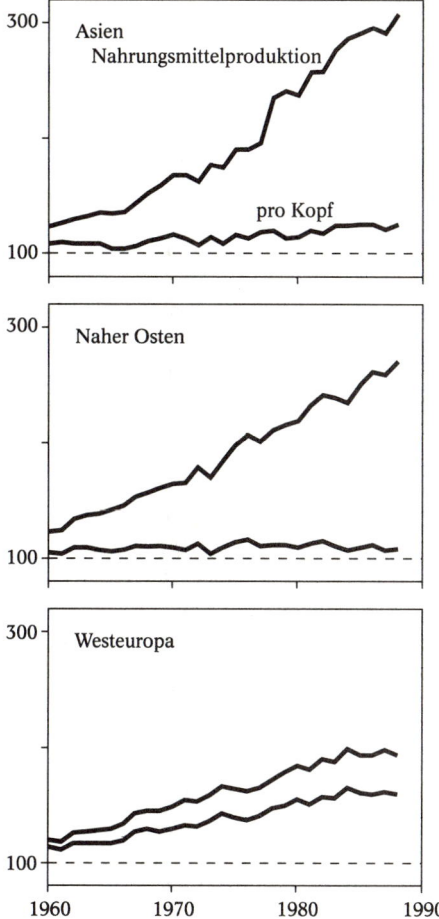

Leben. Und die ökologische Tragödie: die größere Nahrungsproduktion wurde mit großen Schädigungen der Böden erkauft. Diese machen es jetzt schwieriger, die Ernteerträge künftig weiter zu steigern. Mehr hungernde Menschen und größere Wüsten: das sind die Folgen der Armutsfalle über zwei Jahrzehnte.

Aber eine positive Rückkopplung, die ein System niederzuschrauben droht, kann auch umgeschaltet werden. Ein gleichmäßiger verteilter Wohlstand kann das Bevölkerungswachstum senken, was wiederum den Wohlstand fördert. Mit ausreichenden Investitionen über eine genügend lange Zeit kann sich eine Bevölkerung aus der Armutsfalle herausarbeiten, wenn zunehmend Teile des Outputs zur Bekämpfung der Armut und besonders zur Ausbildung und zur Schaffung von Arbeitsplätzen für Frauen angelegt werden. Allerdings müssen dann auch faire Marktbedingungen mit gerechten Produktpreisen herrschen. Derartige Prozesse sind geradezu beispielhaft in einigen Regionen abgelaufen. Aber die große Mehrheit der Menschen ringt noch immer darum, aus der Armuts-Bevölkerungs-Falle herauszukommen. Und das Wirtschaftswachstum, so wie es in den letzten Jahrzehnten ablief, hilft ihnen nicht dabei. Die Abbildungen 2–10 und 2–11 veranschaulichen das.

Die Menschen neigen stets dazu, die Geschehnisse nach »gut« oder »schlecht« einzustufen, und wünschen, daß solche Bewertungen für alle Zeiten gültig bleiben. Über Generationen waren Bevölkerungs- und Wirtschaftswachstum in der Tat »gut«. Auf einem nur schwach bevölkerten Planeten mit unendlich erscheinenden Rohstoffquellen gab es auch sehr überzeugende Gründe dafür. Doch nun, nachdem wir uns allmählich der ökologischen Grenzen bewußt geworden sind, verlangen manche, daß jegliches materielle Wachstum als »schlecht« verdammt werde.

Aber unsere Verantwortung angesichts der ökologischen Begrenzungen erfordert eine subtilere Denkweise und viel sorgfältigere Bewertungen. Millionen Menschen in verzweifelter Lage brauchen dringlichst zu essen, Unterkünfte und ein Minimum an materiellen Gütern. Doch manche versuchen, auf ganz andere Art verzweifelt, ihre nicht-materiellen Bedürfnisse zu befriedigen: Sie ringen um Akzeptanz, Selbstachtung, Gemeinschaft und Identität und benutzen dazu das materielle Wachstum. Es ergibt aber keinen Sinn, angesichts rapiden Wachstums in einer begrenzten Umwelt jetzt einfach das Wachstum rundweg abzulehnen oder aber zu verherrlichen. Man muß es hinterfragen: Was soll wachsen? Für wen? Wie lange? Zu welchen Kosten? Wer kommt für sie auf? Was benötigen wir wirklich? Und welches ist der wirksamste Weg, den Bedürftigen zu helfen?

Diese Fragen können in die Richtung deuten, die zu einer ausreichend und gerecht ausgestatteten Gesellschaft führt. Andere Fragen können den Weg in eine nachhaltige Gesellschaft zeigen: Wie viele Menschen kann diese Erde verkraften? Bei welcher Höhe des materiellen Verbrauchs? Für wie lange? Wie belastet ist das ökologische System, das die Menschen mit ihrer Wirtschaft ebenso wie alle anderen Lebewesen erhält? Wie widerstandsfähig ist dieses System gegen welche Belastungen?

Um Antworten auf solche Fragen zu finden, müssen wir nicht das Wachstum, sondern die Grenzen des Wachstums genau untersuchen.

Kapitel 3

Die Grenzen: Quellen und Senken

>*Viele unserer Bemühungen zur Sicherung des Fortschritts, zur Deckung der Bedürfnisse und zur Erfüllung der Ambitionen der Menschen sind einfach nicht nachhaltig umsetzbar, weder bei den reichen noch bei den armen Nationen. Sie erfordern zu rasch und zu viele Ressourcen aus unserer bereits überlasteten Umwelt ... In den Bilanzen unserer Generation mögen sie zwar Gewinne ausweisen, aber unseren Kindern vererben wir die Verluste.*«
Weltkommission für Umwelt und Entwicklung[1]

Weil sich Bevölkerung und Industriekapital selbst vermehren können, treiben sie das Wachstum an. Und wegen ihrer Fähigkeit zu vermehrter Produktion fördern die Menschen deren Wachstum.

Für die Produktion und das Wachstum werden freilich ständig Material- und Energiemengen verbraucht und in Abfall und Schadstoffe umgesetzt. Dies ist, ebenso wie das Potential zur Vermehrung, im Weltmodell *World 3* berücksichtigt werden.

Menschen müssen essen und brauchen Wasser und Luft, um weiterzuleben und sich fortzupflanzen. Maschinen brauchen Energie, Wasser, Luft und unzählige andere Stoffe wie Mineralien, Chemikalien sowie biologische Produkte, um Waren und Dienstleistungen zu liefern und neue Maschinen herzustellen.

Diese ständig zu- und abfließenden Material- und Energiemengen können jedoch nicht einfach verschwinden. Das besagen die fundamentalen Gesetze der Natur, die Erhaltungssätze der Physik. Materialien werden entweder wiederverwendet oder zu Abfällen und Schadstoffen. Alle Energieformen werden zu nicht mehr nutzbarer Wärme niedriger Temperatur.

Alle Rohstoffe und die meisten Energiearten werden der Erde entnommen und ihr wieder als Abfälle und Wärme zurückgeliefert. Ständig fließt also ein Strom von Materialien und Energie von den *Quellen* in der Umwelt als *Durchsatz* durch das Wirtschafts- und Sozialsystem zu den *Senken;* das sind diejenigen Stellen, an denen die Abfälle abgelagert werden, versickern oder auf andere Weise von der Umwelt wieder aufgenommen werden (Abbildung 3–1).

Nun gibt es aber Grenzen für die Materialmengen, die man den Quellen entnehmen kann. Auch die Kapazität der Senken ist begrenzt, Abfälle aufzunehmen und sie so umzusetzen, daß keine Schäden für die Menschen, ihre Wirtschaft und die Umwelt entstehen und daß die komplizierten Umsetzprozesse selbst nicht gestört und nachhaltig geschädigt werden.

Die Beschränkungen für den Durchsatz (Nahrungsmittel, Wasser, Holz, Metalle, Öl, Kohle und Tausende anderer Stoffe) werden also von den

Abbildung 3–1   Bevölkerung und Kapital im globalen System

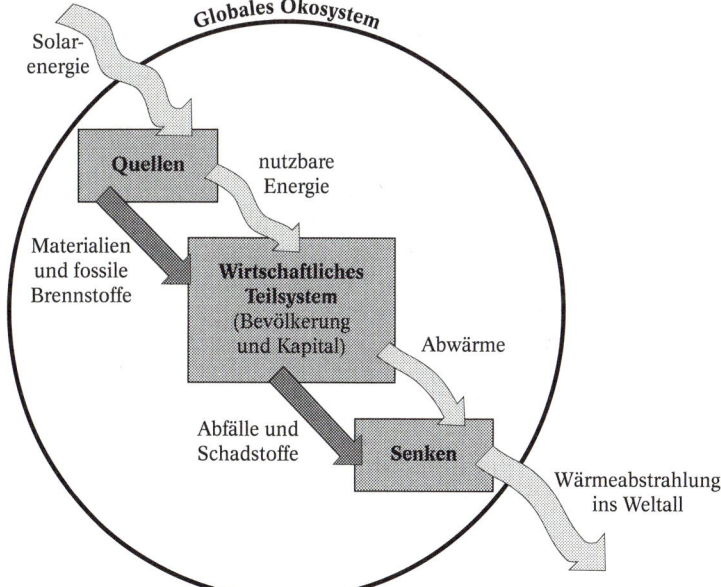

Durchflußmengen von Brennstoffen und sich nicht regenerierender Ressourcen erhalten die Bevölkerung und das Kapital. Sie stammen aus den Quellen der Umwelt und hinterlassen Abfälle und Abwärme, die das Wasser, die Luft und die Böden des Planeten schädigen (Quelle: R. Goodland et al.).

Quellen und von den Senken bestimmt. Diese Beschränkungen und Grenzen sind von sehr verschiedener Art, denn alle Quellen und Senken sind Glieder des komplexen, dynamischen und in sich vernetzten Gesamtsystems Erde.

Manche Grenzen sind sehr eng gezogen. Es gibt Grenzen, die über kurze Zeitspannen wirken, etwa für die verarbeiteten Erdölprodukte, die als Vorräte für Monate in Tanks lagern. Dagegen gelten für die Erdölvorräte in ihren natürlichen Lagerstätten Grenzen über viele Jahrzehnte.

Quellen und Senken beeinflussen sich oft, denn ein bestimmtes Gebiet der Erde kann gleichzeitig als Quelle und als Senke wirken. Ein normaler Acker ist zum Beispiel eine Quelle für landwirtschaftliche Produkte und eine Senke für Schadstoffe, die der Regen aus der Luft ausgewaschen hat. Die Quellfunktion des Ackers für Getreide kann durch versickerndes verschmutztes Regenwasser geschädigt werden.

Hermann Daly, ein Wirtschaftswissenschaftler bei der Weltbank, hat drei einfache Grundregeln aufgestellt, nach denen man beurteilen kann, welche Durchsatzmengen grundsätzlich aufrechterhaltbar sind, wo die langfristigen und nachhaltigen Grenzen der Nutzung liegen. Sie machen das zunächst unübersichtliche Gestrüpp des natürlichen Umweltsystems überschaubar:

Sich regenerierenden Quellen wie Nutzböden, Wasservorkommen und Waldungen darf man nicht mehr entnehmen, als sich gleichzeitig wieder regenerieren kann; die Nutzungsrate soll die Rate der Regeneration nicht überschreiten. Man darf nicht mehr Fische fangen, als gleichzeitig nachwachsen können.

Sich nicht regenerierende Quellen wie Lagerstätten fossiler Energieträger und hochwertiger Erze sowie Vorräte an fossilem Grundwasser dürfen nicht rascher abgebaut werden, als gleichzeitig sich regenerierende Quellen für dieselbe Art von Nutzung geschaffen werden. Zum Beispiel sollte ein Erdöllager nicht rascher ausgebeutet werden, als man Sonnenkollektoren mit derselben Kapazität installiert und aus Erträgen des gewonnenen Erdöls finanziert. Wenn man so vorgeht, wird aus dem Ölfeld im Endeffekt eine sich regenerierende Energiequelle: Ist die Ölquelle erschöpft, so liefert dafür die nicht erschöpfbare Energiequelle die gleichen Energiemengen.

Die *Emission von Schadstoffen* darf nur so hoch sein, daß die schädlichen Substanzen in harmlose Stoffe umgesetzt werden können, welche die Umwelt nicht schädigen. Biologische Abfälle darf man nur in solchen Mengen in einen Fluß einleiten, daß sie von den Mikroorganismen im Wasser zu Nährstoffen verarbeitet werden können.[2]

Wir werden an Hand dieser drei Kriterien eine Übersicht geben, wie sich die verschiedenen Formen von Durchsätzen zu ihren Quellen und Senken auf unserer Erde verhalten. Zunächst befassen wir uns mit den sich erneuernden Quellen. Werden sie stärker genutzt, als sie sich regenerieren können? Verringern sich ihre Bestände?

Der Bestand der sich nicht regenerierenden Quellen nimmt natürlich ab; wir sprechen ja vom Abbau der Kohle, der Erzlager und geologischen Formationen, die nutzbar sind, wie etwa die Porzellanerde (Kaolin); das zeigt bereits, daß da etwas weggenommen wird, was sich nicht mehr ersetzt. Inwieweit sind für solche Quellen Ersatzquellen gefunden, die sich regenerieren? Lassen sie sich so zeitgerecht entwickeln, daß sie die Wirtschaft, die jetzt noch in erster Linie von sich nicht regenerierenden Quellen abhängig ist, ausreichend versorgen können?

Dann wenden wir uns den Schadstoffen und den sonstigen Abfällen zu. Sammeln sie sich an? Sind ihre Senken in Gefahr, überlastet zu werden – oder sind sie das bereits?

Um diese Fragen zu beantworten, benutzen wir das Weltmodell *World 3* noch nicht; für dieses Kapitel tritt es noch nicht in Aktion. An Hand der globalen Daten, soweit sie vorliegen, untersuchen wir die Situation Quelle für Quelle und Senke für Senke. Dabei werden vorerst Überlagerungen von Quell- und Senkenfunktionen noch nicht berücksichtigt. Wir gehen noch nicht darauf ein, daß man zum Beispiel für den Anbau von mehr Nahrungsmitteln auch mehr Energie braucht und daß man neue Anbauflächen meist nur auf Kosten von Waldungen urbar machen kann. In späteren Kapiteln benutzen wir dann das Computermodell, um solche Wechselwirkungen zu verfolgen.

Wir besprechen hier die Arten von Begrenzungen, die der Wissenschaft am geläufigsten sind. Das bedeutet freilich nicht, daß sie auch tatsächlich diejenigen sind, die am stärksten wirken, und daß dies immer so bleiben wird. Auch die Technologien, von denen hier die Rede ist, entwickeln sich weiter. Sie werden mit Sicherheit noch verbessert. Neue Innovationen werden hinzukommen. Es wird erfreuliche Überraschungen geben, aber gewiß auch Enttäuschungen. Wie alles menschliche Wissen sind auch die Kenntnisse über die Begrenzungsfunktionen, die in der Umwelt wirken, lückenhaft. Dennoch ergeben sich aus den Erörterungen dieses Kapitels drei eindeutige Folgerungen:

Die Menschheit nutzt ihre Ressourcen und schafft Abfälle in einem Ausmaß, das auf die Dauer nicht durchhaltbar ist.

Die extrem hohen Durchsatzmengen sind nicht notwendig. Durch institutionelle und technische Reformen könnten sie bei gleichmäßigerer Verteilung erheblich verringert werden. Dennoch ließe sich der Lebensstandard aufrechterhalten und sogar steigern.

Doch auch nach solchen Reformen, die höhere Effektivität zur Folge hätten, würden wir uns noch immer nahe an den Grenzen der Kapazität der Erde bewegen, die Bevölkerung und ihr Kapital zu erhalten. Nach einer oder zwei Verdoppelungsperioden würde die Grenze wohl erreicht.

Die sich regenerierenden Quellen

Nahrungsmittel

Die jährliche Getreideproduktion ist weltweit von etwa 700 Millionen Tonnen im Jahre 1950 auf über 2200 Millionen Tonnen im Jahre 1985 angestiegen, also im Durchschnitt um 2,7 Prozent jährlich. Die Rate der Zunahme war ein wenig höher als die Wachstumrate der Bevölkerung (Abbildung 3–2). Mit der gesamten 1989/90 produzierten Menge an Nahrung könnte man – bei angemessener Verteilung – 5,9 Milliarden Menschen ausreichend, 3,9 Milliarden mittelmäßig und 2,9 Milliarden üppig wie in Europa ernähren (die Bevölkerung betrug 1989 rund 5,2 Milliarden). Bei diesen Zahlen ist bereits berücksichtigt, daß bis zum Verbrauch schätzungsweise rund 40 Prozent der geernteten Nahrungsmittel verlorengehen.[3]

Die im Durchschnitt erzeugte Nahrungsmittelmenge reicht also aus, um die gesamte Menschheit angemessen zu ernähren. Weil aber die Ernteerträge ungleich verteilt sind und hohe Verluste auftreten, hat ein Teil der Menschheit üppig, ein zweiter spärlich und ein dritter absolut ungenügend zu essen.

Von den über fünf Milliarden Erdbewohnern hat ständig eine Milliarde weniger zu essen, als der Körper eigentlich braucht. Zwischen 500 Millionen und einer Milliarde müssen ständig hungern. Jedes Jahr werden 24 Millionen Babys mit Untergewicht geboren, 204 Millionen Kinder

unter fünf Jahren zeigten 1990 Symptome schwerer Unterernährung.[4]
Etwa 13 Millionen Menschen verhungern jährlich, direkt oder indirekt.
Das sind Tag um Tag 35 000 Hungertode; die meisten davon betreffen
Kinder.

Aber an diesem Hunger sind nicht die physikalischen Begrenzungen
schuld – jedenfalls jetzt noch nicht. Die Nahrungsmengen könnten besser verteilt, die Verluste nach den Ernten weitgehend vermieden und
insgesamt mehr Nahrungsmittel angebaut werden. Auf Abbildung 3–3
ist dargestellt, wie sich die Getreideerträge in mehreren Ländern entwickelt haben. In den hochindustrialisierten Ländern sind die praktisch
maximal möglichen Erträge schon fast erreicht. Aber in vielen mittelmäßig industrialisierten Gebieten könnten sie sehr viel höher sein.

Die Ernährungs- und Landwirtschaftsorganisation (FAO) der UN hat
die Bodenbeschaffenheit und das Klima in 117 Ländern Lateinameri-
kas, Afrikas und Asiens sorgfältig analysiert. Dabei zeigte sich, daß nur

Abbildung 3–2   Welt-Getreideproduktion 1950–1990

Index (1950 = 100)

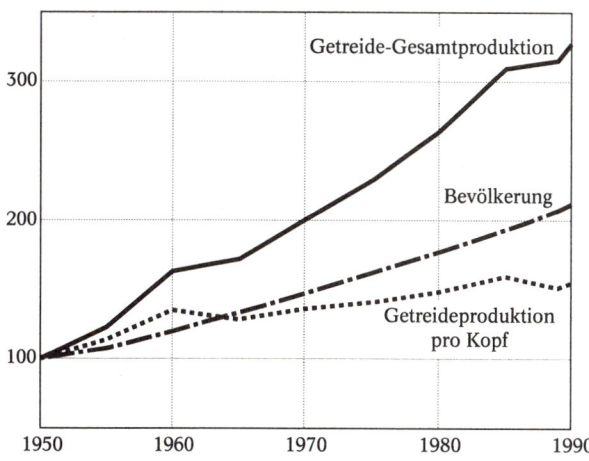

Im Jahre 1990 haben die Landwirte mehr als dreimal soviel Getreide erzeugt wie
1950. Aber pro Kopf gerechnet war diese Getreidemenge nur 50 % höher als
Mitte des Jahrhunderts, weil die Weltbevölkerung in der gleichen Zeit stark
gestiegen ist (Quelle: FAO).

19 dieser Länder mit zusammen 104 Millionen Bewohnern nicht in der
Lage sind, auf eigenen Böden die Nahrungsmittelmengen für ihre
Bevölkerung im Jahre 2000 zu produzieren, selbst dann nicht, wenn
jeder bebaubare Hektar kultiviert und man die technisch höchstmögli-

Abbildung 3-3   Getreideerträge

in 1000 kg / Hektar jährlich

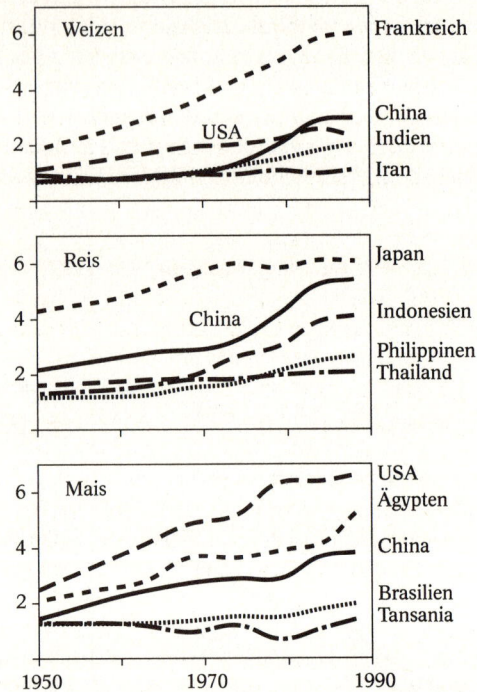

Die hohen Ernteerträge an Weizen, Reis und Mais in den Industrieländern
beginnen sich auf einen hohen Gleichstand einzupendeln. In manchen Ländern
im Zustand der Industrialisierung wie China, Ägypten und Indonesien steigen
sie weiter stark an; in den wenig industrialisierten Gebieten liegen sie noch
niedrig; dort gibt es noch beträchtliche Möglichkeiten zur weiteren Ertragssteigerung. (Die Kurven geben jeweils den Durchschnittsertrag von drei aufeinanderfolgenden Jahren wieder, um die Einflüsse von Witterungsschwankungen
auszugleichen. Quelle: FAO.)

chen Erträge erzielen würde. Insgesamt aber könnten die in der FAO-
Studie erfaßten 117 Länder ihre Erträge immerhin auf das Sechzehn-
fache steigern – allerdings nur, wenn sie alle bebaubaren Flächen zur
Ernährung nutzen, die Bodenerosion aufhört, wenn geschickt verwaltet
wird, die Witterung günstig ist und die erforderlichen landwirtschaftlichen Inputs voll zur Verfügung stehen.[5]

Es versteht sich von selbst, daß die verfügbaren Landflächen die Erzeugung von Nahrungsmitteln begrenzen.[6] Nach theoretischen Berechnungen sind zwischen zwei und vier Milliarden Hektar der Erdoberfläche
landwirtschaftlich nutzbar, je nachdem, was man jeweils als »bebau-
bar« betrachtet. Davon werden rund 1,5 Milliarden Hektar tatsächlich
kultiviert. Aber diese landwirtschaftlich genutzte Gesamtfläche ist in
den letzten zwanzig Jahren etwas geringer geworden: Durch Bodenerosion, Versalzung und die Ausbreitung der Städte und der Wüsten gingen
etwas mehr Flächen verloren, als neue urbar gemacht wurden.[7]

Die Abbildung 3–4 läßt erkennen, daß die Landflächen zwar eindeutig
beschränkt sind, aber doch erweitert werden können; in welchem
Umfang das möglich ist, hängt allerdings davon ab, welche Annahmen
man über die künftige Enwicklung trifft. Die dicke schwarze Kurve in
diesem Diagramm bezeichnet die Landflächen, die man zur Ernährung
der Weltbevölkerung jeweils braucht. Dabei wird die gegenwärtig zur
Ernährung eines Menschen benötigte Fläche von durchschnittlich 0,28
Hektar zugrunde gelegt. Berücksichtigt sind die künftig zu erwartenden
maximalen und minimalen Bevölkerungszahlen. Deshalb spaltet sich
die dicke Kurve ab der Jahrtausendwende in einen oberen (maximale
Bevölkerungsmehrung) und einen unteren Ast auf. Die dünn gezeich-
neten Kurven zeigen die benötigten Landflächen, wenn die globalen
Ernteerträge verdoppelt (obere Doppelkurve) oder gar vervierfacht werden (untere Doppelkurve) sollen.

Die gerasterte Fläche oberhalb der gestrichelten Linie repräsentiert die
noch zusätzlich mögliche Gesamtfläche bebaubaren Landes, vorausgesetzt, daß tatsächlich jede einigermaßen geeignete Bodenfläche für
den Anbau irgendwelcher Nahrungsmittel genutzt wird und daß künftig
kein kultivierbares Land durch Erosion und Verstädterung verlorengeht. Die Fläche unterhalb der gestrichelten Linie entspricht der gegenwärtigen landwirtschaftlichen Anbaufläche von 1,5 Milliarden Hektar.
Wenn aber von dieser Nutzfläche weiterhin Flächenteile unbrauchbar
werden und durch neu urbar gemachtes Land ersetzt werden müssen,
nehmen die Reserven künftig noch bebaubaren Landes ab.

Die Abbildung 3–4 läßt erkennen, wie rasch das exponentielle Wachstum der Bevölkerung die Welt in eine Situation drohenden Landmangels gebracht hat. Während der ganzen bisherigen Menschheitsgeschichte war stets mehr als genug Boden vorhanden, den man bei

Abbildung 3–4 Entwicklung der Landflächen

in Milliarden Hektar

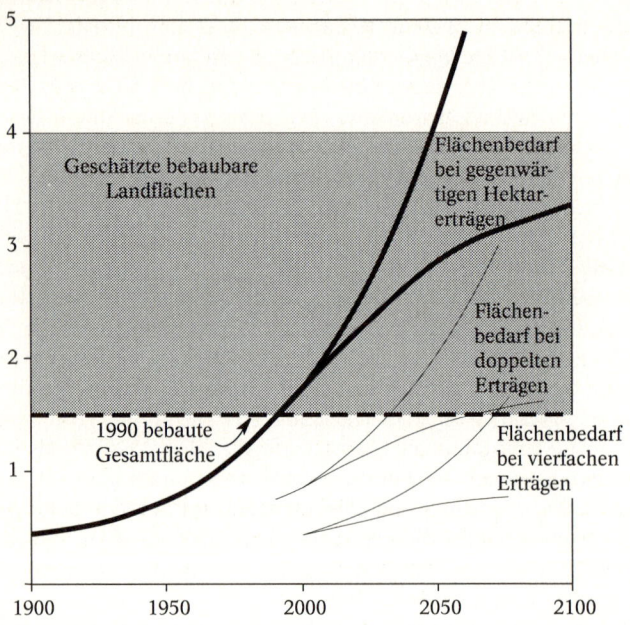

Die stark ausgezogenen und gestrichelten Linien begrenzen die nach Hochrechnungen kultivierbaren Landflächen sowie die Flächen, die zur Versorgung der Bevölkerung mit den gegenwärtigen Nahrungsmittelmengen pro Kopf erforderlich sind (vorausgesetzt, die Bevölkerung wächst entsprechend den Hochrechnungen der Weltbank bzw. entsprechend den gegenwärtigen Wachstumsraten). Die dünnen Linien zeigen die erforderlichen Landflächen, wenn die Ernteerträge künftig verdoppelt bzw. vervierfacht werden können. Die schattierte Fläche repräsentiert nach Schätzungen die gesamte Landfläche, die möglicherweise noch kultiviert werden könnte – ein großer Teil dieser Fläche sind bewaldete Gebiete. Siehe auch Beschreibung im Text (Quellen: G. M. Higgin et al.; World Resources Institute).

Bedarf urbar machen konnte. Erst in den letzten 35 Jahren, in denen sich die Menschheit wieder verdoppelt hat, ist die Begrenzung der bebaubaren Landflächen überhaupt erkennbar geworden.

Doch dasselbe Diagramm zeigt auch die vielfachen Möglichkeiten, die man noch nutzen könnte, sofern man die Ressourcen vernünftig einsetzt und die Menschen technisch und sozial flexibel reagieren. Auch die 12,6 Milliarden Menschen, die Ende des nächsten Jahrhunderts die Erde wahrscheinlich bevölkern, könnten ausreichend ernährt werden, über doppelt so viele wie heute. Dazu müßten aber weitere Landflächen urbar gemacht und die bereits erodierten melioriert werden. Es dürften keine weiteren Landverluste mehr eintreten; die Ernteerträge müßten verdoppelt werden. Wenn das alles aber nicht geht und die Geburtenraten nicht so fallen, wie es die Weltbank vorausberechnet hat, dann könnte sehr rasch der Nahrungsmangel eine unüberwindbare Grenze ziehen, nicht nur regional, sondern weltweit.

Wie aus Abbildung 3–4 ebenfalls hervorgeht, kann es sich die Menschheit nicht mehr leisten, noch mehr landwirtschaftliche Nutzflächen einzubüßen. Doch die Verluste gehen weiter. Zwar ist die Degeneration von Böden zahlenmäßig schwierig zu erfassen, doch gibt es keine Zweifel darüber, daß sie weit verbreitet ist. Wenn man nach quantitativen Abschätzungen sucht, stößt man oft auf recht lückenhafte und suggestiv zuspitzende Aussagen wie die folgenden:

In den letzten zwanzig Jahren, seit dem ersten »Earth Day« des Jahres 1970, haben sich die Wüsten etwa um 120 Millionen Hektar ausgedehnt. Das entspricht einer größeren Landfläche, als heute in China bebaut wird ... Über die beiden letzten Jahrzehnte verloren die Farmer nach Schätzungen 480 Milliarden Tonnen an Bodenkrume. Das ist so viel Mutterboden, wie es in Indien gibt.[8]

Eine kurzsichtige Politik führt zur Zerstörung der landwirtschaftlichen Basis in nahezu jedem Kontinent: Erosion in Nordamerika, Bodenversauerung in Europa, Entwaldung und Ausbreitung von Wüsten in Asien, Afrika und Lateinamerika; und fast überall gibt es dazu Müll und Vergiftung des Wassers ... In den späten siebziger Jahren übertraf in etwa einem Drittel des Anbaugebiets der USA die Erosion die natürliche Bodenneubildung durch Verwitterung ... In Kanada kostet die Bodenzerstörung die Farmer jährlich eine Milliarde Dollar ... In Indien hat die Erosion 25 bis 30 Prozent aller bebauten Landflächen erfaßt. Wenn man keine Maßnahmen zum Bodenschutz ergreift, wird die Gesamtfläche des natürlich beregneten Ackerlands in ... Asien, Afrika und Lateinamerika längerfristig um 544 Millionen Hektar kleiner werden.[9]

In den meisten Gebieten der Dritten Welt ist die Bodenzerstörung ein schwerwiegendes Problem. Es läßt sich abschätzen, daß sechs bis sieben Millionen Hektar jährlich durch Erosion ausfallen. Bodenverdichtung und Staunässe, Versalzung und Alkalisierung schädigen weitere 1,5 Millionen Hektar ... Das Umweltprogramm der Vereinten Nationen berichtete, daß in den frühen achtziger Jahren insgesamt 1,501 Millionen Hektar Weiden und Ackerland in den Entwicklungsländern mehr oder minder versteppt sind.[10]

Der Verlust landwirtschaftlicher Ressourcen hat sehr unterschiedliche Ursachen. Armut und Verzweiflung zwingen vielfach Menschen, ihre Böden zu überbeanspruchen; Ansiedlungen breiten sich dagegen aus, Grasflächen werden überweidet; fehlerhaftes Management, Unwissen und Profitstreben führen zu kurzzeitiger Überproduktion, wo langfristige Bodenpflege erforderlich wäre.

Außer der Begrenzung der Landflächen selbst sind noch weitere begrenzende Faktoren für die Nahrungsmittelproduktion wirksam, so zum Beispiel Wassermangel und die Verwendung als Senken für landwirtschaftliche Chemikalien (auf die kommen wir in diesem Kapitel noch zurück). In manchen Gebieten wurden derartige Begrenzungen bereits überschritten. Nicht nur die Böden selbst erodieren; Bewässerungsanlagen können den Grundwasserspiegel gefährlich senken, und Auswaschungen aus Ackerböden verschmutzen andere Oberflächengewässer und Grundwasserreservoire. Auch solche Grenzüberschreitungen sind auf die Dauer nicht tragbar. Aber auch sie sind nicht unvermeidlich.

Seit Jahrhunderten sind Anbaumethoden bekannt und erprobt, die die Böden fruchtbar erhalten und verbessern, wie das Anlegen von Terrassen, das Kontour-Pflügen, die Kompostierung, Anbau nutzbarer Deckpflanzen, Mehrfach-Kulturen und Fruchtwechsel. Andere Methoden eignen sich besonders für die Tropen, so das Alley Cropping (Anbau zwischen Baumreihen) und der Anbau zwischen Bäumen; sie werden in landwirtschaftlichen Entwicklungsanstalten und Versuchsfarmen vorgeführt.[11]

In den gemäßigten Zonen und in den Tropen kann man heute hohe Erträge auch ohne hohen Aufwand an Dünger und Pestiziden erzielen.[12]

In allen Teilen der Welt nutzen Millionen Landwirte bereits bodenscho-

nende und ökologisch günstige Anbautechniken, deren Kenntnis auch allen übrigen Bauern zugänglich gemacht werden sollte; dies ist aber eine gesellschaftliche und keine technische Herausforderung.[13]
Wenn der Durchsatz von Nahrungsmitteln durch die menschliche Gesellschaft effizienter, mit weniger Verlusten behaftet und besser verteilt wäre, müßte gar nicht mehr erzeugt werden. Die Nahrungsmittelproduktion ist jedoch steigerungsfähig, und zwar auf nachhaltige Weise.
Doch dies sind hypothetische Feststellungen. Denn in praxi befinden sich eben in vielen Regionen die Quellen der Ernährung – Landflächen und Böden, Wasservorkommen und die Bodennährstoffe – im Zustand der Degradierung, während sich zugleich die Senken für Schadstoffe aus der Landwirtschaft ausbreiten. In solchen Regionen haben die Raten des landwirtschaftlichen Durchsatzes bereits die Grenzen der Nachhaltigkeit überschritten. Wenn nicht rasch Veränderungen erfolgen, die sehr wohl machbar sind, wird sich die exponentiell wachsende Bevölkerung weiterhin von einer ständig weiter zerfallenden landwirtschaftlichen Ressourcenbasis ernähren müssen.

Wasser

Auf internationalen Konferenzen über Ressourcen wird öfters darauf hingewiesen, daß einige Länder oder Regionen wegen akuten Wassermangels entweder ihr Wachstum einstellen müssen oder aber noch vor der Jahrtausendwende in Kriege zu geraten drohen.
Was die Hydrologen zu derartigen Warnungen veranlaßt, läßt sich der Abbildung 3–5 entnehmen. Sie kann freilich nur einen generellen Überblick zu der globalen Situation bieten. Wasser aber ist ja eine regionale, keine globale Ressource. Die riesigen Wassermengen, die im Amazonasbecken dem Ozean zuströmen, nützen den Durstigen in der Sahelzone Afrikas nicht das mindeste.
Jedes regionale Diagramm über das Wasser weist jedoch dieselben Charakteristika wie diese globale Darstellung auf: eine Begrenzung des möglichen Wasserdurchflusses, mehrere Faktoren, die diese Begrenzung hinausschieben können, sowie eine exponentielle Zunahme des Wasserbedarfs gegen diese Begrenzung.
In der Darstellung 3–5 ist die Begrenzung skizziert: Es ist die jährliche Gesamtmenge des in Flüssen und Strömen den Ozeanen zufließenden Wassers, ein sich ständig regenerierender Durchsatz von Süßwasser,

Abbildung 3–5   Frischwasservorräte

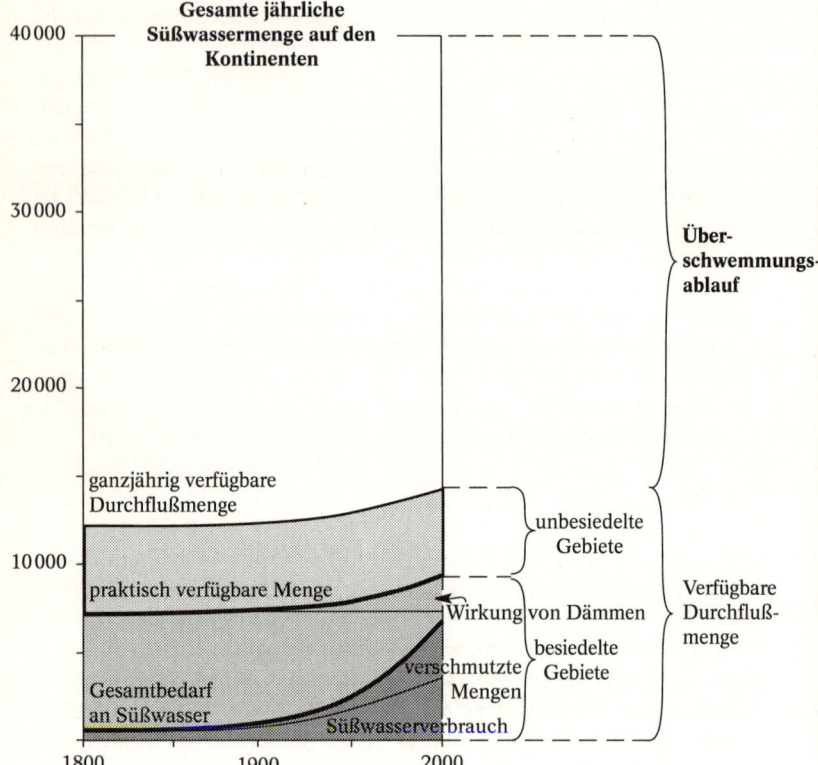

Kubikkilometer jährlich

Diese Grafik über die Ressourcen an Süßwasser illustriert, wie rasch durch das exponentielle Bevölkerungswachstum und die Umweltverschmutzung die Grenzen der ganzjährig verfügbaren und zugänglichen Wassermengen erreicht werden können. Um 1950 betrug der Wasserbedarf noch weniger als die Hälfte der ganzjährig verfügbaren Wassermengen. Doch nur wenn weitere Rückhalte-Dämme gebaut werden, läßt der Wasserbedarf des Jahres 2000 noch einen Spielraum zwischen Verbrauch und Angebot an Süßwasser (Quelle: R. P. Ambroggi).

dem alles Wasser für die Menschen und ihre Wirtschaft entnommen wird und der auch das Grundwasser liefert. Diese gesamte Durchflußmenge beträgt rund 40 000 Kubikkilometer jährlich. Das ist eine gigantische Wassermenge, die wahrhaft grenzenlos wirkt. Denn der gesamte Wasserverbrauch der Menschheit inklusive dem ihrer Industrie beträgt nur 3500 Kubikkilometer jährlich.[14]

Nur ein Teil dieses Durchflusses kann allerdings genutzt werden. Er ist keineswegs gleichmäßig. In vielen Gebieten fließt Wasser nur zu bestimmten Jahreszeiten, entsprechend den Regenzeiten. Zudem gibt es keine Möglichkeit, solche riesigen Wassermassen zu speichern. 28 000 Kubikkilometer strömen als saisonale Wasserläufe und Hochwasserwellen in die Weltmeere. So bleibt nur ein stetiger Durchfluß von 12 000 Kubikkilometern als regelmäßig greifbare Ressource. Aber viele große Ströme durchfließen dünnbesiedelte Gebiete, besonders in den Tropen und in polnahen Regionen. Ihr ständiger Durchfluß wird ebenfalls kaum genutzt. Greifbar und ganzjährig nutzbar sind mithin nur 7000 Kubikkilometer des gesamten Wasserabflusses.

In der Abbildung 3–5 ist auch berücksichtigt, daß die Menschen die nutzbaren Wassermengen erhöhen, indem sie Staudämme bauen und saisonal auftretende Wassermassen speichern. Bis Ende dieses Jahrhunderts werden so die dauernd verfügbaren Wassermengen immerhin um 3000 Kubikkilometer jährlich gesteigert.[15] Das hat aber auch negative Folgen, denn aufgestaute Seen überfluten Landflächen, vor allem feuchte Uferregionen von Flüssen, die landwirtschaftlich genutzt werden könnten. Es bieten sich noch andere Möglichkeiten, die verfügbaren Wassermengen zu erhöhen, zum Beispiel die Entsalzung von Meerwasser, die Besiedlung bislang menschenleerer Gebiete, in denen es Wasser gibt, und der Transport von Wasser über größere Entfernungen, etwa in Bewässerungskanälen. Solche Maßnahmen spielen in manchen Regionen wichtige Rollen. Global sind sie allerdings noch ohne gravierende Bedeutung und deshalb auch nicht in unserer Grafik verzeichnet.

Wichtiger für unsere Betrachtung ist die große Wassermenge, die ständig vergeudet wird. Auf Abbildung 3–5 wird sie durch die mit »Verschmutzung« bezeichnete Kurve dargestellt. Die Wassermassen, die ständig durch Schadstoffe vergiftet und unbenutzbar werden, haben schon fast den Umfang wie jene, die von der Menschheit insgesamt benötigt werden. Weitere Verluste entstehen durch ineffiziente Wassernutzung (was unsere Grafik nicht zeigt).

Das Wachstum der Bevölkerung und des Kapitals führt zur exponentiellen Zunahme des Wasserbedarfs. Er ist schneller angestiegen, als die verfügbaren Wassermengen durch Dammbauten vergrößert wurden. Für große Stauseen günstige geographische Lagen sind zumeist längst genutzt. Der Widerstand der Bevölkerung gegen die Verbauung von Wasserläufen nimmt zu, so daß wohl in Zukunft weniger Dämme gebaut werden können.

Global gibt es zwar Wasser im Überfluß, doch wegen der regional wirksamen Begrenzungen und der Wasserverschmutzung ist allenfalls noch eine Verdoppelung des Wasserverbrauchs möglich, die in 20 bis 30 Jahren erreicht sein wird.[16] Selbst wenn es möglich wäre, alle Verschmutzungen zu vermeiden, jeden Wassertropfen zu speichern, entweder das Wasser zu den Menschen oder die Menschen zu den Wasservorkommen zu bringen, ja selbst wenn man alle 40 000 Kubikkilometer des jährlichen Süßwasser-Durchflusses irgendwie für die Menschen verfügbar machen könnte – auch dann gäbe es nur für drei bis vier Verdoppelungen des Wasserverbrauchs ausreichend Wasser. Und diese Absolut-Grenze wäre beim gegenwärtigen Bevölkerungs- und Kapitalwachstum schon in einem Jahrhundert erreicht.

Wenn man wissen will, was passiert, wenn eine Gesellschaft ihre begrenzten Wasserressourcen überzieht, braucht man nicht auf eine globale Wasserverknappung zu warten. Derartiges hat sich schon mehrfach ereignet. Es kommt dann darauf an, ob diese Gesellschaft in Wassernot reich oder arm ist, ob sie Nachbarn mit Wasservorkommen hat und ob sie sich mit ihnen gut verträgt. Reiche Gesellschaften mit gutwilligen Nachbarn wie etwa im südlichen Kalifornien können Dämme bauen, Rohrleitungen verlegen und Pumpen installieren, um Wasser herbeizuschaffen. Besitzen die Gesellschaften riesige Ölreserven wie Saudi-Arabien, können sie fossile Energieträger einsetzen, um Meerwasser zu entsalzen. Wohlhabende Gesellschaften ohne Energieträger und ohne freundliche Nachbarn mit Wasser können immerhin raffinierte Techniken entwickeln, um jeden Liter Wasser optimal zu nutzen, und ihre Wirtschaft so gestalten, daß sie mit geringsten Wassermengen auskommt. So hat es Israel gemacht. Wenn auch das nicht geht, so bleibt nur noch scharfe Wasserrationierung. Arme Gesellschaften schließlich müssen einfach hungern – denn ohne Wasser wächst nichts – oder geraten wegen des Wassers gar in militärische Konflikte.[17] Reiche und arme Gesellschaften, bei denen es an Wasser mangelt, sind immer in Versuchung, Grundwasser in Mengen zu fördern, die auf die

Dauer nicht nachhaltig sind. In den Vereinigten Staaten werden über vier Millionen Hektar landwirtschaftlicher Ertragsflächen mit Grundwasser bewässert, das rascher gefördert wird, als sich die wasserführenden Schichten nachfüllen. In Bangkok und Mexico City senken sich Bauwerke, weil zuviel Grundwasser abgepumpt wird und die Bodenschichten nachgeben. In Peking fällt nach vorliegenden Berichten der Wasserstand in Brunnen jährlich um etwa einen Meter, in Manila zwischen vier bis zehn Meter und in dem indischen Staat Tamil Nadu um 25 bis 30 Meter. Unter den Küstenstädten wie Dakar, Jakarta, Lima und Manila dringt salziges Seewasser in die abgepumpten grundwasserführenden Schichten.[18]

Grundwasserförderung, Wassertransport und Meerwasserentsalzung können, wenn regional die Begrenzung für die Wassernutzung überzogen wurde, noch für eine gewisse Zeit weiterhelfen. Aber eine weltweite Lösung versprechen solche Maßnahmen nicht, schon gar nicht für längere Zeit. Das verfügbare Wasser ist gewiß nicht überall die am schärfsten wirkende Begrenzung. Aber wo es das ist, kann man dafür sorgen, daß weniger Wasser verschwendet und verschmutzt und die Wassernutzung effizienter wird. Über kurz oder lang freilich werden die Gesellschaften, die bereits ihr Wasser-Limit überzogen haben, zu der Erkenntnis gelangen, daß sie über das zwar sich ständig erneuernde, aber doch begrenzte Budget des verfügbaren Wassers hinaus ihr exponentielles Wachstum nicht durchhalten können.

Wälder

Bevor die Menschen vor drei- bis viertausend Jahren die Landwirtschaft entwickelt haben, waren etwa sechs Milliarden Hektar der Kontinente mit Wäldern bedeckt. Heute gibt es noch etwa vier Milliarden Hektar Wald, von denen sich noch etwa 1,5 Milliarden Hektar im Urzustand befinden.[19] Die Hälfte aller verlorenen Waldflächen wurden erst zwischen 1950 und 1990 gerodet.

In den Vereinigten Staaten (ohne Alaska) sind ein Drittel aller Waldungen und 85 Prozent aller Urwälder verschwunden. In Europa existieren praktisch keine Urwälder mehr. Die dort noch vorhandenen Wälder sind kultivierte »Plantagen« mit wenigen Arten von Nutzhölzern. China besitzt nur noch ein Viertel der vormals vorhandenen Waldflächen. Die größten noch vorhandenen Waldungen der gemäßigten Zonen stehen in Kanada und in Rußland; insgesamt 1,4 Milliarden

Hektar. Die Hälfte davon wird nicht genutzt. Wälder in den gemäßigten Zonen sind meist flächenmäßig stabil, obwohl in einigen Waldgebieten die Bodennährstoffe, die Artenfülle, die Holzqualitäten und die Wachstumsraten abnehmen.

Die geschichtlich entwickelte Holznutzung der gemäßigten Zonen läßt sich nicht auf die Tropen übertragen, weil dort die Böden, die klimatischen Bedingungen und die Ökosysteme völlig anders aussehen. Tropische Wälder wachsen rasch, ihr Artenreichtum ist sehr viel höher, aber sie sind auch viel verwundbarer als Wälder im gemäßigten Klima. Es ist nicht sicher, ob Tropenwälder auch nur *einen* Kahlschlag überstehen, ohne daß es zu schweren Schäden des Bodens und des Ökosystems kommt. Gegenwärtig werden Beforstungsversuche unternommen, um tropische Wälder selektiv oder in Geländestreifen einzuschlagen und so die Regenerierung zu fördern. Doch bei den Abholzungen in großem Maßstab, die gegenwärtig stattfinden, werden die tropischen Wälder meist kurzerhand als eine sich nicht regenerierende Ressource behandelt: Sie werden einfach niedergelegt.

Die Hälfte aller tropischen Wälder ist bereits verschwunden, und von den noch vorhandenen ist die Hälfte bereits einmal eingeschlagen und geschädigt worden. Niemand weiß genau, wie rasch die noch vorhandenen Wälder gerodet werden. Die FAO kam 1980 bei ihrem ersten Versuch, die Rodungen zahlenmäßig zu erfassen, auf eine Abholzungsrate von 11,4 Millionen Hektar jährlich. Bis etwa 1985 ist diese Rate auf über 20 Millionen Hektar jährlich gestiegen. Nachdem es nun aber besonders in Brasilien zu politischen Veränderungen gekommen ist, fiel 1990 die jährliche Abholzung offensichtlich auf etwa 17 Millionen Hektar.

Wie rasch und in welchem Umfang in Costa Rica die Wälder vernichtet wurden, ist auf Abbildung 3–6 dokumentiert. In diesem kleinen Land kam es in der jüngsten Vergangenheit zu den schlimmsten forsttechnischen Sünden, aber auch zu beispielhaften Maßnahmen zur Regeneration. Ein großer Teil der Wälder Costa Ricas wurde abgeholzt, um Weideland zu gewinnen und den Rindfleisch-Export zu fördern. Aber die Pflanzendecke der neuen Weiden war meist schon nach wenigen Jahren zerstört, die Böden erodierten und mußten aufgegeben werden. An steileren Hängen kam es nach schwereren Niederschlägen zu Erdrutschen; Straßen und ganze Dörfer wurden verschüttet. Der Schlamm füllte Staubecken für die Stromerzeugung auf und wurde auch in die Küstengewässer geschwemmt, wo er feine Sedimentschichten

Abbildung 3–6   Waldbedeckung in Costa Rica 1940–1984

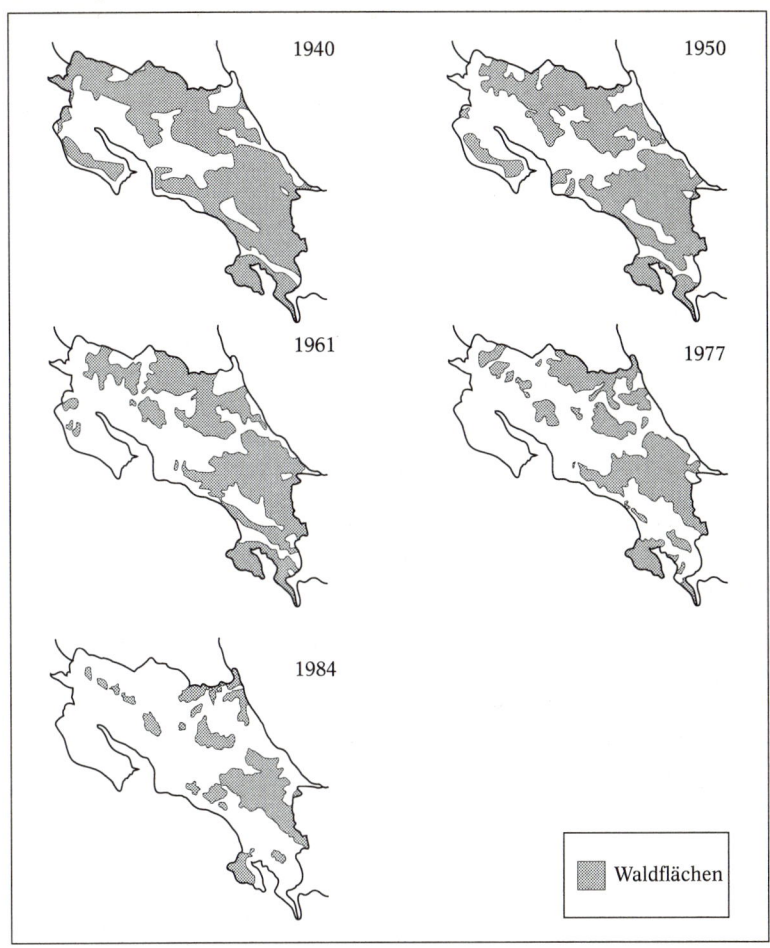

Im Laufe des letzten halben Jahrhunderts sind die tropischen Waldgebiete Costa Ricas weitgehend der Rodung zum Opfer gefallen. Die noch verbliebenen Tropenwälder des Landes sind jetzt jedoch meist unter Schutz gestellt (Quelle: C. Quesada).

bildete, die Korallenriffe zerstörten und den Fischfang schwer schädigten. Die Exportgewinne, die Costa Rica in den wenigen Jahrzehnten dieser unhaltbaren Bodenpolitik erzielen konnte, wurden mit schweren Wunden der Umwelt erkauft, die noch lange nicht vernarben.

Der Staat reagierte recht spät, aber immerhin mit Erfolg. Es gelang, die noch stehenden Wälder zu erhalten und Teile der schon zerstörten wieder zu regenerieren. Fast alle Urwälder wurden zu Nationalparks erklärt oder sonstwie unter Schutz gestellt. Durch mehrere »Debt-for-Nature«-Finanzaktionen hat sich Costa Rica die Mittel verschafft, um die Infrastruktur und Erfahrung zur Erhaltung dieser Schutzwälder aufzubauen und sie der Wissenschaft und dem Öko-Tourismus zu erhalten.

Das könnte auf längere Sicht mehr Arbeitsplätze und internationale Finanzmittel erbringen, als die so unglücklichen Beweidungsversuche erbringen konnten. Und diese Ressource der Waldnutzung läßt sich unbefristet aufrechterhalten.

Es gibt sehr unterschiedliche Ursachen für die Waldrodung in den jeweiligen tropischen Ländern. Die Übeltäter sind internationale Nutzholz- und Papierkonzerne, Regierungen, die den Export erhöhen wollen und ihre Auslandsschulden bezahlen müssen, reiche Großgrundbesitzer, Rancher und Farmer sowie arme Leute, die sich um Brennholz bemühen oder ein kleines Stück Land bebauen wollen. Diese unterschiedlichen Akteure wirken oft zusammen. Die Regierungen locken die Konzerne an, die dann die Wälder niederlegen und die Hölzer verwerten, und die Armen dringen auf den Transportwegen in die Rodungen nach und suchen nach Land, auf dem sie sich niederlassen können.

Und wie geht es jetzt weiter mit den Tropenwäldern? Man kann nach unterschiedlichen Vermutungen und Annahmen, von denen einige auf Abbildung 3–7 aufgelistet sind, die künftigen Verlustraten hochrechnen. 1990 gab es noch etwa 800 Millionen Hektar Urwald, davon 330 Millionen Hektar in Brasilien. Etwa 17 Millionen Hektar, also 2,1 Prozent des Bestandes, wurden in 1990 gerodet.

Wenn es bei der »Entwaldung« oder »Abholzung« von 17 Millionen Hektar jährlich bleibt, werden die Urwälder in 47 Jahren verschwunden sein. Diese mögliche Entwicklung repräsentiert die mittlere gerade Linie auf Abbildung 3–7. Sie beruht auf der Annahme, daß die Wirkungskräfte, welche die Entwaldungen verursachen, sich 47 Jahre lang nicht ändern.

Wächst aber die Rate der Abholzung exponentiell, zum Beispiel entsprechend der Wachstumsrate der Bevölkerung in tropischen Regionen (etwa 2,3 Prozent jährlich), dann sind die Urwälder schon in 30 Jahren vernichtet. Die entsprechende Kurve setzt voraus, daß die verantwortlichen Triebkräfte exponentiell zunehmen. Wenn jedoch die Rate der Entwaldung ein konstanter Prozentsatz (2,1 Prozent) des jeweils noch vorhandenen Bestandes an Urwäldern bleibt, fällt die tatsächlich gerodete Fläche Jahr um Jahr ein wenig. Die noch bewachsene Fläche nähert sich langsam Null und wird

Abbildung 3–7   Denkmodelle über die weitere Tropenwaldzerstörung

noch bestehende Waldflächen in Millionen Hektar

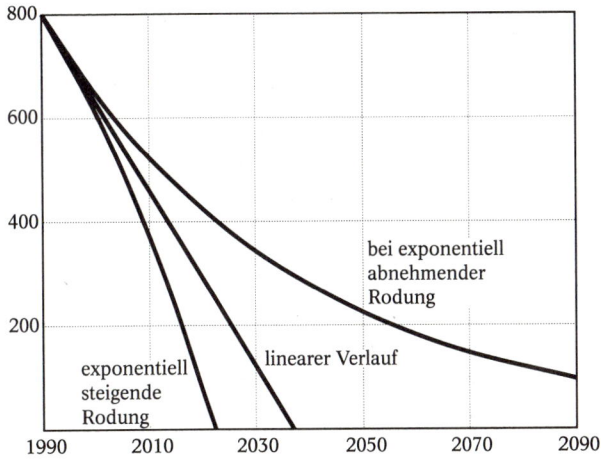

Der weitere Verlauf der Rodung tropischer Waldgebiete hängt davon ab, welche demographischen, rechtlichen und wirtschaftlichen Trends die Oberhand gewinnen werden. In dieser Darstellung sind drei Szenarios zusammengefaßt; sie zeigen die möglichen Entwicklungsformen, wenn keine gemeinsame und effektive Vereinbarung zum Schutz dieser Waldgebiete zustande kommen sollte. a) Wenn der gegenwärtige Verlust von rund 17 Millionen Hektar Waldfläche jährlich mit der Wachstumsrate der Bevölkerung von 2,3 % jährlich zunimmt, werden alle tropischen Waldungen um 2020 verschwunden sein. b) Bleibt die Abholzungsrate aber konstant, dauert der Abholzungsvorgang bis 2040. c) Die dritte Kurve rechts beruht auf der Annahme, daß jährlich 2,1 % des jeweils noch vorhandenen Bestandes entwaldet werden. Dann nimmt die Entwaldung langsam ab und dauert noch ein Jahrhundert oder länger.

dann in etwa einem Jahrhundert weitgehend verschwunden sein. Diese Rechnung beruht auf der Annahme, daß jede Entforstung einer bestimmten Fläche die nächste Entforstung einer gleich großen Fläche etwas weniger wahrscheinlich macht, weil die nächstgelegenen günstigen Flächen immer zuerst entwaldet werden und dadurch immer ungeeignetere Waldflächen übrig bleiben.

Die reale zukünftige Entwicklung wird allerdings komplizierter verlaufen, als die theoretisch entwickelten Kurven aufzeigen. Denn das Bevölkerungswachstum fördert den Holzeinschlag, während gleichzeitig zunehmende Entfernungen der Rodungsgebiete und fallende Holzqualitäten den Einschlag schwieriger machen. Ferner nimmt der politische Druck zu, der darauf gerichtet ist, wenigstens einige der noch verbleibenden Bestände an Urwäldern von der Entwaldung auszunehmen. Entscheidend ist jedoch, daß der Bedarf an Bauholz, an Papierprodukten und an Brennholz ansteigt und daher die Waldungen in fast jedem Gebiet der Erde im Abnehmen begriffen sind (Abbildung 3–8).

Der Holzeinschlag in China ist um rund 100 Millionen Kubikmeter jährlich höher als der Holznachwuchs. Der Holzbedarf in Indien ist rund siebenmal größer als die dort nachwachsende Holzmenge, so daß die Waldungen Indiens um 1,5 Millionen Hektar jährlich abnehmen. In der kanadischen Provinz British Columbia übertraf 1989 der Holzeinschlag die aufrechterhaltbare Rate um 30 Prozent. In Waldungen im Industriebesitz an der Westküste der Vereinigten Staaten wurden in den achtziger Jahren rund 25 Prozent mehr Weichhölzer eingeschlagen, als der Holznachwuchs erlaubt; in Staatswaldungen waren es 61 Prozent zuviel. In Indien und großen Gebieten südlich der Sahara herrscht bitterer Mangel an Brennholz. Nach einer Hochrechnung der Weltbank wird im nächsten Jahrzehnt die Zahl der Länder, die tropische Hölzer exportieren, von 33 auf zehn zurückgehen.[20]

Übermäßiger Einschlag ist aber nicht die einzige Gefahr, die den Wäldern droht. Eine weitere Bedrohung stellt natürlich die Umweltverschmutzung dar. Über lange Zeit wurden die Wälder Europas nur mit an Nachhaltigkeit orientiertem Ertrag genutzt. Jetzt aber sind rund drei Viertel der europäischen Waldbestände durch Luftverschmutzung und sauren Regen geschädigt. Die Umweltschäden in diesen Wäldern belaufen sich schätzungsweise auf mindestens 30 Milliarden Dollar jährlich; dies entspricht dem Produktionswert der Eisen- und Stahlindustrie Westdeutschlands oder dem Dreifachen dessen, was die Europäer jährlich für Maßnahmen gegen die Luftverschmutzung aufwenden. Auch wenn Europa die Emissionen an Schwefel- und Stickoxiden sowie an Ammoniak um 60 bis 80 Prozent verringern könnte, wären seine Wälder noch immer gefährdet.[21] Auch die riesigen Waldgebiete in den europäischen Teilen der GUS (der früheren UdSSR), so umfangreich wie die Wälder des übrigen Europa, sind durch Luftverschmutzung und Übereinschlag bedroht.[22]

Der Rückgang der bewaldeten Flächen bedeutet nicht nur, daß die Basis für Holzprodukte mehr und mehr verlorengeht; das Problem ist aus mehreren Gründen viel umfassender. Ein Wald ist schon ohne direkte Nutzung eine Ressource mit lebenswichtigen Funktionen, die nach wirtschaftlichen Maßstäben nicht bewertbar sind. Waldungen schaffen Böden, mildern klimatische Schwankungen, halten Niederschläge zurück, schützen damit vor Überschwemmungen und wirken

Abbildung 3–8   Globale Rundholzproduktion

in Milliarden Kubikmeter jährlich

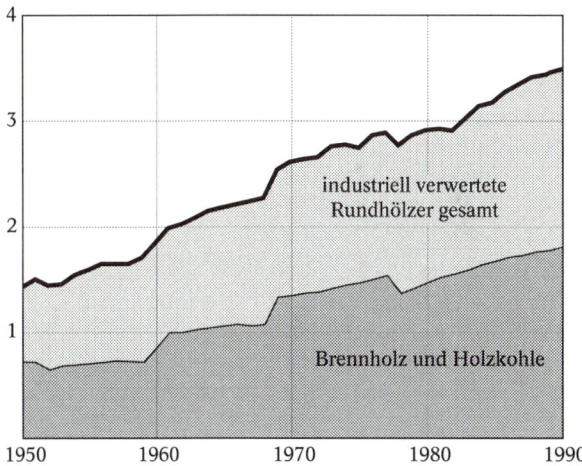

Die Produktion von Rundholz ist gleich der Einschlagmenge von Holz aus geschlossenen Wäldern und offenen Baumbeständen. Aus Rundholz entstehen gesägte Hölzer, Furniere, Hölzer für die Papierherstellung und Brennholz. Die statistischen Zahlen umfassen die offiziellen Einschlagmengen und geschätzte sonstige Einschläge (Quelle: FAO).

Dürreperioden entgegen. Sie federn die Erosionswirkung von Niederschlägen ab, festigen den Boden in geneigtem Gelände und halten Wasserläufe und Küsten weitgehend frei von Schlamm und Sedimenten. Sie beherbergen und unterhalten die Mehrzahl aller biologischen Arten. Obwohl die tropischen Wälder nur sieben Prozent der Erdoberfläche bedecken, sind sie der Lebensraum für schätzungsweise die Hälfte aller Arten von Lebewesen. Die Wälder binden eine riesige Menge von Kohlenstoff, tragen damit wesentlich zum Ausgleich des Gehalts an Kohlendioxid der Atmosphäre bei und wirken dem Treibhauseffekt entgegen. Darauf kommen wir noch in diesem Kapitel zurück.

Doch die gegenwärtigen nicht nachhaltigen Raten der Holznutzung sind tatsächlich nicht erforderlich, ähnlich wie die Raten der Bodenbewirtschaftung und des Wassergebrauchs. Wenn man Verluste vermeidet und die Wiederverwertung von Holzprodukten erhöhte, könnten die Einschlagmengen entschieden reduziert werden, ohne daß ernsthafte Beschränkungen des Lebensstandards daraus folgen. Die Vereinigten Staaten haben mit 317 Kilogramm pro Kopf und Jahr den höchsten Papierverbrauch der Erde. Die Hälfte dieser Papiermengen dienen zum Verpacken von Waren und gehen sofort wieder in den Müll; nur 29 Prozent werden wiederverwertet. In Japan beträgt die Recyclingquote für Papierprodukte zwar 50 Prozent; dafür aber werden dort tropische Harthölzer hoher Qualität als Sperrholzprodukte für Betonverschalungen verwendet, die nur ein- oder zweimal genutzt und dann weggeworfen werden. Etwa die Hälfte des Holzverbrauchs der USA ließe sich einsparen, wenn man den Ausnutzungsgrad von Sägewerken und Fabriken zur Sperrholzherstellung sowie von Holzkonstruktionen verbessern, die Recyclingquote für Papierprodukte verdoppeln und den Gebrauch von Wegwerf-Produkten aus Holz, wie etwa Verpackungen, reduzieren würde. Maßnahmen dieser Art könnten in allen Industrieländern mit effizienteren Verbrennungsanlagen in den Entwicklungsländern kombiniert werden, so daß man den Brennholzbedarf der Welt entscheidend vermindern kann.[23]

Besonders in den tropischen Wäldern ließe sich der Holzeinschlag so umgestalten, daß seine negativen Auswirkungen auf die Böden, die Wasserläufe und die nicht eingeschlagenen Baumbestände geringer werden. Holzplantagen mit ertragreichen Sorten könnten in viel größerem Umfang angelegt werden, nicht auf Kosten bereits bestehender gesunder Wälder, sondern auf Einschlagflächen und Brachland. Regierungen könnten die direkte oder indirekte Subventionierung der Industriezweige einstellen, die den Holzeinschlag betreiben. Dann würden die Preise für Holzprodukte steigen und die tatsächlichen Gemeinkosten realistischer widerspiegeln.

Mit Maßnahmen dieser Art ließen sich die Durchsatzmengen von Holzprodukten senken und die Einschlagmengen unter die Grenzgröße der Nachhaltigkeit drücken. Alle hier vorgeschlagenen Maßnahmen sind durchführbar. Jede einzeln wird schon irgendwo auf diesem Planeten praktiziert, aber eben nicht weltweit. Deshalb gehen die Wälder weiter zurück.

Andere biologische Arten: die genetische Ressource

Man schätzt, daß es zwischen zehn und hundert Millionen Arten von Lebewesen auf der Erde gibt. Nur 1,4 Millionen sind klassifiziert und benannt, also wissenschaftlich erkundet. Da man nicht einmal annähernd die Größenordnung der vorhandenen Arten kennt, weiß auch niemand, wie viele Arten schon ausgerottet wurden. Ziemlich sicher ist jedoch, daß der Artenverlust exponentiell ansteigt. Das läßt sich schließen aus der Rate, mit der Lebensräume verschwinden. Zwei Beispiele:

Madagaskar ist eine biologische Schatzkammer; in den Wäldern des Ostteils der Insel gab es 12 000 bekannte Arten von Pflanzen und 190 000 Tierarten; mindestens 60 Prozent von ihnen findet man nur dort. Aber über 90 Prozent dieser Wälder sind bereits verschwunden, und nach wissenschaftlichen Schätzungen ist damit auch mindestens die Hälfte der Arten ausgerottet.

Im Westen Ecuadors gab es 8000 bis 10 000 Pflanzenarten, die Hälfte davon endemisch. Jede Pflanzenart dient wieder zehn bis 30 Tierarten als Existenzgrundlage. Seit 1960 aber sind fast alle Wälder im Westen Ecuadors gerodet und in Bananenplantagen, in Siedlungen und Betriebsflächen für die Ölförderung umgewandelt worden. Man schätzt, daß dort in den letzten 25 Jahren etwa 50 000 Tierarten ausgerottet wurden.[24]

Zum umfangreichsten Artenverlust kommt es immer dort, wo die Artenvielfalt am höchsten ist: in den tropischen Wäldern, in den Korallenriffen und in den Feuchtgebieten, also in Mooren, Sümpfen, Flußniederungen und Tiefländern. Die Feuchtgebiete sind wohl noch stärker bedroht als tropische Wälder, stellen aber ebenfalls Regionen intensiver biologischer Aktivität dar und sind Brutgebiete vieler Fischarten; so zum Beispiel die Wattgebiete. Nur sechs Prozent der Erdoberfläche sind Feuchtgebiete – oder besser, sie waren es, denn etwa die Hälfte davon ist nach Schätzungen durch Entwässerung, Flußbegradigungen und Geländeauffüllungen trockengelegt worden. Zerstörungen solcher Lebensräume durch Umweltverschmutzung sind dabei nicht einmal berücksichtigt.

Zur Abschätzung des globalen Artenverlustes bemißt man zunächst die verlorenen Lebensräume. Das geht einigermaßen zuverlässig. Dann entwickelt man Annahmen über die Zahl der Arten, die in den verlorenen Lebensräumen gelebt haben, wobei sich Unsicherheiten mit einem Faktor von zehn ergeben. Weiter muß man dann das Verhältnis zwischen verlorenem Lebensraum und Artenverlust abschätzen. Als Daumenregel ergibt sich schließlich, daß noch etwa die Hälfte der Arten überlebt, wenn 90 Prozent ihres Lebensraums vernichtet werden.

Derartige Berechnungen fordern natürlich immer kontroverse Argumente heraus.[25] Aber ebenso wie bei anderen Zahlenwerten, die wir in diesem Kapitel zu erfassen suchten, ist auch beim Artenverlust mindestens die allgemeine Entwicklungsrichtung eindeutig. Niemand bezweifelt, daß biologische Arten immer rascher ausgerottet werden. Die Schätzungen reichen von einer bis zu hundert verlorenen Arten pro Tag. Ökologen vertreten die Ansicht, daß es seit dem Aussterben der Dinosaurier am Ende der Kreidezeit vor etwa 65 Millionen Jahren kein Artensterben mehr gab, das mit dem gegenwärtigen vergleichbar ist.

Aber die Abschätzung des Artenverlustes ist nur eine Möglichkeit, um den Einfluß der Menschen auf die Biosphäre zu bewerten. Ökologen an der Universität Stanford haben vor einigen Jahren eine ganz andere Methode angewendet: Sie berechneten, inwieweit die biologische Aktivität auf der Erde für den Lebensbedarf der Menschen genutzt wird. Ihre Ergebnisse sind bemerkenswert, denn es zeigte sich, daß die Menschen rund 25 Prozent aller durch Photosynthese entstandenen Produkte insgesamt oder 40 Prozent der Photosynthese-Produkte auf den Kontinenten für sich beanspruchen.[26]

Dies bedarf einer Erklärung. Die Ökologen bezeichnen die Menge der durch grüne Pflanzen eingefangenen und in ihrem Gewebe als hochenergetische Verbindungen eingebauten Sonnenenergie als *Netto-Primär-Produktion* (NPP). Diese NPP ist das Fundament aller Nahrungsketten; denn alle Tiere fressen entweder Pflanzengewebe oder andere Tiere, die sich direkt oder indirekt von Pflanzengewebe ernähren. Das NPP ist damit die biologische Energiequelle aller Lebewesen.

Direkt verbraucht heute die Menschheit nur etwa drei Prozent der NPP der Kontinente als Nahrung und beim Verbrennen von Holz. *Indirekt* aber werden weitere 36 Prozent der NPP der Festlandflächen zur Ernährung von Haus- und Arbeitstieren, durch Ernteverluste, Niederbrennung und Rodung von Wäldern, durch die Ausbreitung von Wüsten und bei der Umwandlung natürlich bewachsener Flächen in Ansiedlungen beansprucht. Dabei ist die Schädigung der NPP durch Umweltverschmutzung nicht einmal berücksichtigt, weil diese Auswirkung weltweit noch nicht berechenbar ist. Die Menschheit *kontrolliert* etwa 40 Prozent der NPP-Produktion auf den Festlandflächen, aber sie kann sie durch die Umweltverschmutzung noch viel stärker *beeinflussen.*

Wenn es nun auch nur annähernd stimmen sollte, daß die Menschen 40 Prozent der von den Kontinenten gelieferten NPP beanspruchen, stellt sich die aktuelle Frage: Was passiert, wenn sich die Menschheit und ihre Wirtschaft wiederum verdoppeln, was schon in 20 bis 30 Jahren der Fall sein wird? Wie sieht die Welt aus, wenn die Menschen 80 Prozent der NPP für sich beanspruchen? Oder gar 100 Prozent?

Das weiß niemand. Manche Ökologen vermuten, daß die Erde dann etwa dem Bild der heutigen Niederlande oder Englands entsprechen wird, also eine Landfläche unter vollkommener menschlicher Kontrolle sein wird, in der es kaum mehr wildlebende Arten und nur noch sehr wenig Freiraum gibt, der etwas Expansion oder auch Fehler zuläßt – aber immerhin eine Welt, in der man gut leben kann.

Andere Experten wenden freilich ein, daß die Niederlande und England Nähr- und Futtermittel, Holz und Textilrohstoffe einführen müssen und deshalb mehr als allein die 100 Prozent der Netto-Primär-Produktion ihrer eigenen Landflächen verbrauchen.[27] Manche Länder können sich das leisten. Die Menschheit insgesamt kann es aber nicht. Deshalb sähe, so meinen einige Ökologen, eine Welt, auf der die Menschen die gesamte NPP verbrauchen, etwa so aus wie die Sahelzone, wie China oder ein landwirtschaftlicher Großbetrieb, dessen Anbauflächen erodiert sind.

Eines jedoch ist sicher: Wenn die Menschheit immer größere Anteile der Primärproduktion für sich und ihre Nutzorganismen (wie Mais oder Kühe) in Beschlag nimmt, bleibt entsprechend weniger für andere Formen des Lebens übrig. Das führt dann zu einem Verlust wirtschaftlicher Werte: Wild, Fischarten, Chemikalien, Pharmazeutika und Nahrungsmittel könnten sehr wohl verschwinden, wenn Arten verschwinden, die bislang noch nicht einmal bekannt sind. Das wäre auch ein geistiger und ästhetischer Verlust, eine Verarmung in der großen Familie der Schöpfung. Nach allem, was heute bekannt ist, könnten damit auch wichtige Bindeglieder innerhalb des Ökosystems verloren gehen. Mit Sicherheit wäre es ein schwerwiegender Verlust an genetischem Informationspotential, das sich über Jahrmillionen entwickelt hat und das wir gerade erst zu durchschauen und zu nutzen lernen.

Irgendwo auf diesem Pfad der Besitzergreifung der NPP gibt es Grenzpfähle. Aber noch ehe die unüberwindlichen Schranken erreicht sind, verarmt die Menschheit wirtschaftlich, wissenschaftlich, ästhetisch und moralisch.

Ressourcen, die sich nicht regenerieren

Fossile Brennstoffe

Von 1860 bis 1985 ist der Energiedurchsatz der Menschheit um das 60fache gestiegen. Der globale Energieverbrauch kletterte unentwegt, nicht gleichmäßig, aber unaufhaltsam trotz Kriegen, Rezessionen, Inflationen und technischem Wandel (Abbildung 3–9). Den größten Teil der Energie beanspruchen die Industrieregionen. Der Europäer verbraucht durchschnittlich 10- bis 30mal mehr kommerziell gelieferte Energie[28] als der Bewohner eines Landes der Dritten Welt. Die Nordamerikaner bringen es gar auf das 40fache.[29]

Tabelle 3–1   Jahresproduktion von Kohle, Erdöl und Erdgas
Verhältnis Reserve/Produktion 1970 und 1989

	Produktion 1970	R/P 1970 (Jahre)	Produktion 1989	R/P 1989 (Jahre)
Erdöl	16,7 Mrd Barrel	31	21,4 Mrd Barrel	41
Kohle	2,2 Mrd Tonnen	2300	5,2 Mrd Tonnen	660
Erdgas	0,8 Billionen m^3	38	1,9 Billionen m^3	60

(Quellen: Die Zahlen für 1970 stammen vom U.S. Bureau of Mines, Mineral Facts and Problems, Washington DC, die Zahlen für 1990 von der Welt-Energie-Konferenz 1989, Survey of Energy Resources. Die geschätzten Kohlereserven 1970 und 1989 sind nicht exakt miteinander vergleichbar; der scheinbare Rückgang des Kohle-R/P ist nicht signifikant.)

Auf der Welt-Energiekonferenz 1989 wurde errechnet, daß der Energiebedarf bei einem wie bislang verlaufenden Wachstum der Bevölkerung und des Industriekapitals bis zum Jahr 2020 um weitere 75 Prozent steigen werde. Die wichtigsten Energieträger werden die fossilen Brennstoffe Kohle, Erdöl und Erdgas bleiben.[30] Gegenwärtig decken sie global 88 Prozent der kommerziell gelieferten Energie.

Zwischen 1970 und 1990 wurden 450 Milliarden Barrel Erdöl, 90 Milliarden Tonnen Kohle und 31 Billionen Kubikmeter Erdgas verbrannt. In eben diesen zwei Jahrzehnten wurden allerdings auch neue Lager-

Abbildung 3–9   Primärenergieverbräuche

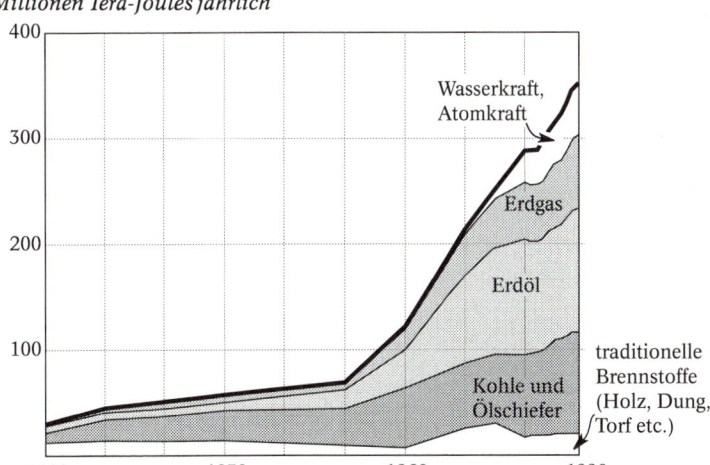

Millionen Tera-Joules jährlich

Der technische Wandel und das Bevölkerungswachstum beeinflussen den Energieverbrauch und die unterschiedliche Nutzung der verschiedenen Energiequellen. Noch immer liefern die fossilen Brennstoffe den größten Anteil der Nutzenergie. Um 1920 hatte die Kohle den höchsten Anteil am Verbrauch und lieferte mehr als 70 % der gesamten Energiemenge; seitdem nimmt ihr relativer Anteil ab. Ähnlich erging es dem Erdöl mit seinem größten Anteil Anfang der siebziger Jahre, als es rund 40 % des Weltenergieverbrauchs deckte. Der Verbrauchsanteil des Erdgases steigt wohl auch in Zukunft weiter an, da es weit weniger schädliche Stoffe bei der Verbrennung hinterläßt als Kohle und Öl. Zur elektrischen Energie gehören auf dieser Darstellung der elektrische Strom aus Wasserkraft und aus Kernkraftwerken (Quellen: Vereinte Nationen; G. R. Davis).

stätten dieser fossilen Brennstoffe gefunden und die Größe der bereits
bekannten Bestände nach oben korrigiert. Obwohl der Verbrauch fossiler Brennstoffe heute höher als 1970 ist, liegt dennoch das Verhältnis
bekannter Reserven zur Produktion (R/P), das die Jahre bestimmt, über
welche die Vorräte bei gleichem Verbrauch reichen, sowohl bei Erdgas
wie bei Öl höher. Der Rückgang der R/P für Kohle ist auf falsche
Abschätzungen zurückzuführen. Kohle ist der am reichlichsten vorhandene fossile Brennstoff.[31]

Bedeutet dies nun, daß es 1989 mehr fossile Brennstoffe für die menschlichen Aktivitäten gab als zwanzig Jahre zuvor? Selbstverständlich
nicht. 1989 waren tatsächlich 450 Milliarden Barrel Öl, 90 Milliarden
Tonnen Kohle und 31 Billionen Kubikmeter Erdgas weniger vorhanden
als 1970.

Fossile Brennstoffe regenerieren sich nicht. Beim Verbrennen werden
sie in Kohlendioxid, Wasserdampf, Schwefeldioxid und eine Reihe
anderer Stoffe zerlegt, die sich niemals wieder zu fossilen Brennstoffen
zusammenfinden, jedenfalls nicht in Zeitspannen, die für die Menschen
noch von Bedeutung sind. Sie werden zu Abfällen und Umweltgiften
und entweichen in die Senken unseres Planeten, wie noch in diesem
Kapitel näher geschildert wird.

Wer immer die Neuentdeckung von Lagerstätten in den letzten zwanzig
Jahren als Beweis dafür werten will, daß es keine Begrenzungen für
fossile Brennstoffe gäbe, blickt nur auf einen Sektor des Energiesystems.

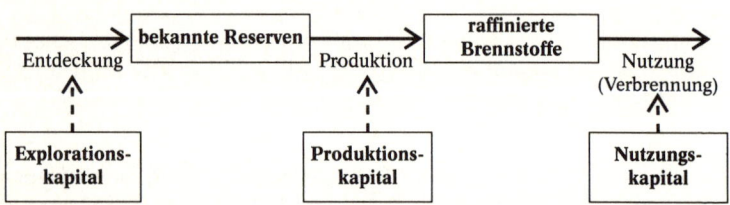

Zur *Entdeckung (Exploration)* neuer Lagerstätten dient das Explorationskapital. Das umfaßt zum Beispiel Erkundungsflugzeuge, Spezial-
satelliten, Bohrgeräte und elektronische Sonden. Die entdeckten Lagerstätten erhöhen die bekannten Reserven, die noch nicht genutzt werden. Die *Produktion (Förderung)* bringt abbaubare Bestände an die
Erdoberfläche durch Tiefbohrungen, Bergbau, Pumpen, Transportein-
richtungen, setzt sie in nutzbare Formen um, zum Beispiel durch Raffi-

nierung, und lagert sie auf Kohlehalden, in Tanks und Gasbehältern. Mit dem *Nutzungskapital* wie Kesseln, Heizungen, Kraftwerken und Motoren werden die Brennstoffe durch Verbrennen genutzt.[32] Solange die Rate der Neuentdeckungen von Lagerstätten die Nutzungsrate übersteigt, nehmen die bekannten Reserven zu. Aber das ist nur der *ökonomische Sektor* des Gesamtsystems, der genau kontrolliert und registriert wird. Das komplette Schaubild des Systems umfaßt auch die eigentlichen Quellen und Senken der fossilen Ressourcen.

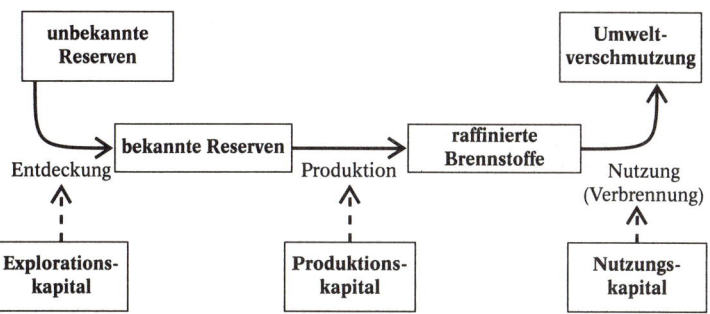

Da die Produktion den Bestand an bekannten Reserven vermindert, investiert die Energiewirtschaft Explorationskapital, um die nutzbaren Reservebestände durch Neuentdeckungen »nachzufüllen«. Aber jede neuentdeckte Lagerstätte ist letztlich ein Teil des Grundbestandes der überhaupt vorhandenen fossilen Brennstoffe. Dieser Bestand wird durch die Exploration eben nicht erhöht. Er mag noch sehr hoch sein. Unendlich ist er aber keinesfalls, und er regeneriert sich auch nicht.

Am anderen Ende der Prozeßkette entstehen durch die Verbrennung Schmutz- und Schadstoffe, die in die Senke der biogeochemischen Prozesse der Erde eingehen. Darunter verstehen wir die natürlichen biochemischen Prozesse, die die Abfallstoffe zu harmlosen Substanzen zerlegen – oder aber selbst von ihnen geschädigt werden. Verschiedenartige giftige Substanzen werden auch in allen Stadien des Systems, von der Prospektion zur Förderung und Verarbeitung, beim Transport und bei der Lagerung freigesetzt. So sind zum Beispiel in den USA Lecks in unterirdischen Brennstofflagern eine Hauptursache für die Grundwasserverschmutzung.

Niemand weiß genau, ob nun die Quellen oder die Senken die wirksameren Grenzen für den Durchsatz fossiler Brennstoffe darstellen. Es gibt derart riesige Kohlevorräte, daß sehr wahrscheinlich die Senken die Kohlenutzung beschränken werden. Das gilt besonders für die Senke Atmosphäre, die bereits durch den Gehalt an Kohlendioxid überlastet ist. Die Erdölnutzung könnte sowohl durch Quellen als auch durch Senken begrenzt werden. Auch Erdöl verbrennt zu Treibhausgasen und anderen Schadstoffen. Es ist sicherlich derjenige fossile Brennstoff, dessen Vorräte am ehesten erschöpft sein werden.

Schätzungen über die noch nicht entdeckten Erdölreserven ergeben sehr unterschiedliche Zahlen und sind auch nicht verläßlich. In einigen Regionen jedoch sind Anzeichen einer Erschöpfung bereits erkennbar und wirken sich auch auf Wirtschaft und Politik aus (siehe Tabelle 3−2). 24 Prozent der globalen Erdölproduktion stammten 1988 aus dem Nahen Osten, 21 Prozent aus der früheren UdSSR. Diese beiden Weltregionen verfügen zusammen über 72 Prozent der bekannten Reserven. Weiter werden rund 40 Prozent der geschätzten noch unbekannten Reserven dort vermutet.

Eine Erschöpfung der Erdölvorräte wird sich mit Sicherheit nicht als plötzlicher Lieferstopp bemerkbar machen. Die Ventile der Förderköpfe auf den Ölfeldern werden nicht unerwartet zu tröpfeln beginnen. Zuerst werden zunehmend Mißerfolge bei Prospektionen eine allmäh-

Tabelle 3−2   Erdölreserven und Produktion in wichtigen Fördergebieten (alle Angaben in Milliarden Barrel)

	Gesamte Produktion bis 1988	Produktion 1988	bekannte Reserven	unbekannte Reserven (geschätzt)
Welt	610,1	21,3	922,1	275−945
Naher Osten	160,2	5,1	584,8	66−199
UdSSR	103,6	4,5	80,0	46−187
USA	152,7	3,0	48,5	33− 70
Asien und Pazifik	36,8	2,2	42,8	37−148
Afrika	46,4	2,0	58,7	20− 92
Südamerika	57,9	1,4	43,8	18− 86
Westeuropa	15,7	1,4	26,9	11− 56
Mexiko	15,7	0,9	27,4	15− 75
Kanada	14,3	0,5	7,0	9− 57
Osteuropa	6,8	0,1	2,0	1− 4

Abbildung 3-10   Erdölproduktion und Verbrauch in den USA

Milliarden Barrel jährlich

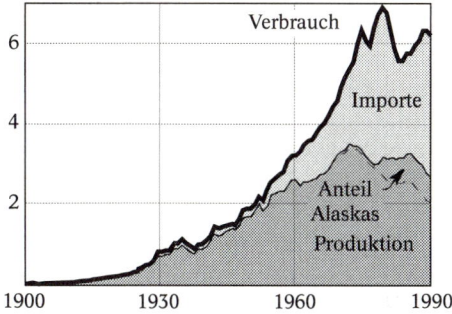

Barrel pro Fuß Bohrtiefe in den USA (ohne Alaska)

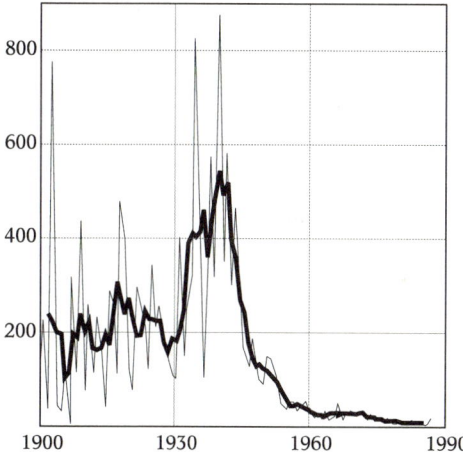

Nach 1940 zeigte sich erstmals in den USA, daß bei Prospektionen immer weniger neue Lagerstätten von Erdöl entdeckt wurden; das war das erste Anzeichen dafür, daß die Ölvorräte der USA allmählich zur Neige gehen. Nach der Maximalförderung um 1970 ist die Erdölproduktion in den USA (außer Alaska) um 40 % gefallen. Die Erschließung der Erdöllager in Alaska konnte die Erdölproduktion nicht mehr auf den Stand von 1970 heben (Quellen: American Petroleum Institute; C. J. Cleveland et al.).

liche Erschöpfung signalisieren. Die Bemühungen werden sich mehr und mehr auf die noch verbleibenden Reserven im Nahen Osten konzentrieren. Schließlich wird es zu einem immer stärkeren Rückgang der globalen Erdölförderung kommen. Die Vereinigten Staaten liefern eine Fallstudie für diese Entwicklung: Ihre ursprünglich riesigen Schätze an Erdöl sind mehr als zur Hälfte verbraucht, und die amerikanische Erdölförderung hatte schon in den späten sechziger Jahren ihren Höchststand erreicht. Seitdem muß der Erdölbedarf des Landes durch immer höhere Importe gedeckt werden (Abbildung 3–10).

Abbildung 3–11   Abbau der Welt-Erdgasvorräte

Nutzungsdauer der Vorräte
in Jahren

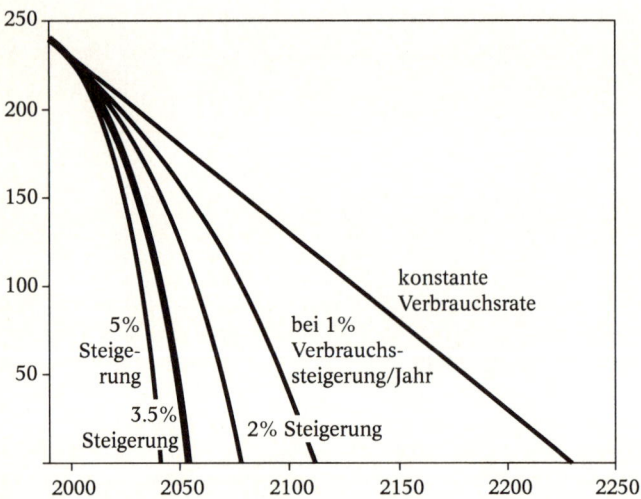

Wenn sich die globalen Erdgasvorräte durch Exploration neuer Lagerstätten vervierfachen sollten, würden sie bei der gegenwärtigen Verbrauchsrate bis etwa 2230 ausreichen. Aber die allmähliche Erschöpfung des Erdöls und die Umweltlasten durch den Kohleverbrauch können dazu führen, daß künftig immer mehr Erdgas eingesetzt wird. Wenn der Gasverbrauch wie gegenwärtig um 3,5 % jährlich zunimmt, würden Vorräte, die viermal höher als die heute bekannten sind, nur bis 2054 vorhalten.

Erdgas setzt pro gewonnener Energieeinheit die geringsten Schadstoffmengen von allen fossilen Brennstoffen frei. Deshalb wird es wohl künftig rasch Erdöl und Kohle ersetzen. Das beschleunigt aber die Erschöpfung seiner Lagerstätten in einem Maße, das wohl wieder all jene, die
die Dynamik exponentiellen Wachstums noch nicht voll erfaßt haben,
sehr überraschen wird; warum, zeigen die Abbildungen 3–11 und 3–12.
1989 betrug das Reserve/Produktions-Verhältnis bei Erdgas 60 Jahre.
Wenn der Verbrauch von 1989 weiter anhielte, würden also die bekannten Vorräte bis zum Jahr 2050 reichen. Aber aus zwei naheliegenden

**Abbildung 3–12   Erforderliche Entdeckungsrate bei fortgesetztem
Mehrverbrauch von 3,5 % jährlich**

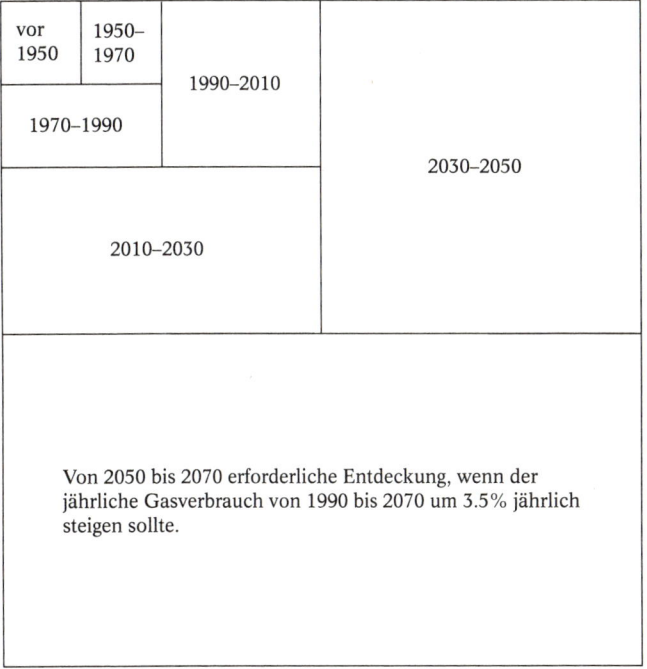

Wenn der Erdgasverbrauch um 3,5 % jährlich zunimmt, müßten künftig alle
20 Jahre jeweils so viel Gasvorräte neu entdeckt werden, als zuvor insgesamt
entdeckt worden sind (Quelle: A. A. Bartlett).

Gründen ist diese einfache Hochrechnung falsch: Es werden sicherlich noch unbekannte Erdgasreserven entdeckt, während die Verbrauchsraten nicht auf dem Stand von 1989 stagnieren.

Wir wollen einfach einmal annehmen, man werde so viele erschließbare Gasmengen entdecken, daß sie bei der Verbrauchsrate von 1990 nicht nur 60, sondern 240 Jahre lang vorhalten. (In der Praxis wäre das allerdings eine recht kühne Annahme, denn die Fachleute stimmen darin überein, daß die noch unbekannten Erdgasreserven etwa den schon bekannten entsprechen; außerdem zeigt sich die offenbar systematische Tendenz, bei der Bestimmung von Reserven an fossilen Brennstoffen höhere Werte einzusetzen, als nachher tatsächlich gewonnen werden können.[33]) Aber dennoch: unser angenommener hoher Erdgasvorrat fällt bei gleichbleibender Verbrauchsrate von 1990 linear 240 Jahre lang so, wie es die diagonale Linie auf Abbildung 3–11 zeigt. Wenn jedoch die Verbrauchsrate so zunimmt wie in den letzten zwanzig Jahren, nämlich um 3,5 Prozent pro Jahr, dann fallen die Vorräte nicht linear, sondern exponentiell wie die dick gezeichnete Kurve in Abbildung 3–11. Sie werden dann statt im Jahre 2230 schon 2054 erschöpft sein und reichen nur noch 64 statt 240 Jahre.

Wenn die Menschen die Umweltverschmutzung vermindern und die Ölvorräte strecken wollen und deshalb statt Kohle und Erdöl immer mehr Erdgas einsetzen, dann könnte dessen Verbrauchsrate rascher als um 3,5 Prozent jährlich steigen. Bei 5 Prozent jährlichem Verbrauchszuwachs wäre unser hypothetischer »240-Jahre-Vorrat« schon in 50 Jahren erschöpft.

Wie stark Neuentdeckungen von Erdgasvorräten zunehmen müßten, um ein stetiges Wachstum des Gasverbrauchs um 3,5 Prozent jährlich zu ermöglichen, ist auf Abbildung 3–12 dargestellt. Nach der Mathematik des exponentiellen Wachstums müßten sich die jeweils entdeckten Vorräte alle zwanzig Jahre verdoppeln. In jeweils zwei Jahrzehnten müßte man so viele neue Gasmengen aufspüren, wie bereits in der jeweils verflossenen Geschichte entdeckt worden sind.

Es geht aber hier nicht um die Frage, wann der Menschheit das Gas ausgehen wird. Die bestehenden beträchtlichen Erdgasreserven sind sehr wichtig als eine Art »Übergangs-Energieträger«, bis dauerhafte Energiequellen entwickelt und nutzbar sind. Fossile Energieträger sind ja nicht dauerhafter Art, sondern stehen nur für begrenzte Zeit zur Verfügung, besonders wenn sie auf exponentielle Art genutzt werden. Sie sollten nicht vergeudet werden. In der Geschichte der Menschheit wird das Zeitalter fossiler Brennstoffe nur eine kleine Episode bleiben, weil entweder die Quellen oder die Senken begrenzt sind. Eine Gesellschaft, die ihr Kapital zur Nutzung fossiler Brennstoffe ausweitet, ohne deren Ersatz durch sich regenerierende Energiequellen vorzubereiten, wird sich plötzlich jenseits der Grenzen für die Energiebeschaffung finden.

Es gibt aber sich regenerierenden Ersatz für fossile Brennstoffe. Zwei Optionen stehen zur Verfügung. Beide sind auch von der Quelle an nachhaltig, umweltfreundlich, technisch praktikabel und erweisen sich als zunehmend wirtschaftlich. Die eine Option ist der höhere Wirkungsgrad, die bessere Energienutzung. Sie läßt sich rasch realisieren. Die andere Option, die Energiegewinnung aus der Sonneneinstrahlung, benötigt etwas mehr Zeit.

Höherer Energiewirkungsgrad – das bedeutet, daß man denselben praktischen Nutzen, die gleiche Energie-Dienstleistung, etwa als Licht, Raumwärme und Kühlung, Transportleistung für Menschen und Frachten, gepumpte Wassermengen und Antriebsleistung von Kraftmaschinen, aus geringeren Energiemengen gewinnt. Das bedeutet gleichzeitig, daß derselbe oder gar ein höherer Lebensstandard aufrechterhalten wird, aber zu geringeren Kosten. Nicht nur die direkten Energiekosten sind niedriger, sondern auch die Gemeinkosten in Form von Umweltschäden. Nationale Energiequellen werden weniger beansprucht, und es ergeben sich weniger Konflikte über Kraftwerksstandorte. Für viele Länder bedeutet das auch geringere Auslandsverschuldungen und niedrigere Militärausgaben, um den Zugang zu fremden Ressourcen zu ermöglichen.

Technologien zur Erhöhung des Energiewirkungsgrades – von Wärmedämmungen bis zu extrem sparsamen Kraftmaschinen – entwickeln sich gegenwärtig so rasch, daß die für bestimmte Aufgaben vorausberechneten Energiemengen von Jahr zu Jahr nach abwärts korrigiert werden können. Eine moderne Energiesparlampe braucht nur ein Viertel der elektrischen Energie einer Glühbirne mit derselben Lichtleistung. Wenn man alle Gebäude in den USA mit wärmeisolierenden Fenstern versehen würde, könnte dadurch doppelt soviel Energie eingespart werden, wie das Land gegenwärtig als Erdöl aus Alaska bezieht. Mindestens zehn Autowerke haben Prototypen konstruiert, die auf 100 Kilometer nur zwischen 1,5 und 3,5 Liter Benzin benötigen. Und die Rede ist neuerdings sogar von Spitzentechniken, die 100 Kilometer Fahrstrecke schon mit 1,3 Liter Benzin zulassen. Ganz im Gegensatz zu

einem weitverbreiteten Vorurteil bestehen solche Fahrzeuge alle heutigen Sicherheitstests. Einige sollen keine größeren Herstellungskosten
verursachen als heute gängige Modelle.[34]
Alle Kalkulationen über die durch Wirkungsgradsteigerung einsparba-
ren Energiemengen sind abhängig von den technischen und politischen
Ansichten und Vorurteilen der Menschen. Nach einer sehr konservati-
ven Berechnung erscheint es jedoch sicher, daß die Wirtschaft Nordamerikas mit der Hälfte der gegenwärtig beanspruchten Energiemenge
genauso weiterwirken könnte wie bisher, mit denselben Technologien
und zu den gleichen, wenn nicht sogar geringeren Kosten. Damit würde
Nordamerika dieselbe Stufe der Energieeffizienz wie Westeuropa und
Japan erreichen. Der globale Bedarf an Erdöl würde um 14 Prozent, an
Kohle um 10 Prozent und an Erdgas um 15 Prozent geringer. Gleiche
oder noch wirksamere Verbesserungen des Energiewirkungsgrades sind
in Osteuropa und in der Dritten Welt möglich.
Die Optimisten meinen, dies sei erst der Beginn. Sie sind der Ansicht,
daß Westeuropa und Japan, heute schon die Regionen mit der bislang
höchsten Energieeffizienz der Erde, ihre Energieausnutzung noch verdoppeln bis vervierfachen könnten, und zwar mit den heute bereits
einsetzbaren Technologien und Neuentwicklungen, die in den nächsten
zwanzig Jahren mit hoher Wahrscheinlichkeit entstehen werden. (In
der Bundesrepublik Deutschland hat sich zwischen 1972, dem Jahr des
Ölpreisschocks, und 1985 das Brutto-Sozialprodukt um rund ein Drittel erhöht, bei praktisch gleichbleibendem Einsatz von Primärenergie.
Die Energieeffizienz ist also um rund 30 Prozent gestiegen. Dreimal
mußte die Bundesregierung in dieser Zeitspanne ihre Berechnungen
des künftigen Energiebedarfs nach abwärts berichtigen – und die nied-
rigste Vorausberechnung war dann immer noch zu hoch. – *Zusatz des
Übersetzers*)
Einige Berechnungen deuten darauf hin, daß durch verbesserte Energieausnutzung die Menschheit ihren gesamten Energiedurchsatz auf
gegenwärtiger Höhe oder auch darunter halten könnte – ohne Rückgang der Produktivität, bei gleichem Komfort und Lebensstandard in
den reichen Ländern und bei ständigem Wirtschaftswachstum in den
armen Gebieten.[35]
Bei hohem Energiewirkungsgrad wäre es möglich, den Energiebedarf
vornehmlich oder gänzlich aus den sich ständig erneuernden solaren
Quellen zu decken – durch die Sonneneinstrahlung selbst, durch den
Wind, durch Wasserkraft und Energie aus Biomasse wie Holz, Getreide

und Zuckerrohr. Die Sonne strahlt auf die Erdoberfläche ständig viel mehr Energie, als die Menschheit jemals nutzen kann. Die fossilen Energiequellen liefern einen Energiefluß in Höhe von rund fünf Terawatt (5×10^{12} Watt = 5 Billionen Watt), während die Sonneneinstrahlung an der Erdoberfläche 80 000 Terawatt beträgt.

Zwar haben sich die Technologien zur Erhöhung des Energiewirkungsgrades bzw. zur Energieeinsparung rascher entwickelt als die Techniken zur Nutzung der Sonnenenergie, doch gab es auch hier ständige Fortschritte. Die Produktion photovoltaischer Solarzellen erforderte 1970 noch Kapitalkosten in Höhe von rund 150 Dollar pro Watt Lieferkapazität. Bis 1990 sind diese Kosten auf 4,5 Dollar pro Watt gesunken.[36] Weitere Kostensenkungen um das Drei- bis Vierfache wird die solare Stromerzeugung wettbewerbsfähig mit großen kohlebefeuerten Kraftwerken erzielen, auch wenn man die Umweltkosten, die durch Kohlenutzung entstehen, nicht berücksichtigt. In den armen Ländern, in denen vielfach die Kosten zum Anschluß an eine weit entfernt liegende elektrische Versorgungsleitung nicht bezahlbar sind, ist die solare Elektrizitätsversorgung bereits eine kostengünstige Möglichkeit für dörfliche Ansiedlungen und für elektrisch betriebene Bewässerungsanlagen. (Auch in Europa wird die Solarenergie längst genutzt, besonders zur Stromversorgung abgelegener Gebäude wie Berghütten, zum Betrieb von Fernseh-Umsetzern und automatischer Funkanlagen abseits der öffentlichen Stromversorgung sowie zum Betrieb von Streckentelefonen entlang den Autobahnen. Innovative Techniken werden zunächst immer bevorzugt dort genutzt, wo die bisher vorherrschenden Techniken Lücken gelassen haben. – *Zusatz des Übersetzers*)

In geeigneten Gebieten sind die solare Wärmegewinnung und die elektrische Energie aus Windgeneratoren bereits wettbewerbsfähig (Abbildung 3–13). Die Entwicklung weiterer Technologien dieser Art ist absehbar.[37] Nach Analysen des *U.S. Department of Energy* könnten in etwa 40 Jahren die Vereinigten Staaten 57 bis 70 Prozent der heute genutzten Energiemengen aus der Sonneneinstrahlung, aus Windgeneratoren und Wasserkraftwerken sowie geothermal aus der Erdwärme und aus der Biomasse gewinnen.[38] Da aber mindestens die Hälfte des heutigen Energiebedarfs durch bessere Energienutzung eingespart werden kann, ist die Aussicht, daß die gesamte Energieversorgung dereinst aus sich regenerierenden Quellen erfolgen könnte, durchaus real.

Freilich sind auch die sich erneuernden Energiequellen nicht völlig umweltneutral. Grenzenlos sind sie ebenfalls nicht. Windgeneratoren mit großen Rotoren benötigen Landflächen und Zugangsstraßen, und manche Typen von Solarzellen enthalten giftige Verbindungen. Staubecken von Wasserkraftwerken überfluten kostbares Land und zerstören natürliche Wasserläufe. Die Energiegewinnung aus Biomasse ist nur so lange nachhaltig nutzbar, wie es die zur Gewinnung der Biomasse erforderlichen landwirtschaftlichen Kulturen bzw. forstlich genutzten Waldungen auch sind. Manche solare Quellen liefern nur Energie geringer Dichte, arbeiten intermittierend – wie zum Beispiel Solarzellen bei Dunkelheit und bedecktem Himmel –, benötigen umfangreiche Sammelflächen und komplizierte Einrichtungen zur Energiespeicherung, um die Lieferpausen zu überbrücken.[39] All dies erfordert Industriekapital und geschicktes Management. Die Energielieferungsrate sich erneuernder Quellen ist begrenzt; sie können im zeitlichen Mittel zwar ständig Energie liefern, aber eben nur in dem Ausmaß, in dem der Energiezufluß erfolgt. Sie vermögen weder eine beliebig große Bevölkerung noch eine beliebig wachsende Industrie zu versorgen. Aber sie können

Abbildung 3–13   Stromerzeugung durch Solar- und Windenergie

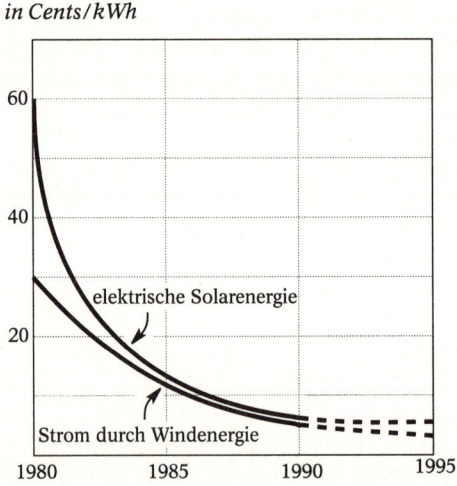

in Cents/kWh

Die Kosten der Stromerzeugung mit Solar- und Windkraftanlagen sind von 1980 bis 1990 auf weniger als ein Fünftel gesunken. Beide Technologien sind nun mit der konventionellen Stromerzeugung wettbewerbsfähig (Quelle: G. Heaton et al.).

das Energiefundament für die nachhaltige Gesellschaft der Zukunft sein. Regenerative Energiequellen sind mehr als ausreichend, überall zu nutzen und vielfältig. Die von ihnen abgegebenen Schadstoffmengen sind geringer und meist harmloser als die aus Anlagen für fossile Brennstoffe sowie aus Kernkraftwerken.

Es gibt genug Energie auf der Erde. Wenn man die am besten aufrechterhaltbaren und umweltschonendsten Quellen bei hoher Energieeffizienz nutzt, erscheint es nicht nur möglich, sondern auch wirtschaftlich durchaus tragbar, den Energiebedarf der Menschheit sicher zu decken, ohne daß irgendwelche beschränkende Grenzen überschritten werden.

Materialien

Rund 92 Prozent aller Menschen besitzen kein Auto. Den meisten fehlt Wichtigeres. Viele Länder haben kein ausreichendes Straßennetz und benötigen zwei- bis dreimal mehr Schulen und Krankenhäuser. Hunderte von Millionen Menschen – niemand weiß genau, wie viele – vegetieren in primitiven Behausungen oder haben überhaupt kein Dach über dem Kopf. Noch viel mehr besitzen weder elektrisches Licht noch Kühlschränke und Fernsehgeräte. Je größer die Zahl der Menschen wird und je mehr von ihnen bessere Unterkünfte, ärztliche Betreuung, Ausbildung, Kraftwagen, Kühlschränke und Fernseher haben wollen, um so größere Mengen an Stahl, Beton, Kupfer, Aluminium, Kunststoffen und vielen anderen Materialien benötigt man.

Man spricht heute gern von der »post-industriellen« Gesellschaft, die weniger Materialien verbrauche, weil die moderne Wirtschaft nicht mehr so sehr auf der fertigenden Industrie als vielmehr auf Dienstleistungen beruhe. Dabei vergißt man freilich, wie stark Dienstleistungen von der industriellen Basis und von Materialien aus allen Teilen der Welt abhängig sind. Amory Lovins schrieb über ein alltägliches Dienstleistungsgerät:

»Die Schreibmaschine, die ich gerade benutze, enthält Aluminium vermutlich aus Jamaika oder Surinam, Eisen aus Schweden, Magnesium aus der Tschechoslowakei, Mangan aus Gabun, Chrom aus Rhodesien, Vanadium aus der Sowjetunion, Zink aus Peru, Nickel aus Neukaledonien, Kupfer aus Chile, Zinn aus Malaysia, Kobalt aus Zaire, Blei aus Jugoslawien, Molybdän aus Kanada, Arsen aus Frankreich, Tantal aus Brasilien, Antimon aus Südafrika, Silber aus Mexiko sowie Spuren anderer Metalle aus entfernten Weltgegenden. Der

Lack kann Titan aus Norwegen enthalten; die Plastikteile sind aus
Erdöl hergestellt, das aus dem Nahen Osten stammt und mit Kataly-
satoren aus seltenen Erden der USA gekrackt worden ist; sie enthalten Chlor, das mit Quecksilber aus Spanien gewonnen wurde. Der
Formsand für das gegossene Metallgestell stammt von einem Strand
in Australien, die Werkzeugmaschinen für die Herstellung enthielten
Wolfram aus China, die Kohle für die erforderliche Energie kam aus
dem Ruhrgebiet – und das Endprodukt verbraucht jetzt zu viele skan-
dinavische Fichten in Form von Papier.«[40]

Entsprechendes hätte Lovins auch über Computer und Drucker schreiben können. In der Tat gibt dies nicht nur einen Begriff von den ver-
schlungenen Pfaden, auf denen die industrielle Wirtschaft ständig Materialien bewegt; es zeigt auch, daß jeder Teil der Schreibmaschine aus der
Erde stammt. Wenn ihre Nutzungszeit vorüber ist, wird alles auch wieder in der Erde enden.

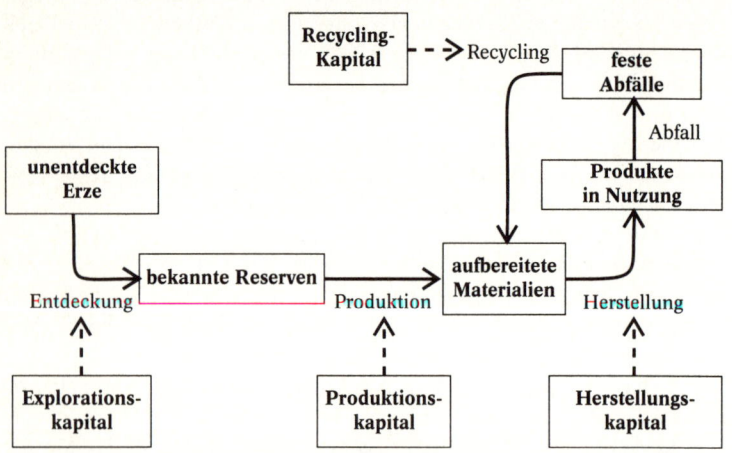

Dieser Materialstrom von der Erde durch die Wirtschaft und wieder in
die Erde zurück läßt sich in derselben Form aufzeichnen wie der Durchsatz der fossilen Brennstoffe – mit einer Ausnahme: Materialien wie
Metalle oder Glas enden nicht als Verbrennungsgase wie die fossilen
Brennstoffe. Sie sammeln sich entweder als Schutt an, werden zum Teil
als Rohmaterial wiederaufbereitet oder aber zerkleinert, pulverisiert,

aufgelöst zum Versickern gebracht und auf irgendeine Art im Erdboden, in Gewässern oder in der Luft verteilt.

Die Abbildung 3–14 zeigt, wie sich der Verbrauch von verschiedenen Materialien pro Kopf in den Vereinigten Staaten entwickelt hat, in einem Land also, das gegenwärtig in den nachindustriellen Zustand übergeht. Zwei charakteristische Erscheinungen werden erkennbar:

Abbildung 3–14   Materialverbrauch in den USA

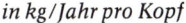

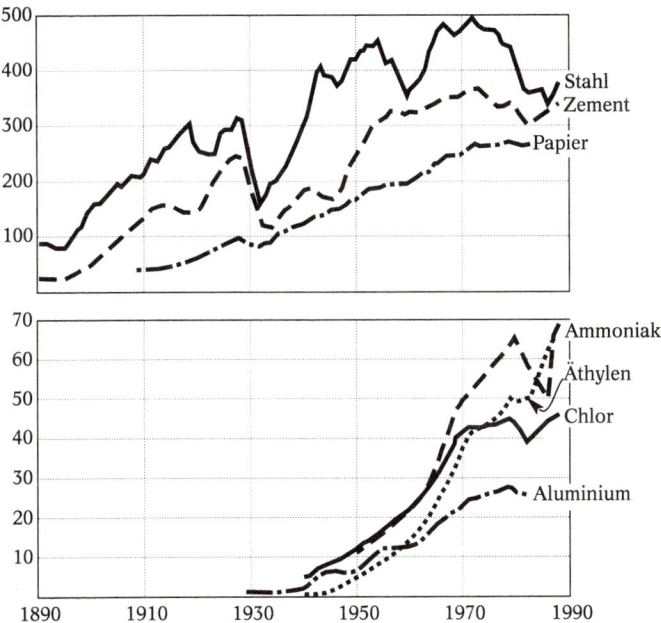

Der Pro-Kopf-Verbrauch von sieben ausgewählten Materialien in den USA zeigt einen allgemeinen Entwicklungstrend bei der Materialnutzung. »Traditionelle« Materialien sind Stahl, Zement und Papier. Deren Verbrauch pegelt sich offensichtlich auf einen Gleichgewichtszustand ein; das zeigt der Kurvenverlauf, wenn man die durch Wirtschaftskrisen verursachten Einbrüche nicht beachtet. Bei den vier »modernen« Materialien der unteren Darstellung stieg der Verbrauch pro Kopf stetig an bis zum Einsetzen der Wirtschaftskrise nach 1980 (Quelle: E. Larson et al.; U. S. Bureau of the Census; Vereinte Nationen).

Zum einen steigt und fällt der Materialverbrauch mit den Wirtschaftszyklen, und zum anderen zeigt der Gesamtverlauf der Kurven generell, daß sich der Verbrauch auf bestimmten Niveaus einpendelt. Der Verbrauchsanstieg tendiert gegen Null. Offensichtlich gibt es auch für reiche Leute Höchstgrenzen für die Mengen an Beton, Stahl, Kupfer und anderen Materialien, die sie im Laufe ihres Lebens nutzen können.

Diese Sättigungsgrenze liegt allerdings recht hoch, zumindest dann, wenn wir den amerikanischen Lebensstil als Modell für die gesamte Welt werten wollten. Ein Mensch in den Industriestaaten nutzt im Durchschnitt von den meisten Metallen acht- bis zehnmal mehr als der Bewohner eines Entwicklungslandes. Wenn in absehbarer Zeit 12,5 Milliarden Menschen Materialien in dem Umfang verbrauchen wollten wie heute die Amerikaner, müßte die globale Stahlproduktion auf das Siebenfache, die Kupfergewinnung auf das Elffache und die von Aluminium auf das Zwölffache gesteigert werden.

Abbildung 3–15   Globaler Metallverbrauch

Milliarden Tonnen/Jahr

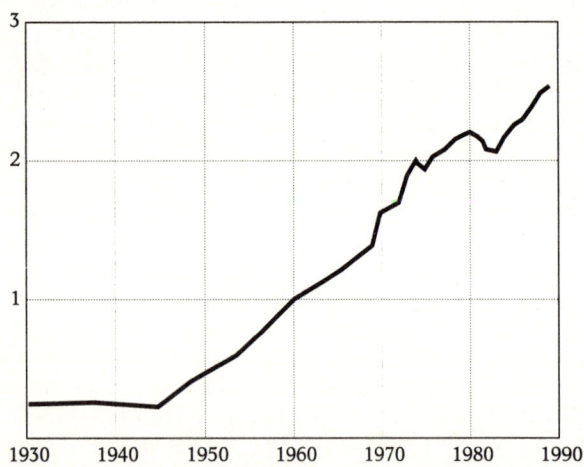

Der globale Verbrauch an Metallen ging nach 1980 zunächst leicht zurück, stieg dann aber weiter. Jetzt erscheint die Verbrauchszunahme eher linear als exponentiell zu verlaufen (Quellen: E. N. Cameron; U. S. Bureau of Mines).

Die meisten Menschen haben aber ein intuitives Gespür dafür, daß derartige Materialflüsse weder möglich noch erforderlich sind. Sie sind unmöglich, weil die Quellen und Senken der Erde beschränkt sind und in allen Stadien des Durchsatzes, von der Gewinnung über die Nutzung bis zur Beseitigung, Verschmutzungen und Umweltzerstörungen auftreten. Nicht erforderlich sind sie, weil in den reichen Ländern beim Materialdurchsatz große Verluste auftreten und Material verschwendet wird, nicht anders als beim Durchsatz von Nahrungsmitteln, Wasser, Holz und Energie. Eine hohe Lebensqualität ließe sich auch ohne diesen tollwütigen Verschleiß der Schätze unseres Planeten sichern.

Doch wenn die Zeichen nicht trügen, beginnen die Menschen das zu begreifen. Auf Abbildung 3–15 ist der Verlauf des globalen Metallverbrauchs von 1930 bis heute aufgezeichnet. In dem Jahrzehnt nach 1970 gab es eine Wende, die das zuvor eindeutig exponentielle Wachstum des Verbrauchs unterbrach. Über die Ursachen gibt es verschiedene Theorien. In einem gewissen Ausmaß stimmen wohl alle:

Die schockierenden Erhöhungen der Ölpreise 1973 und 1979 hatten auch starke Preissteigerung für Metalle zur Folge, deren Produktion energieintensiv ist. Viele Verbraucher konnten sich Produkte mit hohem Metallgehalt nicht mehr so wie zuvor leisten.

Die hohen Preise, neue Gesetze zum Umweltschutz und Schwierigkeiten bei der Abfallbeseitigung förderten die Wiederverwertung (Recycling).

Diese wirksam werdenden Lasten führten zu einem technischen Wandel: Metalle wurden vermehrt durch Kunststoffe und keramische Materialien ersetzt; Metallgegenstände, von den Autos bis zu Blechdosen für Getränke, wurden leichter.

Die Weltwirtschaft stagnierte nach 1980 nahezu. Das senkte den Materialverbrauch.

Die Schwerindustrie wurde am stärksten von der Stagnation betroffen; überproportionaler Rückgang des Bedarfs an Schwermetallen war die Folge.[41]

Die ökonomischen Ursachen für die langsamere Zunahme des Materialverbrauchs können auch bald wieder entfallen, doch die bereits vorgenommenen technischen Änderungen zur Senkung des Materialverbrauchs wird man sicher nicht zurücknehmen. Die Umweltlasten, welche die Materialflüsse reduzieren, wirken ebenfalls weiter.
Arme Gesellschaften haben seit jeher Materialien weitgehend wieder-

genutzt; deren Quellen waren zu kostbar. Die reichen Gesellschaften erlernen jetzt das Recycling neu, weil die Senken überlastet sind. Bei diesem Lernprozeß wandelt sich das Recycling von einer arbeitsintensiven zu einer kapital- und energieintensiven Aktivität; es gibt mechanisierte Kompostwender, Zerkleinerungsgeräte und Trennanlagen, biochemische Umsetzer und Schlamm-Mischer. Neuartige Management-Gesellschaften stellen Programme zur Abfallverwertung für ganze Industriezweige und Gemeinden auf und überwachen deren Realisierung.

Zukunftsorientierte Hersteller konstruieren ihre Produkte so, daß sie leicht wieder zerlegt und ihre Materialien neu aufbereitet werden können. Ein neues PKW-Modell von BMW besitzt eine Kunststoff-Karosserie, die auf einfaches Recycling ausgelegt ist. Kunststoffe werden entsprechend ihren jeweiligen Harztypen markiert. Man nutzt nicht mehr so viele verschiedene Harztypen gemeinsam in Konstruktionen, um sie besser trennen und günstiger wiederverwerten zu können.

Die Materialtrennung und Wiederverwertung ist ein Entwicklungsschritt zur Nachhaltigkeit des Materialdurchsatzes. Jetzt beginnt man, Materialien in gleicher Art durch die Wirtschaft zu schleusen, wie das auch bei Naturprozessen geschieht: In geschlossenen Kreisläufen, in Zyklen. In der Natur wird Abfall, der bei einem Prozeß entsteht, immer zum Input eines folgenden Prozesses. Ganze Sektoren des Ökosystems, besonders Kleinstlebewesen im Boden und im Wasser wie Bakterien und Pilze, zerlegen die natürlichen Abfälle in ihre Grundsubstanzen, die wieder in den Lebenskreislauf zurückfließen. Die moderne Ökonomie schafft sich nun einen gleichartigen Recycling-Sektor.

Doch die Wiederverwertung der Abfälle ist nur dasjenige Ende des Materialflusses, das die geringsten Probleme bereitet. Eine Faustregel besagt, daß auf jede Tonne Abfallmaterial am Ende seiner Nutzung fünf weitere Tonnen Müll bei der Herstellung des Produkts und zwanzig Tonnen bei der ersten Gewinnung des Materials (etwa durch Bergbau, Fördern, Holzeinschlag oder landwirtschaftlichen Anbau) gekommen sind.[42] Diese Abfallmengen kann man am einfachsten senken, wenn man die Produkte länger nutzt und den Materialfluß an seiner Quelle reduziert.

Die Steigerung der Nutzungszeit von Produkten, erreichbar durch bessere Konstruktion und Instandsetzung sowie Wiedergebrauch etwa bei Pfandflaschen, ist effektiver als Recycling, weil dabei das Zerlegen, Zerkleinern, Schmelzen, Reinigen und die Neufabrikation, die das Recycling erfordert, reduziert werden. Die Verdoppelung der durch-

schnittlichen Nutzungszeit der Produkte bedeutet halben Energieverbrauch, die Halbierung der Abfälle und der Umweltverschmutzung bei
der Herstellung sowie eine verzögerte Erschöpfung der Materialquellen.
Wenn man denselben Nutzen mit weniger Material erreicht, kann man
dies eine bessere Quellennutzung nennen. Sie ist äquivalent der höheren Energienutzung und eröffnet, wie diese, ungeahnte Möglichkeiten.
Um 1970 wog ein typischer amerikanischer Personenwagen rund 2000
Kilogramm; er bestand fast ganz aus Metall. Heute wiegt ein moderner
Neuwagen etwa 1100 Kilogramm; davon sind rund 90 Kilogramm
Kunststoffe. Moderne Computer-Speicherelemente sind auf winzige
Silizium-Plättchen geätzt und bestehen nicht mehr aus ferromagneti-
schen Ringkern-Speichern, die viel Platz brauchten. Eine kleine Com-
pact Disc enthält doppelt soviel Musikinformation wie eine ältere
Vinyl-Langspielplatte. Ein haardünner hochreiner Glasfaden kann so
viele Telefongespräche übertragen wie 625 Drähte aus dem Halb-
edelmetall Kupfer, zudem mit erheblich besserer Qualität.
Gewaltige Drücke, extreme Temperaturen und scharfe Chemikalien
wurden seit Beginn der Industriellen Revolution bei den klassischen
Herstellungsprozessen angewandt. Nunmehr lernen die Wissenschaftler, sich raffinierter subtiler molekularer Strukturen und genetischer
Programme zu bedienen. Durchbrüche in der Nano- und der Biotechnologie erlauben es allmählich der Industrie, chemische Reaktionen
ähnlich wie in der Natur ablaufen zu lassen, wobei ein Molekül auf dem
anderen aufbaut.[43]
Recycling, höhere Wirkungsgrade, erhöhte Produktnutzungszeiten und
bessere Rohstoffausnutzung können den Materialdurchsatz in entschei-
dendem Maße senken. Global hat sich das aber noch nicht bemerkbar
gemacht. Allenfalls wurde die Zuwachsrate des unnötig hohen Materialdurchsatzes etwas verringert. Milliarden Menschen indessen wollen
Autos und Kühlschränke haben, und diese Milliarden nehmen exponentiell zu. Am Ende dieses Jahrtausends sind sich die meisten Menschen wohl eher der Grenzen der Senken als jener der Quellen für den
Materialdurchsatz bewußt geworden. Doch die ständige Zunahme des
Materialbedarfs wird auch die Begrenzungen der Quellen offenbar
machen. Viele der für die Gesellschaft besonders nützlichen Materialien finden sich nur selten in höheren Konzentrationen in der Erdrinde
und erschöpfen sich ebenso wie die fossilen Brennstoffe.
Der Geologe Earl Cook hat anschaulich dargestellt, wie ungewöhnlich
niedrig konzentriert – und damit wie selten – die meisten Mineralerze

sind.[44] Er verglich die sogenannte Grenzkonzentration der Metallerze mit der durchschnittlichen Konzentration der betreffenden Metalle in der Erdrinde. Die Grenzkonzentration ist derjenige Metallgehalt eines Erzes, der gerade noch einen kommerziellen Abbau erlaubt. Das ist natürlich kein fester physikalischer Wert. Die Grenzkonzentration fällt, sobald Kapital, Energie und Technologie die Verarbeitung ärmerer Erze möglich machen oder wenn der Metallpreis steigt. Die Tabelle 3–3 läßt jedoch erkennen, daß die Grenzkonzentrationen um das mehrere Hundert- bis Tausendfache niedriger werden müßten, bis normaler Fels für die meisten Metalle abbauwürdig wäre. (In winzigen Spuren finden sich die meisten Metalle auch in normalem Gestein.) Der Energieaufwand zur Verarbeitung von »Erzen« derart geringer Konzentration wäre niemals tragbar; die dadurch entstehenden Umweltbelastungen wären es noch viel weniger.

Nur Eisen, Aluminium und in gewissem Maße auch Titan sind im Überfluß in der Erdkruste zu finden. Von der Quelle her gesehen kann man sie als praktisch unerschöpflich bezeichnen.

Tabelle 3–3   Wichtige Mineralien
Verhältnis Grenzkonzentration zur mittleren Konzentration in der Erdrinde

	Mittlere Konzentration (%)	Grenz- konzentration (%)	Verhältnis
Quecksilber	0,0000089	0,1	11 200
Wolfram	0,00011	0,45	4 000
Blei	0,0012	4,0	3 300
Chrom	0,011	23	2 100
Zinn	0,00017	0,35	2 000
Silber	0,00000075	0,01	1 330
Gold	0,0000035	0,00035	1 000
Molybdän	0,00013	0,1	770
Zink	0,0094	3,5	370
Mangan	0,13	25	190
Nickel	0,0089	0,9	100
Kobalt	0,0025	0,2	80
Phosphor	0,12	8,8	70
Kupfer	0,0068	0,35	56
Titan	0,64	10	16
Eisen	5,820	20	3,4
Aluminium	8,3	18,5	2,2

Alle anderen Mineralien aber sind, ähnlich den fossilen Brennstoffen, selten und kostbar. Sie haben sich bei geologischen Prozessen im Laufe von Jahrmillionen angereichert. Sie erneuern sich nicht, sondern erschöpfen sich durch die Nutzung mehr und mehr.

Wie die Erschöpfung eines Minerals abläuft, zeigt Abbildung 3–16: Ständig nimmt die Konzentration der geförderten Erze ab. Welche Folgen dies hat, ist auf Abbildung 3–17 dargestellt. Sobald der Gehalt an verwertbarem Metall im Erz unter etwa ein Prozent fällt, wächst die Gesteinsmenge extrem, die abgebaut, zerkleinert und aufbereitet werden muß, um eine Tonne Metall zu gewinnen. In der Kupfermine Butte in Montana sank der durchschnittliche Gehalt des Erzes von zunächst 30 auf schließlich 0,5 Prozent. Dabei stieg die Menge des übrigbleiben-

Abbildung 3–16   Fallende Qualität geförderter Kupfererze in den USA 1900–1990

% Kupfergehalt

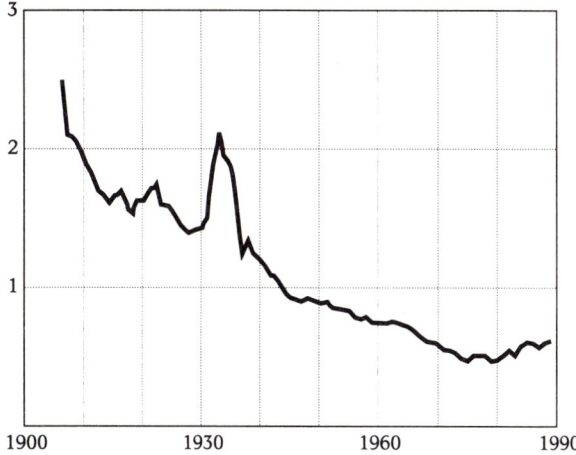

Vor 1910 wurden in den USA Erze mit einem Kupfergehalt von über 2% abgebaut. Seitdem ist der Kupfergehalt ständig gesunken. Die Spitze nach 1930 und der leichte Anstieg nach 1980 im durchschnittlichen Gehalt abgebauter Erze sind Folgen der Wirtschaftsdepressionen: In solchen Perioden werden Minen mit Erzen niedrigen Gehalts stillgelegt; nur Minen, aus denen reichere Erze gefördert werden, überleben (Quelle: U. S. Bureau of Mines).

den tauben Gesteinsmaterials von drei Tonnen pro Tonne gewonnenen Kupfers auf 200 Tonnen. Dieser steigenden Kurve der Abfallmengen entspricht eine parallel verlaufende Kurve steigenden Energieaufwands pro Tonne Kupfer. Wenn sich Erzvorkommen erschöpfen, beschleunigt sich die Erschöpfung der fossilen Brennstoffe.

Noch immer benötigt die Weltwirtschaft jährlich zwei Milliarden Tonnen an Mineralien, die nicht zu den Brennstoffen gehören. Dieser Materialfluß reduziert den Gehalt der Mineralien, erhöht den Energieaufwand und die Abfallmengen an den Quellen, füllt die Deponien und setzt Schadstoffe frei. Selbst wenn es kein weiteres Wachstum gäbe, wären die gegenwärtigen umgesetzten Materialmengen längerfristig nicht weiter tragbar. Wenn daher eine wachsende Weltbevölkerung

Abbildung 3–17   Zunahme von Abraum bei fallendem Metallgehalt

Abraum in Tonnen pro Tonne Metall

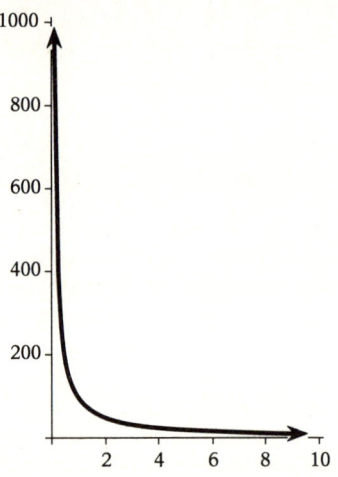

Metallgehalt der Erze in %

Wenn der Erzgehalt von etwa 8 % auf rund 3 % fällt, steigen die bei der Aufbereitung anfallenden Abfallmassen (z. B. taube Gesteine) nur unbedeutend. Aber bei Gehalten unter 3 % nehmen die Abfallmengen so gewaltig zu, daß bald die Kosten zur deren Behandlung und Beseitigung höher werden als der Wert der gewonnenen Metalle.

künftig unter materiell zuträglichen Bedingungen leben soll, braucht man dringend alle sich künftig entwickelnden Technologien zur Schonung der Quellen und zur Wiederverwertung von Rohstoffen. Alle Materialien müssen dann als begrenzte und kostbare Gaben der Erde geschätzt und behandelt werden. Mit den Denkstrukturen einer Wegwerfgesellschaft verträgt sich dies nicht mehr.

Senken für Verschmutzung und Abfälle

Als 1972 die Stockholmer Konferenz über Umweltfragen stattfand, gab es in nur zehn Staaten Umweltministerien oder entsprechende Institutionen. Heute findet man sie in über hundert Ländern. Die Erfolgsbilanzen dieser Instanzen für den Umweltschutz sind sehr unterschiedlich. Sie lassen weder den Schluß zu, daß die Welt ihre Umweltprobleme jetzt im Griff habe, noch läßt sich behaupten, es habe keine Fortschritte gegeben.

Am eindeutigsten waren die Erfolge bei der Bekämpfung toxischer Stoffe, die für Menschen unbestritten gesundheitsschädigend und leicht erfaßbar sind und die man einfach verbieten kann. Seitdem zum Beispiel der Bleigehalt in Kraftstoffen und die Verbreitung von Pestiziden wie DDT und Dieldrin in Japan, Belgien und den Niederlanden untersagt wurden, ist der Gehalt dieser Stoffe in der Umwelt und im menschlichen Gewebe gesunken. Das weisen die Kurven auf Abbildung 3–18 aus. Bei Vogelarten, deren Fortpflanzung durch DDT bereits geschädigt war, zeigen sich deutliche Zeichen der Erholung.

Mit beträchtlichen Anstrengungen und mit hohen Kosten konnten die Industrieländer die Emissionen einiger wichtiger Schadstoffe für die Luft und das Wasser beschränken. Es handelt sich jedoch nur um Teilerfolge, die sich auch keineswegs auf alle derartigen Stoffe erstrecken. In den höchstindustrialisierten G7-Staaten[45] wurden die Abgabe von Schwefeldioxid durch den Einsatz von Filtern in Schornsteinen und die Nutzung von Brennstoffen mit niedrigem Schwefelgehalt gesenkt. Darüber unterrichtet näher die Abbildung 3–19. Die Schadstoffe Kohlendioxid und Stickoxide lassen sich auf Grund ihrer chemischen Beschaffenheit nur schwer ausfiltern; ihre Abgabemengen blieben aber in den letzten zwanzig Jahren trotz des Wirtschaftswachstums weitgehend konstant; vor allem, weil auch Wirkungsgrade der Energie höher wurden.

Die Entwicklung der Schadstoffbelastung im Rhein ist beispielhaft für
die Erfolge wie für die Mißerfolge bei der Bekämpfung von Verschmutzungen der Gewässer. Der Sauerstoffgehalt des Rheinwassers hat sich
in erster Linie durch den Bau von Kläranlagen bedeutend erhöht
(Abbildung 3–20). Der früher exponentielle Anstieg des Gehalts an dem
toxischen Schwermetall Kadmium wurde gestoppt, da die Verordnun-
gen gegen die Einleitung kadmiumhaltiger Substanzen ständig ver-
schärft wurden. Aber nun hat sich Kadmium in die Flußsedimente ein-
gelagert, und da es sich chemisch nicht abbaut, bleibt der Prozentsatz
an Kadmium in den Flußsedimenten hoch. Der Gehalt an Chloriden
stagniert ebenfalls. Das hat politische Ursachen: Die Staaten am Unter-

**Abbildung 3–18   Schadstoffgehalt an DDT, Dieldrin und Blei
im menschlichen Gewebe in drei verschiedenen Ländern**

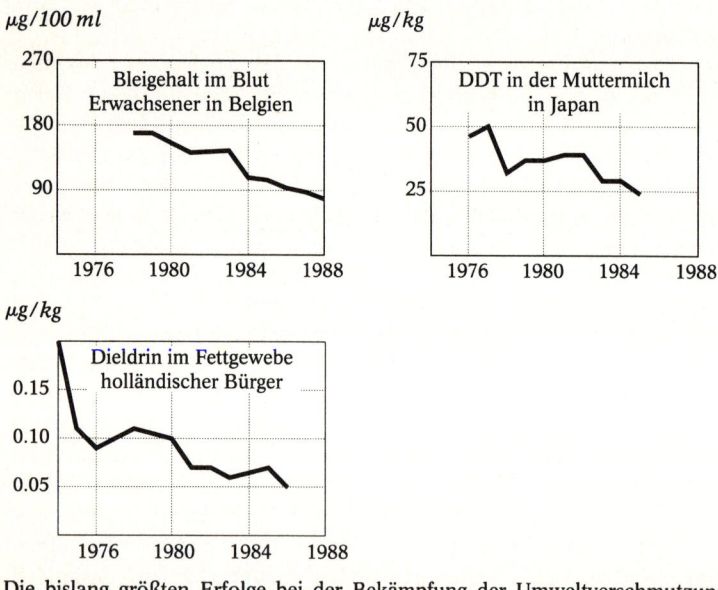

Die bislang größten Erfolge bei der Bekämpfung der Umweltverschmutzung
wurden durch Verbote toxischer Substanzen wie etwa von Blei im Benzin (Beispiel: Belgien), von Pestiziden wie DDT (Beispiel: Japan) und Dieldrin (Beispiel:
Niederlande) erzielt (Quellen: Umweltprogramm der Vereinten Nationen; G.
Ducoffre et al.).

lauf des Rheins haben noch keine wirksamen Druckmittel gefunden, um die Einleitung von Chloriden aus den Salzminen im Elsaß zu unterbinden. Der Stickstoffgehalt des Rheinwassers stammt von Ausschwemmungen aus landwirtschaftlichen Anbauflächen. Diese Verschmutzungsquellen sind so weitflächig verteilt, daß sie durch Kläranlagen nicht erfaßt werden können. Hier hilft nur die Senkung der ausgebrachten Mengen an Stickstoffdüngern; man müßte im ganzen Wassereinzugsgebiet des Rheins andere Anbaumethoden einführen.

Die Emission einiger Schadstoffe, die direkt sichtbar und relativ einfach beeinflußbar sind, wie zum Beispiel von Rußpartikeln, konnte in den Industriestaaten in bemerkenswertem Maße gesenkt werden. Bei eini-

Abbildung 3–19   Emissionen in den G7-Staaten

(1970 = 100)

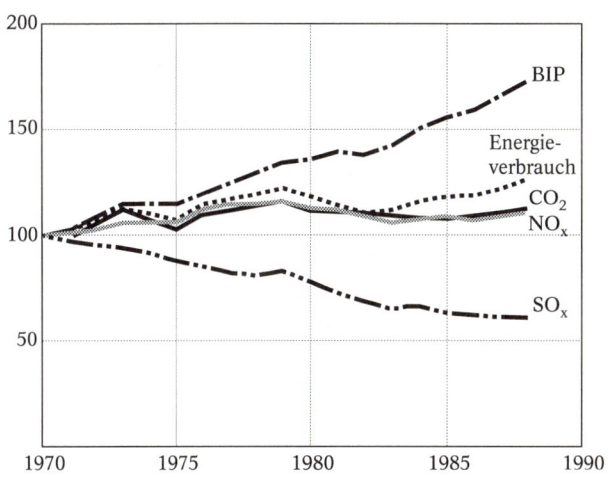

Die G7-Staaten haben bei ihren Bemühungen, den Energie-Nutzungsgrad zu erhöhen und Emissionen zu beschränken, bedeutende Erfolge erzielt. Obwohl deren BSP seit 1970 durchschnittlich um 60 % gestiegen ist, blieben in diesen Staaten die Emissionen von CO_2 und NO_x in erster Linie infolge höherer Energie-Nutzungsgrade nahezu unverändert. Die Emissionen von Schwefeloxiden sanken um rund 40 %, ebenfalls durch höhere Nutzungsgrade und Filter-Technologien (Quelle: OECD).

gen anderen Arten gelang es, wenigstens die Emissionsmengen stabil zu halten, obwohl beträchtlich mehr Ausstoßquellen entstanden sind. Die Vereinigten Staaten haben zum Beispiel in den beiden letzten Jahrzehnten rund 100 Milliarden Dollar für den Bau von Kläranlagen ausgegeben. Dadurch konnte die Menge abfließender organischer Schadstoffe pro Kubikmeter kommunalen Abwassers auf die Hälfte gesenkt werden. Da sich aber gleichzeitig die Abwassermengen verdoppelt haben, hat sich die Qualität des in die Vorfluter eingeleiteten Wassers im allgemeinen nicht verbessert.[46] Im gleichen Zeitraum konnte der Schadstoffaus-

Abbildung 3–20   Verschmutzung des Rheins

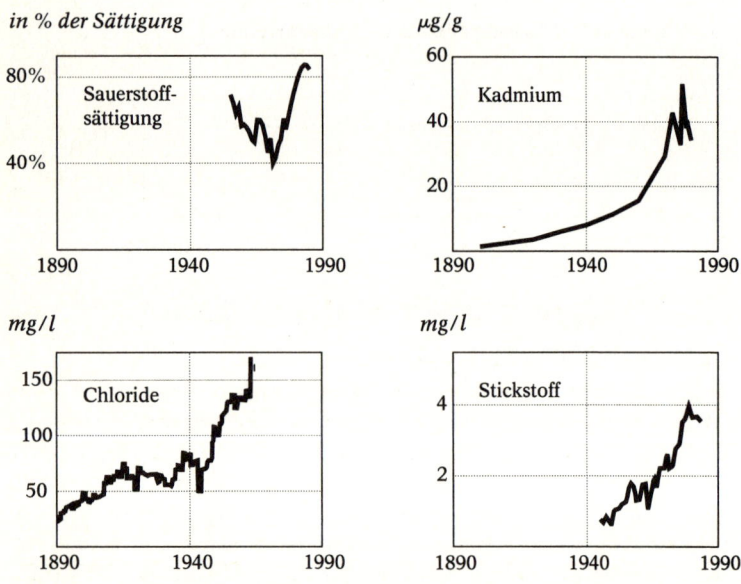

Erfolge und Mißerfolge bei der Schadstoffbekämpfung lassen die Daten über den Verlauf der Verschmutzung des Wassers des Rheins erkennen. Der Sauerstoffgehalt ist durch die verbesserte Abwasserreinigung wieder auf normale Werte angestiegen. Der Gehalt an Kadmium ist seit seinem Höchstand um 1978 um etwa ein Viertel gefallen, liegt aber immer noch sehr hoch. Der Gehalt an Chloriden durch eingeleitete Abwässer aus Minen und von Stickstoff aus Düngemittel-Einschwemmungen hat sich noch kaum verringert (Quellen: K. Malle; World Resources Institute; I. F. Langeweg).

stoß pro Kraftwagen in Kalifornien zwar um 80 bis 90 Prozent reduziert werden, aber die Zahl der zugelassenen Kraftfahrzeuge ist um 50 Prozent und die Fahrleistung jedes Fahrzeugs um 65 Prozent gestiegen.[47] Nach Berechnungen des niederländischen Nationalinstituts für Gesundheitswesen und Umweltschutz müßten die Emissionen an Schwefeldioxid um *weitere* 90 Prozent, von Stickoxiden um 70 Prozent, von Ammoniak um 80 und von Phosphor um 75 Prozent gesenkt werden, wenn man nicht nur den gegenwärtigen Zustand halten, sondern weitere schwerwiegende Schädigungen von Böden und Wasserläufen des Landes unterbinden will.[48] »Eine fundamentale Neuorientierung unserer Vorstellungen, welche Art und welcher Umfang von Wachstum eigentlich ›ökonomisch‹ sind, wird dringend erforderlich, da die technologischen Möglichkeiten in der noch zur Verfügung stehenden Zeit weitgehend ausgereizt sein werden«, heißt es in einem Bericht des Instituts.[49]

So und so ähnlich steht es also gegenwärtig in den reichen Ländern, die Geld zur Bekämpfung der Schadstoffe besitzen. Die schlimmsten Umweltschäden an den Gewässern und an der Luft treffen wir aber heute in Osteuropa und in der Dritten Welt an, wo es einfach nicht möglich ist, zur Schadensbekämpfung Milliardensummen aufzubringen. Erfolge gab es bei denjenigen Schadstoffen, die chemisch, aber auch entsprechend der politischen Umstände am leichtesten zu bekämpfen sind.

Die problematischsten Schadstoffe sind, gegenwärtig zumindest, nukleare und chemisch wirksame Industrieabfälle sowie Stoffe, die globale biochemische Prozesse beeinflussen, wie zum Beispiel die Treibhausgase. Chemisch lassen sie sich sehr schlecht von anderen Stoffen trennen und kaum entgiften, sie entziehen sich unseren Sinnen und sind wirtschaftlich und politisch am schwierigsten zu bekämpfen.

Bislang hat noch keine Nation das Problem der nuklearen Abfälle gelöst. Aber sie sind wegen ihrer direkten Giftwirkung und ihres schädlichen Einflusses auf das Erbgut höchst gefährlich für alle Formen des Lebens. Es gibt keine Möglichkeiten, sie in harmlose Stoffe umzuwandeln. Sie zerfallen entsprechend ihrer physikalisch bedingten Halbwertszeit, die, je nach Art der radioaktiven Stoffe, Jahrzehnte, Jahrhunderte oder viele Jahrtausende betragen kann. Da sie unvermeidliche Nebenprodukte der nuklearen Energieerzeugung sind, nimmt ihre Menge exponentiell zu. Man lagert sie vorläufig unterirdisch oder sammelt sie in Wasserbecken innerhalb des strahlungsgeschützten Bereichs von Kernkraftanlagen und hofft weiter, daß eines Tages technische Kreativität und menschliche Weisheit Wege weisen werden, wie und wo man sich ihrer endgültig entledigen könnte.

Die vom Menschen neugeschaffenen chemischen Stoffe sind als Industrieabfälle am schwierigsten zu handhaben. Da es sie nie zuvor auf diesem Planeten gab, konnten sich auch keine Organismen entwickeln, die sie wieder zu harmlosen Stoffen abbauen. Rund 65 000 industriell synthetisierte Chemikalien sind heute im Handel, doch nur bei weniger als einem Prozent davon gibt es Angaben über die Giftwirkung. Jeden Tag kommen weitere drei bis fünf neuartige Verbindungen hinzu. 80 Prozent dieser Stoffe sind nicht auf ihre Toxizität getestet.[50] Dennoch werden täglich rund eine Million Tonnen dieser Chemikalien zu Abfällen, 90 Prozent davon in den Industriestaaten. Tag für Tag kommt es in den USA durchschnittlich zu fünf Betriebsunfällen beim Umgang mit derartigem Müll.[51] In Norwegen wurden erst in letzter Zeit an 7000 verschiedenen Orten Bodenvergiftungen durch gefährliche Chemikalien und Metalle festgestellt; nach Schätzungen der Regierung wird deren Bereinigung drei bis sechs Milliarden Dollar kosten.[52]

Während sich in den Industrieländern immer mehr Schädigungen der Böden und des Grundwassers zeigen, die über Jahrzehnte durch nachlässige Ablagerung chemischer Abfälle entstanden sind, wächst der Druck der Industriestaaten auf den Süden, Herstellungsprozesse und auch Abfälle zu übernehmen, die man im Norden nicht mehr länger tolerieren will.

Aber es gibt auch Schadstoffe, die die großen Energie- und Materialströme unseres Planeten selbst schädigen – und damit letztlich jeden von uns, gleichgültig, wer immer sie emittiert. Ein geradezu dramatisches Beispiel einer solchen Global-Schädigung ist die Wirkung der Fluorchlorkohlenwasserstoffe (FCKW) auf die Ozonschicht der Stratosphäre. Die erregende Ozon-Story illustriert die erste direkte Konfrontation der Menschheit mit einer globalen Begrenzung. Sie ist von so großer Bedeutung, läßt aber auch so viel Hoffnung zu, daß wir sie ausführlich im Kapitel 5 erzählen wollen.

Die nächste globale Begrenzung, mit der die Menschheit in Konflikt geraten wird, ist nach Ansicht vieler Wissenschaftler der Treibhauseffekt, der zu einer Klimaveränderung führt. Die Wissenschaft weiß seit mehr als einem Jahrhundert, daß Kohlendioxid die Wärmeabstrahlung behindert und die Temperatur an der Erdoberfläche erhöht. Das in der Luft verteilte (selbst ungiftige, in geringen Mengen sogar höchst lebensnotwendige) Gas wirkt wie Dach und Wände eines gläsernen Gewächshauses: Es läßt die Sonneneinstrahlung passieren, behindert aber die langwellige Wärmeabstrahlung. Dieser Treibhauseffekt ist eine natürliche Erscheinung und eine lebenswichtige dazu, denn er hält die Erde wärmer und macht sie bewohnbar; ohne Treibhauseffekt wären die Meere auch nahe des Äquators mit Eis bedeckt. Eine zu starke Erwärmung aber, verursacht durch Nutzung fossiler Brennstoffe und Brandrodungen, würde einen globalen Klimawechsel darstellen. In den letzten zwanzig Jahren hat sich gezeigt, daß auch die Konzentrationen anderer derartiger »Treibhausgase« durch die menschlichen Aktivitäten in der Atmosphäre exponentiell zunehmen: jene von Methan, von

Abbildung 3–21   Treibhausgase

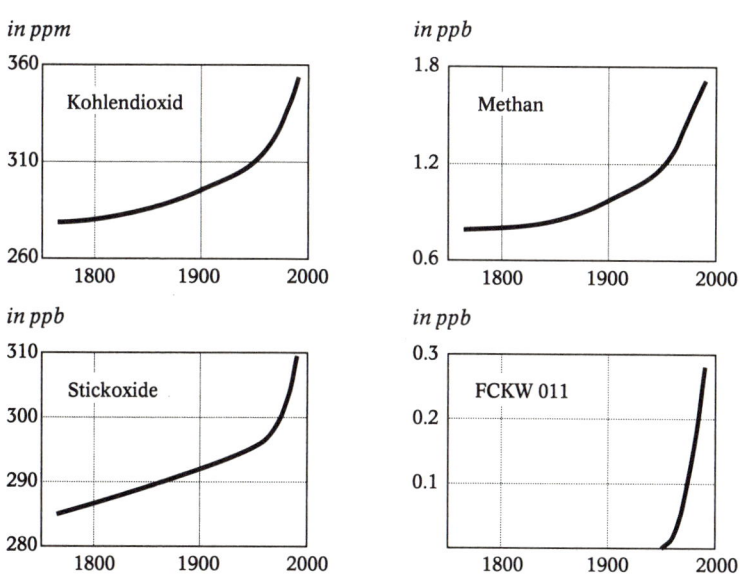

Treibhausgase, welche die Wärmeabstrahlung der Erde ins All behindern, sind in erster Linie Kohlendioxid, Methan, Stickoxide und FCKW. Sie tragen zur Erhöhung der Temperatur auf der Erde bei. Die Konzentration dieser Gase in der Atmosphäre (mit Ausnahme der FCKW, die erst seit Jahrzehnten in Gebrauch sind) ist seit vor 1800 ständig gestiegen (Quellen: World Meteorological Organization). Angaben in Raumanteilen (ppm = 10^{-6}, ppb = 10^{-9}).

Stickoxiden und von FCKW, die auch die Ozonschicht gefährden (Abbildung 3–21).

Eine globale Klimaveränderung läßt sich nicht rasch und schlüssig nachweisen. Die Wetterbedingungen ändern sich von Tag zu Tag und von Jahr zu Jahr; das Klima aber ist wissenschaftlich das errechnete »Durchschnittswetter« über Jahrzehnte. Eine Veränderung des Klimas kann man daher auch nur nach Jahrzehnten feststellen. Die Anzeichen freilich für eine globale Klimaerwärmung mehren sich. Die sieben wärmsten Jahre in diesem Jahrhundert waren – in der Reihenfolge nach zunehmender Durchschnittstemperatur – 1980, 1989, 1981, 1983, 1987, 1988, 1990 (Abbildung 3–22). Langjährige Beobachtungen haben ergeben, daß die eisfreien Jahresperioden kanadischer Seen um drei

Abbildung 3–22   Steigende Durchschnittstemperatur

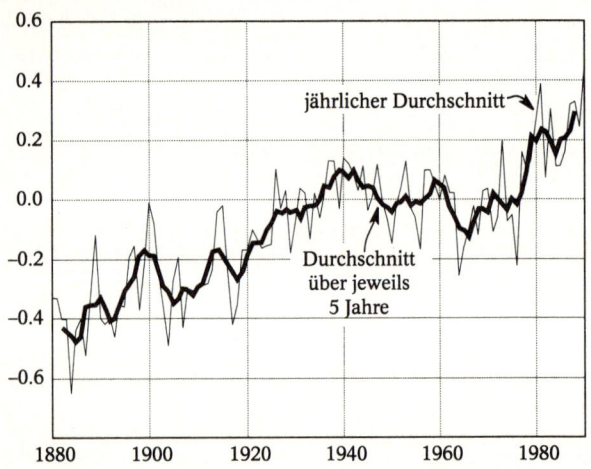

Temperaturdifferenz in °C
zum Durchschnitt 1951–1980

Die genauen Ursachen und die Aussichten einer befürchteten Klimaerwärmung der Erde sind wissenschaftlich noch immer nicht vollständig geklärt und daher auch Thema politischer Auseinandersetzungen. Keinem Zweifel unterliegt jedoch die Tatsache, daß seit 1880 die globalen mittleren Temperaturen gestiegen sind. Die wärmsten Jahre in diesem Jahrhundert wurden nach 1980 registriert (Quelle: T. A. Boden et al.).

Wochen länger geworden sind; dadurch verändert sich die Artenzusammensetzung der aquatischen Fauna und Flora. Korallen in der Karibik verfärben sich weiß und sterben ab, weil, nach Meinung einiger Wissenschaftler, die Wassertemperaturen steigen. Satelliten melden eine abnehmende Eis- und Schneebedeckung der nördlichen Hemisphäre.[53]

Dies sind keine direkten *Beweise* für eine globale Erwärmung der Atmosphäre durch die Treibhausgase. Doch auch wenn sie bewiesen wäre, wüßte man immer noch nicht sicher, welche Auswirkungen dies für die Menschen und die Balance des Ökosystems hat. Die Äußerungen mancher Politiker haben dazu geführt, daß aus dem Zustand des Unwissens Verwirrung und Spekulationen entstanden sind. Deshalb ist es wichtig, eindeutig festzustellen, was man heute mit Sicherheit sagen kann:[54]

Es ist gewiß, daß menschliche Tätigkeiten, besonders die Nutzung fossiler Brennstoffe, die Konzentration der Treibhausgase in der Atmosphäre exponentiell erhöhen. Der Anstieg wird seit Jahrzehnten verfolgt. Konzentrationswerte aus früheren Epochen lassen sich durch Analyse eingeschlossener Luftblasen in Eisbohrkernen aus bestimmten Schichten der Pol-Eiskappen nachweisen. Es gibt keinerlei Zweifel, daß die Konzentrationen steigen.

Die Treibhausgase behindern die Wärmeabstrahlung von der Erdoberfläche in den Weltraum. Das ist schon lange bekannt und eine Folge der molekularen Struktur dieser Gase und ihrer spektroskopischen Absorptionsfrequenzen.

Die zurückgehaltene Wärme führt zu einer Erhöhung der Temperatur an der Erdoberfläche.

Die Erwärmung wird an den Polen höher sein als in äquatorialen Breiten. Da aber die Temperaturdifferenzen zwischen Polen und Äquator die Antriebsenergie für den Wetterablauf und damit das Klima liefern, werden sich Stärke und Richtung der Wind- und Meeresströmungen sowie die Niederschläge ändern.

Bei einer höheren Globaltemperatur dehnen sich auch die Wassermassen der Ozeane aus. Der Meeresspiegel wird steigen; um so mehr, wenn die Erwärmung ausreichen sollte, größere Mengen der Polareismassen abzuschmelzen.

Unbeantwortet bleiben aber zunächst drei wichtige Fragen. Man weiß nicht, wie sich die globale Temperatur ohne den Einfluß der Menschen verändern würde. Sollten langfristig wirksame klimatologische Faktoren, die nichts mit der steigenden Konzentration der Treibhausgase zu tun haben, an sich zu einer Abkühlung des Klimas führen, so wirkt diesem Trend jetzt der Treibhauseffekt entgegen; es wäre dann sehr wohl möglich, daß sich das Klima im Endeffekt nicht erwärmt. Ungewiß ist aber auch, wie sich eine globale Erwärmung auf die Wind- und Meeresströmungen, die Verdunstungsrate, die Ökosysteme, die gemessenen Temperaturen und auf die Wirtschaft in den unterschiedlichen Regionen der Welt real auswirkt.

Die dritte Ungewißheit ergibt sich durch die möglichen Rückwirkungen. Die natürlichen Energieflüsse und die Durchsatzmengen des Kohlenstoffs auf der Erde verlaufen äußerst kompliziert. Mechanismen zur Selbstkorrektur könnten wirksam werden, negative Regelkreise, die dann die Wirkung der Treibhausgase oder die Temperatur stabilisieren. Ein solcher negativer Regelkreis ist bereits tätig: Die Ozeane nehmen etwa die Hälfte der von den Menschen freigesetzten Mengen an Kohlendioxid auf. Das reicht natürlich nicht aus, um den Anstieg des Kohlendioxidgehalts der Atmosphäre zu stoppen, aber es verzögert ihn beträchtlich.

Es könnten aber auch destabilisierende positive Regelkreise in Gang gesetzt werden, die dann bei einem Temperaturanstieg die Erwärmung zusätzlich fördern. Wenn zum Beispiel in einem wärmeren Klima ausgedehnte Schneeflächen verschwinden, wird weniger Sonnenstrahlung von der Erdoberfläche direkt in den Weltraum reflektiert. Das verstärkt dann die Erwärmung. Sollten die Permafrostböden in den Tundren des Nordens aufschmelzen, würden große Mengen von eingeschlossenem Methan freigesetzt, auch »Sumpfgas« genannt, das ein Treibhausgas ist. Noch größere Erwärmung mit weiter verstärkter Abschmelzung und noch höheren Methanmengen wären die Folgen.

Niemand kann heute schon das Zusammenwirken der vielen möglichen negativen und positiven Regelkreise durchschauen, die durch den Anstieg der Treibhausgase aktiviert werden könnten. Niemand kann vorhersagen, ob die positiven oder die negativen Regelkreise die Oberhand behalten werden. Die Wissenschaftler wissen nur, daß es in der Erdgeschichte schon öfter Warmperioden gegeben hat und daß diese sich weder rasch durch Selbstregulation ausgeglichen haben noch ruhig und ordentlich verlaufen sind. Sie waren immer chaotisch.

Einen Überblick über den Verlauf der globalen Temperaturen und der Konzentrationen von Kohlendioxid und Methan in der Atmosphäre während der letzten 160 000 Jahre der Erdgeschichte gibt Abbildung 3–23.[55] Wie man sieht, bewegten sich die Temperatur und die Gehalte an den beiden Treibhausgasen annähernd gemeinsam auf und ab. Aber es bleibt unklar, was nun Ursache und was Wirkung war. Sehr wahrscheinlich hat sich über ein kompliziertes Netz von Regelkreisen alles gegenseitig beeinflußt.

Viel wichtiger ist aber die Feststellung, daß *seit 160 000 Jahren die Konzentrationen von Kohlendioxid und Methan nie auch nur annähernd so hoch waren, wie sie heute sind.* Welche Folgen das auch immer haben mag: es kann nicht bestritten werden, daß in einem erdgeschichtlich kurzen Moment die atmosphärischen Senken der Treibhausgase sehr viel stärker belastet werden, als sie wieder entlastet werden können. Dadurch entsteht ein Zustand beträchtlichen Ungleichgewichts in der Atmosphäre, der exponentiell immer kritischer wird. Die dadurch in Gang gesetzten Prozesse laufen nach menschlichen Maßstäben langsam ab. Es kann viele Jahrzehnte dauern, bis sie sich womöglich direkt bemerkbar machen: durch Eisabschmelzungen, veränderte Strömungen und Niederschläge, stärkere Stürme und Wanderungen von Insektenschwärmen, von Vögeln und Säugetierpopulationen. Und sogar Jahrhunderte könnten verstreichen, bis diese Folgen wieder rückgängig gemacht werden könnten.

Aber die hohen Emissionsraten von Schadstoffen, die wir in diesem Kapitel näher besprochen haben, sind nicht unvermeidbar. Umweltverschmutzung ist kein Zeugnis für Fortschritt, sondern ein Zeichen mangelhafter Effektivität und sträflicher Fahrlässigkeit. Wenn sich ganze Industriezweige dessen bewußt und die Herstellungsprozesse von Anfang bis Ende neu überdacht werden, finden sich auch Möglichkeiten, die Schadstoffemissionen zu reduzieren. Dann können Begriffe wie »Saubere Technologie« und »Emissionsvermeidung« zu realen Errungenschaften werden.

Dafür gibt es Beispiele. Ein Hersteller geätzter elektronischer Schaltkreise (Aeroscientific) hat Investitionen zum Einsatz von Ionen-Austauscher-Anlagen vorgenommen, mit denen Schwermetalle aus Abfällen wiedergewonnen werden. Ergebnis: zusätzliche Gewinne aus den wiedergewonnenen reinen Metallen, niedrigere Kosten für Brauchwasser und gesenkte Prämien für die Schadenersatz-Versicherung. Eine bedeutende Produktionsgesellschaft (3M) hat ihre Emissionen von Schadstoffen für Luft und Wasser reduziert, ihren Wasserverbrauch gesenkt und ihre Abfallmengen vermindert. 200 Millionen Dollar wer-

**Abbildung 3–23   Treibhausgase und Temperaturen
in den letzten 160 000 Jahren**

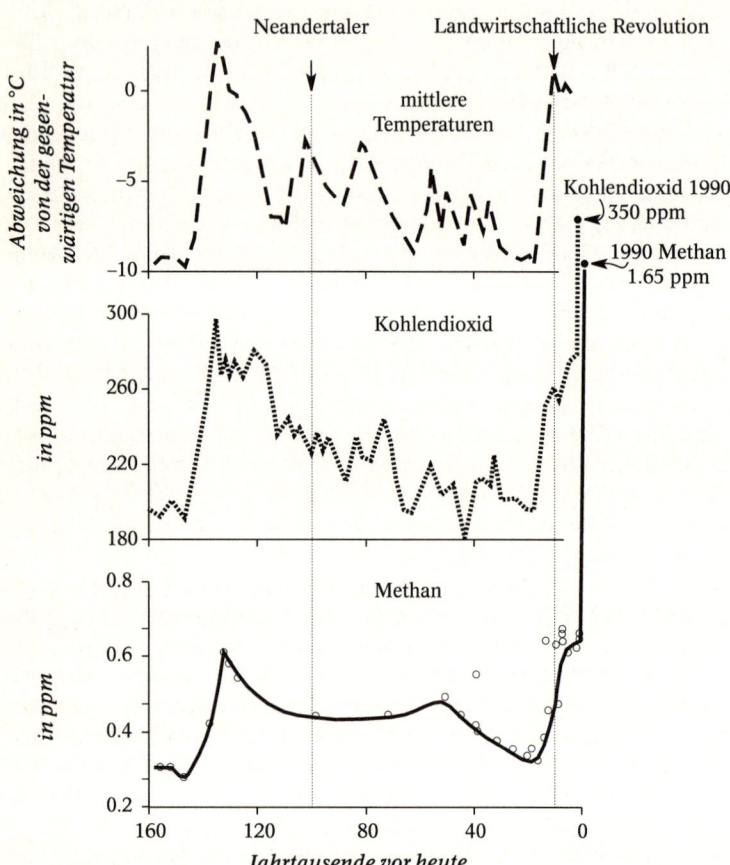

Die Analyse von Eis-Bohrkernen beweist, daß es auf der Erde beträchtliche Temperaturwechsel mit Eiszeiten und interglazialen Warmzeiten gegeben hat und die Gehalte an Kohlendioxid und Methan in der Atmosphäre etwa parallel mit den Temperaturen gefallen und gestiegen sind. In jüngster Zeit haben diese Konzentrationen viel höhere Werte als jemals seit dem Erscheinen des Menschen auf der Erde erreicht (Quelle: R. A. Houghton et al.).

den jährlich an Betriebskosten eingespart. Eine Elektronikfirma (Intel) hat die eingesetzten Löt- und Flußmittel so verändert, daß auf Reinigung der zu verlötenden Teile mit FCKW verzichtet werden konnte. Damit wurden Beiträge zum Schutz der Ozonschicht und gegen den Treibhauseffekt geleistet und Kosten in Höhe von einer Million Dollar jährlich vermieden.

Die Neugestaltung von Verfahren zur Vermeidung von Emissionen kann Kosten senken, auch wenn der Markt Umweltkosten nicht wertet. Eine Untersuchung der OECD über mehr als 600 Anwendungen sauberer Technologien in Frankreich ergab, daß 67 Prozent der Projekte zu verringerten Kosten für Rohmaterialien, 65 Prozent zu Einsparungen an Wasser und 8 Prozent zu Energieeinsparungen führten. Von 45 Anwendungen sauberer Technologien in den Niederlanden erbrachten 20 Kostensenkungen, und die übrigen waren immerhin im Endeffekt nicht kostenintensiv.[56]

Aber der Begriff der Emissionsvermeidung hat sich in der industriellen Welt noch nicht durchgesetzt. In Europa setzen 80 Prozent der Investitionen zum Umweltschutz am Ende der Produktionskette an und fördern »Filter-Technologien«. Nur 20 Prozent haben bislang Umgestaltungen der Herstellungsprozesse zum Ziel.[57] Bei der Vermeidung von Schadstoffen beginnt sich das Potential menschlichen Einfallsreichtums gerade erst zu entfalten.

Insgesamt ließe sich der gesamte Materialdurchsatz durch die Wirtschaft auf etwa ein Achtel verringern, wenn die durchschnittliche Nutzungszeit aller Produkte verdoppelt, die doppelten Materialmengen wiederverwertet und bei der Herstellung jedes Produkts der Materialeinsatz halbiert werden könnte. Die Zunahme in den Konzentrationen der Treibhausgase und der zahlreichen anderen Schadstoffe ließe sich stoppen, wenn der Energienutzungsgrad höher wäre und mehr sich regenerierende Energiequellen genutzt, Wassermassen weniger vergeudet und Wälder aufgeforstet würden. Wenn man die Material- und Energiedurchsatzmengen unter ihre durch die Umwelt gesetzten Grenzen bringt, verringert das automatisch auch die Schadstoffmengen.

Zwischenzeitlich aber fallen bereits die Bestandsmengen einiger Schadstoffe in der Atmosphäre, in Wasserläufen und Böden, weil scharfe Maßnahmen zu ihrer Verminderung wirksam geworden sind. Bei einigen anderen Schadstoffarten können mit großen Anstrengungen die in der Umwelt wirksamen Mengen gerade etwa auf gleicher Höhe gehalten werden. Einige Maßnahmen zum Umweltschutz führen jedoch nur dazu, daß Schadstoffe von einer Senke in eine andere verschoben werden, aus der Luft auf den Erdboden oder vom Boden ins Wasser. Viele bekannte Schadstoffe und sehr wahrscheinlich auch andere, die noch unbekannt sind, treten in exponentiell zunehmenden Mengen auf, weil eben die Bevölkerung, das Kapital sowie die Material- und Energieflüsse zunehmen. Konzertierte Aktionen gegen die gefährlichsten Gifte können aber dazu beitragen, die Menschheit von der Konfrontation mit Umweltbegrenzungen zu bewahren, sofern wir diese Grenzen erkennen und rechtzeitig handeln. Erhöhte Effektivität der Rohstoff- und Energienutzung sind entschieden wirksamer als alle Maßnahmen zum nachträglichen Säubern der Umwelt. Sie können dazu führen, daß die Ausstoßmengen vieler Schadstoffe halbiert werden oder gar bis auf ein Zehntel sinken – und daß die Gesellschaft nicht mehr gegen die Umweltbegrenzungen stößt.

Jenseits der Grenzen des Durchsatzes

Die Menschheit nutzt die Reichtümer dieser Erde und ihre Senken in einer Weise, die nicht länger durchgehalten werden kann. Das zeigen die Beispiele in diesem Kapitel, aber mehr noch die Statistiken zu den globalen Tätigkeiten des Menschen. Dies wird auch jedem einzelnen klar, der diese Welt nüchtern betrachtet. Die Böden, die Wälder, die Wasserläufe und Seen, das Grundwasser, die Feuchtgebiete und die ganze Vielfalt der Natur werden immer mehr zerstört. Auch in Regionen, in denen die sich regenerierenden Ressourcen im Grunde noch stabil zu sein scheinen, so wie die Wälder Nordamerikas und die Böden in Westeuropa, sind die Qualität, die Vielfältigkeit und die strukturelle Stabilität der Bestände fraglich geworden. Abbau- und Lagerstätten fossiler Energieträger schwinden. Es gibt keine Pläne und keine ausreichenden Kapitalinvestitionen, um die industrielle Wirtschaft nach dem allmählichen Versiegen der fossilen Brennstoffe mit Energie zu versorgen. Die gesamte chemische Struktur der Erdatmosphäre verändert sich.

Wenn nur einige Ressourcen im Schwinden wären und die anderen stabil blieben oder gar zunähmen, ließe sich argumentieren, daß man das Wachstum sichern könne, indem man eben eine Ressource gegen eine andere austauscht (obwohl es natürlich auch für solche Substitutionsmöglichkeiten Grenzen gibt). Da aber viele Vorräte gleichzeitig abnehmen und zahlreiche Senken überlastet werden, sind keine Zweifel mehr zulässig, daß der Zugriff des Menschen auf Rohstoffe und Energien zu weit gegangen ist. Die Grenzen des noch aufrechterhaltbaren Maßes sind überzogen.

Wir müssen klarstellen, daß die Grenzen die Durchsatzmengen bzw. deren Quellen und Senken betreffen. Es sind Grenzen der Nutzungsgeschwindigkeit. Sie haben nichts mit räumlichen Begrenzungen gemeinsam. Wenn man derartige Grenzen überschreitet, stößt man nicht gegen eine Mauer. Der Durchsatz von Materialien und Energie kann dann sogar noch eine Zeitlang weiter ansteigen, ehe negative Regelkreise, die mit den überlasteten Quellen und Senken gekoppelt sind, wirksam werden und das Wachstum abwürgen. Die Entwicklungsrichtung des Durchsatzes zeigt auf alle Fälle nach unten, wenn nicht durch freie Willensentscheidung, dann eben zwangsweise, durch die natürliche Begrenzung der Umwelt.

Viele Menschen haben zumindest schon auf lokaler Ebene erkannt, daß die Wirtschaft über Grenzen hinausgeschossen ist. In Los Angeles wird die Luft viel stärker verschmutzt, als es für das freie Atmen noch zuträglich ist. Auf den Philippinen gibt es fast keine Wälder mehr. Auf Haiti sind die ehemals fruchtbaren Böden vielfach bis auf den nackten Fels abgetragen. Die chemische Fracht des Rheinwassers ist so hoch, daß der aus Hollands Häfen gebaggerte Schlamm als giftiger Sondermüll gelagert werden muß. In bestimmten Problembereichen immerhin, so besonders bei den FCKW, welche die Ozonschicht schädigen, sind die überzogenen Grenzen nicht nur erkannt worden, sondern es sind auch internationale Aktionen zur Korrektur der Fehlentwicklung in Gang gesetzt worden.[58]

Aber über das generelle Problem der Grenzüberziehung wird wenig geredet. Die Motivation für technische Reformen, die dringend erforderlich sind, ist oft gering. Es ist kaum Bereitschaft erkennbar, sich mit den grundlegenden Triebkräften des Wachstums der Weltbevölkerung und des Kapitals zu befassen. Selbst so gut informierte Gruppen und Vereinigungen wie etwa die Weltkommission für Umwelt und Entwicklung, welche die globalen Entwicklungstrends als »einfach unhaltbar« bezeichnet hat, sehen sich offensichtlich außerstande, unmißverständlich zu erklären: »Die Menschheit hat ihre Grenzen überschritten.« Und sie bemühen sich auch nicht ernstlich um Gegenmaßnahmen.

Es ist freilich verständlich, weshalb man das Thema der Grenzen so gerne ausklammert. Sobald es angeschnitten wird, kommt es zu erbitter-

ten Diskussionen: Wer sind denn die Übeltäter? Die Durchsatzmengen
pro Kopf der Reichen sind höher als die der Armen. Veraltete und
ineffiziente Produktionsstätten in Osteuropa brauchen mehr Stahl pro
Produkteinheit als supermoderne Werke im reichen Japan. Ein Schwei-
zer Bürger verbraucht vierzigmal mehr Ressourcen als einer in Somalia.
Soviel wie ein Eidgenosse verbraucht aber auch ein Russe; dennoch
wird ihm dafür nur ein jämmerlicher Lebensstandard geboten. Die
Grenzen werden in globalem Maßstab überschritten – doch wer soll
etwas dagegen tun? Die im Wohlstand prassenden Reichen mit wenigen
Kindern oder die Armen, die sich ständig vermehren? Oder die einsti-
gen Sozialisten mit ihrer verlotterten Wirtschaft? Man sieht, das Thema
bietet politischen Zündstoff.

Soweit es den Planeten als Ganzes betrifft, sind alle gefordert. Schuld-
zuweisungen sind sinnlos. Fachleute für Umweltprobleme fassen die
Ursachen der Umweltzerstörung in einer Formel zusammen, die sie mit
der englischen Abkürzung IPAT bezeichnen:

$$\underset{(I)}{\text{Umweltlast}} \quad = \quad \underset{(P)}{\text{Bevölkerung}} \quad \times \quad \underset{(A)}{\text{Wohlstand}} \quad \times \quad \underset{(T)}{\text{Technologie}}$$

Die Umweltlast (I = Durchsatz), die eine Bevölkerung oder eine Nation
den Quellen und Sinks des Planeten auferlegt, ist gleich dem Produkt
aus Bevölkerungszahl (P), ihrem Wohlstand, gemessen in Pro-Kopf-
Verbrauch (A), und dem Schaden, den die jeweilige Produktionstech-
nologie pro Verbrauchsprodukteinheit anrichtet (T).[59]
Jedes Glied dieser Gleichung ist gleich wichtig. Daraus folgt, daß jede
Gesellschaft Verbesserungen auf den Gebieten vornehmen sollte, für
die sie die besten Möglichkeiten besitzt. Der Süden kann am meisten
zur Senkung der Bevölkerungszahl (P) beitragen, der Westen kann beim
Pro-Kopf-Verbrauch reduzieren (A), und im Osten sind technologische
Verbesserungen am wirksamsten (T).
Der Gesamtumfang möglicher Verbesserungen ist erstaunlich groß.
Wenn man jeden Teil der IPAT-Gleichung genau betrachtet, zeigt sich,
wie viele Wege es gibt, um die Durchsatzmengen zu verringern, und wie
stark diese reduziert werden können (Abbildung 3–23).[60]
Wohlstand ist in diesem Zusammenhang der Kapitalstock pro Kopf –
die Zahl der Tassen, der elektronischen Geräte oder der Wohnräume,
die pro Person zur Verfügung stehen. Die Umweltlast (= Durchsatz)
infolge des Wohlstands sind die Materialflüsse, die notwendig zur

Abbildung 3–24   Die Beziehung zwischen Bevölkerung, Wohlstand, Technik und Umweltbelastung

$$\frac{\text{Umweltbelastung}}{\text{Jahr}} = \text{Bevölkerungszahl} \cdot \text{Wohlstandsfaktor} \cdot \text{Technikfaktor}$$

$$= (\text{Personen}) \cdot \left(\frac{\text{Güterbedarf/Jahr}}{\text{Personen}}\right) \cdot \left(\frac{\text{Materialdurchsatz}}{\text{Gütermenge}}\right) \cdot \left(\frac{\text{Energiedurchsatz}}{\text{Materialdurchsatz}}\right) \cdot \left(\frac{\text{Umweltbelastung}}{\text{Energiedurchsatz}}\right)$$

$$= \text{Bevölkerungszahl} \cdot (\text{Nachfragefaktor}) \cdot (\text{Durchsatzfaktor}) \cdot (\text{Effizienzfaktor}) \cdot (\text{Emissionsfaktor})$$

Beispiel: CO_2-Emission durch Verbrauch von Plastikbehältern

$$\frac{CO_2\text{-Emission}}{\text{Jahr}} = \text{Personen} \cdot \left(\frac{\text{Becher/Jahr}}{\text{Person}}\right) \cdot \left(\frac{\text{Gramm Kunststoff}}{\text{Becher}}\right) \cdot \left(\frac{\text{Kilowattstunden}}{\text{Gramm Kunststoff}}\right) \cdot \left(\frac{CO_2\text{-Emission}}{\text{Kilowattstunden}}\right)$$

$$= \text{Bevölkerungszahl} \cdot \text{Nachfragefaktor} \cdot \text{Durchsatzfaktor} \cdot \text{Effizienzfaktor} \cdot \text{Emissionsfaktor}$$

	Bevölkerungszahl	Nachfragefaktor	Durchsatzfaktor	Effizienzfaktor	Emissionsfaktor
Veränderungs-möglichkeiten:	- Familienplanung - Schulbildung der Frauen - Sozialfürsorge - Rolle der Frau - Landbesitz	- Werte - Preise - Vollkostenrechnung - gesellsch. Ziele - wieviel ist 'genug'?	- langlebige Produkte - Rohstoffwahl - sparsamer Entwurf - Rezyklierung - Wiederverwendung - Abfallaufarbeitung	- hoher Nutzungsgrad - hoher Umwandlungsgrad - verlustarme Verteilung - Koppelprozesse - Prozeßverbesserungen	- harmlose Stoffe - Anlagengröße - Standort - Rückhaltetechnik - Emissionskompensation
Verbesserungs-spielraum:	etwa 2 mal	?	3 bis 10 mal	5 bis 10 mal	100 bis 1000 mal
Zeitbedarf:	50 bis 100 Jahre	0 bis 50 Jahre	0 bis 20 Jahre	0 bis 30 Jahre	0 bis 50 Jahre

Erhaltung des Kapitals sind. Wenn zum Beispiel jede Person im Durchschnitt drei Porzellantassen besitzt, dann sind auch bestimmte Mengen an Reinigungsmitteln und Wasser erforderlich, um die Tassen zu spülen, sowie ein gewisser Nachschub an Porzellan, der die jährlich kaputtgehenden Tassen ersetzen kann. Wenn jemand Kunststoffbecher zur Kaffeepause im Büro benutzt und sie dann wegwirft, umfaßt der zugehörige Materialfluß alle in einem Jahr benutzten Becher sowie die Erdölmenge und die Chemikalien, die man zur Herstellung dieser Becher braucht.

Die von der Technologie ausgehende Umweltlast ist entsprechend Abbildung 3–23 die erforderliche Energie zur Produktion und Lieferung der einzelnen Materialflüsse, multipliziert mit der Umweltlast pro Energieeinheit. Man braucht Energie, um das Kaolin, den Quarz und den Feldspat für die Porzellanmasse abzubauen, den Scherben zu formen, ihn zu brennen und zu glasieren, und dann, um immer wieder das Wasser zum Spülen der in Gebrauch befindlichen Tassen zu erwärmen. Energie braucht man auch, um das Erdöl für Kunststoffbecher zu fördern, es zu raffinieren, die erforderlichen Kohlenstoffverbindungen zu synthetisieren, Becher zu formen, sie auszuliefern und sie auf die Müllhalde zu kippen. Jede Art von Energieverbrauch bedeutet eine Umweltbelastung. Aber diese Last kann technologisch verringert werden, zum Beispiel durch Vermeidung von Schadstoffemissionen, durch Verbesserungen des Energienutzungsgrades oder auch durch Nutzung anderer Energiequellen.

Alle Veränderungen der in der Abbildung 3–23 aufgeführten Faktoren bringen die Wirtschaft entweder näher an die durch die Umwelt gesetzten Begrenzungen oder rücken sie weiter von ihnen ab. Wenn sich die Bevölkerungszahl oder der Materialbestand im Besitz jeder Person verringert, lassen sich die bestehenden Begrenzungen besser einhalten. Das gilt auch für die zum Ersatz und zur Erhaltung erforderlichen Energie- und Materialflüsse sowie für Maßnahmen zur Senkung der Schadstoffemissionen pro Material- und Energieeinheit. Wir haben in der Abbildung 3–23 eine Reihe von Maßnahmen aufgelistet, die dazu beitragen, die einzelnen Glieder der Gleichung zu reduzieren. Auch sind einige Abschätzungen aufgeführt, inwieweit und in welchem Zeitraum die wirksamen Lasten verringert werden könnten.

Man sieht also, daß sich sehr viele Möglichkeiten eröffnen, wenn man die Optionen in dieser Weise definiert klarlegt. Das belegt die Behauptung, daß die von den Menschen auf die Quellen und Senken ausgeübten Belastungen in einem erstaunlichen Ausmaß vermeidbar sind. Auch wenn man dazu neigt, nur die unterste Grenze der geschätzten Entlastungen als real zu betrachten, so ergibt sich doch insgesamt *eine generell mögliche Entlastung auf ein Tausendstel der bisherigen Belastung des Planeten* durch die Aktivitäten der Menschen. Wahrscheinlich wäre die Entlastung sogar noch viel höher.

Hierzu äußerte sich Lester Thurow, Wirtschaftswissenschaftler am MIT: »Wenn die gesamte Weltbevölkerung die Produktivität der Schweiz, die Verbrauchsgewohnheiten der Chinesen, das soziale Ausgleichsvermögen der Schweden und die Disziplin der Japaner besäße, könnte dieser Planet das Mehrfache der heutigen Bevölkerung tragen, ohne daß jemandem etwas abginge. Wenn aber überall auf der Welt die Produktivität so niedrig wäre wie im Tschad und das Verbrauchsverhalten so wie das der Vereinigten Staaten, das soziale Klassenbewußtsein wie in Indien und die gesellschaftliche Disziplin wie in Argentinien, dann könnte dieser Planet auch nicht annähernd die heutige Menschheit erhalten.«

Wenn es aber so viele Möglichkeiten gibt, warum tut sich dann die Menschheit so schwer, wenigstens einige zu verfolgen? Und was wäre, wenn sie es täte? Was geschähe, wenn sich die Entwicklung der Bevölkerung und des Wohlstands sowie die technologischen Trends wenden würden? Wie beeinflussen sich diese verschiedenen Entwicklungsrichtungen gegenseitig? Was geschieht, wenn sich durch technologische Veränderungen die Durchsatzmengen verringern, aber Bevölkerung und Kapital dennoch weiter wachsen? Und was passiert, wenn der Durchsatz nicht reduziert wird?

Diese Fragen betreffen nicht mehr nur die einzelnen Ressourcen, wie wir sie in diesem Kapitel behandelt haben, sondern beziehen sich auf alle Ressourcen gleichzeitig und auf ihre Vernetzung mit der Bevölkerung und dem Kapital sowie auf die ständigen Wechselwirkungen zwischen diesen Faktoren. Um diese Probleme angemessen zu behandeln, müssen wir von einer statischen Betrachtungsweise, bei der ein Faktor nach dem anderen analysiert wird, zu einer systemdynamischen Untersuchungsmethode übergehen, die das gesamte System mitsamt den darin ablaufenden Vorgängen erfaßt.

Kapitel 4

Dynamik des Wachstums in der begrenzten Welt

»Die Menschheit kann sich, so wie jede andere biologische Art, über die ökologische Tragfähigkeit eines begrenzten Lebensraums hinaus vermehren. Im Unterschied zu allen anderen Arten aber sind Menschen auch fähig, dies zu erkennen und die Konsequenzen daraus zu ziehen.«
William R. Catton Jr.[1]

In vielen Gebieten der Erde wächst gegenwärtig die Bevölkerung rascher als das Kapital; in wenigen Regionen ist das Gegenteil der Fall. In einigen Ländern sinken die Geburtenzahlen, weil die wirtschaftliche Sicherheit zunimmt und Frauen mehr Rechte und Möglichkeiten gewonnen haben; in vielen anderen erhöhen Armut und Zerfall sozialer Strukturen die Sterberate. Wenn der Wohlstand zunimmt, verlangen die Menschen mehr Gebrauchsgüter, mehr Energie und bessere Luft; wenn sie arm sind, müssen sie um trinkbares Wasser, ein wenig Land zum Bebauen und um Brennholz kämpfen. Manche Technologien steigern die Umweltverschmutzung, andere wirken ihr entgegen. Ressourcen, die sich nicht erneuern, aber auch einige der sich regenerierenden, erschöpfen sich; andere Quellen werden immer wirksamer, ausgiebiger und sparsamer genutzt.

Mächtige Entwicklungstendenzen wirken einander entgegen. Wenn wir wissen wollen, welche Wechselwirkungen zwischen ihnen ablaufen und zu welchen Ergebnissen dies führt, brauchen wir ein sehr viel komplexeres Modell der Realität, als es unser Gehirn bieten kann. Dieses Kapitel beschreibt das Computermodell, das wir benutzen: *World 3*. Seine Struktur und die grundlegenden Ergebnisse, die es liefert, werden geschildert.

Zweck und Struktur von World 3

Als Modell bezeichnet man jede vereinfachte Darstellung der Realität. Im Grunde ist jedes Wort in diesem Buch ein Modell: Begriffe wie »Wachstum«, »Bevölkerung«, »Wald« und »Wasser« sind lediglich Symbole für jeweils sehr komplexe reale Dinge bzw. Erscheinungen. Jede Zeichnung, jede Grafik, Landkarte und jeder Zahlenwert über die Welt ist ein Modell. Wenn es heißt, die Erdbevölkerung habe jetzt 5,4 Milliarden erreicht, ist das eine sehr unexakte Angabe. Sie besagt nichts über das Leben und die Art dieser Menschen und die Unterschiede zwischen ihnen. Wir haben Tausende von Worten miteinander kombiniert, als wir dieses Buch schrieben. Die Art dieser Wortzusammenstellungen ist ebenfalls ein Modell, eine symbolische Abbildung dessen, was in unseren Köpfen vor sich geht. Es ist unser bestmöglicher Versuch, unsere Gedanken symbolisch darzustellen. Aber es ist nur ein Modell dieser Gedanken. Und unsere Gedanken sind wiederum nur Modelle der Wirklichkeit.

Wir stehen deshalb jetzt vor gewissen Schwierigkeiten. Wir wollen von einem formalen Modell sprechen, das auf dem Computer die Welt simuliert. Wenn dieses Modell irgendwie nutzbar sein soll, müssen wir es mit der »realen Welt« vergleichen. Aber weder wir noch unsere Leser haben Zugriff auf eine reale Welt, über die sich alle einig sind. Wir verfügen nur über die geistigen Modelle in unseren Köpfen. Sie werden durch objektiv belegbaren Augenschein und subjektive Erfahrungen aufgebaut und geformt. Durch die Fähigkeit, geistige Modelle, Gedankenmodelle, zu bilden, konnte sich der Homo sapiens sapiens zu einer so außergewöhnlich erfolgreichen Art entwickeln. Die Gedankenmodelle haben die Menschen auch schon in die verschiedensten Schwierigkeiten gebracht. Was immer aber die Stärken und Schwächen von Gedankenmodellen sein mögen: stets sind sie gegenüber dem außerordentlich komplexen und sich unablässig verändernden Universum um uns herum geradezu lächerlich einfach.

Ab hier stellen wir die »reale Welt«, auf die sich das Weltmodell *World 3* bezieht, in Anführungszeichen, damit man niemals vergißt, daß wir immer und unausweichlich von Modellen abhängig bleiben. Unter der »realen Welt« und der »Realität« sind ausschließlich die Gedankenmodelle der Autoren dieses Buches zu verstehen. Für diese beschränkte »Realität« brauchen wir uns nicht zu entschuldigen; es ist die einzige, die uns zugänglich ist. Niemand kann seinen Gedankenmodellen entfliehen. Es ist sehr wichtig, daß man sich dessen ständig bewußt bleibt.

World 3 ist nicht schwierig zu verstehen. Das Programm verfolgt die Entwicklung von Bestandsgrößen wie »Bevölkerung«, »Industriekapital«, »Umweltverschmutzung« und »landwirtschaftlich genutzte Flächen«. Diese Bestandsgrößen verändern sich durch Zu- und Abflüsse wie »Geburten« und »Todesfälle« (bei Bevölkerungen), »Investitionen« und »Kapitalabnutzung« (beim Kapital) sowie »Schadstoffemission« und »Schadstoffabbau« (bei der Umweltverschmutzung). Die kultivierte Landfläche multipliziert mit dem durchschnittlichen Ertrag pro Flächeneinheit ergibt die Gesamtmenge der produzierten Nahrungsmittel. Die Nahrungsmittelmenge dividiert durch die Bevölkerungszahl ergibt die pro Kopf verfügbare Nahrung. Die Nahrung pro Kopf beeinflußt die Sterberate.

Das ist nicht besonders bemerkenswert. Die Elemente von *World 3* entsprechen dem Alltagswissen. Aber es ist dynamisch komplex. Es berücksichtigt stets den Bewegungsschwung des Bevölkerungswachstums, der Anhäufung von Schadstoffen, die Nutzungsdauer von Kapitalausrüstungen, die wechselnden Flüsse von Ressourcen und die Wettbewerbsbedingungen für Investitionen. Es berücksichtigt besonders die Zeitspannen beim Ablauf von Entwicklungen und die Verzögerungszeiten, die bei der Übertragung von Informationen und bei physikalischen Prozessen auftreten. Seine Funktion beruht auf der Wirkung von Rückkopplungen, bei denen ein Element in der Kausalkette oft in gewissem Umfang zur Ursache seines eigenen späteren Verhaltens wird. So kann zum Beispiel eine Änderung der Bevölkerungszahl eine wirtschaftliche Veränderung hervorrufen, die dann eine weitere Veränderung der Bevölkerungszahl zur Folge hat.

Viele kausalen Beziehungen in *World 3* sind *nichtlinear*. Sie ergeben, grafisch aufgezeichnet, keine geraden Linien. Die miteinander verknüpften Variablen verändern sich nicht proportional zueinander über den ganzen Bereich der Wechselwirkung. In *World 3* führt mehr Nahrung pro Kopf zu einer höheren Lebenserwartung, aber nicht linear entsprechend der zusätzlichen Menge von Nahrungsmitteln. Auf Abbildung 4–1 ist eine vom Computer mit *World 3* ausgedruckte Kurve, eine Grafik, aufgezeichnet, die den Zusammenhang zwischen Nahrung pro Kopf und Lebenserwartung darstellt. Wenn unzureichend ernährte Menschen ein wenig mehr Nahrung erhalten, nimmt ihre Lebenserwartung zu. Aber bei bereits gut ernährten Menschen haben auch große

Abbildung 4–1   Ernährung und Lebenserwartung

Lebenserwartung (Jahre)

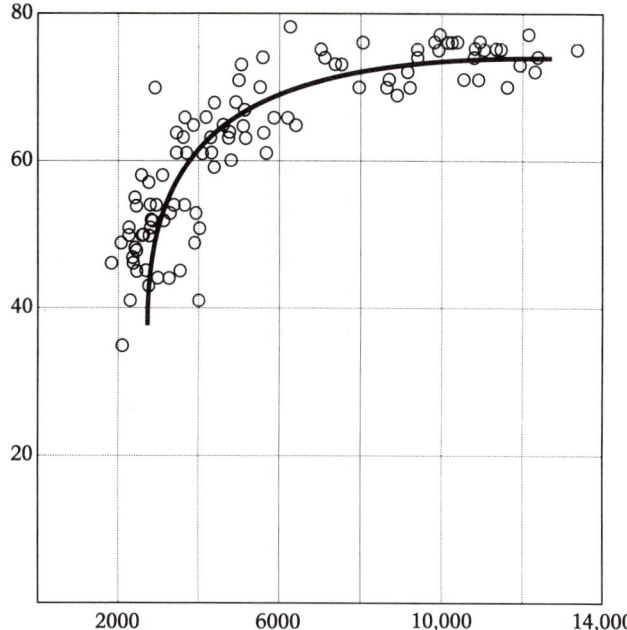

*Pflanzliche Kalorien-Äquivalente
pro Person/Tag*

Die mittlere Lebenserwartung einer Bevölkerung folgt einer nichtlinearen Funktion der Nahrung pro Kopf. Jeder kleine Kreis auf der Darstellung repräsentiert die mittlere Lebenserwartung und die Ernährung pro Person einer Nation nach Daten aus dem Jahre 1988. Die durchgezogene Kurve ist der Mittelwert aus den einzelnen Daten. Die durchschnittliche Nahrungsmenge pro Kopf wird auf der Skala unten in Kalorien angegeben. Hierbei ist berücksichtigt, daß Nahrungsmittel aus der Tierproduktion (Fleisch, Milch, Eier, Käse etc.) mit dem Faktor 7 multipliziert sind, weil zur Produktion einer Kalorie aus Tierproduktion durchschnittlich 7 Kalorien aus Futterpflanzen erforderlich sind (Quellen: FAO; Population Reference Bureau).

zusätzliche Mengen von Nahrungsmitteln kaum Wirkung; ständige Überernährung senkt sogar die mittlere Lebenszeit.

Nichtlineare Beziehungen sind überall in der »realen Welt«, also auch in *World 3* wirksam. Deshalb können sich manchmal die »Realität« und *World 3* recht überraschend verhalten. Das wird sich in diesem Kapitel noch zeigen.

Die in unserem Weltmodell wirkenden nichtlinearen Beziehungen und die wirksamen Regelkreise machen es *dynamisch komplex;* es können sich die wirksamen Variablen in vielfältiger Weise verändern. Aber es ist *nicht kompliziert.* Zwischen den verschiedenen geographischen Gebieten der Erde, den reichen und armen Bevölkerungen unterscheidet es nicht. Es verfolgt nur die Verbreitung eines einzigen »generischen« Schadstoffes, der sich durch die Umwelt bewegt und sie so beeinflußt, wie es die vielen Hunderte heute der Wissenschaft bekannten Schadstoffe typischerweise jeder für sich tun. Zwischen sich regenerierenden Ressourcen, die Nahrungsmittel produzieren, und sich nicht erneuernden Ressourcen an fossilen Brennstoffen und Mineralien unterscheidet *World 3* allerdings scharf. Aber es berechnet weder die verschiedenen Arten der Nahrungsmittel noch die der fossilen Brennstoffe und der Mineralien.

Über diesen einfachen Aufbau wundern sich manche Menschen, wenn sie annehmen, ein Weltmodell müsse alles enthalten, was man über die Welt heute weiß; es müsse all die Unterschiede kennen, die oft so interessant wirken und für die einzelnen Menschen auch so entscheidend sind. Tatsächlich müssen aber sämtliche Computermodelle, auch sehr detailliert aufgebaute, starke Vereinfachungen des menschlichen Bestands an Wissen sein. Modellbauer, die Computermodelle erstellen, müssen diszipliniert vorgehen, denn sonst produzieren sie ein undurchdringliches Dickicht aus Computerbefehlen. Sie dürfen nicht alles in ihre Modelle aufnehmen, was sie wissen; nur das ist von Bedeutung, was dem *Zweck* des Modells dient. Die Kunst der Modellbildung besteht, ebenso wie die der Lyrik, der Architektur oder des Konstruierens, im Verzicht auf alles, was nicht zu dem erwünschten Zweck beiträgt. Das ist freilich leichter gesagt als getan.

Zum Verständnis eines Computermodells und zur Beurteilung seiner Gültigkeit muß man deshalb seinen Zweck kennen. *World 3* hat den *einzigen Zweck,* erkennbar zu machen, auf welche Weise und inwieweit die wirtschaftlichen Aktivitäten die Menschheit den Grenzen der Tragfähigkeit[2] dieses Planeten nahebringt. Ausschließlich hierfür ist nach unserem Verständnis das Modell »gültig« und »richtig«. Es gibt sehr viele andere wichtige Fragen hierzu: Welche Möglichkeiten gibt es zur Weiterentwicklung in Afrika? Wie entwirft man ein Programm zur Familienplanung? Wie verringert man die Kluft zwischen den Armen und den Reichen? Auch solche Fragen können durch Computermodelle besser beantwortet werden. Die sind dann allerdings anders aufgebaut als *World 3*. Aber auch für solche Fragen sollten nach unserer Überzeugung die Antworten innerhalb des Rahmens einer globalen Gesellschaft gesucht werden, die sich mit den Begrenzungen der Umwelt auseinandersetzt und sich ihnen anzupassen versteht.

Es gibt vier grundsätzliche Verhaltensformen, mit denen sich eine wachsende Bevölkerung den Grenzen der Tragfähigkeit nähern kann (Abbildung 4–2). Wenn die Grenzen noch weit entfernt liegen oder sich gar ausdehnen, kann die Bevölkerung ungehemmt weiter wachsen. Das Wachstum kann sich auch in einer ausgeglichen verlaufenden Kurve zum Nullwachstum einpegeln, so daß ein Gleichgewichtszustand nahe der Grenze der Tragfähigkeit eintritt; es bildet sich in diesem Falle eine S-förmige, logistische Kurve. Wenn das Bevölkerungswachstum über die Grenzen hinausschießt, ist es möglich, daß die Bevölkerungszahl eine Zeitlang um den Grenzwert schwingt, bis ein Gleichgewichtszustand eintritt. Wenn das Wachstum aber mit Schwung die Begrenzung so überzieht, daß die Basis aller Ressourcen zerstört wird, ist keine Anpassung mehr möglich. Das Ergebnis ist dann der Zusammenbruch.

Wir haben *World 3* so strukturiert, daß es zwei Fragen beantworten kann:

Welche der Verhaltensmuster der Abbildung 4–2 wird das Bevölkerungs- und Wirtschaftswachstum höchstwahrscheinlich annehmen?

Welche Bedingungen und welche Maßnahmen machen einen glatten und allmählichen Übergang in einen Gleichgewichtszustand an der Tragfähigkeitsgrenze wahrscheinlich?

Gefragt wird also nach allgemeinen Verhaltensformen, nicht nach einzelnen künftigen Bedingungen. Dazu braucht man eine andere Art von Modell und andere Informationen als für präzise Vorhersagen. Man weiß genau, was passieren wird, wenn man einen Ball senkrecht hochwirft. Er wird immer langsamer steigen und dann immer rascher zurückfallen bis zum Aufprall. Er wird mit Sicherheit nicht ständig weiter steigen, er wird nicht die Erde umkreisen und auch keine Loopings drehen, ehe er wieder herunterkommt.

Wenn man exakt vorhersagen will, wie hoch der Ball steigt und wann er wieder den Erdboden berührt, braucht man genaue Daten über den Ball, sein Gewicht und den Luftwiderstand sowie die Wurfstärke. Zur Vorausberechnung der exakten Zahl der Weltbevölkerung im Jahre 2026 oder des Jahres der künftig höchsten Ölproduktion benötigte man derart komplizierte Computermodelle, daß sie praktisch kaum machbar sind.

Man kann eben nicht die künftige Weltbevölkerung, ihr Kapital und den Zustand der Umwelt auf den Punkt genau voraussagen. Niemand

Abbildung 4–2   Verhaltensformen der Bevölkerungsentwicklung

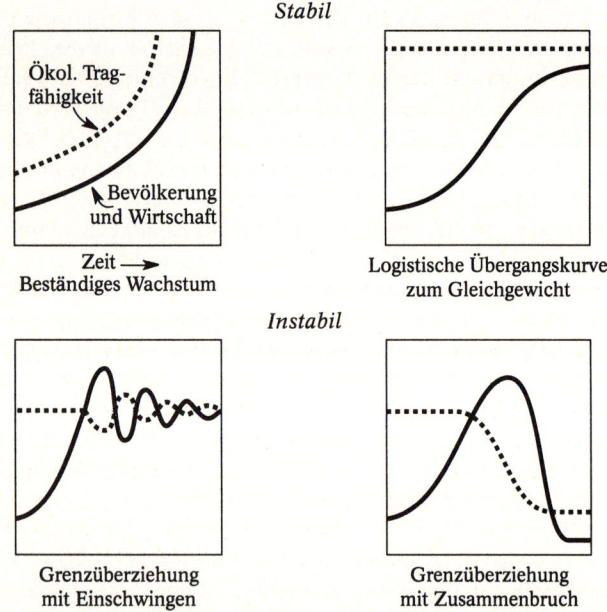

Eine der wichtigsten Fragen bei den Computerläufen mit dem Weltmodell *World3* lautet: Welche dieser grundsätzlichen Verhaltensformen wird sich am wahrscheinlichsten ergeben, wenn die Bevölkerung und die wirtschaftliche Aktivität die Grenzen der Ertragskapazität der Erde erreichen?

verfügt über das unermeßliche Wissen, das dazu erforderlich wäre. Außerdem ist der jeweilige Zustand unseres Weltsystems so abhängig von den unwägbaren Handlungen der Menschen, daß keine präzise Vorhersage denkbar ist. Es ist jedoch möglich (und von kritischer Bedeutung), die grundsätzlichen Verhaltensmöglichkeiten des Systems zu beschreiben und zu verstehen; dies ist besonders wichtig, da auch der Kollaps zu den möglichen Verhaltensformen gehört. Deshalb haben wir in *World 3* nur solche Informationen aufgenommen, wie man sie etwa braucht, um das allgemeine Verhalten eines Balles nach dem Wurf zu beschreiben; wir lassen es keine Daten verarbeiten, mit denen man die exakte Flugbahn eines Balles bekannten Gewichts nach einer bestimmten Art des Wurfs vorausberechnen könnte.

Die Umweltverschmutzung wird zum Beispiel als etwas dargestellt, das durch landwirtschaftliche und industrielle Aktivitäten entsteht und die Gesundheit der Menschen und die Qualität der Ernten beeinträchtigt. Wir haben auf dem Weg der Schadstoffe zu den Stellen, wo sie sich schädlich auswirken, Verzögerungen eingebaut; es ist bekannt, daß Pestizide erst nach einer gewissen Zeit ins Grundwasser gelangen und Moleküle der FCKW über Jahre hinweg bis in die Stratosphäre diffundieren. Spuren von Quecksilber gelangen mit den Wasserläufen in die Weltmeere und tauchen erst nach mehreren Zwischenstationen konzentriert im Fleisch gefangener Fische auf. Auch wird im Weltmodell berücksichtigt, daß die meisten Schadstoffe allmählich durch natürliche Prozesse wieder abgebaut werden – aber auch, daß die Abbauprozesse selbst durch Schadstoffe gestört und behindert werden können. *World 3* erfaßt solche charakteristischen Eigenschaften von Schadstoffen, unterscheidet aber – beispielsweise – nicht zwischen PCB, FCKW und DDT.

Wir haben in *World 3* die verläßlichsten Zahlenwerte übernommen, die beschaffbar waren; wir wissen aber durchaus, daß manche Daten weitgehend unsicher sind. Da wir die Unsicherheiten und Vereinfachungen kennen, die in dem Modell stecken, messen wir den exakten numerischen Ergebnissen über Bevölkerung, Umweltverschmutzung, Kapital und Nahrungsmittelproduktion keine große Bedeutung bei. Wir schenken jedoch den Grundverhaltensformen Vertrauen, die das Modell erkennen läßt: Ob etwa die Bevölkerungszahl und der Grad der Umweltverschmutzung steigen, ob sie sich stabil verhalten, ob Schwingungen entstehen oder die Werte sinken. »Gültig« sind die ursächlichen Verkettungen im Modell; sie bestimmen sein Gesamtverhalten.

Wichtige ursächliche Verkettungen sind die Rückkopplungen bei Bevölkerung und Kapital, die bereits in Kapitel 2 ausführlich geschildert worden sind und auf Abbildung 4–3 noch einmal gezeigt werden. Sie verursachen das exponentielle Wachstum von Bevölkerung und Kapital, wenn die positiven Rückkopplungsschleifen für Geburten und Investitionen dominieren. Gewinnen die negativen Schleifen für Todesfälle und Kapitalabnutzung die Oberhand, nehmen Bevölkerung und Wirtschaftskraft ab; heben sich die Wirkungen gegenseitig auf, so tritt dynamisches Gleichgewicht ein.

Die Pfeile in den Rückkopplungen – wie Abbildung 4–5 – deuten lediglich an, daß eine Variable in der Pfeilrichtung eine andere verändert, durch Übertragung entweder physischer Größen oder von Information. Die Art und das Ausmaß dieser Beeinflussung sind in den Wirkungsdiagrammen nicht dargestellt; im Modell selbst aber sind sie mathematisch durch Formeln definiert und werden vom Computer berechnet.

Die Kästen bezeichnen Bestände (Zustandsgrößen), materielle Mengen, die sich angesammelt haben, etwa Bevölkerung, Fabriken oder Schadstoffe. Die Zustandsgrößen eines Systems verändern sich meist nur langsam, denn die materiellen Mengen, aus denen sie bestehen, haben meist lange Lebens- oder Nutzungszeiten. Sie bestimmen den jeweiligen Zustand des Systems; die Zustandsgrößen haben sich bei den Prozessen in der Vergangenheit angesammelt. Wichtige Zustandsgrößen in *World 3* sind die in Betrieb befindlichen Produktionseinrichtungen (Kapital), die Zahl der Menschen (Bevölkerung), die Konzentration der Schadstoffe (Umweltverschmutzung), die jeweils noch zur Verfügung stehenden Ressourcen und die landwirtschaftlichen Nutzflächen. Sie zusammen bestimmen die Möglichkeiten, die das System in jedem beliebigen Moment des simulierten Zeitablaufs für seine Weiterentwicklung besitzt.

Rückkopplungsschleifen in den Wirkungsdiagrammen sind mit (+) markiert, wenn sie positiv sind – mit sich selbst verstärkender Wirkung – und zu exponentiellem Wachstum führen können. Negative Schleifen mit der Markierung (−) haben gegensinnig-abschwächende Wirkung und können ein allmähliches Einlaufen in einen dynamischen Gleichgewichtszustand verursachen.

Abbildung 4–4 zeigt, wie sich Bevölkerung und Kapital gegenseitig beeinflussen können. Das Industriekapital produziert sehr unterschiedliche Produkte; dazu gehören auch landwirtschaftlich benötigte Güter (Inputs) wie Traktoren, Bewässerungspumpen, Dünger und Pestizide.

Sie bestimmen zusammen mit der kultivierten Landfläche die Nahrungsmittelproduktion. Die wird aber auch durch die Umweltverschmutzung mitbeeinflußt, die wiederum ein unerwünschtes Ergebnis der Industrieproduktion und der landwirtschaftlichen Tätigkeit dar-

Abbildung 4–3   Rückkopplungen bei Bevölkerung und Kapital

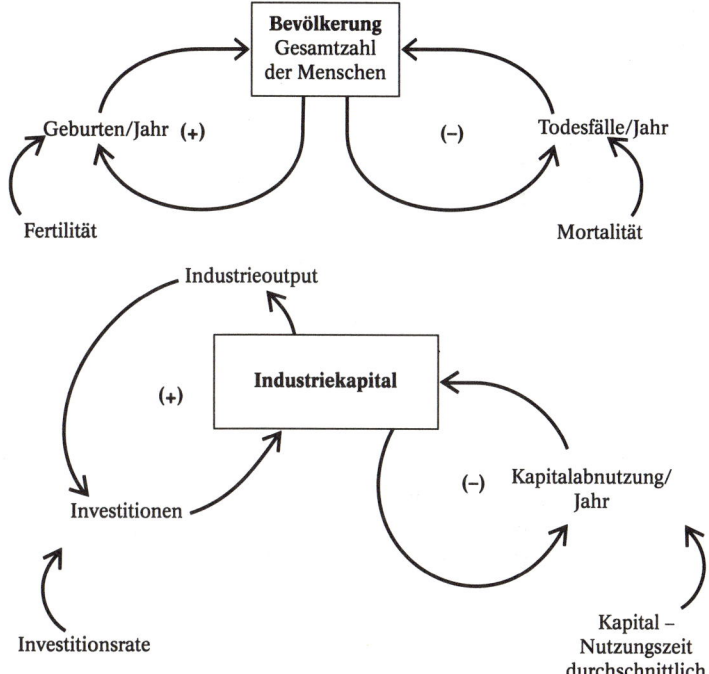

Diese Darstellung zeigt das Zusammenwirken der Rückkopplungen, die das Wachstum der Bevölkerung und des Industriekapitals steuern. Die beiden positiven Rückkopplungen, deren einer die Geburten und der andere die Investitionen betrifft, verursachen das exponentielle Wachstum von Bevölkerung bzw. von Kapital. Die beiden negativen Rückkopplungskreise mit Todesfällen bzw. Kapitalabnutzung als Faktoren wirken dem exponentiellen Wachstum entgegen und tendieren zur Stabilisierung des Systems. Die tatsächlichen Wirkungen, die sich aus der Funktion dieser Rückkopplungen ergeben, hängen jedoch noch von mehreren weiteren Faktoren ab.

Abbildung 4–4   Rückkopplungen bei Bevölkerung, Kapital, Landwirtschaft und Umweltverschmutzung

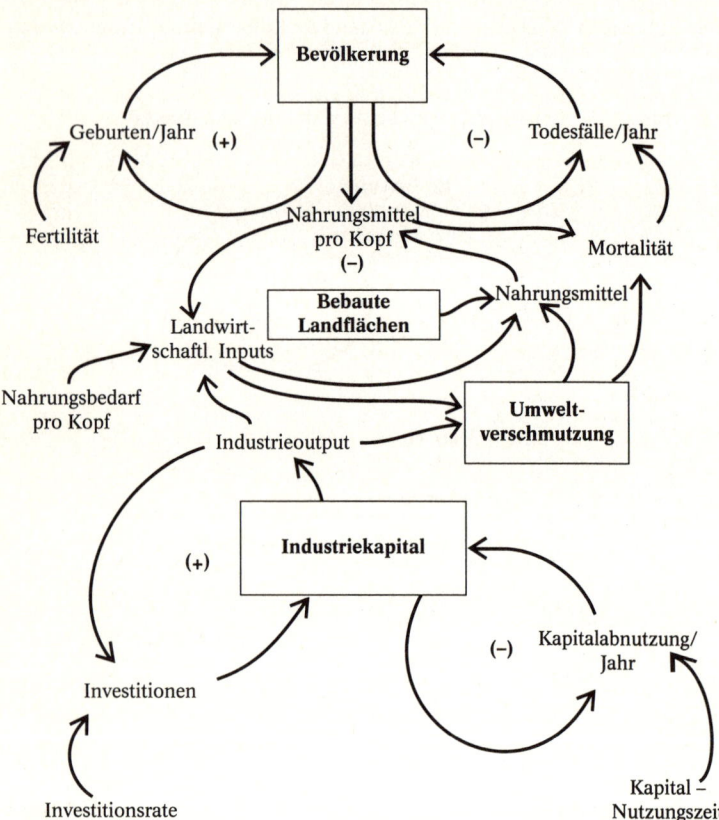

Bevölkerung und Industriekapital sind miteinander verknüpft, so zum Beispiel durch das landwirtschaftliche Kapital, das die Nahrungsmittel mit Hilfe der kultivierten Landflächen produziert, und auch durch die Umweltverschmutzung. Jeder Pfeil stellt eine kausale Verknüpfung dar, die unmittelbar oder zeitlich verzögert, stark oder schwach, positiv oder negativ wirken kann, je nach den Szenarioannahmen, die man für die einzelnen Computerläufe trifft.

Abbildung 4–5   Rückkopplungen bei Bevölkerung, Kapital, Dienstleistungen und Ressourcen

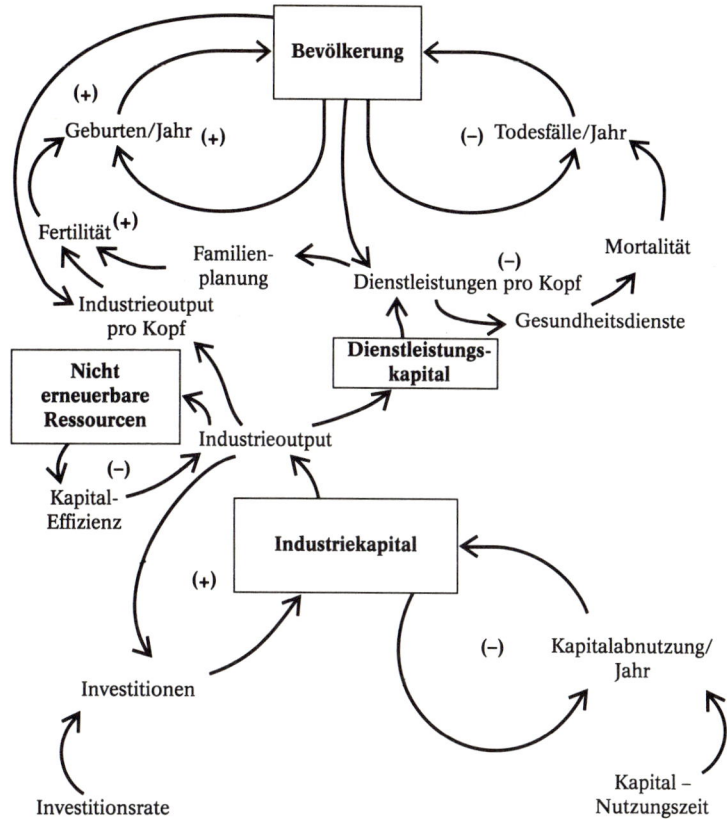

Auch über das Dienstleistungskapital, das zum Beispiel maßgebend für Schulung, Berufsausbildung und Gesundheitsdienste ist, sowie über die sich nicht regenerierenden Rohstoffquellen sind Bevölkerung und Industriekapital miteinander verknüpft und beeinflussen sich gegenseitig.

stellt. Die pro Kopf zur Verfügung stehenden Nahrungsmittel wirken sich auf die Mortalität der Bevölkerung aus.

Auf Abbildung 4–5 sind die strukturellen Verbindungen zwischen Bevölkerung, Kapital, Dienstleistungen und sich nicht regenerierenden Ressourcen dargestellt. Ein Teil des Industrieoutputs ist Dienstleistungskapital: Wohnhäuser, Schulen, Krankenhäuser, Banken u. ä., einschließlich der in ihnen befindlichen Geräte und Anlagen. Der Output des Dienstleistungskapitals dividiert durch die Bevölkerungszahl ergibt die durchschnittlichen Dienstleistungen pro Kopf. Gesundheitsdienste und ärztliche Betreuung senken die Mortalität (Sterberate) der Bevölkerung. Bessere Ausbildung und Familienplanung (die auch zu den Dienstleistungen gehören) senken die Geburtenrate. Auch steigender Industrieoutput pro Kopf senkt nach einer gewissen Verzögerungszeit die Fertilität, weil sich die Formen der Beschäftigung ändern, die Kosten des Kindererziehens steigen und den Familien andere Möglichkeiten zuwachsen, ihre Freizeit zu verbringen.

Für jede produzierte Einheit des Industrieoutputs wird der Verbrauch einer gewissen Menge sich nicht regenerierender Ressourcen vorausgesetzt. Technologische Änderungen können die jeweils benötigten Mengen an Ressourcen verändern – aber das Modell läßt es nicht zu, daß die Industrie irgend etwas aus Nichts produziert. Wenn die sich nicht regenerierenden Reserven abnehmen, wird angenommen, daß sich auch die (Erz-)Konzentration der verbleibenden Lagerstätten verringert. Es müssen tiefer gelegene und von den Produktionsstätten weiter entfernte Lagerstätten erschlossen werden. Deshalb muß mit fortschreitender Ausbeutung immer mehr Kapital eingesetzt werden; die Gewinnung und der Transport von einer Tonne Kupfer oder eines Barrels Erdöl werden aufwendiger.

Der Zusammenhang zwischen den jeweils noch vorhandenen Ressourcen und dem benötigten Beschaffungskapital ist in hohem Maße nichtlinear. Einige Hinweise, wie dieser Zusammenhang aussieht, bietet Abbildung 4–6. Sie zeigt die notwendigen Energiemengen zur Extrahierung von Eisen und Aluminium aus Erzen unterschiedlicher Konzentrationen. Energie ist zwar kein Kapital (genaue Kapitalbewertungen sind hierüber nicht verfügbar), aber ihr Einsatz bindet Kapital, denn die zusätzlichen Energiemengen braucht man zum Betrieb größerer Maschinenanlagen. Wenn die Konzentration des Erzes fällt, muß mehr erzhaltiges Gestein abgebaut und gefördert werden. Das Gestein muß feiner gebrochen, Erzpartikel müssen sorgfältiger abgetrennt und größere Halden aus taubem Gestein aufgeschüttet werden. All dies geschieht mit maschinellen Einrichtungen, die Energie brauchen. Wenn aber zur Ressourcenbeschaffung mehr Kapital eingesetzt werden muß, bleibt weniger übrig für Investitionen in anderen Bereichen der Wirtschaft.

Im Wirkungsdiagramm im Anhang sind alle Verknüpfungen von *World 3* dargestellt. Der Leser braucht sie aber nicht alle zu verfolgen, um die Funktion des Modells zu verstehen.

Abbildung 4 – 6   Energiebedarf zur Metallherstellung

in 1000 kWh pro Tonne Metall

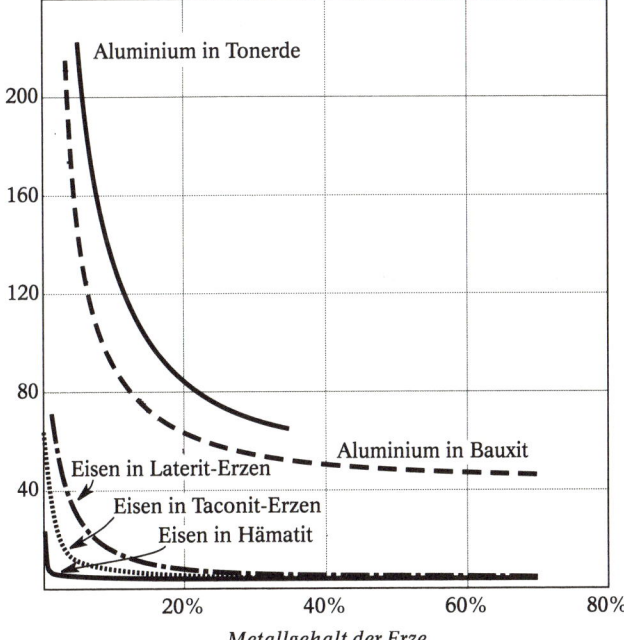

Die Gewinnung von Metallen aus Erzen benötigt immer größere Energiemengen, wenn der Metallgehalt der Erze geringer wird (Quelle: N. J. Page et al.).

Die wichtigsten Charakteristika des Modells sind:
– Wachstumsprozesse
– wirksame Grenzen
– Verzögerungszeiten
– Erosionsprozesse.

Im Kapitel 2 haben wir bereits die Wachstumsprozesse der Bevölkerung und des Kapitals analysiert. Die sich in der »realen Welt« zeigenden Grenzen wurden in Kapitel 3 geschildert. Wie diese Grenzen in *World 3* abgebildet sind, und welche Verzögerungen und Erosionsprozesse dort ablaufen, wird im folgenden beschrieben. Bei der Lektüre der anschließenden Schilderung sollten sich unsere Leser ständig fragen, ob und unter welchen Bedingungen sich Parallelen zu den Ergebnissen des Computermodells und der »realen« Bevölkerung und Wirtschaft zeigen, soweit das eigene Gedankenmodell darüber Auskunft geben kann.

Grenzen und grenzenlos

Eine exponentiell wachsende Wirtschaft entzieht der Umwelt Ressourcen und liefert ihr Abfälle zurück. Damit bürdet sie dieser Umwelt Lasten auf, lange ehe schließlich Grenzen erreicht werden; die Umwelt sendet dann »Signale« aus. Zunehmende Knappheit an Ressourcen und wachsende Schwierigkeiten, mit den Abfallmengen fertigzuwerden, sind solche Signale. Es sind negative Rückkopplungen, die sich bemerkbar machen. Sie tendieren dazu, die Wirtschaft in Einklang mit den begrenzten Möglichkeiten des Gesamtsystems zu bringen, also das Wachstum zu stoppen.

In *World 3* wirken vier Arten von physikalischen und biologischen Grenzen. Alle lassen sich bei Modell-Simulationen durch simulierte Handlungen, Veränderungen oder die Wahl anderer Möglichkeiten anheben und senken. Derartige Grenzen bilden:

Die kultivierbare Landfläche. Sie kann durch Investitionen für Maßnahmen zur Landentwicklung bis zu einer Obergrenze von 3,2 Milliarden Hektar erhöht werden. Entsprechend den getroffenen Annahmen erhöhen sich die Kosten neu kultivierten Landes immer mehr, weil günstige und gut zugängliche Flächen immer als erste unter den Pflug genommen werden. Durch Erosion und Bebauung können landwirtschaftliche Nutzflächen auch verloren gehen.

So liest man die Szenarios von World 3

In den Kapiteln 4, 6 und 7 werden vierzehn verschiedene Computerläufe (Szenarios) von *World 3* abgebildet und beschrieben. Jeder
Durchlauf startet mit derselben Grundstruktur des Modells, aber
jeweils mit einigen veränderten Zahlenwerten. So kann man unterschiedliche Annahmen über die »reale Welt« treffen, man kann
testen, welche Folgen technologische Innovationen auf den Verlauf
haben werden oder wie sich neuartige politische Maßnahmen, Leit-
werte und Ziele auswirken würden.

Wenn die betreffenden Parameter eingegeben sind, berechnet
World 3 alle Wechselwirkungen zwischen seinen 225 Hauptvariablen
neu; das gesamte System arbeitet sich durch den simulierten Zeitver-
lauf vom Jahr 1900 bis zum Jahre 2100 und berechnet die sich nach
jeweils sechs Monaten ergebenden neuen Werte. Für jedes Szenario
produziert es dabei mehr als 90 000 Zahlen. Die kann man natürlich
nicht alle veröffentlichen; man muß das Ergebnis zusammenfas-
sen – für die Autoren ebenso wie für die Leser, damit ein Überblick
entsteht.

Deshalb werden nur einige Schlüsselgrößen vom Computer als gra-
fische Kurven ausgedruckt. Diese Abbildungen zeigen, wie sich die
Hauptvariablen wie Bevölkerung, Umweltverschmutzung und Ressourcen über den simulierten Zeitablauf jeweils verändern. Jedes Szenario besteht aus zwei Grafiken.

Die obere Grafik »Status der Welt« zeigt den Verlauf von

Bevölkerung   Umweltverschmutzung (1970 = 1)
Nahrungsmittelproduktion   Ressourcen noch verfügbar
Industrieproduktion

Die untere Grafik »Materieller Lebensstandard« veranschaulicht die
Pro-Kopf-Mengen:

Nahrungsmittel pro Kopf   mittlere Lebenserwartung
Dienstleistungen pro Kopf   Verbrauchsgüter pro Kopf

Damit gibt die untere Grafik den Verlauf von Variablen wieder, die
insgesamt den jeweiligen Lebensstandard bestimmen.

Alle Grafiken sind im gleichen Format mit gleicher Skaleneinteilung
gehalten und können unmittelbar miteinander verglichen werden.
Man beachte jedoch, daß auf derselben Grafik unterschiedliche Skalen für zwei Variablen gelten. Für die Bevölkerung reicht die Skala
zum Beispiel von 0 bis 13 Milliarden, für die Lebenserwartung von
0 bis 90 Jahre.

Die Skalenwerte der vertikalen Skalen werden nicht dargestellt, da
die exakten Werte nicht von großer Bedeutung sind.

Der erzielbare Ertrag pro Flächeneinheit bebauten Landes. Er kann durch Erhöhung der Inputs (z. B. Düngemittel) steigen. Dabei wirken aber zunehmende Inputs immer schwächer: Jedes zusätzliche Kilogramm an Düngemitteln bringt geringeren Mehrertrag. Dabei wird angenommen, daß der weltweit höchsterreichbare Ertrag pro Hektar 6500 Kilogramm Getreide beträgt. Das entspricht den höchsten heute in einzelnen Ländern erreichten Erträgen. Durch Schadstoffe können die Erträge auch fallen.

Sich nicht regenerierende Ressourcen wie Mineralien und fossile Brennstoffe. Das Modell geht von der Annahme aus, daß die Ressourcen bei der Abbaurate von 1990 für 200 Jahre vorhalten. Die Kapitalkosten zur Prospektion und Erschließung neuer Lagerstätten steigen aber ständig, da man auf immer abgelegenere und schlechter ausbeutbare Lagerstätten ausweichen muß.

Die Absorptionsfähigkeit der Umwelt für Schadstoffe. Im Modell wird angenommen, daß diese Kapazität mit der weiteren Akkumulation umweltschädigender Stoffe abnimmt. Sie läßt sich durch technologische Maßnahmen zur Verminderung von Schadstoffemissionen erhöhen. Dieser Zusammenhang ist quantitativ am schwierigsten zu fassen. Wir nehmen hier an, daß eine Erhöhung der Emissionen auf das Zehnfache des globalen Wertes von 1990 die Lebenserwartung nur um drei Prozent senken würde; das Absinken der Ertragfähigkeit landwirtschaftlicher Flächen aber würde um 30 Prozent beschleunigt. (Schließlich werden andere Annahmen unterstellt, um zu sehen, welche Auswirkungen sie hätten.)

In der »realen Welt« wirken selbstverständlich noch andere Beschränkungen, so etwa im Bereich der Managementleistungen und auf dem sozialen Sektor. Einige dieser Beschränkungen sind schon implizit in den Parametern von *World 3* enthalten, denn die entsprechenden Zahlenwerte haben sich bei der Entwicklung der »realen Welt« über die letzten 90 Jahre gebildet. In *World 3* gibt es jedoch keine Kriege, keine Streiks, keine Korruption und keine Handelsschranken; die simulierte Bevölkerung tut ihr Bestes zur Lösung erkannter Probleme und beschäftigt sich nicht mit politischen Machtkämpfen. Weil viele »reale« gesellschaftliche Grenzen nicht vorgesehen sind, ist es daher sehr wohl möglich, daß *World 3* ein zu optimistisches Bild der künftigen Möglichkeiten entwirft.

Aber wie steht es, wenn wir uns etwa über die Menge der noch nicht entdeckten Ressourcen getäuscht haben? Wenn sie nur halb so hoch sind wie angenommen – oder wenn es doppelt so viele oder gar zehnmal mehr gibt? Wie steht es mit der »realen« Fähigkeit der Umwelt, Schadstoffe ohne Gefährdung der Menschen aufzunehmen? Ist sie »tatsächlich« zehnmal höher als die für 1990 errechnete Absorptionsrate? Oder vielleicht 50- oder 500mal? Oder auch nur 0,5mal so hoch?

Nun, ein Computermodell ist auch ein Testwerkzeug. Alle Fragen, die mit »Was ist, wenn …?« beginnen, kann man mit entsprechenden Testläufen beantworten. Es ist zum Beispiel möglich, alle Grenzwerte astronomisch hoch zu setzen. Man kann sie sogar so programmieren, daß die Grenzen sich exponentiell verschieben. Wir haben das ausprobiert; andere Fachleute übrigens ebenso.[3] Wenn man alle begrenzenden Faktoren im Modell unwirksam macht – etwa durch eine unbegrenzte Technologie, die nichts kostet –, wächst die simulierte Wirtschaft so lange, wie wir den Computer weiterarbeiten lassen. Auf Abbildung 4–7 sieht man, was dann passiert: Die Bevölkerungszahl beginnt, sich bei etwa 15 Milliarden einzupegeln, weil auch der demographische Übergang wirkt. Der Industrieoutput steigt steil und läuft über die Obergrenze der Grafik hinaus. Im simulierten Jahr 2100 würde die Weltwirtschaft 55mal mehr produzieren als 1990.

Dieser Computerlauf sagt einiges über die Eigenschaften von *World 3* und über die Modellierung, aber sehr, sehr wenig über die Zukunft der »realen Welt«. Hier zeigt sich, daß in *World 3* ein beschränkender Faktor für die Bevölkerungszahl eingebaut ist, der wirksam geworden ist: Wenn der Industrieoutput auf ein hohes Niveau steigt, pendelt sich die Bevölkerungszahl allmählich auf Nullwachstum ein. Aber für das Wachstum des Kapitals gibt es keinen derartigen beschränkenden Faktor im Modell. Denn nichts in der »realen Welt« deutet darauf hin, daß die reichen Leute und die Wohlstandsländer nicht noch reicher werden wollen. Deshalb müssen wir davon ausgehen, daß sich die Kapitaleigner weiterhin bemühen, ihren Reichtum grenzenlos zu steigern. Und die Verbraucher wollen auch in Zukunft noch mehr verbrauchen. Diese Grundannahmen werden jedoch für die Test-Szenarios in Kapitel 7 verändert.

Die Abbildung 4–7 illustriert auch ein Grundprinzip der Modellierung mit Computern, das man GIGO nennt (von engl. garbage in, garbage out = Mist rein, Mist raus). Der Computer zeigt die logischen Konsequenzen jeglicher Annahmen, sagt aber nicht, ob sie auch sinnvoll und

Abbildung 4–7   Unendlichkeit rein, Unendlichkeit raus

Zustand der Welt

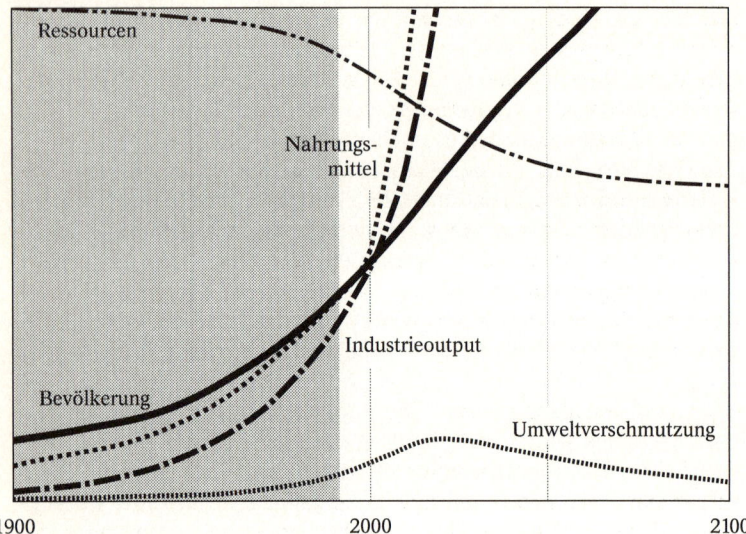

Materieller Lebensstandard

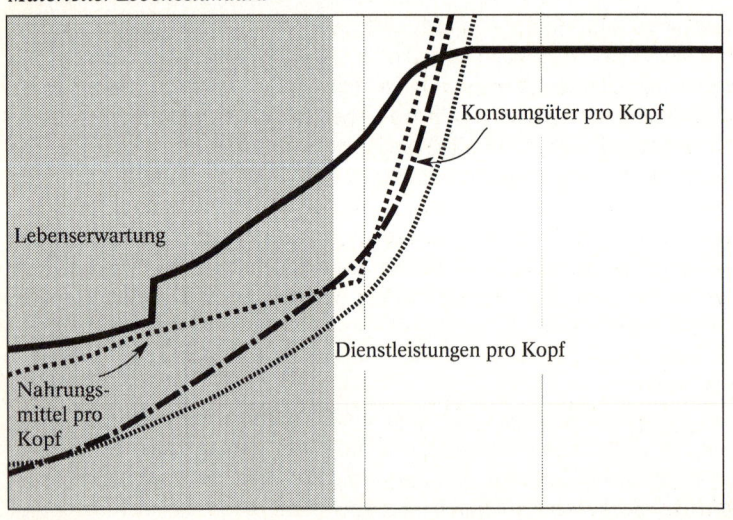

vernünftig sind. Wenn man annimmt, die irdischen Vorräte seien unendlich und die menschlichen Bedürfnisse und Gelüste unersättlich, dann produziert *World 3* eben unbeschränktes Wachstum. Den Computerlauf Abbildung 4–7 kann man auch mit IFI-IFO überschreiben (von engl. infinity in, infinity out = Unendlichkeit rein, Unendlichkeit raus). Bei diesem wie bei jedem anderen Computerlauf lautet die entscheidende Frage nicht nur, ob man an das Verhalten des Modells glaubt, sondern auch, ob man an die grundlegenden Annahmen glaubt, die dieses Verhalten verursachen; in diesem Falle also, ob man ernsthaft meint, die Erde sei grenzenlos.

Nichts glauben wir von dem, was der Computerlauf in Abbildung 4–7 zeigt. Unter Annahmen, die für uns glaubwürdiger sind, verhält sich das Modell völlig anders: Es zeigt, wie das System bei seiner Entwicklung zunehmend in den Widerstand physikalischer Grenzen läuft.

Grenzen und Verzögerungen

Eine logistische (S-förmige) Wachstumskurve entsteht nur dann, wenn die wachsende Größe Signale über die Annäherung an die Systemgrenzen empfängt und auf sie rasch und richtig reagiert. Dann wird das Wachstumstempo gebremst, bis es sich auf Nullwachstum einpegelt.

Wir wählen ein Beispiel vom Autofahren: Wenn eine Verkehrsampel im Blickfeld des Fahrers auf Rot schaltet und er mit angemessenem Druck aufs Bremspedal tritt, rollt der Wagen sanft aus und kommt vor dem Rotlicht zum Stehen. Er hat dann richtig auf das Signal reagiert, das ihm die Stoppstelle zeigt, weil sein Nervensystem den Fuß rasch in Bewegung gesetzt hat und die Radbremsen so angesprochen haben, wie er es bei seiner Fahrgeschwindigkeit (meist unbewußt) erwartet hat.

Wenn aber seine Sichtscheibe beschlagen ist und sein Beifahrer ihn erst auf das Stoppzeichen aufmerksam machen muß, kann dieser Zeitverlust schon ausreichen, um den Wagen über das Stopplicht hinausrollen

Abbildung 4–7
Wenn man in *World 3* alle materiellen Beschränkungen unwirksam macht (also probeweise annimmt, die Welt sei praktisch unendlich), steigt die Bevölkerung auf rund 15 Milliarden an und gerät dann in den Zustand des Gleichgewichts. Auch die Wirtschaft wächst dann schrankenlos und produziert im simulierten Jahr 2100 rund 55mal soviel Güter wie 1990.

Abbildung 4–8   Verhaltensformen des Weltmodells und ihre strukturellen Ursachen

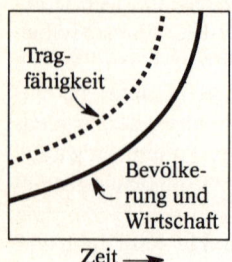

Ständiges Wachstum stellt sich ein, wenn die Grenzen noch sehr weit entfernt sind oder die Begrenzungen sich selbst exponentiell erweitern.

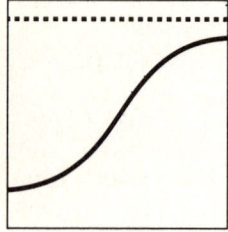

Logistisches Wachstum ergibt sich, wenn das wachsende System Signale über die Annäherung an Grenzen empfängt und darauf rasch und richtig reagiert oder wenn die Menschheit ihre wachsende Wirtschaft und ihr eigenes Wachstum beschränkt.

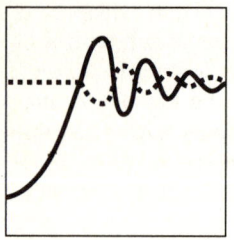

Grenzüberziehung mit Einschwingen erfolgt, wenn die Signale bzw. Reaktionen verzögert werden und die Grenzen nicht der Erosion verfallen bzw. die begrenzenden Faktoren sich wieder zu regenerieren vermögen.

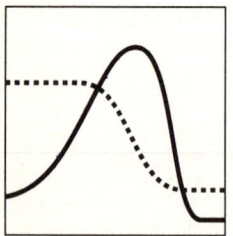

Grenzüberziehung mit Zusammenbruch ereignet sich, wenn die Signale bzw. Reaktionen verzögert werden und die begrenzenden Faktoren der Umwelt der Erosion verfallen und irreversibel degradieren.

zu lassen. Wenn der Fahrer nun den Beifahrer gar nicht versteht, dazu noch die Bremsen des Autos erst verzögert ansprechen und die Geschwindigkeit zu hoch ist, dann gibt es Ärger: Der Wagen landet mitten auf der Kreuzung – und wie, das entzieht sich der Entscheidung des Fahrers.

Daraus ist die allgemeine Lehre zu ziehen, daß sich ein bewegtes System einer Begrenzung nicht anpassen kann, wenn die Kontrollsignale zu spät eintreffen, verzerrt sind, nicht beachtet werden oder die Reaktion verzögert erfolgt. Unter solchen Bedingungen schießt die wachsende Größe über die Begrenzung hinaus: Grenzüberziehung (Abbildung 4–8).

Einige in *World 3* wirksame Informations- und Reaktionsverzögerungen haben wir bereits besprochen. Die Zeitspanne zwischen der Emission eines Schadstoffs und seinen schädlichen Wirkungen auf die Menschen direkt oder indirekt durch Zerstörung des Nahrungsvorrats ist solch eine Verzögerung. Moleküle der Fluorchlorkohlenwasserstoffe (FCKW) geraten erst nach fünfzehn bis zwanzig Jahren in die Ozonschicht; im nächsten Kapitel folgt mehr darüber. Hier befassen wir uns zunächst mit der schleichenden Verbreitung der PCB-Chemikalien in der Umwelt.

Rund zwei Millionen Tonnen polychlorierter Biphenyle (PCBs) hat die chemische Industrie seit 1929 hergestellt. Es sind ölige, nicht-brennbare Flüssigkeiten mit hoher Wärmekapazität, die besonders zur Wärmeabführung und Kühlung in elektrischen Kondensatoren und Transformatoren eingesetzt wurden. Man findet sie deshalb überall, wo es elektrische Stromleitungen, Umspannwerke und hydraulische Maschinen gibt. Das technische Personal hat sie über vier Jahrzehnte lang nach Gebrauch auf Müllhalden, in Abwasser-Gullys, in Gewässer und Straßengräben geschüttet. Niemand dachte an Umweltschäden. Erst 1966 entdeckte man bei einer Feldstudie, die an sich auf DDT angesetzt war, auch weitverbreitete Spuren von PCB. Seitdem hat man diese Chemikalien fast überall aufgespürt.[4]

Die PCBs finden sich in jedem Teil des globalen Ökosystems. Die PCBs in der Atmosphäre stammen in erster Linie aus der Hydrosphäre (Meer und Wasserläufe) ... PCBs wurden in Flüssen, Seen und den Sedimenten der Ozeane nachgewiesen ... Eine eingehende Untersuchung des Ökosystems der Großen Seen Nordamerikas zeigt eindeutig die Zunahme der Konzentrationen in lebendem Gewebe der Nahrungskette.[5]

DDT und PCBs sind die einzigen organischen Chloride, deren Vorkommen in arktischen Meeressäugern systematisch dokumentiert ist ... Höchste Konzentrationen findet man in der Muttermilch von Eskimofrauen ... Vermutlich ist die Ursache die Ernährung vorzugsweise mit Fischen und dem Fleisch von Seesäugetieren ... Bisherige Ergebnisse lassen vermuten, daß toxische Verbindungen wie die PCBs das Immunsystem der Eskimo-Kinder schwächen und sie empfänglich für Infektionen machen.[6]
In den Wattgebieten der niederländischen Küste ist die Fortpflanzungsfähigkeit der Seehunde, die Nahrung mit den höchsten Bio-Konzentrationen (von PCBs) aufnehmen, bedeutend zurückgegangen ... dies zeigt, daß diese Reproduktions-Ausfälle mit dem Genuß von Fischen aus verseuchten Meeresgebieten zusammenhängen ... Dies deckt sich mit den Ergebnissen von Tierversuchen an Nerzen, deren Fortpflanzungsfähigkeit durch Einwirkung von PCBs geschädigt wird.[7]

Die meisten PCB-Verbindungen sind gut fett- und schlecht wasserlöslich, chemisch stabil und werden in der Umwelt äußerst langsam abgebaut. Durch die Atmosphäre werden sie rasch verfrachtet; in den Erdboden und die Sedimente von Gewässern und der Meere dringen sie nur allmählich ein. Dort werden sie von Organismen aufgenommen und lagern sich in deren Fettgewebe ab. Über die Nahrungskette von Beute zu Räuber werden die Konzentrationen immer höher. Die höchsten Werte findet man im Gewebe von Raubfischen, Seevögeln, Meeressäugern, im menschlichen Fettgewebe und in der Muttermilch. Sie stören das Immunsystem und die endokrinen Funktionen.
Die chemische Stabilität, die langsame Verbreitung und zunehmende Anlagerung im Körperfett haben den PCBs die Bezeichnung »chemische Zeitbombe« eingetragen. Zwar dürfen sie seit den siebziger Jahren in vielen Ländern nicht mehr hergestellt und eingesetzt werden; aber weiterhin sind große Mengen vorhanden. Etwa 70 Prozent der gesamten jemals synthetisierten PCB-Menge befinden sich noch immer in Gebrauch oder lagern in veralteten ausgesonderten elektrischen Anlagen. Man darf hoffen, daß sie überall dort, wo es scharfe Bestimmungen über die Behandlung gefährlichen Sondermülls gibt, unter kontrollierten Bedingungen verbrannt werden. Aber 30 Prozent der produzierten Menge sind bereits in die Umwelt geraten – und bis jetzt hat erst ein Prozent die Meere erreicht. Das aber hat schon ausgereicht für die meß-

baren Wirkungen auf Fische, Seehunde, Vögel und Menschen. Verteilt in Böden, Flüssen und Seen lauern noch weitere 29 Prozent; sie werden erst im Verlauf von Jahrzehnten in Lebewesen auftauchen.[8]

Ein weiteres Beispiel für die verzögerte Wirkung von Schadstoffen durch langsame Verbreitung in Böden und im Grundwasser zeigt Abbildung 4–9. Seit Mitte der sechziger Jahre wurden in den Niederlanden Verbindungen der Gruppe 1,2-Dichloropropene (DCPs) zur Desinfektion der Böden vor dem Anbau von Saatkartoffeln und Blumenzwiebeln verwendet. Dieser Wirkstoff enthält Verunreinigungen, die, soweit heute bekannt, im Grundwasser nicht abgebaut werden. Seit 1990 ist ihre Anwendung untersagt. Jedoch ergaben Berechnungen über ein Wassereinzugsgebiet, daß die bereits in den Böden verbreiteten Mengen dieser DCP-Verunreinigungen erst etwa nach 2010 in höheren Konzen-

Abbildung 4–9   Verbreitung von 1,2 DCPa im Grundwasser

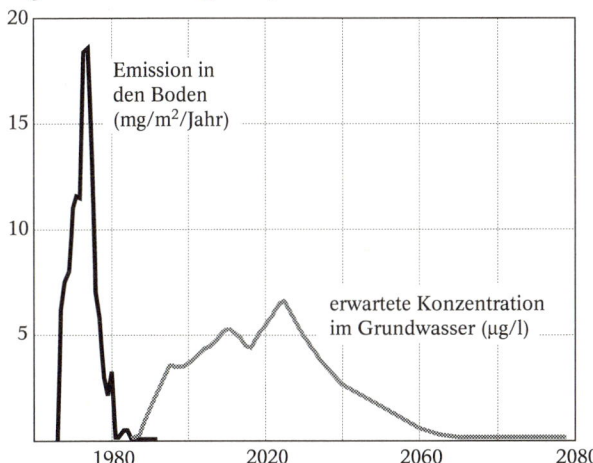

Das Desinfektionsmittel für Böden DCPa wurde nach 1970 in den Niederlanden in großem Umfang genutzt, dann nur noch beschränkt eingesetzt und schließlich 1990 verboten. In den oberen Bodenschichten ist daraufhin die Konzentration rasch gesunken. Aber es sammelt sich im Grundwasser an und wird dort erst um 2020 seine höchste Konzentration erreichen. Auch in der Mitte des kommenden Jahrhunderts werden sich noch bedeutende Mengen dieser Chemikalie im Grundwasser finden und die Quellgewässer schädigen (Quelle: N. L. van der Noot).

trationen im Grundwasser auftreten werden. Mindestens ein Jahrhundert lang wird dann das Grundwasser bis zu 50mal mehr DCP enthalten, als für Trinkwasser in den europäischen Ländern noch zulässig ist. Verzögerungen ergeben sich auch durch die Altersstruktur der Bevölkerung. In *World 3* sind sie berücksichtigt. Wo immer die Geburtenraten hoch sind (oder bis vor kurzem waren), gibt es viel mehr Kinder und Jugendliche als ältere Leute. Auch wenn jetzt die Fertilität zurückgeht, nimmt die Bevölkerungszahl noch über Jahrzehnte weiter zu, weil viele junge Menschen ins fortpflanzungsfähige Alter eintreten: Die Zahl der Kinder pro Familie fällt zwar, aber die Zahl der Familien nimmt zu. Sollte etwa um 2010 die Weltbevölkerung die »Ersatz-Geburtenzahl« erreichen (im Durchschnitt also etwa zwei Kinder pro Menschenpaar), würde wegen dieses »Wachstumsschwungs« die Bevölkerungszahl bis 2060 weiter steigen und sich dann bei etwa acht Milliarden einpegeln. Fällt aber erst um 2035 die Geburtenzahl auf die Ersatz-Fertilität, so endet das Bevölkerungswachstum um 2095 bei etwa zehn Milliarden Erdbewohnern.[9]

In der »realen Welt« wirken viele weitere Verzögerungen unterschiedlicher Art. Man kann über mehrere Generationen sich nicht erneuernde Ressourcen abbauen, ehe sich ihre allmähliche Erschöpfung wirtschaftlich entscheidend auswirkt. Industriekapital bildet sich nicht über Nacht. Doch wenn es sich etabliert hat, beträgt die Nutzungszeit Jahrzehnte. Eine Erdölraffinerie kann man kaum in ein Traktorenwerk umbauen oder in ein Krankenhaus umwandeln. Selbst der Ausbau zu einer Raffinerie mit höherem Wirkungsgrad und geringerer Schadstoff-Emission erfordert Zeit.

Die hier erwähnten Zeitspannen zwischen Ursache und Wirkung sind nur wenige Beispiele für die zahlreichen Verzögerungen, die in den Regelkreisen von *World 3* wirken. Wir gehen davon aus, daß sich Schadstoffemissionen erst nach gewisser Zeit im Gesamtsystem bemerkbar machen, so wie es bei den PCBs der Fall ist. Erst nach etwa einer Generation werden jüngere Menschen die jeweils erwünschten Familiengrößen den veränderten Einkommensverhältnissen und fallender Kindersterblichkeit anpassen. Die von *World 3* simulierte Gesellschaft erkennt sich anbahnende Verknappungen der Nahrungsversorgung, der Arbeitskräfte oder der Dienstleistungen nicht sofort und lenkt erst nach einiger Zeit ihre Investitionen so um, daß sie gegen die Mängel wirksam werden. Landflächen brauchen Zeit, um sich zu regenerieren. Schadstoffe zersetzen sich nicht unmittelbar nach der Emission.

In *World 3* ist freilich keine Verzögerung für Wissenschaftler vorgesehen, damit sie Probleme erkennen können, keine für Regierungen, um Entschlüsse zu fassen und keine für die Umbewertung materieller Werte. Die einfachsten und am wenigsten umstrittenen physikalisch bedingten Verzögerungen reichen schon aus, um ein langsames Auslaufen des Wachstums in einer logistischen Kurve unmöglich zu machen. Es ist höchst unwahrscheinlich, daß die Weltwirtschaft noch vor Erreichen der Grenzen automatisch ihr Wachstum bremst. Wenn sie sich keine Selbstbeschränkung auferlegt, ist die Grenzüberziehung unvermeidlich, eben wegen der verzögerten Signale aus der Umwelt.

Wenn sich die Warnsignale der Umwelt an die wachsende Größe verzögern oder zu spät beachtet werden und wenn die Ressourcenbasis noch nicht völlig erodiert ist, kommt es zur Grenzüberziehung mit nachfolgendem Einschwingen in den Gleichgewichtszustand. Die wachsende Größe überschießt dann die Grenze und wird rasch abgebremst. Es kommt zu einem Rückgang (bei gleichzeitiger Erholung der Umwelt), erneut zu übermäßigem Wachstum mit nachfolgendem Rückgang: In mehreren Zyklen pendelt sich die Größe in der Form einer gedämpften Schwingung schließlich ins Gleichgewicht mit den Grenzgrößen ein (Abbildung 4–8).

Nur wenn die Umwelt während der Perioden der Überlastung das System noch erhalten kann und sich danach rasch wieder erholt, kommt es zur Grenzüberziehung mit Einschwingen.

Die sich erneuernden Ressourcen wie Wälder, fruchtbare Böden, Fischbestände und Grundwasser kann man zwar schädigen, doch sind sie grundsätzlich regenerationsfähig. Sie können sich wieder erholen, wenn die Überlastung nicht zu lange anhielt und ihr Grundbestand, ihre Nährstoffquellen und die grundwasserführenden Schichten nicht allzusehr geschädigt worden sind. Abgeholzte Wälder wachsen wieder nach, wenn man ihnen Zeit läßt, die Böden noch tauglich sind, genügend Saatgut aus der Umgebung zufliegt und das Klima günstig bleibt. Auch Fischbestände regenerieren sich wieder; degradierte Böden verbessern sich, besonders wenn die Landwirte nachhelfen. Angesammelte Bestände an vielerlei Schadstoffen bauen sich wieder ab, wenn die Absorptionsmechanismen in der natürlichen Umwelt noch nicht schwer gestört sind.

Grenzüberziehung mit nachfolgendem Einschwingen ist deshalb eine »reale« Verhaltensform des Weltsystems. Bei einigen Ressourcen war sie auch schon praktisch zu beobachten. In Neuengland zum Beispiel wurden in mehreren Zyklen jeweils mehr Sägewerke mit größererer Kapazität aufgebaut, als in den Wäldern Holz nachwuchs. Dadurch wurde Nutzholz knapp, und viele Sägemühlen gingen pleite. Die Wälder konnten allerdings nachwachsen und produzierten wieder viel Holz; nach Jahrzehnten baute man wieder zuviel neue Sägemühlen – und so fort. Einen ähnlichen Zyklus durch Überfischung der Fischbestände hat die Küstenfischerei Norwegens bereits hinter sich. Schließlich kaufte die Regierung Fischereifahrzeuge auf und legte sie an die Kette, bis die Bestände wieder nachgewachsen waren.

Die Periode des Rückgangs bei dem Einschwingen nach der Grenzüberziehung ist gewiß nicht erfreulich. Sie bedeutet harte Zeiten für Industriezweige, die auf überbeanspruchte Ressourcen angewiesen sind. Krankheiten können sich in der Bevölkerung ausbreiten, wenn Schadstoffe zeitweise überhandnehmen. Einschwingvorgänge sollte man möglichst vermeiden. Aber gänzlich ungewöhnlich sind sie nicht und bedeuten auch nicht das endgültige Aus.

Manche Formen von Grenzüberziehungen sind allerdings irreversibel. Eine ausgerottete biologische Art kann niemand wieder zum Leben erwecken. Nicht regenerierende Ressourcen wie fossile Brennstoffe werden durch den Gebrauch selbst für immer vernichtet. Schadstoffe wie radioaktive Materialien und toxische Schwermetalle können durch keinerlei Maßnahmen entgiftet werden; die Naturgesetze lassen es nicht zu. Auch sich regenerierende Ressourcen und Abbauprozesse sind durch mißbräuchliche Nutzung für immer zerstörbar. Die Erhaltungskapazität der Erde wird auf ewig verringert, wenn man tropische Wälder so abholzt, daß sie nicht mehr nachwachsen, oder wenn der steigende Meeresspiegel Salzwasser in süßwasserführende Schichten drückt und ertragfähige Böden bis auf den Fels abgeschwemmt werden.

Aus all diesen Gründen ist Grenzüberziehung mit Einschwingen nicht die einzige wahrscheinliche Verhaltensform des Systems, wenn die Menschen die Grenzen des Wachstums überschreiten. Es gibt noch eine weitere.

Grenzüberziehung und Zusammenbruch

Die wachsende Wirtschaft schießt mit Schwung über die Erhaltungskapazität der Umwelt und gerät in Verfall, wenn Warnsignale verzögert eintreffen oder sich die Reaktion auf sie verzögert und die Umwelt durch Überlastung irreversibel geschädigt wird. Die Ressourcen-Basis wird dabei weitgehend zerstört.

Eine auf Dauer geschwächte Umwelt ist dann das Ergebnis einer Grenzüberziehung mit nachfolgendem Zusammenbruch. Sie läßt nur noch einen materiellen Lebensstandard zu, der sehr viel niedriger ist, als er ohne Überlastung der Umwelt sein könnte.

Bei der Grenzüberziehung mit Zusammenbruch werden Erosions-Rückkopplungen wirksam, Rückkopplungen der schlimmsten Art. Normalerweise sind sie unwirksam; wenn eine Grenzüberziehung noch nachfolgendes Einschwingen zuläßt, treten sie nicht in Aktion. In sehr kritischen Situationen aber wirken sie verstärkend und beschleunigen nur den Verfall.

Auch dafür ein Beispiel: Überall auf der Erde haben sich mit Gras bewachsene Steppen gemeinsam mit den weidenden Tieren entwickelt, ob das nun Rehe, Büffel, Antilopen oder Känguruhs waren. Wenn das Gras abgeweidet ist, entziehen die unterirdischen Pflanzenteile dem Boden mehr Wasser mit Nährstoffen und treiben wieder den Grünwuchs hoch. Gleichzeitig wird die Zahl der weidenden Tiere durch Raubtiere und durch Wanderungen der Herden mit den Jahreszeiten in Grenzen gehalten. Das Ökosystem degradiert daher nicht. Wenn aber die Raubtiere abgeschossen und die Herdenwanderungen unterdrückt werden oder die Grasflächen zu viele Nutztiere ernähren müssen, kommt es zu Überweidung: Die Grasfresser scharren dann auch noch die Wurzeln aus dem Boden. Der dünnere Bewuchs schützt nun den Boden schlechter. Er wird vom Wind verweht und vom Regen ausgeschwemmt. Jetzt kann noch weniger nachwachsen. Das Land wird zunehmend unfruchtbar; aus der grünen Grassteppe entsteht eine Wüste.

In *World 3* können mehrere Erosions-Regelkreise wirksam werden. Zum Beispiel:

> Wo Hunger herrscht, wollen die Menschen durch intensive Bodenbearbeitung möglichst rasch hohe Erträge erzielen; an vorausschauende Bodenpflege denkt niemand mehr. Mangel an Nahrungsmitteln führt deshalb zu fallender Fruchtbarkeit und damit zu noch geringeren Nahrungsmengen.

> Verfügbare Investitionen werden oft eher zur Lösung unmittelbarer Probleme als zum Ersatz der Kapitalabnutzung verwendet, zum Beispiel wenn man Geräte gegen Schadstoffausstoß oder höhere landwirtschaftliche Inputs einsetzen muß. Wenn jetzt das eingesetzte

Kapital Verschleißerscheinungen zeigt, sinkt der Industrieoutput zur Bekämpfung unmittelbarer Probleme weiter. Das kann dazu führen, daß die erforderliche Kapitalaufstockung noch länger verzögert wird. Der Kapitalstock erodiert dann weiter.

Maßnahmen zur Familienplanung können ihr Ziel verfehlen, wenn bei schwindender Wirtschaftskraft die Dienstleistungen pro Kopf fallen. Steigende Geburtenzahlen sind die Folge und senken die Dienstleistungen pro Kopf weiter.

Wenn Schadstoffemissionen zu hoch werden, schädigen sie die Mechanismen, die Schadstoffe absorbieren, so daß die Akkumulation von Schadstoffen noch rascher ansteigt.

Diese »Verschmutzung der natürlichen Anti-Verschmutzungsprozesse« ist ein besonders tückisches Phänomen. Als wir es vor zwei Jahrzehnten erstmals erkannten, gab es noch wenige praktische Belege. Wir dachten damals an Wechselwirkungen, die zum Beispiel auftreten, wenn Pestizide in Gewässer geraten und dort die Mikroorganismen abtöten, die organische Abfälle zerlegen – oder wenn Stickoxide und organische Verbindungen in der Luft reagieren; dadurch entsteht der fotochemische Smog.

Seitdem sind aber weitere Vorgänge bekannt geworden, bei denen die natürlichen Prozesse der Schadstoffabsorption durch Schadstoffe geschädigt werden. So können zum Beispiel nur kurz wirksame Schadstoffe wie Kohlenmonoxid die reinigende Wirkung von Hydroxyl-Radikalen in der Luft blockieren. Hydroxyl-Radikale reagieren mit Molekülen des Treibhausgases Methan. Wenn sie durch Luftverschmutzung aus der Atmosphäre ausfallen, steigt die Methan-Konzentration. So fördert die Luftverschmutzung den globalen Klimawandel.[10]

Schadstoffe in der Luft können Wälder schädigen oder zum Absterben bringen. Auch das steigert den Treibhauseffekt, denn Wälder sind eine wichtige Senke für Kohlendioxid. Zu einer weitergehenden Schädigung kommt es auch bei der Versauerung von Böden, entweder durch Kunstdünger oder durch sauren Regen. Bei normalen pH-Werten werden Schadstoffe in Böden absorbiert. Sie binden toxische Schwermetalle und machen sie unschädlich. Aber bei höheren Säurewerten brechen die Bindungen auf.

Durch Bodenversauerung werden toxische Schwermetalle, die über lange Zeiten (über Jahrzehnte bis zu einem Jahrhundert) zurückgehalten worden waren, oft wieder mobil und sickern rasch in tiefere

Schichten, geraten in offene Gewässer oder werden von Pflanzen aufgenommen. Die fortschreitende Versauerung von Europas Böden ist ohne Zweifel wegen der mobilisierten Schwermetalle ein Grund zu ernster Besorgnis.[11]

In der »realen Welt« gibt es mehr Erosions-Regelkreise, als in *World 3* berücksichtigt sind. So wird der wichtige Vorgang der sozialen Erosion, bei der ein Niedergang sozialer Ordnungsfaktoren zur weiteren Degradierung des sozialen Gefüges führt, nicht simuliert. Es ist meist schwierig, Erosionsmechanismen jeglicher Art zahlenmäßig zu beschreiben. Erosion ist eine Erscheinung, die sich immer auf das gesamte System bezieht. Sie beruht auf Wechselwirkungen zwischen zahlreichen Faktoren. Nur in Streß-Situationen kommt es zu erodierenden Wirkungen. Sobald sie sich aber bemerkbar machen, gibt es kaum mehr Gelegenheiten, sie genau zu studieren oder zu stoppen. Doch wie sie auch immer beschaffen sein mögen – sofern es überhaupt möglich ist, daß in einem System ein latenter Erosionsprozeß schlummert, dann ist es auch möglich, daß dieses System bei Überlastung in Zerfall gerät.

Die Ausbreitung von Wüstenflächen, die Erschöpfung von Mineralien und Grundwasservorkommen sowie die Vergiftung von Böden und Wäldern durch kaum abbaubare Schadstoffe sind Folgen von Grenzüberziehungen mit Zusammenbruch in lokalen Bereichen. Hochkulturen sind untergegangen, Tausende von Farmen wurden wieder aufgegeben, in Wirtschaftsbooms entstandene Ansiedlungen zerfielen, ehemals industriell genutzte Landflächen sind durch Gifte verseucht und kaum betretbar: All dies bezeugt, daß Grenzüberziehung mit Zusammenbruch ein durchaus »reales« Systemverhalten ist. Eine weltweite massive Grenzüberziehung könnte zum Zerfall des Natursystems führen, das Luft und Wasser rein hält, das Klima reguliert, die Biomasse ständig erneuert, Abfallstoffe in Nährstoffe rückverwandelt und mit der gesamten Vielfalt des Lebens auch uns erhält. Vor zwanzig Jahren war ein derartiger Zusammenbruch des ökologischen Systems kaum denkbar. Heute ist er das Thema wissenschaftlicher Tagungen und internationaler Vereinbarungen.

Szenario 1   »Standardlauf« von »Grenzen des Wachstums«

Zustand der Welt

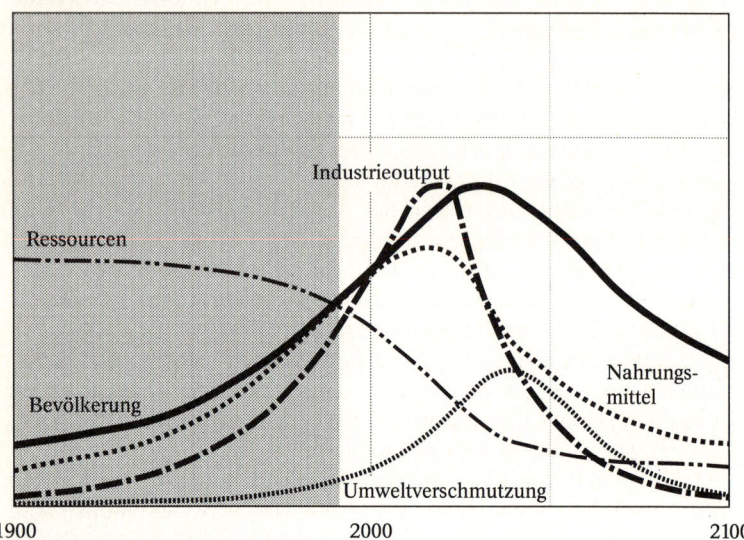

1900   2000   2100

Materieller Lebensstandard

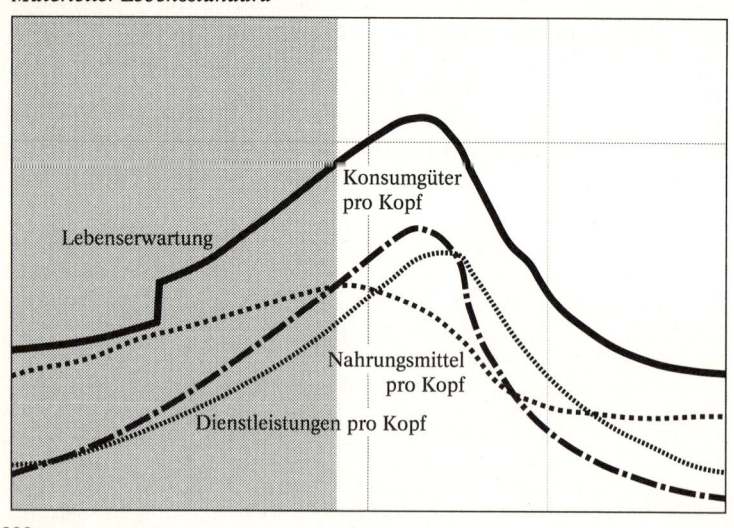

1900   2000   2100

Zwei mögliche Szenarios

In der von *World 3* simulierten Welt herrscht die Ethik des beständigen Wirtschaftswachstums. Die Bevölkerung stellt ihr Wachstum erst ein, wenn sie mit Reichtum gesättigt ist. Doch das Fundament der Ressourcen ist begrenzt und zerstörbar. Viele entscheidende Verzögerungen wirken in den Regelkreisen, die in dem System von *World 3* die einzelnen Sektoren verknüpfen und Informationen vermitteln. Die ablaufenden Prozesse besitzen einen schwer aufhaltbaren Schwung. Es sollte daher nicht überraschen, daß Grenzüberziehung mit Zusammenbruch das wahrscheinlichste Verhalten dieser Modell-Welt ist.

Wenn das Modell *World 3* mit seinen »normalen« Voreinstellungen der Parameter abläuft, die wir als »realistisch« betrachten, entsteht der Computerlauf von Abbildung 4–10. Für dieses Szenario wurden weder ungewöhnlich neuartige Techniken noch politische Veränderungen vorausgesetzt. Der Computerlauf kann als Vergleichslauf für andere Szenarios dienen, mit denen getestet wird, welche Wirkungen politische Veränderungen haben oder wie sich Änderungen unsicherer Daten auswirken. Vor zwei Jahrzehnten haben wir diesen Computerlauf deshalb als »Standard-Lauf« bezeichnet. Wir hielten ihn nicht für das wahrscheinlichste Gesamtergebnis der künftigen Entwicklung und betrachteten ihn auch keineswegs als eine Vorhersage. Er zeigt nur eine von vielen Möglichkeiten. Viele Leser aber maßen diesem »Standard-Lauf« weitaus größere Bedeutung zu als den dann folgenden Szenarios. Damit dies nicht wieder passiert, taufen wir ihn auf einen unverdächtigen Namen um: Er heißt jetzt einfach Szenario 1.

In diesem Lauf entwickelt sich die Gesellschaft so weiter wie bislang üblich, solange dies ohne größere politische Reformen möglich ist. Die

Szenario 1

Bei diesem Computerlauf verhält sich die Menschheit auch weiterhin wie gewohnt, solange das möglich ist. Es kommt nicht zu entscheidenden Veränderungen. Bevölkerung und Industrie wachsen weiter, bis schließlich Umweltlasten und Mangel an natürlichen Ressourcen nicht mehr zulassen, daß der Kapitalsektor die erforderlichen Investitionen vornimmt. Das Industriekapital zerfällt rascher, als es durch Investitionen erneuert werden kann. Damit geraten auch die Nahrungsmittelversorgung und die Gesundheitsdienste in den Zustand des Zerfalls. Die Lebenserwartung nimmt ab, die Zahl der Sterbefälle steigt.

Technologie macht im gewohnten Rahmen Fortschritte in der Landwirtschaft, im industriellen Sektor und bei den Dienstleistungen. Es
kommt zu keinen ungewöhnlichen Bemühungen, um die Umweltverschmutzung einzudämmen und die Ressourcen zu schonen. In dieser
simulierten Welt wird versucht, allen Menschen durch den demographischen Übergang den Zugang zur industriellen und dann zur nachindustriellen Wirtschaftsform zu verschaffen.

Vom simulierten Jahr 1900 bis zum simulierten Jahr 1990 steigt in Szenario 1 die Weltbevölkerung von 1,6 Milliarden auf über fünf Milliarden. Um die Jahrtausendwende sind sechs Milliarden erreicht. Der globale Industrieoutput ist 1990 rund zwanzigmal höher, als er 1900 war.
Im gleichen Zeitraum werden lediglich 20 Prozent der insgesamt vorhandenen sich nicht regenerierenden Ressourcen verbraucht. 1990 sind
also noch 80 Prozent des gesamten Vorrats vorhanden. Die Umweltverschmutzung steigt in diesem simulierten Jahr erstmals merklich. Der
durchschnittliche Industrieoutput pro Kopf hat einen Kennwert von
260 Dollar pro Kopf und Jahr; diese Zahl sollte man sich merken, um sie
mit den entsprechenden Kennziffern der nachfolgenden Szenarios vergleichen zu können.[12] Alles steigt: die Lebenserwartung, die Dienstleistungen und die Güterproduktion pro Kopf. Aber bald kommt es zu
einschneidenden Veränderungen.

Das Wirtschaftswachstum stagniert im Simulationslauf und beginnt,
sich negativ zu entwickeln. Kurz nach dem simulierten Jahr 2000 steigt
die Umweltverschmutzung so hoch, daß sie die Fruchtbarkeit landwirtschaftlicher Nutzflächen ernsthaft beeinträchtigt (in der »realen« Welt
könnte dies durch Kontamination mit Schwermetallen, schwerzersetz-
baren Chemikalien, Klimawechsel oder verstärkte Ultraviolett-Strahlung als Folge der geschwächten Ozon-Schutzschicht eintreten). Zwischen 1970 und 2000 fällt die Bodenfruchtbarkeit insgesamt nur um
fünf Prozent, aber im Jahre 2010 sinkt sie um 4,5 Prozent jährlich, um
2040 um zwölf Prozent im Jahr. Gleichzeitig nimmt die Bodenerosion
zu. Nach 2015 beginnt die Nahrungsmittelerzeugung zu fallen. Das
zwingt die Wirtschaft zu höheren Investitionen in der Landwirtschaft,
um den Output zu halten. Die Landwirtschaft gerät in einen Wettlauf
mit dem Ressourcen-Sektor um Investitionen. Auch in ihm machen sich
jetzt Begrenzungen bemerkbar.

Um 1990 hätten die noch im Boden steckenden sich erschöpfenden
Ressourcen noch für weitere 110 Jahre bei der Abbaurate von 1990
ausgereicht. Keine ernsthafte Ressourcenknappheit war erkennbar.

Aber im simulierten Jahr 2020 reichen diese Vorräte nur noch für weitere 30 Jahre. Warum plötzlich diese Knappheit? Wegen des exponentiellen Wachstums. Die Bevölkerung steigt um 50 Prozent, der Industrieoutput um 80 Prozent. Von 1990 bis 2020 verdoppelt sich der Abbau der sich nicht regenerierenden Ressourcen. Da jetzt große Mengen an Ressourcen verbraucht sind, müssen immer mehr Kapital und Energie zur Exploration von neuen und zur Nutzung der noch verbliebenen Lagerstätten eingesetzt werden.

In unserer simulierten Welt sind jetzt Nahrungsmittel und Rohstoffe schwieriger zu beschaffen. Deswegen wird mehr Kapital abgezweigt, um größere Mengen zu produzieren, und mithin steht weniger Kapital zur Investition in den Kapitalstock zur Verfügung. Schließlich können die Investitionen die Kapitalabnutzung nicht mehr kompensieren (es ist immer von materiellem Kapital die Rede, von Maschinen und Ausrüstungen, die sich abnutzen, nicht von Geld). Aber der Kapitaltransfer in die Landwirtschaft und in den Ressourcensektor kann nicht beschnitten werden, weil sonst knappe Nahrungsmittel und Mangel an Energie und Brennstoffen die Produktion noch weiter senken. Deshalb beginnt jetzt der Kapitalstock abzunehmen. Damit fallen auch die Dienstleistungen. Die landwirtschaftlichen Erträge sinken, die zuvor immer stärker von industriellen Inputs abhängig geworden sind. Über eine kürzere Zeitspanne wird die Situation besonders kritisch, weil die Bevölkerung noch immer zunimmt. Die Verzögerungen durch die Altersstruktur und bei der sozialen Anpassung wirken zwar noch; dann aber führen Mangel an Nahrungsmitteln und die schlechter gewordenen Gesundheitsdienste zu steigenden Sterberaten: Die Bevölkerungszahl beginnt abzunehmen; der Zerfall hat begonnen.

Dieses Szenario ist keine Vorhersage. Die Werte der Variablen sind keine Prognosen über exakte Werte in der Zukunft. Es enthält keine exakten Zeitangaben künftiger Ereignisse und stellt nach unserer Beurteilung nicht unbedingt das wahrscheinlichste Endergebnis der Entwicklung in der »realen Welt« dar. (Wir werden anschließend eine andere Möglichkeit zeigen; weitere Möglichkeiten folgen in den Kapiteln 6 und 7.)

Mit Sicherheit läßt sich nur sagen, daß Szenario 1 das *wahrscheinlichste Grundverhaltensmuster* des Systems wiedergibt, *wenn* auch künftig ähnliche politische Entscheidungen wie bislang das Bevölkerungs- und Wirtschaftswachstum beeinflussen, *wenn* sich Technologien und Wertewandel ähnlich weiterentwickeln wie gewohnt, und *wenn* die im

Szenario 2   Verdopplung der Ressourcenmenge

Zustand der Welt

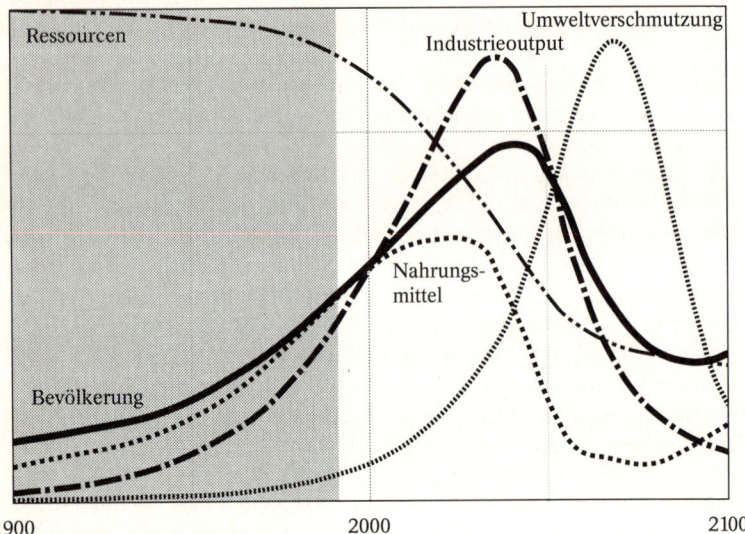

1900   2000   2100

Materieller Lebensstandard

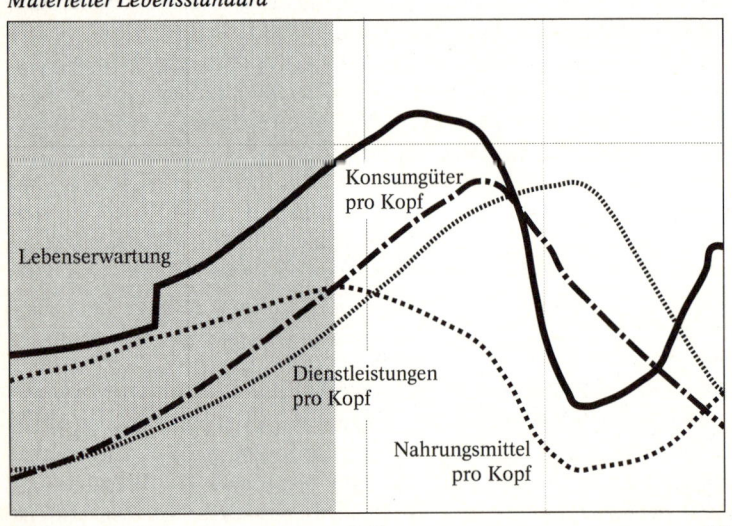

1900   2000   2100

Modell enthaltenen unsicheren Parameter einigermaßen korrekt geschätzt sind.

Wenn diese Werte aber falsch sind? Viele entscheidende Daten (wie etwa zur Menge der noch auffindbaren sich nicht erneuernden Ressourcen) kann man einfach nicht kennen. Doch mit dem Modell lassen sich solche Werte über den ganzen Bereich der Unsicherheit austesten. Dann zeigt sich zum Beispiel, welche Unterschiede sich ergeben, wenn doppelt so viele nicht regenerierfähige Ressourcen, als für Szenario 1 angenommen, im Untergrund noch auf ihre Entdeckung warten. Szenario 2 zeigt diesen Testlauf. Der Unterschied ist offensichtlich: Die Ressourcen halten in dieser Simulation beträchtlich länger vor als im Szenario 1. Das Grundverhalten des Modells zeigt immer noch Grenzüberziehung mit Zusammenbruch. Doch der Kollaps wird durch andere Ursachen eingeleitet.

Die Industrie kann jetzt dank der verdoppelten Ressourcen 20 Jahre länger weiterwachsen als im Szenario 1. Auch die Bevölkerung steigt weiter: bis auf über 9,5 Milliarden im Simulationsjahr 2040. Der höhere Industrieoutput verursacht stärkere Umweltverschmutzung; sie erreicht ihr Maximum 30 Jahre später als im Szenario 1 bei mehr als dreimal höherem Verschmutzungsgrad. Der ist zum Teil auf größere Emissionsmengen, zum Teil aber auch darauf zurückzuführen, daß die Prozesse der Schadstoffabsorption in der Umwelt bereits geschädigt sind. Im Jahr des Schadstoffmaximums 2070 ist die durchschnittliche Verweildauer der Schadstoffe in der Umwelt auf das Doppelte gestiegen.

Diese hohe Schadstoffkonzentration behindert die landwirtschaftliche Ertragsfähigkeit so beträchtlich, daß sie steil abfällt. Mit zunehmenden Investitionen in die Landwirtschaft sucht man diese Verluste auszugleichen, aber die Nahrungsmittelproduktion geht dennoch stark zurück. Mangelhafte Ernährung treibt die Sterberate hoch. Der Kapitalstrom in

Szenario 2

Wenn man die Vorräte an natürlichen Ressourcen gegenüber Szenario 1 verdoppelt, kann die Industrie rund zwei Jahrzehnte weiter wachsen. Die Bevölkerung steigt dann bis zum Jahr 2040 auf 9 Milliarden. Aber es entstehen auch sehr viel größere Mengen an Umweltschmutz und Schadstoffen. Das reduziert den landwirtschaftlichen Ertrag und zwingt zu immer größeren Investitionen im landwirtschaftlichen Sektor. Schließlich werden die Nahrungsmittel knapp und führen zu steigenden Sterberaten.

die Landwirtschaft, zusätzlich auch in den ausgebeuteten Ressourcensektor, würgt das Wirtschaftswachstum ab.

Welche Zukunft ist nun wahrscheinlicher: die nach Szenario 1 oder die nach Szenario 2? Wenn man das überhaupt wissenschaftlich beantworten könnte, hinge die Antwort davon ab, welche Beweise es für die »tatsächlichen« Mengen noch unentdeckter nicht regenerierfähiger Ressourcen gäbe. Doch eine Debatte über den höheren Grad von »Realität« in Szenario 1 oder 2 führt zu nichts; beide sind nicht »realistisch«. Keines von beiden kann etwas über eine Zukunft voraussagen, in der Menschen unter geänderten Bedingungen anders zu reagieren vermögen, Ereignisse vorausahnen und auch die Struktur ihres Sozialsystems verändern können. Es gibt noch sehr viel mehr unsichere Werte und andere technische und sozialpolitische Möglichkeiten, die man durchtesten muß. Darauf kommen wir in den Kapiteln 6 und 7 zurück. Bislang hat uns *World3* nur eindeutig gezeigt, daß es als Weltmodell, dem »realen System« der Erde nachgebildet, eine starke Tendenz zur Grenzüberziehung mit Zusammenbruch aufweist. Über die Jahre hin haben wir Tausende von Läufen getestet. In der weit überwiegenden Mehrzahl ergaben sie Grenzüberziehung und Zusammenbruch. Eigentlich sollte jetzt klar sein, warum das so ist.

Warum Grenzüberziehung mit Zusammenbruch?

In eine Phase der Grenzüberziehung gerät die Bevölkerung mit ihrer Wirtschaft, wenn sie im Übermaß Ressourcen abbaut und Schadstoffe emittiert, während die Belastung des erhaltenden Natursystems noch nicht so offensichtlich ist, daß Maßnahmen zur Senkung der Materialentnahme und der Emissionen ergriffen werden. Die Verzögerungen bei den Signalrückmeldungen verursachen Grenzüberziehung; die Entscheidungsträger sind noch unempfänglich für die Symptome der Überlastung, schenken ihnen keinen Glauben oder handeln nicht entsprechend, ehe die Grenzen weit überschritten sind.

Das zeitweilige Verweilen in diesem Zustand ist nur möglich, weil ein Vorrat an Ressourcen vorhanden ist und zunächst weiter genutzt wird. In einem Wald kann man längere Zeit mehr Holz einschlagen, als jährlich nachzuwachsen vermag, denn es ist ja ein großer Baumbestand vorhanden, der sich über Jahrzehnte oder auch ein Jahrhundert gebildet hatte. Große Herden können Areale überweiden und Fischerflotten

Bestände überfischen, solange noch genug Nahrungspflanzen und Fische vorhanden sind, die früher nicht genutzt wurden. Je größer diese angesammelten Bestände sind, um so länger kann der Zustand der Grenzüberziehung anhalten. Wenn sich die Gesellschaft nur daran orientiert, daß es diese Vorräte eben gibt, und nicht nach deren Menge, ihrer Qualität, ihrer unterschiedlichen Art, ihrem Zustand und ihren Möglichkeiten zur Regenerierung fragt, gerät sie in den Zustand der Grenzüberziehung.

Der Schwung der Entwicklung – ihr physikalisches Moment – verzögert nicht die Warnsignale, sondern die Reaktion auf diese Signale. Menschen brauchen Zeit zur Ausbildung und Umschulung, Kapital veraltet nur allmählich, verschmutzte Wassermassen reinigen sich nicht sofort; Schadstoffe diffundieren vielfach sehr langsam durch das Ökosystem, und Wälder benötigen Jahrzehnte zum Aufwuchs. Das Wirtschaftssystem kann sich deshalb nicht über Nacht wandeln, auch wenn eindeutige Symptome rasche Reformen nahelegen. Ein komplexes System mit inhärent wirksamem physikalischen Moment benötigt eine Vorausschau über Jahrzehnte, um korrekt gesteuert zu werden.

Entscheidend trägt Wachstum zur Grenzüberziehung bei. Wenn man einen Wagen mit beschlagener Sichtscheibe oder defektem Bremssystem fahren muß, sollte man dies langsam tun. Sicherlich wird man unter diesen Umständen nicht einfach nur auf das Gaspedal treten. Mit Verzögerungen beim Erkennen der Umwelt kann man fertig werden, sofern sich das System nicht so schnell bewegt, daß man auf ein Signal nicht mehr reagieren kann, ehe das nächste eintrifft. Ständige Beschleunigung trägt jedes System über jene Grenze, die gerade noch zeitgerechte Reaktionen zuließe. Auch sehr erfahrene Fahrer mit verkehrssicheren Fahrzeugen fahren bei hohen Geschwindigkeiten mit erhöhtem Risiko. Je größer das Wachstum ist, desto weiter führt die Grenzüberziehung und desto dramatischer ist der Rückfall.

Durch Erosionsprozesse entwickelt sich schließlich aus der Grenzüberziehung der Zusammenbruch. Nichtlineare Beziehungen innerhalb des Systems tragen dazu bei. Erosionsprozesse sind für das System eine Last, die sich weiter steigert, wenn man sie nicht rasch behebt. Nichtlineare Beziehungen wie die auf den Abbildungen 4−1 und 4−6 stellen Schwellenwerte dar, bei deren Überschreitung sich das Systemverhalten plötzlich ändert. Eine Bevölkerung kann über eine beträchtliche Zeitspanne immer schlechter ernährt werden, ohne daß sich Gesundheitsschäden einstellen. Unterhalb eines gewissen Schwellenwertes der

Nahrung pro Kopf steigen jedoch plötzlich die Todesfälle. Man kann Kupfer aus immer magereren Erzen gewinnen. Wenn aber deren Metallgehalt unter einen bestimmten Schwellenwert sinkt, steigen die Gewinnungskosten rapide. Fruchtbare Böden können so lange ohne Ertragseinbußen erodieren, bis die Humusschicht so dünn wird, daß sie den Wurzeln der Nutzpflanzen keine Nährstoffe mehr liefern kann. Schwellenwerte verschärfen die Wirkung von Verzögerungen bei der Signalrückmeldung. Wenn man seinen Wagen mit beschlagener Sichtscheibe und mangelhaften Bremsen über eine kurvenreiche Strecke fährt, sollte man die Geschwindigkeit noch weiter drosseln.

Ein aus Bevölkerung, Wirtschaft und Umwelt kombiniertes Gesamtsystem mit internen Verzögerungen bei der Signalübertragung und den entsprechenden Reaktionen, in dem auch Schwellenwerte und erodierende Prozesse wirken, ist buchstäblich unsteuerbar. Auch mit der besten Technologie, hochwirksamen Wirtschaftsstrukturen und durch Weisheit ausgezeichneten Entscheidungsträgern kann es sich nicht an gefährlichen Klippen vorbeimanövrieren, wenn es seine Grenzen nicht sehr langsam und sorgfältig auslotet. Es ist zur Genzüberziehung verdammt, wenn es ständig dazu neigt, sich zu beschleunigen.

Grenzüberziehung stellt eine Zustandsphase dar, in der die sich in der Umwelt zeigenden Symptome noch nicht so eindeutig sind, daß sie eine Beendigung des Wachstums erzwingen. Wie kann dann aber die Gesellschaft feststellen, ob sie sich in diesem Grenzzustand befindet? Erste Hinweise sind fallende Bestände an Ressourcen und zunehmende Bestände an Umweltschadstoffen. Wenn folgende Entwicklungen zu beobachten sind, liegt Grenzüberziehung vor:

Kapital, Ressourcen und Arbeitskraft müssen von der Gebrauchsgüterproduktion abgezogen und zur Exploration rarer werdender, weiter entfernter und tiefer liegender Lagerstätten mit geringerer Konzentration eingesetzt werden.

Die ehemals kostenfreien Dienstleistungen der Natur wie Luftreinhaltung, Schutz vor Überschwemmungen und Eindämmung von Seuchen, die Regenerierung von Nährstoffen in Böden, der Artenschutz und die Keimfähigkeit von Saatgut müssen mehr und mehr vom Kapital und mit Arbeitskraft gestützt werden, die von der Güterproduktion abgezweigt werden.

Kapital, Ressourcen und Arbeit müssen aufgewendet werden, um immer weniger Fundstellen zugänglich zu machen und zu verteidigen.

Natürliche Prozesse, die Schadstoffe unschädlich machen, zeigen Ausfallerscheinungen.

Die Rate der Kapitalabnutzung wird größer als die Investitionsrate; die vorsorgliche Instandhaltung wird vernachlässigt; der Kapitalstock zerfällt allmählich, besonders in Bereichen der Infrastruktur mit langer Nutzungsdauer.

Investitionen in den Bereich menschlicher Ressourcen, also für Dienstleistungen wie Erziehung und Ausbildung, Gesundheitsdienste, aber auch Wohnungsbau, werden gekürzt zugunsten dringlichen Bedarfs an Verbrauchsgütern oder zur Schuldentilgung.

Der Prozentsatz des jährlichen Outputs zur Schuldentilgung steigt.

Es kommt vermehrt zu Konflikten, v. a. wegen des Zugriffs auf Quellen und Senken. Die Solidarität nimmt ab, die soziale Abgrenzung wird schärfer, die Schere zwischen Arm und Reich öffnet sich weiter.

Eine Phase der Grenzüberziehung muß nicht unbedingt zum Zerfall führen. Aber sie erfordert rasches und entschlossenes Handeln, um den Kollaps auszuschließen. Das Fundament der Ressourcen muß unverzüglich gesichert werden; die Zerfallsrate muß stark reduziert werden. Dazu braucht weder die Bevölkerung abzunehmen, noch muß der Lebensstandard gesenkt werden. Aber wo immer möglich, ist das Wachstum zu reduzieren. Die Durchsatzmengen von Material und Energie müssen rasch gesenkt werden. Doch glücklicherweise – das wirkt jetzt nahezu pervers – gibt es in unserer Weltwirtschaft viel Abfall, Verschwendung und Ineffektivität. Damit ist ein großes Potential vorhanden, das es zuläßt, die Durchsatzmengen in weitem Umfang zu reduzieren und dennoch die Lebensqualität weiter anzuheben. Die nächste dringliche Aufgabe ist dann eine Neustrukturierung des Systems, die eine Grenzüberziehung für immer ausschließt.

Hier folgt eine summarische Zusammenfassung der wichtigen Annahmen in *World3*, die seine Tendenz zur Grenzüberziehung mit Zusammenbruch bestimmen:

1. Wachstum ist ein inhärenter Wesenszug des menschlichen Wertesystems. Wann immer es zu Wachstum der Bevölkerung und der Wirtschaft kommt, erfolgt es exponentiell.

2. Die Quellen und Senken für die zur Erhaltung der Bevölkerung und Wirtschaft notwendigen Materialien und Energiemengen sind physikalisch-materiell begrenzt. Auch die Senken, die Abfallmengen absorbieren, sind nur in Grenzen aufnahmefähig.

3. Die von den Begrenzungen kündenden Signale erreichen die Menschen und die Wirtschaft verzögert und entstellt und führen zu ebenfalls verzögerten Reaktionen.
4. Das System ist nicht nur begrenzt, sondern unterliegt auch der Erosion, wenn es überlastet und übermäßig genutzt wird.

Doch diese Sätze über die Ursachen von Grenzüberziehung mit Kollaps bergen auch den Schlüssel zur Vermeidung des Zusammenbruchs. Wenn man sie umformuliert, werden sie zu Merksätzen für eine Reform des Systems, damit es steuerbar und zeitlich unbeschränkt existenzfähig wird:

1. Die Durchsatzmengen von Energie und Materialien werden gesenkt, indem man die Nutzungsgrade verbessert.
2. Bestehende Begrenzungen werden in dem Maße hinausgeschoben, wie greifbare und erschwingliche Technologien das zulassen.
3. Das Frühwarnsystem wird ausgebaut und die erforderlichen Reaktionen werden beschleunigt; die Gesellschaft lernt, weiter vorauszuschauen, wenn sie Kosten und Nutzen der gegenwärtigen Entwicklung vergleichend bewertet.
4. Erosionsprozesse lassen sich verhindern, und dort, wo sie bereits eingesetzt haben, kann ihre Wirkung annulliert werden.
5. Das Wachstum von Bevölkerung und Kapital läßt sich verlangsamen und schließlich anhalten.

Die Wirkungen solcher Maßnahmen werden in den Kapiteln 6 und 7 analysiert. Zunächst aber folgt als Einlage eine lehrreiche Geschichte, die illustriert, wie in der Praxis die in diesem Kapitel 4 besprochenen dynamischen Grundregeln wirksam werden können.

Kapitel 5

Rückzug hinter die Grenzen: Das Ozonproblem

*»Wir befinden uns gegenwärtig – wie man es auch dreht und wendet –
mitten in einem gigantischen Experiment, das die chemische Struktur der
Stratosphäre verwandelt, haben aber noch keine klare Vorstellung,
welche biologischen und meteorologischen Folgen das zeitigen könnte.«*
F. Sherwood Rowland[1]

Vor kurzem ist die Menschheit unversehens in eine Grenzüberziehung
geraten, sie begriff die Signale und entschloß sich zum Rückzug. Dieser
Konflikt um den uns schützenden Ozongürtel berechtigt zur Hoffnung –
zumindest soweit sich das heute schon sagen läßt. Er zeigt die Menschen und ihre nationalen Vertretungen von ihrer besseren Seite, fähig
zu kollektiver Zusammenarbeit, obwohl auch – wen wundert es –
menschliches Versagen offenbar wurde.

Erste Warnungen über das Schwinden der stratosphärischen Ozonschicht gingen von Wissenschaftlern aus, die freilich zunächst die ihnen
gesetzten politischen Grenzen überwinden und eigene Scheuklappen
ablegen mußten, bis es ihnen gelang, eine beachtliche Streitmacht zur
Beschaffung unwiderlegbarer Fakten zu formieren. Die Regierungen
und Wirtschaftsunternehmen betätigten sich zunächst als Zweifler und
Bremser. Dann aber zeigte sich, daß es in politischen Führungsrollen
handlungsfähige Umdenker gab. Umweltschützer wurden ja oft für
fanatische Panikmacher gehalten, doch in diesem Falle haben sie das
Problem sogar unterschätzt.

Die Vereinten Nationen haben dabei bewiesen, daß sie fähig sind, als
maßgebendes Informationszentrum zu wirken und das neutrale Forum
zu bieten, auf dem die Regierungsvertreter die Komplexität eines
schwierigen internationalen Problems zu durchdringen vermochten.
Den Nationen der Dritten Welt verschaffte der Ozonkonflikt die Möglichkeit, mit Nachdruck im eigenen Interesse zu handeln: Sie verweigerten die Zusammenarbeit, bis sie technische und finanzielle Hilfe zugesichert erhielten.

Schließlich erkannten die Nationen an, daß sie bereits eine höchst kritische Grenze überrannt hatten, zogen nüchtern die Konsequenz und beschlossen, ein profitables und bislang nützliches Industrieprodukt aus dem Verkehr zu ziehen, noch ehe irreversible ökologische und wirtschaftliche Schäden zu beklagen waren und die letzte wissenschaftliche Sicherheit erbracht war. Hoffen wir, daß sie noch zeitgerecht reagiert haben.

Das Wachstum

Die Fluorchlorkohlenwasserstoffe (FCKW) gehören zu den nützlichsten chemischen Stoffen, welche die Menschheit jemals entwickelt hat (Tabelle 5–1). Sie sind für alle Lebewesen ungiftig und äußerst stabile Verbindungen, sie brennen nicht, reagieren nicht mit anderen Substanzen und verursachen keinerlei Korrosion. Ihre Wärmeleitfähigkeit ist

Tabelle 5–1   Einsatz, Produktion und Verweilzeiten ozonschädigender Chemikalien

Produkt-name	Faktor der Schäd-lichkeit	Einsatz	Weltpro-duktion 1985 in t	Verweilzeit in der Atmosphäre (Jahre)
FCKW 011	1,0	Kühlmittel; Treibmittel	298 000	65–75
FCKW 012	0,9–1,0	Kühlmittel; Treibmittel; Gefriermittel; Kosmetika; Sterilisation	438 000	100–140
FCKW 113	0,8–0,9	Lösungsmittel; Kosmetika	138 500	100–134
FCKW 114	0,7–1,0	Kühlmittel	?	300
FCKW 115	0,4–0,6	Kühlmittel	?	500
Halon 1301	10–13,0	Feuerlöschmittel	2 600	110
Halon 1211	2,2–3,0	Feuerlöschmittel	2 600	15
HCFC 22	0,05	Kühlmittel; Treibmittel; Feuerlöschmittel	81 200	16–20
Methyl-chloroform	0,15	Lösungsmittel	499 500	5,5–10
Kohlenstoff-tetrachlorid	1,2	Lösungsmittel	71 200	50–69

sehr niedrig. Wenn man mit FCKW-Gasen warm-zähflüssige Kunststoffe aufschäumt, entstehen hervorragend wärmedämmende Materialien (Schaumstoffe) als Platten zur Wärmeisolation von Häusern und Kühlaggregaten, geformt zum Warmhalten von Speisen und Getränken. Einige FCKW-Arten verdampfen und kondensieren bei Zimmertemperatur und eignen sich als nahezu ideale Kühlmittel für Kältemaschinen, Kühlschränke und Klimaanlagen; diese FCKW sind unter dem Handelsnamen Freon bekannt. Andere Arten haben sich als Lösungsmittel zur Reinigung von Metalloberflächen bewährt, zum Beispiel der mikroskopischen Strukturen geätzter Schaltungen für die Mikroelektronik, aber auch hochbelasteter Nieten und Nietnähte im Flugzeugbau. FCKW sind billig herzustellen und auch gefahrlos wieder zu beseitigen, indem

Abbildung 5–1 Globale Produktion von FCKW 011 und 012

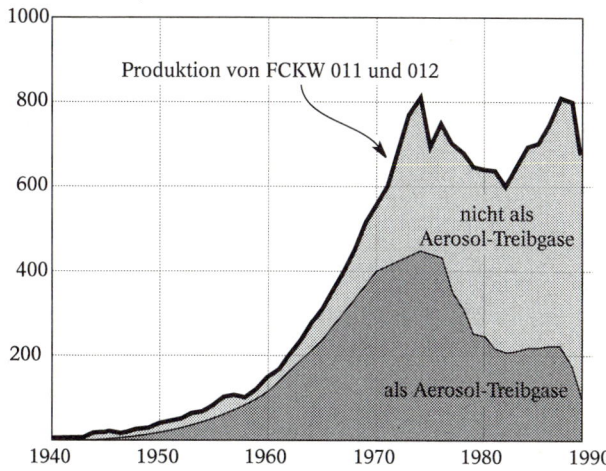

in tausend Tonnen / Jahr

Die Produktion der wichtigsten FCKW stieg rapide an bis 1974, als die ersten Hinweise über die schädlichen Effekte in der Ozonschicht bekannt wurden. Der nachfolgende Produktionsrückgang ist auf die Aktivitäten der Umweltschützer zurückzuführen, die Stimmung gegen die Verwendung von FCKW in Sprühdosen machten. Diese Anwendung wurde dann 1978 in den USA verboten. Nach 1982 wurden andere FCKW-Arten vermehrt technisch eingesetzt, so daß die Gesamtproduktion wieder gestiegen ist (Quelle: Chemical Manufactures Association).

man sie einfach als Gase in die Luft abläßt – so jedenfalls hatte man das
jahrelang geglaubt.

Zwischen 1950 und 1975 wurden weltweit Jahr um Jahr rund sieben bis
zehn Prozent mehr FCKW hergestellt (Abbildung 5–1). Etwa alle zehn
Jahre verdoppelte sich die Produktionsmenge. Um 1985 wurden jährlich rund eine Million Tonnen FCKW synthetisiert; in den USA wurden
sie in 100 Millionen Kühlschränken, 30 Millionen Gefrieraggregaten,
45 Millionen Klimaanlagen in Wohnungen und 90 Millionen Kraftfahr-
zeugen mit geregeltem Innenklima eingesetzt, dazu in Kühlaggregaten
in Hunderttausenden von Restaurants, Supermärkten und Kühlfahr-
zeugen.[2] Pro Kopf gerechnet, nutzte jährlich jeder Amerikaner und
Europäer 0,85 Kilogramm FCKW, die Chinesen und die Inder etwas
weniger als 30 Gramm.[3] Immer mehr chemische Werke in Nordamerika, Europa, der ehemaligen Sowjetunion und in Asien erzielten steigende Gewinne mit FCKW. Für viele Industrien waren sie unentbehr-
lich im Produktionsprozeß.

Die Grenze

In der unteren Stratosphäre, doppelt so hoch wie der Mount Everest
oder die Normalflughöhe von Verkehrsflugzeugen, umgibt eine hauch-
dünne, aber lebenswichtige Schicht den ganzen Erdball. Sie hat wichtige Schutzfunktionen und besteht aus dem Gas Ozon (O_3), dessen
Moleküle aus drei Sauerstoffatomen bestehen; der normale Sauerstoff
ist dagegen zweiatomig (O_2). Die Atombindung des Ozons ist sehr
locker; deshalb reagiert es mit allen Stoffen sehr heftig, mit denen es in
Berührung kommt, und oxidiert sie. In den tiefen Schichten der Atmosphäre sind so viele Partikel in der Luft, daß die Ozonmoleküle nur
kurze Zeit existenzfähig sind. Sie greifen auch Pflanzengewebe und die
Lungen an. Ozon wirkt dort als Schadstoff. In der Stratosphäre gibt es
jedoch nur sehr wenige Partikel, die das Ozon angreifen kann. Deshalb
sind die Moleküle dort entschieden langlebiger. Außerdem wird in diesen Höhen durch die starke Sonnenstrahlung ständig neues Ozon gebildet. Auf diese Weise hält sich dort oben eine »Ozon-Schicht«.

Ihre Konzentration beträgt zwar nur ein Molekül auf jeweils 100 000
andere Gasmoleküle; das ist jedoch im Vergleich zu allen anderen Luftschichten dennoch »dicht« und reicht aus, den größten Teil des mit
der Sonnenstrahlung einfallenden ultravioletten Lichtes der Frequenz

UV-B (Abbildung 5-2) zu absorbieren. Diese UV-B-Strahlung kann man als einen Strom winziger Energiebündel beschreiben, die gerade die geeignete Schwingungsfrequenz zur Zerlegung lebenswichtiger organischer Moleküle besitzen, vor allem der DNS-Moleküle, die in den Zellkernen den Informationskode für die Zellteilung bilden.

Wenn lebendes Gewebe der UV-B-Strahlung ausgesetzt wird, kann sich Krebs bilden. Schon seit längerem weiß man, daß UV-B bei Labortieren Hautkrebs erzeugt. Beim Menschen entstehen fast alle Arten von Hautkrebs an Körperteilen, die dem Sonnenlicht ausgesetzt sind, besonders bei hellhäutigen Menschen, die sich längere Zeit in der Sonne aufhalten. Die höchsten Raten an Hautkrebserkrankungen findet man in Australien; von jeweils drei Bewohnern des australischen Kontinents entwickeln zwei im Laufe ihres Lebens einen Hautkrebs, jeder sechzigste Australier die gefährlichste Art, das maligne Melanom. Nach wissenschaftlichen Abschätzungen erhöht sich die UV-B-Strahlung an der

Abbildung 5-2   Absorption von UV-Licht in der Atmosphäre

Solare Einstrahlung in Watt/m^2

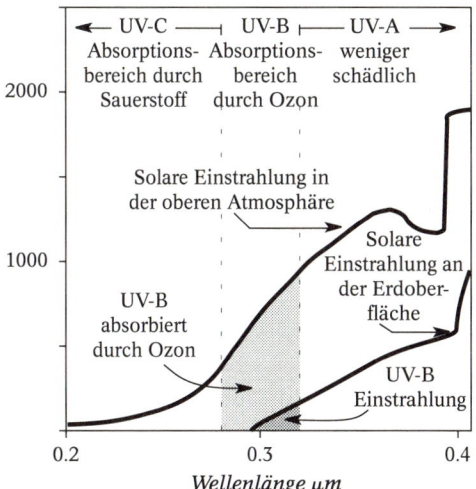

Der mit der Sonneneinstrahlung einfallende ultraviolette Lichtanteil wird in der Atmosphäre durch Sauerstoff und Ozon fast vollständig absorbiert (Quelle: Umweltprogramm der Vereinten Nationen).

Erdoberfläche um zwei Prozent, wenn die Ozon-Konzentration in der Ozonschicht um ein Prozent abnimmt. Das Auftreten von Hautkrebs beim Menschen wird dadurch um drei bis sechs Prozent häufiger.[4]

Das UV-B bedroht die Haut aber noch zusätzlich, weil es die Immunabwehr gegen Krebsbildung schwächt. Außerdem werden die Menschen empfänglicher für Herpes und andere Infektionskrankheiten.

Nicht zuletzt die Augen sind der Einwirkung von UV-B ausgesetzt. Die Ultraviolett-Strahlung schädigt die Hornhaut und verursacht die Schneeblindheit, besonders bei Skiläufern und Alpinisten in großen Höhen auf Schneeflächen. Diese Augenentzündung ist sehr schmerzhaft; wenn sie öfter auftritt, kann sie zu bleibenden Sehschäden führen. Auch Netzhautschädigungen und Katarakte im Linsenkörper können durch UV-B entstehen.

Es ist zu befürchten, daß Augen und Haut aller Tiere, die sich lange im Sonnenlicht aufhalten, ähnlich geschädigt werden wie beim Menschen, wenn durch Ausdünnung der Ozonschicht mehr UV-B die Erdoberfläche erreicht. Gegenwärtig wird die Gefährdung von Tieren und Pflanzen durch UV-B näher erforscht. Einige Ergebnisse liegen bereits vor:

Einzeller und sehr kleine Organismen sind stärker gefährdet als große Lebewesen, weil das kurzwellige UV-B nur wenige Zellschichten durchdringen kann.

Ins Wasser dringt die Strahlung nur wenige Meter ein. Aber gerade in dieser obersten Schicht der Weltmeere leben die meisten aquatischen Mikroorganismen. Sie sind wegen ihrer mikroskopischen Größe besonders empfindlich gegen UV-B, bilden aber gleichzeitig das Fundament fast aller Nahrungsketten in den Ozeanen. Bedeutende Schädigungen vieler Populationen in den Ozeanen sind daher zu erwarten, wenn die UV-Strahlung zunimmt.

Bei grünen Pflanzen nehmen durch Einwirkung von UV-B die Blattgröße und der Wuchs ab; die Photosynthese wird reduziert. Nutzpflanzen reagieren unterschiedlich, bei zwei Dritteln aller bislang beobachteten Arten nehmen mit zunehmender UV-B-Belastung die Erträge ab. Untersuchungen an Sojabohnen ergaben, daß eine Verringerung des Ozongehalts in der Ozonschicht um ein Prozent auch den erzielbaren Ertrag um ein Prozent senkt.[5]

Unkräuter sind resistenter gegen UV-B als Kulturpflanzen.

Im Laufe der Evolution haben sich viele unterschiedliche Formen zum Schutz gegen Ultraviolett-Strahlung bei den Organismen gebildet, wie etwa Hautpigmente, Fellbedeckung, Schuppenpanzer, Reparaturmechanismen für geschädigte DNS sowie Verhaltensformen, die empfindliche Organismen veranlassen, starke Sonnenbestrahlung zu meiden. Dieser Erbschutz ist bei manchen Arten wirksamer als bei anderen. Durch eine starke Schädigung der Ozonschicht können daher einige Arten bis zum Aussterben geschädigt, andere auch begünstigt werden. Wichtige ökologische Gleichgewichtslagen könnten gestört werden, so das Gleichgewicht zwischen Weidetieren und Futterpflanzen, von Schadinsekten mit ihren natürlichen Feinden und Parasiten mit ihren Wirten. Jedes Ökosystem würde beeinflußt. Aber wie sich im einzelnen eine geschwächte Ozonschicht auswirken würde, läßt sich nicht vorhersagen, besonders nicht für den Fall, daß es gleichzeitig zu weiteren Veränderungen wie etwa zu einem Klimawechsel kommen sollte.

Die ersten Signale

1974 erschienen, unabhängig voneinander, zwei wissenschaftliche Beiträge, die beide eine mögliche Gefährdung der Ozonschicht zum Inhalt hatten. In der einen hieß es, Chloratome könnten in der Stratosphäre als wirkungsvolle Ozonzerstörer wirken.[6] In der anderen wurde festgestellt, daß FCKW-Moleküle in die Stratosphäre gelangen, dort aufbrechen und Chloratome freisetzen.[7] Aus beiden zusammen ergab sich, daß die Nutzung der FCKW am Erdboden eine bislang unvermutete Umweltkatastrophe auslösen könnte. Der Wirkungsmechanismus ist heute gut bekannt.

Da die FCKW unlöslich und reaktionsträge sind, lösen sie sich weder im Regenwasser noch reagieren sie mit anderen Gasen. Ihre Kohlenstoff-Chlor- und Fluor-Chlor-Bindungen sind so fest, daß die Energie der Sonnenstrahlung in der unteren Atmosphäre sie nicht aufzubrechen vermag. Es gibt nur eine Möglichkeit, daß sie aus der Atmosphäre wieder verschwinden: Sie müssen bis in die dünnsten Luftschichten hochsteigen, in den Bereich der kurzwelligen, energiereichen Ultraviolett-Strahlung, die nicht mehr in tiefere Luftschichten eindringt, weil sie vom Ozon und Sauerstoff absorbiert wird. Die ultravioletten Strahlungsanteile in großen Höhen brechen die FCKW-Moleküle auf und setzen dabei ungebundene Chloratome frei.

Damit beginnt das Unheil. Das freie Chlor (Cl) reagiert mit Ozon; dabei entstehen normaler Sauerstoff und Chlormonoxid (ClO). Darauf reagiert das ClO mit einem Sauerstoffatom O: Ein Sauerstoff-Molekül O_2 und wiederum ein freies Chlormolekül Cl entstehen. Dieses zerlegt dann wieder ein Ozonmolekül zu Sauerstoff und Chlormonoxid, und so weiter (Abbildung 5–3).

Ein einzelnes Chloratom kann also die Reaktionskette immer wieder durchlaufen; dabei wird jeweils ein Ozonmolekül zerstört. Es benimmt sich wie ein Ozonmassenmörder, der die Ozonmoleküle der Reihe nach umbringt und sich bei jedem Mord zu frischen Kräften regeneriert. Im Schnitt zerstört ein Chloratom rund 100 000 Ozonmoleküle, bis es schließlich selbst aus der Stratosphäre entfernt wird: Meist wird es von

Abbildung 5–3   Chemischer Abbau von Ozon in der Stratosphäre

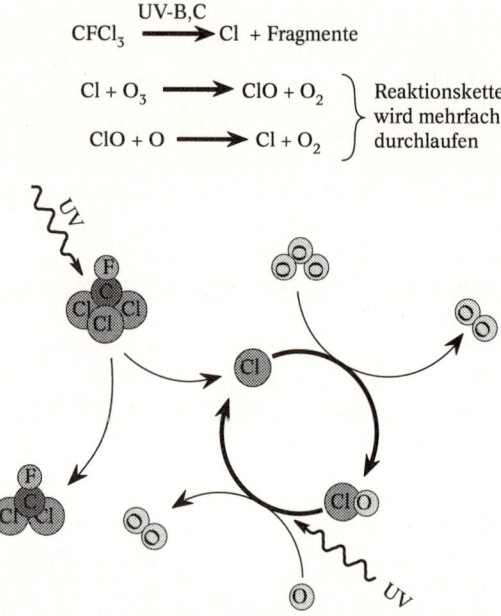

In der Stratosphäre, höher als 20 Kilometer über der Erdoberfläche, werden die FCKW-Moleküle durch die energiereiche ultraviolette Strahlung aufgebrochen. Dabei werden Chloratome (Cl) freigesetzt. Sie reagieren mit Ozon (O_3), wobei Chlormonoxid (ClO) entsteht. Das ClO reagiert wieder mit einem Sauerstoffatom. Dabei wird wiederum ein Chloratom frei, das dann erneut mit einem Ozonmolekül reagiert – so wiederholt sich die Reaktionskette ständig.

einem Wasserstoff-Atom abgefangen und bildet mit ihm ein Salzsäure-Molekül (HCl). Aber sein sicheres Ende als Ozonkiller ist das nicht. Das Salzsäure-Molekül kann ebenfalls aufbrechen und entläßt dann das Chloratom wieder, das sich erneut ans Ozontöten macht. Im günstigeren Fall sinkt das Salzsäure-Molekül tiefer in feuchte Luftschichten und löst sich in Wasser, das dann zu Boden fällt – als saurer Regen. Die ständige Regenerierung des Chlors ist aber nur einer der schleichenden Vorgänge bei der Zerstörung der Ozonschicht. Der zweite ist die langsame Verbreitung der FCKW nach der Herstellung bis in die Stratosphäre. Wenn FCKW als Treibgase in Sprühdosen genutzt werden, geraten sie recht rasch in die Luft. Als Kältemittel in Kühlaggregaten und als Treibmittel in Plastik-Schaumstoffen werden sie meist erst Jahrzehnte nach der Produktion freigesetzt. Jedes freigewordene FCKW-Molekül irrt harmlos durch die Umwelt und gerät erst nach durchschnittlich 15 Jahren in die Stratosphäre, wo es dann aufbricht und mit Ozon reagiert. Die jeweils meßbare Ausdünnung ist damit das Ergebnis der vor rund 15 Jahren in die Umwelt geratenen FCKW-Mengen, die weitere Jahre bis Jahrzehnte zuvor hergestellt worden sind.

Die erste Reaktion

Nach der Veröffentlichung der ersten beiden Arbeiten, die 1974 eine mögliche Schädigung der Ozonschicht voraussagten, kam es weltweit zu einem wahren Boom von Forschungsprogrammen über die Chlorchemie in der Atmosphäre. In den USA bewirkten die wissenschaftlichen Berichte rasch politische Reaktionen, in erster Linie wohl, weil die ersten wissenschaftlichen Autoren Amerikaner waren, die von ihren Ergebnissen beunruhigt waren und Energie genug hatten, sie in der Öffentlichkeit bekanntzumachen (besonders Sherwood Rowland, der seine Ergebnisse unverzüglich der Nationalen Akademie der Wissenschaften und dem Kongreß vorlegte). Zusätzlich wurde das öffentliche und politische Interesse durch die gut organisierte Bewegung für den Umweltschutz in den USA gefördert.

Die amerikanischen Umweltschützer wurden sofort aktiv, als sie die Bedeutung des Ozonproblems erfaßt hatten. Zunächst wandten sie sich gegen die Verwendung von Sprühdosen. Es grenze an Irrsinn, meinten sie, das Leben auf der Erde zu gefährden, nur um sich mit einem Deodorant zu besprühen. Sachlich war es nicht ganz korrekt, daß sie sich

besonders die Sprühdosen als Angriffsziel wählten, denn es gab auch
Dosen mit anderen Treibmitteln, und die FCKW wurden in großen
Mengen für industrielle Zwecke eingesetzt. Publizistisch aber waren die
Sprühdosen zur Brandmarkung bestens geeignet; die Verbraucher rea-
gierten entsprechend. Die Umsätze mit Sprühdosen gingen rasch um
über 60 Prozent zurück. Nun wurde öffentlich gefordert, sämtliche
Aerosole mit FCKW gesetzlich zu verbieten.

Natürlich wehrte sich die Industrie gegen diese Entwicklung; ein Vor-
standsmitglied des Du-Pont-Konzerns erklärte 1974 bei einem Con-
gress-Hearing: »Bis jetzt ist die Chlor-Ozon-Hypothese rein spekulativ;
es gibt keine konkreten Beweise«, fügte aber hinzu: »Sollten glaubwür-
dige wissenschaftliche Daten ... beweisen, daß Fluorchlorkohlenwasserstoffe nicht ohne gesundheitliche Gefährdung eingesetzt werden
können, so wird Du Pont die Produktion dieser Verbindungen einstellen.«[8] Vierzehn Jahre später löste Du Pont, weltweit der größte Hersteller von FCKW, dieses Versprechen ein.

1978 wurde in den USA der Einsatz von FCKW als Treibgase verboten.
Dieses Gesetz und der Verkaufsrückgang von Sprühdosen bewirkten
zusammen, daß die globale Gesamtproduktion von FCKW um 25 Pro-
zent fiel. Doch außerhalb der USA wurden weiterhin Sprühdosen mit
FCKW-Treibmitteln hergestellt. Der industrielle Einsatz von FCKW
besonders in der Elektronikindustrie stieg weiter, und um 1985 war die
Weltproduktion dieser Verbindungen wieder auf ihren früheren
Höchststand von 1975 angestiegen (Abbildung 5–1).

Erosion – Das Ozonloch

Wissenschaftler der Forschungsgruppe British Antarctic Survey stellten
im Oktober 1984 bei ihren Messungen fest, daß der Ozongehalt der
Stratosphäre in dem von ihnen überwachten Gebiet über der Antarktis
um 40 Prozent abgenommen hatte. Seit zehn Jahren schon hatten ihre
Routinemessungen ständigen Rückgang ergeben (Abbildung 5–4). Die
Forscher an der Halley-Bucht wollten aber zunächst ihren Daten nicht
trauen: Der Rückgang um 40 Prozent erschien höchst unwahrscheinlich. Mit dem damaligen Wissen über die atmosphärische Chemie gefüt-
terte Computermodelle ergaben bei Hochrechnungen allenfalls einen
Rückgang um einige Prozent.

Die britischen Wissenschaftler überprüften ihre Instrumente und suchten nach Vergleichsmessungen aus anderen Regionen. Sie wurden fündig: Eine andere Station 1600 Kilometer weiter nordwestlich hatte ebenfalls einen außerordentlich hohen Rückgang des Ozongehalts in der Stratosphäre registriert.

Im Mai 1985 erschien dann ein wissenschaftlicher Bericht mit heute schon historisch bemerkenswertem Inhalt: Zum erstenmal war von einem »Ozonloch« über der südlichen Hemisphäre die Rede.[9] Das alarmierte die Weltgemeinde der Wissenschaftler. Fachleute der NASA wühlten sich durch die Datenpakete, die der Satellit Nimbus 7 seit 1978 bei Routinemessungen geliefert hatte, und überprüften alle Daten über das Ozon in der Atmosphäre. Aber Nimbus 7 hatte keine Andeutung eines Ozonlochs gemeldet.

Bei dieser Rückschau stellte sich dann heraus, daß die Computer der NASA darauf programmiert waren, geringe Werte der Ozonmessungen

Abbildung 5–4   Ozonmessungen an der Halley Bay, Antarktis

Ozonkonzentration in Dobson-Einheiten

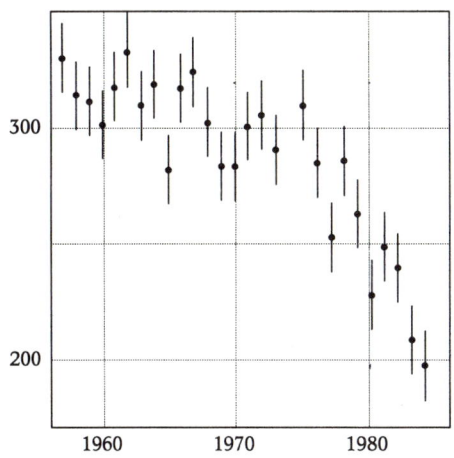

Über der Halley Bay in der Antarktis wurden die Ozonkonzentrationen jeweils im Oktober gemessen, wenn die Sonne im südlichen Polarfrühling wieder über dem Horizont erscheint. Über ein ganzes Jahrzehnt zeigten sich dabei fallende Ozonwerte, bis schließlich 1985 der erste wissenschaftliche Bericht erschien, in dem auf das Ozonloch hingewiesen wurde (Quelle: J. C. Farman et al.).

gar nicht zu berücksichtigen, weil man angenommen hatte, daß sehr kleine Ozonwerte auf die unvermeidliche Ungenauigkeit der Meßinstrumente zurückzuführen seien.[10] Aber die ursprünglich nicht von den Computern bearbeiteten Meßwerte konnten rekonstruiert werden. Sie bestätigten die britischen Befunde von der Halley Bay und zeigten, daß der Ozonpegel über dem Südpol schon seit einem Jahrzehnt stetig gefallen war. Außerdem ließ sich nach diesen Daten eine Karte über den Bereich der Ozonausdünnung, des Ozonlochs, zusammenstellen. Er hatte etwa die Größe der Vereinigten Staaten, nahm von Jahr zu Jahr an Umfang zu und wurde immer ausgeprägter.

Wieso dieses Loch? Und warum gerade über der Antarktis? Was bedeutete das für den Schutz der Erdoberfläche gegen die UV-B-Einstrahlung? Es bedurfte großer wissenschaftlicher Anstrengungen, um diese Fragen innerhalb weniger Jahre zu beantworten.

Einen besonders spektakulären Hinweis für das Chlor als Verursacher des Ozonloches lieferte im Oktober 1988 der Flug eines mit Meßgeräten ausgerüsteten Forschungsflugzeugs in großer Höhe von Südamerika aus, mitten in das Ozonloch hinein. In Abbildung 5–5 werden die Meßkurven der Konzentrationen von Ozon und Chlormonoxid (ClO) gezeigt, die sich bei diesem Höhenflug ergaben: Die Schwankungen des Ozongehalts verlaufen nahezu exakt spiegelbildlich zu denen der Konzentration von Chlormonoxid.[11] Innerhalb des »Loches« sind die ClO-Konzentrationen einige hundertmal höher, als sie bei normalem Verlauf der atmosphärischen chemischen Umsetzungen eigentlich sein dürften. Dieses Diagramm war schließlich das untrügliche und unumstößliche Indiz, daß das Ozonloch keine normale Erscheinung ist. Es zeigt eine hochgradig gestörte Atmosphäre an, verursacht durch eine von den Menschen freigesetzte chlorhaltige Verbindung. Das mußten auch die Hersteller der FCKW akzeptieren.

Jahre dauerte es auch, bis die Wissenschaftler eine schlüssige Erklärung fanden, warum sich das Phänomen in Form eines Loches über der Antarktis zeigt. Hier ist sie kurz gefaßt:

Der antarktische Kontinent ist allseits von Ozeanen umgeben; die Winde können ihn ungestört von Landmassen umkreisen. Im südlichen Polarwinter bildet ein zirkumpolarer Wirbel eine kreisende Luftbewegung. Sie umfaßt die Luftmassen über der Antarktis und verhindert weitgehend, daß sie sich mit anderen Teilen der Atmosphäre vermischen. Damit entsteht ein isoliertes »Reaktionsgefäß« der in der Atmosphäre wirksamen chemischen Stoffe. (Über dem Nordpol bildet sich

keine derartig ausgeprägte Wirbelströmung, deshalb auch kein so ein-
deutiges Ozonloch.)

Die Stratosphäre über der Antarktis ist der kälteste Bereich dieses
Planeten mit Temperaturen bis minus 90 Grad Celsius. Bei solchen
Kältegraden bildet Wasserdampf einen Schleier winzigster Eiskristalle
etwa in der Höhe der Ozonschicht. Die Oberflächen dieser unzähligen
Eiskristalle fördern katalytisch die chemischen Reaktionen, bei denen
Chlor freigesetzt wird.

In der halbjährigen Nacht des antarktischen Winters geht das freigesetzte Chlor noch keine Kettenreaktionen ein, bei denen Ozon zerstört

Abbildung 5–5   Zunahme von Chlor = Abnahme von Ozon

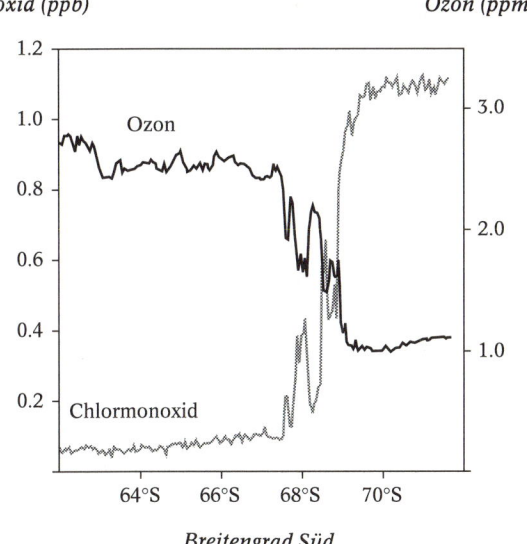

Chlormonoxid (ppb)   *Ozon (ppm)*

Breitengrad Süd

Am 16. September 1987 flog ein ER-2-Forschungsflugzeug der NASA von Punta
Arenas in Chile bis zum 72. südlichen Breitengrad. Dabei registrierten die For-
schungsinstrumente in der Maschine die Konzentrationen von Ozon und Chlormonoxid gleichzeitig. Über dem 68. Breitengrad stieg die Konzentration des
Chlormonoxids auf mehr als das 500fache seines Normalwertes, während
gleichzeitig die Ozonkonzentration rasch absank: Die Maschine hatte den
»Rand« des Ozonlochs durchflogen (Quelle: J. G. Anderson et al.).

wird. Die Chloratome verbinden sich lediglich mit Sauerstoff zu Chlor-
monoxid-Molekülen, die sich wiederum zu relativ stabilen Atomketten
der Anordnung ClOOCl zusammenschließen. Diese Fadenmoleküle
häufen sich an und bleiben reaktionsbereit, bis die Sonnenstrahlung
erneut einsetzt.[12]

Wenn die Sonne im antarktischen Frühling wieder über den Horizont
tritt, kommt es zu einer Flut von freiem Chlor: Die Strahlung reißt die
Molekülketten auf; die Chloratome machen sich über das Ozon her, so
daß dessen Konzentration in wenigen Wochen jäh abfällt. In bestimmten Höhen verschwinden 97 Prozent des gesamten Ozongehalts.

Durch die Sonnenstrahlung wird aber auch der zirkumpolare Wirbel,
die umlaufende Windströmung, wieder aufgelöst. Die Polarluft wird
nicht mehr zusammengehalten, die an Ozon verarmten antarktischen
Luftmassen verteilen sich über die ganze Erdoberfläche. Über der
Antarktis jedoch stellen sich fast wieder normale Ozonkonzentrationen
ein.

Kleinere Strukturen ausgedünnter Ozonkonzentration wurden auch in
der Stratosphäre über dem Nordpol im arktischen Frühling festgestellt.
Doch ein ausgesprochenes Loch wie über der Antarktis ist anderswo
nicht zu erwarten. Aber der atmosphärische Luftaustausch sorgt dafür,
daß überall in der Stratosphäre die Ozonkonzentration meßbar
abnimmt. Das wird auch in Zukunft so weitergehen. Große FCKW-
Mengen sind freigesetzt. Da sie chemisch stabil sind und nur nach langer Verzögerung in die Stratosphäre gelangen, geht die Ausdünnung der
Ozonschicht mindestens noch ein Jahrhundert lang weiter, selbst wenn
ab heute nicht ein einziges FCKW-Molekül mehr in die Umwelt geriete.

Die nächste Reaktion

Die an der »Ozon-Story« Beteiligten streiten mitunter darüber, ob die
erste Nachricht über das Ozonloch 1985 die Politiker ebenso alarmiert
habe wie die Wissenschaftler. Damals waren bereits internationale
Gespräche über eine Begrenzung der FCKW-Produktion im Gange,
aber Fortschritte waren kaum erkennbar. Zwei Monate vor der Mittei-
lung über das Ozonloch erbrachte eine Konferenz in Wien einen
Beschluß, der wohl das Gewissen beruhigen sollte: Die Nationen
mögen doch »angemessene Schritte« zum Schutze der Ozonschicht
unternehmen. Aber von einem Zeitplan oder gar von Sanktionen war

nicht die Rede. Die Industrie hatte ihre Forschungsbemühungen nach Ersatzstoffen für die FCKW eingestellt; es sah so aus, als werde man sie in absehbarer Zukunft sicher nicht brauchen.[13] Noch immer waren die FCKW nicht eindeutig beweiskräftig als Verursacher des antarktischen Ozonlochs identifiziert; die Beweisführung gelang erst drei Jahre später. Doch zwischen dem März 1985, nach der praktisch ergebnislosen Konferenz in Wien, und einer Konferenz im Oktober 1987 in Montreal änderte sich die Atmosphäre der Verhandlungen. Das Loch über der Antarktis wirkte psychologisch stark, vielleicht gerade deshalb, weil man nicht voll verstand, was da vor sich ging. Es gab keine Zweifel mehr, daß sich in der Ozonschicht seltsame Dinge abspielten. Die FCKW standen unter dringendem Tatverdacht; bewiesen war er noch nicht. Gleichwohl wurde in Montreal das erste internationale Protokoll über den Schutz der Ozonschicht unterzeichnet.

Beweis hin oder her, vermutlich hätte es keine Fortschritte gegeben, wenn sich nicht die Organisation des Umweltprogramms der Vereinten Nationen (UNEP) eingeschaltet hätte. Sie übernahm die Rolle des Gastgebers und förderte den internationalen Verhandlungsprozeß. Ihr wissenschaftlicher Stab sammelte und interpretierte die wissenschaftlichen Hinweise, legte sie den Regierungen vor, schuf eine neutrale Plattform für Gespräche auf höchster Ebene und wirkte als Vermittler. Mustafa Tolba, der Direktor der UNEP, erwies sich als geschickter Diplomat in Sachen der Umwelt, blieb stets strikt neutral, wenn es zu Streitigkeiten kam, und erinnerte jedermann immer wieder mit großer Geduld an die absolute Priorität des Schutzes der Ozonschicht.

Es war ein schwieriger Einigungsprozeß.[14] Niemals zuvor mußten sich die Nationen mit einem globalen Umweltproblem befassen, das man noch nicht völlig durchschaut hatte und dessen Dringlichkeit, etwa durch beträchtliche Schäden an Leben und wirtschaftlichen Werten, noch nicht belegt war. Die Staaten, in denen die größten Mengen von FCKW hergestellt wurden, versuchten erwartungsgemäß, jeden einschneidenden Abstrich am Einsatz von FCKW zu verhindern.

Oftmals hingen wichtige Entscheidungen am seidenen Faden. Die USA hatten eine Führungsrolle übernommen, die freilich mehrmals fast durch Interessenstreite hinter den Kulissen der Reagan-Administration unterlaufen wurde. An das Licht der Öffentlichkeit kamen sie, als ein angeblicher Ausspruch des Innenministers Donald Hodel zitiert wurde: Die Ozonschicht sei überhaupt kein Problem; die Leute müßten im Freien lediglich breitrandige Hüte tragen und Sonnenbrillen aufsetzen

… Das internationale Gelächter, das nun ausbrach, half jenen Politikern in der Regierung, die den Präsidenten zu bewegen suchten, das
Ozonproblem sehr ernst zu nehmen.
Die UNEP wirkte im Hintergrund weiter. Auch in Europa bedrängten
Umweltorganisationen ebenso wie in den USA die Regierungsinstan-
zen. Für Journalisten, Parlamentarier und auch das Publikum organi-
sierten Wissenschaftler Workshops, um sachlich über die Zusammenhänge zu unterrichten. Als Reaktion auf den Druck von allen Seiten
ließen die Regierungen dann 1987 in Montreal das »Protokoll über
Substanzen, welche die Ozonschicht schädigen« unterzeichnen. Es enthält die erste bindende Vorschrift zur weltweiten Senkung der FCKW-

Abbildung 5–6   Verlauf der Chlorkonzentration infolge FCKW

*Stratosphärische Chlorkonzentration
in ppb*

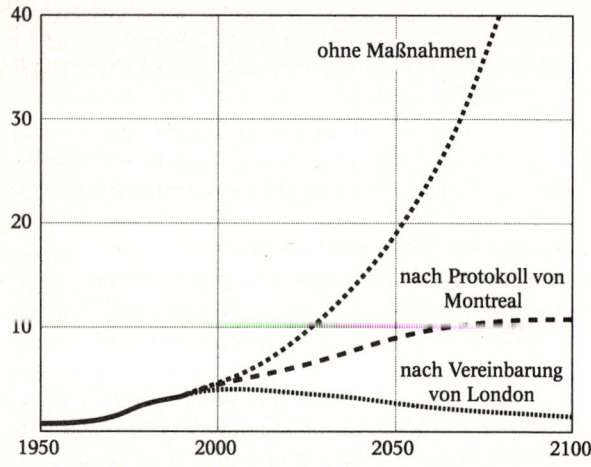

Wenn die Produktion und der Einsatz der FCKW weiter so verlaufen wäre wie
noch 1986, so hätte dies zu einer Erhöhung der Chlorkonzentration der Stratosphäre auf das 60fache bis 2100 geführt. Im Protokoll von Montreal wurden
zwar geringere Emissionsraten festgeschrieben, die aber dennoch zu einem fast
doppelt so hohen Chlorgehalt wie 1980 geführt hätten. Nach der Übereinkunft
von London soll die Nutzung der FCKW ganz eingestellt werden. Um das Jahr
2005 könnte dann der Rückgang des Chlorgehalts einsetzen (Quellen: J. Hoff-
man et al.; R. E. Benedick).

Produktion. Die Herstellungsmengen der fünf wichtigsten FCKW-Verbindungen sollten auf den Stand von 1986 eingefroren, 1993 um 20 Prozent und schließlich 1998 nochmals um 30 Prozent reduziert werden. 36 Nationen unterzeichneten diese »Einfrier-20-30«-Vereinbarung, darunter alle Länder mit beträchtlicher FCKW-Produktion.

Es war eine historische Übereinkunft. Die Bestimmungen gingen viel weiter, als damals Umweltschützer überhaupt für politisch durchsetzbar hielten. Und sie waren erstaunlich zügig zustande gekommen.

Bald zeigte sich allerdings, daß die Bestimmungen dennoch nicht weit genug gingen. Auf Abbildung 5–6 ist aufgezeichnet, daß nach den Vorschriften von Montreal die schädlichen Chlor-Konzentrationen in der Stratosphäre noch fast für ein Jahrhundert auf den doppelten Wert von heute gestiegen wären. Große Bestände von FCKW befinden sich ja noch in Kühlaggregaten und Wärmedämmstoffen und sind noch nicht freigesetzt. Und die freigesetzten haben noch lange nicht die Stratosphäre erreicht.

Es ist jedoch verständlich, warum das Montreal-Protokoll noch nicht weiter gehen konnte. Die Bevollmächtigten aus den meisten Ländern der Dritten Welt haben es nicht unterzeichnet. China möchte zum Beispiel sicherstellen, daß die Hunderte von Millionen Haushalte des Landes auch Kühlschränke benutzen können – und dazu braucht man riesige Mengen von Freon. Die ehemalige UdSSR verwies immer wieder auf ihren Fünfjahresplan, der es nicht zulasse, die sowjetische FCKW-Produktion rasch zu ändern. Sie verlangte langsamere Senkungsraten, und man gestand sie ihr zu. Auch die meisten anderen Herstellerländer von FCKW hofften im stillen noch immer, daß sie wenigstens einen Teil ihrer Märkte würden retten können.

Dann aber wurde bereits ein Jahr nach Unterzeichnung des Abkommens von Montreal eine noch viel weitergehende Ausdünnung der arktischen Ozonschicht meßtechnisch nachgewiesen; wieder ein unumstößliches Indiz. Jetzt ließ Du Pont mitteilen, daß der Konzern die Herstellung von FCKW vollkommen einstellen werde. Die USA und die Länder der Europäischen Gemeinschaft zogen nach und erklärten offiziell, daß in ihren Hoheitsgebieten im Jahre 2000 die Herstellung der fünf wichtigsten FCKW-Verbindungen untersagt werde. Gleichzeitig erinnerten sie öffentlich an Vereinbarungen im Protokoll von Montreal, die periodische Korrekturen der Vorschriften entsprechend dem Zustand der Ozonschicht sowie strengere Produktionsbeschneidungen, falls notwendig, vorsahen.

Nach weiteren Verhandlungen, wiederum unter der Obhut der UNEP, vereinbarten 92 Nationen 1990 in London ein totales Produktionsverbot für alle FCKW ab dem Jahre 2000. In die Liste der verbotenen Stoffe wurden zusätzlich Methyl-Chloroform, Kohlenstoff-Tetrachlorid und Halone aufgenommen; auch sie binden Ozon. Mehrere Länder der Dritten Welt verweigerten zunächst die Unterschrift, bis ihnen ein internationaler Hilfsfonds zugesichert worden war, der technische Hilfe beim Übergang zu Ersatzstoffen für FCKW leisten wird. Das Übereinkommen drohte noch einmal zu scheitern, als sich die USA weigerten, zu diesem Hilfsfonds beizutragen. Er kam dann aber doch zustande.

Wie sich das Londoner Abkommen auf den stratosphärischen Chlorgehalt auswirken wird, ist ebenfalls auf Abbildung 5–6 verzeichnet.

Die Welt ohne FCKW

In der Industrieforschung kam es zu einem Schub von Kreativität, als ernsthafte politische Gespräche über Beschränkungen für FCKW aufgenommen wurden. Hunderte von Möglichkeiten zeichneten sich ab, wie man die Abgabe von FCKW reduzieren und Ersatzstoffe einsetzen könne.

Das Verbot der FCKW-Treibgase in Sprühdosen 1978 hatte bereits dazu geführt, daß in den USA andere Treibgase für Aerosole synthetisiert wurden. Sie waren zumeist auch kostengünstiger als die FCKW. Hierzu sagte der Spezialist für Chemie der Atmosphäre, Mario J. Molina: »Als 1978 die Vereinigten Staaten die FCKW-Treibgase in Sprühdosen verboten … hieß es, nun würden viele Menschen ihre Jobs verlieren. Dazu kam es nicht. Doch wie auch immer: diese Welt kann sich die Schäden für die Umwelt nicht leisten, die durch ständige Abgabe von FCKW entstehen.«[15]

Verfahren wurden entwickelt, um FCKW-Kühlmittel aus Kühlschränken und Klimaanlagen aufzufangen, zu reinigen und neu einzusetzen. Zuvor hatte man die Kühlmittel weggeschüttet, wenn die Geräte repariert oder verschrottet wurden. Ersatz-Kühlmittel waren bereits bekannt, denn Kühlaggregate gab es auch schon vor der Entwicklung des FCKW. Jetzt werden neuartige entwickelt.

Ersatz-Lösungsmittel anstelle der FCKW wurden nach neuartigen Verfahren in der Elektronik- und Luftfahrtindustrie eingesetzt, um Mikroschaltungen und Flugzeugteile bei der Produktion zu reinigen. Einige dieser neuen Reinigungsverfahren arbeiten mit einfachen wässerigen Lösungen. Bei einigen neuartigen Herstellungsprozessen kann auf Waschprozesse gänzlich verzichtet werden. Das bringt auch Kostenvorteile. Einige amerikanische und japanische Firmen vereinbarten den kostenlosen Austausch von Forschungsergebnissen und Know-how-Transfer auch mit Drittfirmen aus der Elektronikbranche. Das soll dazu beitragen, daß noch rascher auf den Einsatz von FCKW verzichtet werden kann.[16]

Aus der Firmenforschung der chemischen Industrie kommen die hydrierten FCKW; sie schädigen die Ozonschicht 10- bis 50mal weniger als die normalen FCKW. Andere völlig neuartige Verbindungen wurden als Ersatzstoffe für spezielle Anwendungen entwickelt.

Plastik-Wärmedämmstoffe werden jetzt mit harmlosen Gasen aufgeschäumt, Hamburger im Schnellimbiß in Papier- oder Pappformen verpackt; immer mehr Verbraucher verwenden wieder Keramikgeschirr anstelle der Wegwerf-Becher.

Die Welt kann ohne FCKW leben. Die Industrie stellt sich rascher als erwartet darauf ein, daß es sie bald nicht mehr geben wird. Die Kosten und wirtschaftlichen Schwierigkeiten bei der Umstellung sind viel geringer, als man sich zunächst vorstellen konnte. Auch die FCKW sind Treibhausgase, in gleichen Mengen mehr als tausendfach wirkungsvoller als Kohlendioxid. Es kommt nicht nur der Ozonschicht zugute, wenn sie verschwinden, es verringert auch das Risiko eines globalen Klimawechsels.

Doch die Hiobsbotschaften aus der Stratosphäre reißen nicht ab. Die NASA meldete im Frühjahr 1991, daß nach Satelliten-Beobachtungen die Ozonausdünnung über der nördlichen Hemisphäre doppelt so rasch ablaufe wie bislang erwartet. 1991 war über Nordamerika, Europa und Zentralasien verminderter Ozongehalt erstmals bis in den Sommer hinein zu beobachten, wenn die Strahlung Menschen und Ernten ja am ehesten gefährden kann. In dem Jahrzehnt nach 1980 fiel der Ozongehalt über der nördlichen Hemisphäre um drei Prozent und über der südlichen um fünf Prozent, dreimal rascher als in der vorhergehenden Dekade der Siebziger.[17] Und im Herbst 1991 zeigte sich das antarktische Ozonloch umfangreicher und ausgeprägter als jemals zuvor.

Und die Moral der Geschichte?

Welche Schlüsse man aus dieser Geschichte des Ozonlochs zieht, hängt weitgehend vom Temperament und den politischen Überzeugungen und Erfahrungen des Beurteilers ab. Hier sind unsere Schlußfolgerungen:

Politische Willensbildung läßt sich international durchaus so bündeln, daß menschliche Aktivitäten im Rahmen der Umweltgrenzen gehalten werden.

Die Menschen und ihre nationalen Repräsentanten müssen keinesfalls mit Unfehlbarkeit gesegnete Heilige werden, um wirkungsvolle internationale Zusammenarbeit in lebenswichtigen Fragen durchzusetzen; dazu bedarf es auch keiner perfekter Kenntnisse und keiner absolut gesicherten wissenschaftlichen Beweise.

Man braucht keine Weltregierung, um globale Probleme zu lösen – wohl aber globale wissenschaftliche Zusammenarbeit, ein weltweites Informationssystem und ein anerkanntes internationales Forum mit der Kompetenz, Übereinkünfte zu entwickeln.

Wissenschaftler, Technologen, Politiker, Verbände und Verbraucher sind sehr wohl in der Lage, *rasch* zu handeln, wenn sie erkennen, daß dies unerläßlich ist – aber *sofort* geht es nicht.

Wenn nur unvollständige Kenntnisse vorliegen, müssen Abkommen über Umweltfragen flexibel formuliert und regelmäßig überprüft werden. Ständige Beobachtung der Weiterentwicklung ist erforderlich, um den jeweiligen Zustand der Umwelt zu erfassen.

Für die Übereinkunft zum Schutz der Ozonschicht erwiesen sich alle beteiligten Akteure als unverzichtbar; das wird auch in Zukunft so sein. Man brauchte einen internationalen Vermittler wie die UNEP; einige nationale Regierungen, die bereit sind, die Führungsrolle zu übernehmen; flexible und verantwortungsbewußte Firmen und Interessenvertreter; Wissenschaftler, die willens und fähig sind, mit Politikern zu verhandeln; engagierte Umweltschützer, die öffentlichen Druck in Gang setzen; und Verbraucher, die ihre Konsumgewohnheiten nach vorliegenden Informationen ändern – sowie technische Experten, die angepaßte Verfahren entwickeln, den Menschen das Leben erleichtern und es auch innerhalb bestehender Begrenzungen lebenswert machen.

In dieser Ozongeschichte spiegelt sich charakteristisch das Verhalten eines Systems, das zur Grenzüberziehung mit Zusammenbruch tendiert: Zuerst exponentielles Wachstum in einer erosionsbedrohten begrenzten Umwelt, dann lange Verzögerungszeiten, bis entsprechend den Symptomen sachliche und politische Reaktionen zustande kommen. Dreizehn Jahre vergingen, bis nach den ersten Veröffentlichungen über abnehmende Ozonkonzentrationen das Abkommen von Montreal zustande kam. Es wird weitere dreizehn Jahre dauern, bis das Protokoll von Montreal, in London noch strenger formuliert, voll erfüllt sein wird. Und mehr als ein Jahrhundert wird vergehen, bis das überschüssige Chlor aus der Ozonschicht wieder verschwunden sein wird.

Dies war auch die Geschichte einer Grenzüberziehung. Bleibt nur zu hoffen, daß sie sich nicht zu einer Geschichte eines Zusammenbruchs entwickelt. Das hängt davon ab, in welchem Maße die Ozonschicht weiter der Erosion unterliegt und wie schnell sie sich erholen kann, ob es nicht zu neuen Überraschungen in der Atmosphäre kommt und ob die Menschheit rechtzeitig gehandelt hat – und dies auch weiter tun wird.

Kapitel 6

Technologie, Märkte und Grenzüberziehung

»Alles deutet darauf hin, daß wir ständig die Rolle unserer technologischen Schöpferkraft überbewerten und die Bedeutung der natürlichen Ressourcen unterschätzen. Uns fehlt der Sinn für die Grenzen und das Bewußtsein für die Bedeutung der Ressourcen dieser Erde – dessen sind wir in dem Drang, diese Welt umzugestalten, verlustig gegangen.«
Stewart Udall[1]

Seit etwa 100 000 Jahren gibt es Menschen heutiger Art auf der Erde. Vor ungefähr zehntausend Jahren haben sie sich zu Zivilisationen zusammengefunden. Seit knapp dreihundert Jahren vermehren sie sich zunehmend rascher und haben einen gleichartig wachsenden Kapitalstock immer raffinierterer Hilfsmittel und Verfahren aufgebaut. Zuvor undenkbare technische und strukturelle Innovationen, von der Dampfmaschine bis zur modernen Demokratie, vom Computer bis zu multinationalen Gesellschaften, sind in nur dreißig Jahrzehnten entstanden. Sie machen es möglich, daß die Wirtschaft offensichtliche materielle Grenzen und noch beherrschbare Größen überschreitet und dennoch weiterwächst. Besonders die letzten Jahrzehnte der sich entwickelnden Industriekultur haben in den Köpfen die Zukunftserwartung eines unendlichen Wachstums eingepflanzt.

Für viele Menschen ist es daher einfach nicht denkbar, daß es Grenzen des Wachstums geben könne. Politisch sind solche Grenzen nicht diskutabel und ökonomisch nicht existent. Die Gesellschaft hat eine kollektive Gläubigkeit in die Macht der Technologie sowie in das freie Spiel der Marktkräfte entwickelt und damit den Sinn für Begrenzungen verdrängt.

»Durch die unablässige Folge von Innovationen … kann der Ertrag ständig und unbegrenzt steigen; der zunehmende Bedarf an einzelnen Ressourcen stößt dabei an keine vorgegebenen Grenzen.«[2]

»Die physikalische Welt um uns ist so beschaffen, daß sie die beständige Steigerung der Wirtschaftskraft der Menschheit zuläßt … ohne Ende; darauf kann man sich verlassen. Selbstverständlich treten immer wieder lokale Probleme auf; es kommt zu Mangellagen, auch zu Umweltbelastungen. Aber ebendie Beschaffenheit dieser Welt und die Widerstandskräfte eines wohlfunktionierenden wirtschaftlichen und sozialen Systems verleihen uns die Fähigkeit, solche Probleme zu überwinden; und wenn sie gelöst sind, befinden wir uns zumeist in besserer Lage, als wenn sie gar nicht entstanden wären. Das ist die große Lektion, die uns die Geschichte der Menschheit gelehrt hat.«[3]

Vor 20 Jahren wurde gegen *World3* besonders heftig der Einwand vorgebracht, dies Weltmodell unterbewerte die Wirkungskräfte der Technologie und berücksichtige viel zuwenig die Anpassungsfähigkeit freier Märkte. Wir wissen allerdings, was die Technologie leistet und wie der Markt funktioniert. Wir nahmen in *World3* an, daß die Marktkräfte bei Investitionsentscheidungen perfekt funktionieren. Auch technische Verbesserungen sind in der Modellstruktur wirksam, so etwa Geburtenkontrolle, Ressourcensubstitution und die Grüne Revolution in der Landwirtschaft. Künftig mögliche bzw. wahrscheinliche technische Entwicklungssprünge wurden bei Szenarios ausgetestet, die zum Beispiel zeigten, welche Wirkung es hätte, wenn künftig fast alle Materialien durch Recycling wiederverwendet würden oder wenn sich der Flächenertrag einmal, auch zweimal verdoppeln würde. Auch die Wirkung von vier- und von zehnmal besseren Maßnahmen gegen Umweltverschmutzung wurde durchgespielt.

Doch auch angesichts solch extrem positiver Voraussetzungen kommt es bei Modell-Läufen zur »Überlastung«. Selbst wenn man die effektivsten Technologien und die mächtigsten ökonomischen Widerstandskräfte voraussetzt, die überhaupt vorstellbar sind, produziert das Modell Zusammenbruchsszenarien – falls keine weiteren Veränderungen eingeführt werden.

In diesem Kapitel wird erklärt, warum sich das System so verhält. Zuerst aber weisen wir darauf hin, daß wir uns hierbei auf gefährliches Terrain begeben. Denn jetzt wird über Vorgänge geredet, die nicht mehr auf ausschließlich wissenschaftlichem Arbeitsgebiet liegen, sondern auch kulturelle Glaubensinhalte betreffen. Jedes Hinterfragen, jeder Zweifel wird von manchem als Ketzerei verstanden werden. Jeder Hinweis auf Probleme und Grenzen auch in den Bereichen der Technologie und der Marktkräfte stempelt uns in den Augen mancher Menschen zu Feinden der Technik oder der Marktwirtschaft.

Aber wir sind weder technikfeindlich noch auch gegen den freien Markt. Wir sind technisch ausgebildet und in mancher Hinsicht sogar Technik-Freaks.[4] Wir zählen darauf, daß die Technik entscheidend dazu beitragen wird, die Wirtschaft wieder in Balance mit der Umwelt zu bringen, und zwar ohne daß Opfer erbracht werden müssen. Wir schätzen auch die Vorzüge freier Märkte. Zwei Mitglieder unseres Teams haben an einer namhaften Universität in Betriebs- und Volkswirtschaft promoviert. Einer war selbst Präsident einer derartigen Institution und ist gegenwärtig Manager eines Unternehmens. Wir erwarten, daß Verbesserungen im Bereich der Marktwirtschaft und Fortschritte in der Technologie eine produktive und wohlhabende Gesellschaft in dauerhaft existenzfähigem Zustand erhalten werden. Aber wir trauen weder der Technologie noch dem freien Markt zu, daß sie alleine, ohne Reformen und ohne Lenkung, eine solch langfristig existenzfähige Gesellschaft erschaffen werden.

Diese Überzeugung beruht auf unserer Einsicht in Systemzusammenhänge und der Vertrautheit mit dem Verhalten von Systemen. Sie stammt aus der Notwendigkeit sorgfältigen Nachdenkens: Wenn man Weltmodelle aufstellt, muß man genau beschreiben, was Technologie ist und wie Märkte funktionieren. Unklare Vorstellungen und pauschale Behauptungen sind dazu unbrauchbar. Bei der konkreten Beschreibung solcher Prozesse hingegen zeigen sich ihre Funktionen und ihre Wirkungen im Weltsystem – aber auch ihre Grenzen.

Wir werden in diesem Kapitel

die Regelkreis-Prozesse für Technologie und das Marktverhalten beschreiben, wie sie in *World3* formuliert und wirksam sind;

mehrere Computerläufe abbilden, für die sukzessive immer wirksamere Technologien angenommen werden;

die sich noch immer zeigende Tendenz zur Instabilität, zur Grenzüberziehung und zum Zusammenbruch begründet erklären und

eine Fallstudie über die Fischerei vorstellen, die zeigt, wie in der gegenwärtigen Gesellschaft Technologie und Marktkräfte zum Zusammenbruch einer wertvollen Ressource beitragen.

Technologie und Märkte in der »realen« Welt

Was ist nun Technologie »wirklich«? Die Fähigkeit, Probleme zu lösen? Die Quelle alles Bösen? Die Manifestation menschlichen Schöpfergeistes? Oder zeigt sie sich in der zunehmenden Produktivität von Arbeit und Kapital? Ist sie die Herrschaft des Menschen über die Natur? Oder bedeutet sie die Macht einiger Menschen über andere mit Hilfe der Naturgesetze?

Die Vorstellungen von der Technik in den Köpfen der Menschen umfassen all diese verschiedenen Erscheinungen – und noch andere dazu.[5]

Was ist »in Wahrheit« der Markt? Einige würden sagen, das sei ein Ort, auf dem Verkäufer und Käufer zusammenkommen und Preise aushandeln, die dann den relativen Wert der einzelnen Waren darstellen. Andere würden sagen, der freie Markt sei eine von den Wirtschaftswissenschaftlern erfundene Fiktion. Vielen Menschen, die keinen Zugang zum freien Markt haben, muß er als eine magische Institution erscheinen, die auf unerklärliche Weise Blue jeans und Videokassetten im Überfluß in die Verkaufsregale bringt. Oder bedeutet Markt das Privileg, Kapital zu besitzen und den Gewinn zu behalten? Oder ist der Markt das am besten geeignete Mittel, die von der Gesellschaft geschaffenen Produkte zu den Interessenten zu lenken? Oder ist er eine Einrichtung für einige Leute, um Macht über andere Menschen mit Hilfe des Geldes auszuüben?

Aus der Vielzahl der Vorstellungen, wie Technik und Markt die Wachstumsgrenzen überwinden könnten, schält sich als die häufigste etwa die folgende heraus.

1. Zunächst entsteht ein Problem, das als Grenze erscheint; etwa wenn ein Rohstoff knapp wird oder sich Schadstoffe häufen.

2. Der Markt reagiert darauf mit einem höheren Preis für die knappe Ressource; der Schadstoff verursacht höhere Kosten für Produkte oder Dienstleistung (in diesem Stadium der Argumentation wird meist eingeräumt, daß der Markt so angepaßt gestaltet werden müßte, daß er auch die Kosten für Umweltverschmutzung widerspiegelt).

3. Der Preisanstieg hat Folgen: Für Prospektoren lohnt es sich jetzt, neue Ressourcen aufzufinden. Hersteller bewegt er dazu, reichlicher vorhandene Ressourcen für die rar gewordenen einzusetzen. Produkte aus dem teurer gewordenen Rohstoff werden schlechter ver-

kauft oder wirkungsvoller genutzt. Für Ingenieure besteht Anreiz, Verfahren zur Senkung der Emission des Schadstoffes oder zu dessen sicherer Beseitigung zu entwickeln. Auch finden sich wohl andere Herstellungsprozesse mit vermindertem Ausstoß des Schadstoffes.

4. Diese Folgen des Preisanstiegs sowohl auf seiten der Verbraucher wie der Hersteller geraten über den Markt in gegenseitigen Wettbewerb; Käufer und Verkäufer entscheiden in diesem Prozeß gemeinsam, welche Technologie und welche Art von Verbrauchsverhalten das entstandene Problem am wirksamsten, am schnellsten und am kostengünstigsten aus der Welt schafft. Die Gesellschaft macht sich dann die besten Lösungen zu eigen, überwindet dabei die Rohstoff-Verknappung bzw. reduziert die Wirkungen des Schadstoffes.

Bemerkenswert ist an diesem Denkmodell, daß es nicht nur auf der Funktion des Marktes allein oder der Technik allein beruht, sondern eben auf einem geschmeidigen Zusammenspiel beider Faktoren. Die Signale des Marktes sind dringend erforderlich, um zu Lösungen anzureizen, die besten auszuwählen und sie zu honorieren. Die Technologie wird gebraucht, um die Probleme praktisch zu lösen. Alle Elemente des geschilderten Prozesses sind notwendig. Die Technologie kann ohne Signale und Richtungsvorgaben des Marktes keine Fortschritte machen. Ohne technisches Können und konstruktive Ideen bleiben die Signale des Marktes ohne Wirkung.

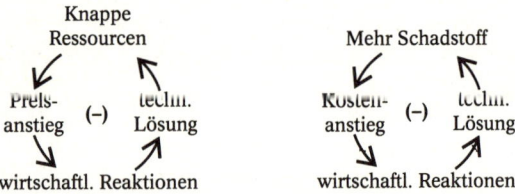

Weiterhin fällt auf, daß dieser Prozeß als negativer Regelkreis dargestellt werden kann – als eine Kette von Ursachen, die eine Veränderung rückgängig machen, einen problematischen Zustand korrigieren und wieder Gleichgewicht schaffen: Die Ressourcenknappheit ist überwunden. Der Schadstoff wird unschädlich gemacht. Die Gesellschaft kann weiter wachsen.

Solche Regelkreise zur Anpassung gibt es auch in der Realität. Sie haben wichtige Funktionen. Sie sind auch in *World3* wirksam, aller-

dings nicht als einzelne konkrete Variable, die man mit »Technologie«
bezeichnen könnte. Technologische Prozesse haben vielerlei Ursachen
und unterschiedliche Wirkungen. So ist zum Beispiel Gesundheitsfürsorge immer dann automatisch in *World3* wirksam, sobald sich die
simulierte Gesellschaft diesen Sektor der Dienstleistungen leisten kann.
Die Technologie der Geburtenkontrolle wird effektiv, sobald sich der
Dienstleistungssektor solche Maßnahmen leisten kann und die Menschen die Größe ihrer Familien beschränken wollen. Wenn Nahrungsmangel auftritt und Kapital verfügbar ist, treten in *World3* die Technologien zur Landentwicklung und Ertragssteigerung in Aktion.

Wenn sich nicht regenerierende Ressourcen knapp werden, transferiert
World3 Kapital zur Exploration und Nutzung neuer Vorkommen.
Dabei wird angenommen, daß sich erschöpfende Lagerstätten vollständig abgebaut werden können. Mit der fortschreitenden Ausbeutung
wird aber immer mehr Kapital zur Entdeckung und zum Abbau neuer
Lagerstätten erforderlich. Auch ist im Modell die Annahme programmiert, daß sich nicht erneuernde Ressourcen gegeneinander vollständig
austauschbar seien, ohne Kosten und Verzögerungen. (Deshalb werden
sie im Modell alle zu einer einzigen gemeinsamen Ressource zusammengefaßt.)

Die bereits beschriebenen Anpassungsvorgänge über Markt und Technologie sind ebenfalls Bestandteile des Weltmodells. Durch das Verändern von Zahlenwerten lassen sich die Prozesse verstärken oder
abschwächen. Läßt man diese Parameter unverändert wirken, entwik-
keln sich die Technologien in der simulierten Welt etwa beim gleichen
Industrieoutput pro Kopf wie das auch in den hochindustrialisierten
Ländern beobachtet wurde.

Der Bedarf an einer der eingebauten Technologien – Gesundheitsfürsorge, Geburtenkontrolle, landwirtschaftliche Maßnahmen, Exploration und Substitution von Ressourcen – wird ohne Verzögerung und
unverändert an den Kapitalsektor übermittelt. Die Technologien werden verzögerungsfrei wirksam, sofern dafür ausreichender Industrie-
bzw. Dienstleistungsoutput verfügbar ist. Preise werden nicht explizit
dargestellt; wir gehen von der Annahme aus, daß Preise lediglich ver-
mittelnde Signale an den Anpassungsmechanismus darstellen, der verzögerungsfrei und perfekt funktioniert. Dieser Mechanismus bedarf im
Modell keiner Vermittlung. Durch diese Modellierung werden viele
Verzögerungen und unvollständig angepaßte Reaktionen vermieden, zu
denen es auf den »realen« Märkten ständig kommt.

Eine Anzahl weiterer Technologien werden in *World3* erst wirksam, wenn wir sie für Test-Szenarios in Gang setzen. Hierzu gehören Recycling und Maßnahmen zur Steigerung des Ausnutzungsgrades von Ressourcen, zur Verhinderung von Emissionen und zur Bekämpfung von Bodenerosion. Vor zwanzig Jahren erschienen uns diese Technologien noch nicht so weit entwickelt, daß sie als technisch reif gelten konnten und bei Nachfrage überall einsetzbar wären.[6] Sie wurden deshalb so programmiert, daß man sie zu einem beliebigen Zeitpunkt in der simulierten Zukunft aktiv werden lassen kann. So kann man z. B. die Vorgabe machen, daß im Jahre 1995 die gesamte Menschheit einen entscheidenden Schritt zum Recycling unternimmt oder daß es 2005 zu einer konzertierten Aktion gegen Umweltverschmutzung kommt. Auch für diese »Anschalt«-Technologien ist Kapital erforderlich. Sie greifen erst nach einer Entwicklungs- und Installationszeit von zwei Jahrzehnten. Allerdings können wir diese Verzögerungszeit verkürzen, wie in diesem Kapitel noch gezeigt werden soll.

Das Austesten verschiedenartiger Annahmen und das Erproben von Entwicklungen in der Zukunft sind die wichtigsten Möglichkeiten, die Computermodelle bieten. Im Szenario 2 in Kapitel 4 wurde das Wachstum durch überhandnehmende Umweltverschmutzung abgewürgt. Nun läßt sich fragen: Was geschieht wohl, wenn die Welt auf die steigende Umweltverschmutzung entschlossen mit Investitionen in Technologien zur Vermeidung der Umweltbelastungen reagiert?
Szenario 3 zeigt, was dann passiert.

Durch Technologie erweiterte Grenzen

In Szenario 3 und in allen weiteren Computerläufen wird wieder, wie in Szenario 2, die doppelte Menge an ursprünglich vorhandenen Ressourcen gegenüber Szenario 1 vorausgesetzt, ein Rohstoffvorrat also, der bei den Verbrauchsraten von 1990 über 200 Jahre vorhalten würde. Szenario 2 wird damit zur Vergleichsbasis für technologische Veränderungen und politische Reformen. Angenommene Veränderungen werden nacheinander durchgetestet, zuerst in einem Szenario die Technologie gegen Umweltverschmutzung; dann kommt die Technologie zur Ertragssteigerung hinzu und so weiter – nicht etwa, weil wir glauben, es sei »real« wahrscheinlich, daß sich immer eine Technologie nach der anderen in dieser Reihenfolge entwickelt und genutzt wird, sondern aus didaktischen Gründen. Ansonsten wird das Verhalten des Modells unverständlich. Wenn wir mit *World3* arbeiten und gleichzeitig drei Veränderungen vornehmen wollen, testen wir sie zuerst nacheinander durch, um ihre typischen Wirkungen zu erkennen. Nur so wird die kombinierte Wirkung aller drei Veränderungen schließlich verständlich. Denn wenn sie dann gemeinsam wirken, kommt es auch zu Wechselwirkungen.

Für Szenario 3 wurde vorausgesetzt, die Gesellschaft entschließe sich im simulierten Jahr 1995, das Ausmaß der Umweltverschmutzung wieder auf den Stand von 1975 zu senken. Systematisch und entschlossen wird also ab 1995 entsprechendes Kapital eingesetzt, lange, ehe der Verschmutzungsgrad so eskalieren konnte, daß er den Gesundheitszustand und die Ernteerträge meßbar schädigt. Es handelt sich also um »Rückhalte-Technologien«, die den Schadstoffausstoß bekämpfen, nicht die Erzeugung von Schadstoffen an deren Quelle, etwa durch Senkung der Durchsatzmengen.

Es dauert dann zwanzig Jahre, entsprechend den Annahmen, bis die neuen Technologien entwickelt sind und weltweit eingesetzt werden. Sobald sie Wirkung zeigen, reduzieren sie die Emissionen pro Einheit des Industrieoutputs jährlich um drei Prozent (abhängig von den jeweiligen Erfordernissen), bis der relativ niedrige Verschmutzungsgrad vom Jahre 1975 wieder erreicht ist. (Dieses Entwicklungsziel ist willkürlich festgesetzt; andere Entwicklungsziele lassen sich ebenfalls testen.)

Im Computerlauf steigt dann aber die Umweltverschmutzung trotz der wirksamen Maßnahmen zur Bekämpfung, weil Verzögerungszeiten wirken und die landwirtschaftliche und industrielle Produktion weiter ansteigt. Aber der Verschmutzungsgrad bleibt niedriger als in Szenario 2 und erreicht keine Werte, bei denen erwähnenswerte gesundheitliche Schäden eintreten. Doch die landwirtschaftliche Ertragsfähigkeit fällt, etwa ab 2015. Auf die erzielten Ernteerträge wirkt sich das noch nicht aus; zusätzliche landwirtschaftliche Inputs kompensieren die geschwächte Bodenfruchtbarkeit. (In der »realen Welt« setzt man zum Beispiel Kalk zur Abpufferung saurer Regenfälle oder Düngemittel auf Böden ein, die durch Pestizide geschädigt sind, und kompensiert so deren verringerte Kapazität, Bodennährstoffe zu regenerieren.)

Steigende landwirtschaftliche Inputs und fallende Bodenfruchtbarkeit heben sich gegenseitig auf. Nach dem simulierten Jahr 2010 stagniert die Produktion von Nahrungsmitteln, aber die Bevölkerung nimmt weiter zu. Damit sinkt allmählich die Ernährung pro Kopf. 2030 erreicht

Szenario 3   Doppelte Ressourcen und Emissionsbekämpfung

Zustand der Welt

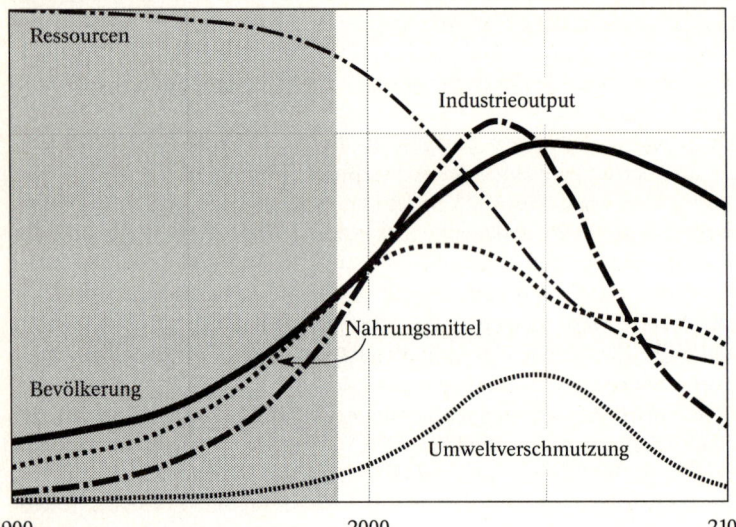

1900   2000   2100

Materieller Lebensstandard

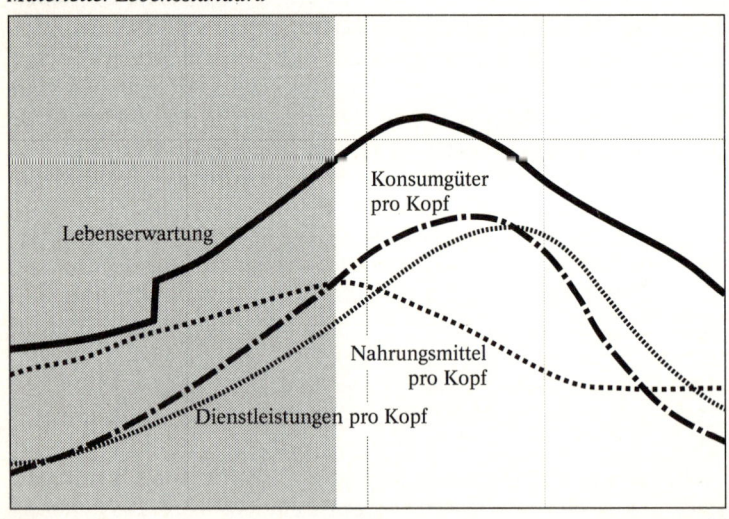

1900   2000   2100

der Industrieoutput seinen Höchstwert und beginnt ebenfalls abzunehmen, weil die Landwirtschaft, die Beschaffung von Rohstoffen und die
Bekämpfung der Umweltverschmutzung so viel Kapital binden, daß die
Investitionen die Kapitalabnutzung nicht mehr ausgleichen. Da die
Bevölkerung bis nach 2050 weiter wächst, sinken jetzt auch der Industrieoutput pro Kopf und die Wirtschaftskraft. Damit setzt der Kollaps
ein.

Zwar ist es im Szenario 3 gelungen, den Grad der Umweltverschmutzung viel niedriger zu halten, dafür aber kommt es zur Nahrungskrise.
Warum also sollte die simulierte Gesellschaft ihre technologischen
Fähigkeiten nicht auch zur Steigerung der Nahrungsmittelproduktion einsetzen? Wie die Entwicklung dann verlaufen könnte, zeigt Szenario 4.

In diesem Computerlauf wirken die für Szenario 3 angenommenen
Maßnahmen zur Schadstoffbekämpfung ebenfalls. Zusätzlich aber – so
die Annahme – hat sich die Menschheit 1995 auch entschlossen, die
landwirtschaftlichen Erträge so zu steigern, wie das mit den heute
»real« bekannten Technologien gar nicht möglich wäre. (Vorstellbar
wäre das aber etwa durch eine neuartige Gentechnik, zusammen mit
den sich weiter entwickelnden chemischen Technologien des 20. Jahrhunderts.) Auch die neuen landwirtschaftlichen Technologien brauchen 20 Jahre, bis sie weltweit wirksam werden, und benötigen Kapital.
Dann aber steigern sie die Erträge um zwei Prozent pro Jahr (abhängig
vom jeweiligen Bedarf). Jetzt aber Vorsicht! Die jährliche Ertragssteigerung um zwei Prozent bedeutet, daß in einem Jahrhundert der Gesamt-
ertrag auf mehr als das Siebenfache steigt, wenn keine Verzögerungen
bei der technologischen Entwicklung eintreten.

In Szenario 4 führen die neuen landwirtschaftlichen Technologien,
kombiniert mit den Maßnahmen zur Senkung der Umweltverschmutzung, bis 2100 zu einer weltweiten Steigerung der Flächenerträge auf

Szenario 3

Für dieses Szenario wurden wieder die doppelten Ressourcen wie in Szenario 2
vorausgesetzt; gleichzeitig treten jetzt aber wirkungsvolle technologische Maßnahmen in Kraft, welche die Umweltverschmutzung pro Einheit des Industrieprodukts um jährlich 3 % senken. Dennoch steigt die Umweltverschmutzung so
an, daß eine landwirtschaftliche Krisensituation entsteht. Sie bindet so viel
Kapital, daß die Industrieproduktion abnimmt, die Wirtschaft in Verfall gerät
und der Kollaps einsetzt.

Szenario 4   Doppelte Ressourcen, Emissionsbekämpfung und Ertragsförderung

Zustand der Welt

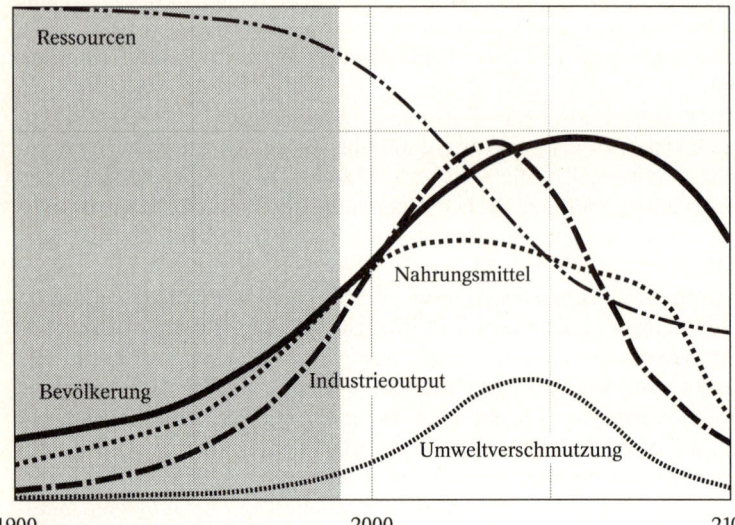

1900   2000   2100

Materieller Lebensstandard

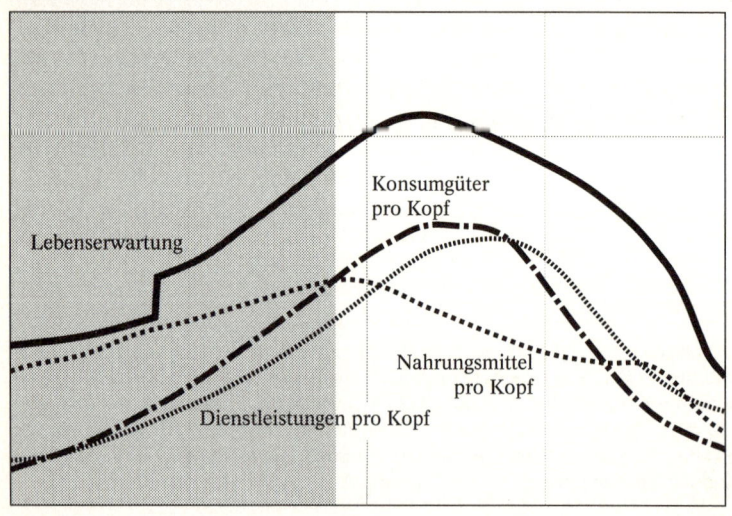

1900   2000   2100

das Vierfache des Jahres 1990. Die gesamte Nahrungsmittelerzeugung wird nicht viel höher und hält sich auch nicht viel länger als in Szenario 3, denn die höheren Flächenerträge werden auf einer immer kleiner werdenden Gesamtfläche erzielt. Die außerordentlich intensive Bodenbearbeitung in dieser simulierten Welt führt zu immer rascherer Erosion landwirtschaftlich genutzter Flächen. Die Landwirte sind gezwungen, immer höhere Erträge vom noch verbleibenden Land einzufahren. Das steigert die Bodenerosion weiter. Ein sich entwickelnder positiver Regelkreis erdrückt das gesamte landwirtschaftliche System. Der überlastete Landwirtschaftssektor zieht immer mehr Kapital und Arbeitskraft an sich, während gleichzeitig schwindende Ressourcen ebenfalls Kapital benötigen.

Da ließe sich nun einwenden, wieso denn eine Gesellschaft, die geistig noch zurechnungsfähig ist, eine landwirtschaftliche Maßnahme fördern sollte, die Erträge erhöht und die Äcker zerstört. Doch leider gibt es zahlreiche Beispiele für solch unsinniges Verhalten, etwa im Central Valley von Kalifornien, wo Böden versalzen und angrenzende Flächen zu immer höheren Erträgen hochgepuscht werden. Aber wir wollen ruhig mal annehmen, daß kommende Generationen lernen, rationaler und vernünftiger zu denken. Deshalb wollen wir probeweise zusätzlich zu ertragssteigernden Technologien und zur Verschmutzungsbekämpfung auch noch technische Maßnahmen zum Bodenschutz einsetzen. Gesagt, getan: Szenario 5 zeigt das Ergebnis aller drei zusätzlichen Maßnahmen. 1995 also starten die Programme zur Verschmutzungsbekämpfung und Ertragssteigerung. Hinzu kommen jetzt Maßnahmen, welche die globale Erosion auf ein Drittel verringern. Die beiden schon bekannten Programme erfordern Kapitalinvestition. Das zusätzliche Programm hat, nach unseren Annahmen, keinen Kapitalbedarf.

Jetzt kommt es zur Krise nicht nur bei den Ressourcen, der Umweltverschmutzung und der Landerosion, sondern in allen drei Bereichen gleichzeitig. Es gibt genug Nahrung, die Umweltverschmutzung bleibt

Szenario 4
Wenn zur Technologie zur Bekämpfung der Umweltverschmutzung zusätzlich weitere technologische Maßnahmen hinzukommen, welche die Ernteerträge beträchtlich steigern, führt dies zur Degradierung der Böden. Die Landwirte erzeugen immer mehr Nahrungsmittel von immer geringeren Landflächen; dies erfordert immer mehr Kapital und überfordert den Kapitalsektor.

Szenario 5   Doppelte Ressourcen, Emissionsbekämpfung, Ertragsförderung und Erosionsschutz

Zustand der Welt

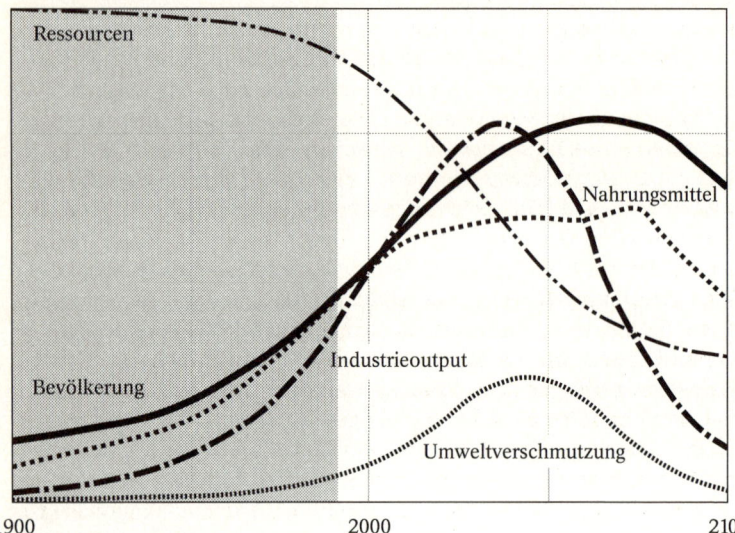

Materieller Lebensstandard

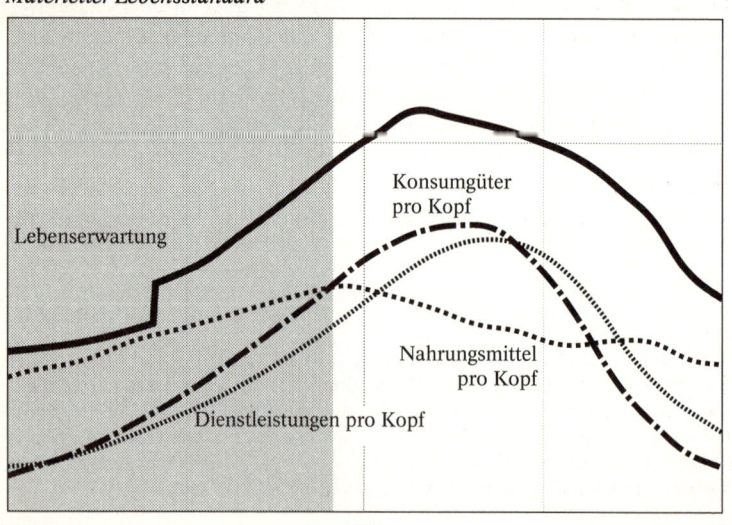

erträglich, und die Wirtschaft wächst zunächst. Bis etwa 2020 steigt auch die Lebenserwartung. Dann aber erfordern die eingesetzten Technologien und die Rohstoffbeschaffung einfach mehr Kapital, als die Wirtschaft bereitstellen kann.

Jetzt läßt sich fragen, welche Entwicklungsziele eine derart überforderte Gesellschaft am ehesten wieder aufgeben würde. Ließe sie jetzt das Land erodieren oder die Umweltverschmutzung ansteigen? Würde sie die landwirtschaftlichen Inputs verringern oder versuchen, mit weniger Rohstoffen zurechtzukommen? In *World3* wird angenommen, daß die Materialbeschaffung hohe Priorität genießt, damit der Industrieoutput gesichert ist, der ja alles in Gang hält. Ob man sich aber dazu entschließen würde, ist nicht von Bedeutung, ebensowenig wie das weitere Verhalten des Modells, nachdem der Kapitalstock nicht mehr ausreicht. Wir bilden uns nicht ein, wir könnten voraussagen, was die Menschheit tun würde, wenn es zu einem derartigen Engpaß käme. Wichtig ist lediglich, daß solch eine gefährliche Entwicklung möglich ist. Es ist nur eine der verschiedenen Möglichkeiten, wie sich Überbeanspruchung mit Zusammenbruch manifestieren kann.

Letztlich leitet in Szenario 5 der Ressourcensektor den Kollaps ein. Deshalb sollten sich zusätzliche Technologien zur Streckung der Ressourcen als hilfreich erweisen. Im Szenario 6 wird im simulierten Jahr 1995 ein weiteres Programm in Gang gesetzt, mit dem der Bedarf an sich erschöpfenden Ressourcen pro Produkteinheit um drei Prozent jährlich gesenkt wird, bis schließlich der Ressourcenabbau wieder den Stand von 1975 erreicht (wobei natürlich auch die Schadstoffemissionen entsprechend fallen). Die Technologien zur Schadstoffverringerung, zur Hebung der Flächenerträge und Senkung der Flächenerosion wirken unverändert auch in Szenario 6.

Dank der Kombination dieser vier Arten von Technologien kann nun unsere simulierte Wirtschaft weitgehend ungestört bis in die Mitte des

Szenario 5

Für diesen Computerlauf wirkt zusätzlich zu den Maßnahmen zur Bekämpfung der Umweltverschmutzung und zur Förderung der Erträge ein Bündel von Technologien zur Bekämpfung von Erosion und zur Erhaltung bebaubaren Landes. Das führt zu weiterem Wachstum von Bevölkerung und Kapital; auch jetzt kommt es zur Krise, verursacht durch Überforderung der Ressourcen, durch Umweltverschmutzung und Bodenerosion gleichzeitig.

Szenario 6   Doppelte Ressourcen, Emissionsbekämpfung, Ertragsförderung, Erosionsschutz und gesteigerte Ressourcen-Effizienz

Zustand der Welt

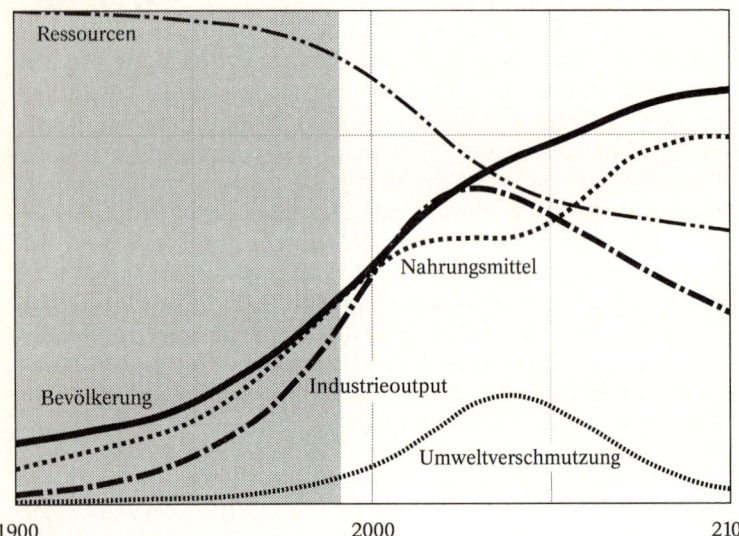

Materieller Lebensstandard

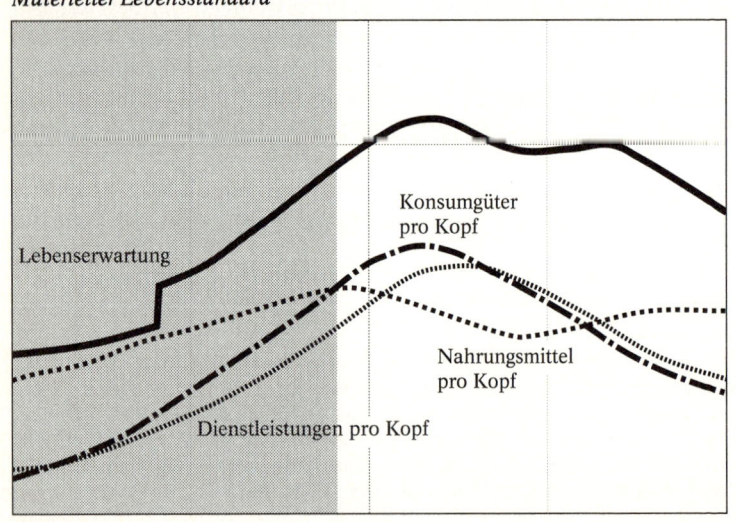

21. Jahrhunderts wachsen. Die sich nicht regenerierenden Ressourcen nehmen nur noch langsam ab; ihre Gewinnungskosten bleiben bescheiden. Ständig nimmt die Produktion von Nahrungsmitteln zu. Zwar steigt die Umweltverschmutzung so an, daß die Bodenfruchtbarkeit darunter leidet, aber das wird durch zusätzliche landwirtschaftliche Inputs kompensiert. Bei etwa zehn Milliarden pegelt sich das Bevölkerungswachstum ein – allerdings nicht, weil der demographische Übergang dazu geführt hat, daß etwa soviel Kinder geboren werden wie Menschen sterben, sondern weil nach 2050 die Sterberaten steigen.

Warum jetzt das? Es gibt offensichtlich keine Krise. Die Technologien werden immer wirksamer und verhindern einen plötzlichen Kollaps. Aber die simulierte Welt überzieht dennoch ihre Grenzen. Der langsam fallende Industrieoutput und der stetige Rückgang des materiellen Lebensstandards sind Anzeichen dafür. Die ständigen Ausgaben zur Sicherung der Ernährung, Bekämpfung der Schadstoffe und der Erosion sowie zum Abbau der Ressourcen lassen weniger Investitionen zu, als für weiteres Wachstum erforderlich wäre.

Die Lebenserwartung fällt nach dem simulierten Jahr 2020, zuerst langsam, dann immer rascher. Das ist in erster Linie die Folge sich verschlechternder Gesundheitsfürsorge. Bei sinkender Wirtschaftskraft kann ihre ehemalige Qualität nicht aufrechterhalten werden. Die Nahrungsmittelerzeugung stagniert. Nach 2015 beginnen die Konsumgüter pro Kopf abzunehmen. Da sich Schadstoffe in der Umwelt nur langsam verbreiten und auch langsam abgebaut werden, steigt die Schadstoffkonzentration noch weitere zwei Jahrzehnte, nachdem die Emissionen erstmals zu fallen begannen. Aber niemals wird die Umweltverschmutzung so hoch, daß sie global die Lebenserwartung beeinflußt.

So ergibt sich also das Bild einer Gesellschaft, die ihre zunehmenden technischen Fähigkeiten dazu nutzt, das Wachstum aufrechtzuerhalten,

Szenario 6
Die simulierte Welt hat wirkungsvolle Maßnahmen zur Bekämpfung der Umweltverschmutzung, zur Förderung der landwirtschaftlichen Erträge, zum Schutz der Böden und zur möglichsten Schonung der Ressourcen in Gang gesetzt. Sie benötigen Kapital und zwei Jahrzehnte Zeit, bis sie voll wirksam werden, bewirken aber zusammen, daß die Gesellschaft bis etwa 2050 weiter wachsen kann. Schließlich wird aber das Wachstum durch den hohen Kapitalbedarf dieser Technologien gestoppt.

Szenario 7   Raschere Einführung aller Technologien

Zustand der Welt

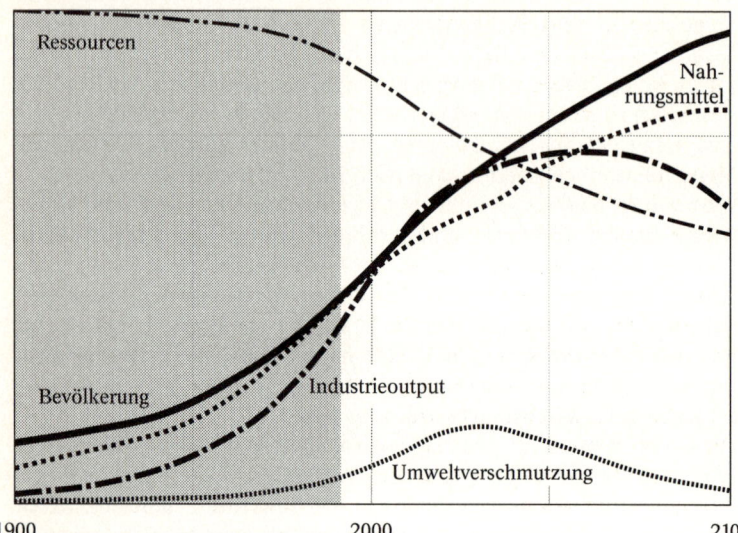

Materieller Lebensstandard

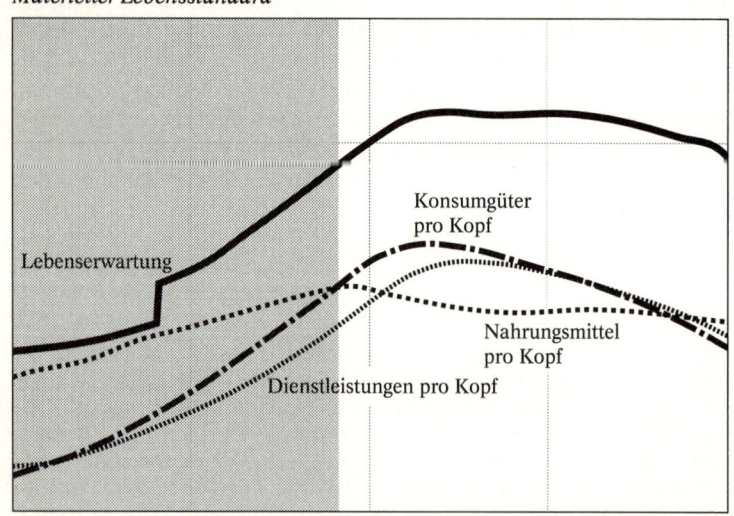

das die Wirkung der Technologien unterminiert. Schließlich kann die Gesellschaft auch den geringeren Lebensstandard nicht mehr wahren. Die Technologie wird zu teuer. Die Umwelt degradiert.

Doch könnte man die Technologien nicht rascher wirksam machen? Was ergibt sich, wenn deren Entwicklung und Verbreitung nur fünf statt zwanzig Jahre dauern? Nehmen wir auch das an. Szenario 7 illustriert das Ergebnis: Jetzt wirken ebenfalls Schadstoffbekämpfung, gesenkter Ressourcenverbrauch, Ertragssteigerung und Maßnahmen gegen Erosion. Deren Wirksamkeit steigt während des ganzen 21. Jahrhunderts. Alle neuen Technologien sind weltweit bereits fünf Jahre nach 1995 installiert.

Der Industrieoutput wächst jetzt 30 Jahre länger als in Szenario 6. Die Bevölkerungszahl steigt auf 12,5 Milliarden. Die Nahrung pro Kopf ist ausreichend. Aber es gibt sie nicht im Überfluß. Jeder hat etwas weniger zu essen als im Durchschnitt die Menschen um 1990. Zwar steigt ständig die Nahrungsmittelproduktion, aber etwa genauso rasch auch die Bevölkerungszahl. Die Umweltverschmutzung bleibt niedrig. Die sich nicht erneuernden Ressourcen sinken zwar ständig, aber knapp werden sie nicht. Nach 2015 fällt allmählich die Produktion von Verbrauchsgütern pro Kopf; nach 2020 gehen auch die Dienstleistungen pro Kopf zurück. Ab 2050 stagniert die Industrieproduktion; nach 2075 beginnt sie abzunehmen.

Die im Szenario 7 simulierte Menschheit handelt vorausschauend, ist technisch effizient und genügsam. Sie bemüht sich um die Lösung ihrer Probleme, ehe weltweite Krisen dazu zwingen. Es gelingt ihr, eine wachsende Bevölkerung durch das ganze 21. Jahrhundert auf einem anständigen Lebensstandard zu halten. Der geht allerdings in der zweiten Hälfte des kommenden Jahrhunderts allmählich zurück. Die Grenzen der Umwelt werden auch durch den bescheidenen Materialdurchsatz überlastet. Die zunehmenden Kosten, die notwendig sind, sich über

Szenario 7
Dieser Computerlauf geht von den gleichen Voraussetzungen aus wie Szenario 6. Die Maßnahmen werden aber schon nach 5 statt nach 20 Jahren wirksam. Der Industrieoutput steigt jetzt zwanzig Jahre länger; die Bevölkerung nimmt um weitere 2 Milliarden zu. Doch der Lebensstandard fällt langsam. Die zunehmenden Kosten zur Einhaltung der Umweltgrenzen beenden schließlich das Wachstum der Industrie.

den Grenzwerten zu halten, beendigen und senken dann das Wirtschaftswachstum.

Wenn man sich eine gewisse Zeit intensiv mit einem Modell – einem Modell im Computer oder einem im Kopf – beschäftigt hat, ist es recht vernünftig, sich einen Moment zurückzulehnen. Man möge sich erinnern, daß man nicht die »reale Welt« vor sich hat, sondern nur eine Abbildung. Die ist in mancher Hinsicht »realistisch«, aber eben nicht in jeder. Man muß herausfinden, welche Einsichten das Modell vermittelt hat, wo sein »Realismus« endet und wo sein unsicherer Bereich, grob vereinfacht, beginnt. Am Ende dieser Serie von Computerläufen halten wir deshalb inne, um Übersicht zu gewinnen.

In *World3* wird nicht zwischen armen und reichen Gebieten der Erde unterschieden. Symptome des Hungers, knapper Ressourcen und der Umweltverschmutzung treffen die Welt insgesamt und fordern Reaktionen heraus, die sich auf Überlebensfähigkeit der Welt als Ganzes gründen müssen. Das macht wohl das Modell zu optimistisch. In der »realen Welt« leiden die Menschen besonders in Afrika an Hunger; zu Umweltkrisen kommt es vornehmlich in Europa; tropische Gebiete degenerieren besonders leicht; Schwierigkeiten treffen oft Bevölkerungsgruppen, welche die geringsten wirtschaftlichen und technischen Möglichkeiten zu angemessener Reaktion haben. Das führt zu großen Verzögerungen; erst nach langer Zeit werden die Probleme behoben. Das »reale« System kann nicht so prompt und wirkungsvoll reagieren wie das Weltmodell.

Im Modell wirkt ein perfekt reagierender Markt. Die Technologien funktionieren reibungslos und wirksam, ohne überraschende Nebeneffekte. Auch das ist wahrscheinlich zu optimistisch, ebenso wie die Annahme, daß politische Maßnahmen ohne Kosten und Verzögerungen zustande kommen.

Weiterhin gibt es in *World3* keine Streitkräfte, die ebenfalls Kapital und Ressourcen von der Wirtschaft abziehen. Es finden keine Kriege statt, die Menschen töten, Kapital und Landstriche zerstören und Umweltverschmutzung hinterlassen. Es gibt keine Aufstände, keine Streiks, keine Korruption, keine Überschwemmungskatastrophen, die Erde bebt nicht, und Vulkanausbrüche sind unbekannt. Auch Tschernobyl und AIDS sind nicht vorgesehen. In dieser Hinsicht ist *World3* geradezu fahrlässig optimistisch. Es könnte sehr wohl nur die günstigsten Möglichkeiten darstellen, die es »in der Realität« gibt.

Einige könnten bemängeln, daß die Möglichkeiten der Technik im

Modell nicht voll ausgeschöpft sind. Sie würden die Technik viel stärker ankurbeln, so daß technische Maßnahmen viel schneller oder gar grenzenlos wirksam werden (siehe Abbildung 4–7). Die noch entdeckbaren Rohstoffmengen, die noch kultivierbaren Landflächen und die Aufnahmefähigkeit der Umwelt für Schadstoffe haben wir vielleicht zu niedrig eingeschätzt. Möglicherweise aber auch zu hoch. Entsprechend den vorliegenden Statistiken und auch unseren Einschätzungen technischer Möglichkeiten zogen wir Mittelwerte vor.

Angesichts dieser Unsicherheiten wäre es geradezu vermessen, wenn man aus den Computerläufen irgendwelche quantitativen Angaben über künftige »reale« Entwicklungen herauslesen wollte. Es ist zum Beispiel belanglos, ob es in Szenario 3 zu einer Ernährungskrise *vor* einer Krise durch Rohstoffmangel kommt. Es könnte genauso andersherum kommen. Wir würden niemals beschwören, daß die Erde tatsächlich ein halbes Jahrhundert lang zwölf Milliarden Menschen bei relativ bescheidenem Lebensstandard tragen kann, wie es das Weltmodell im Szenario 7 macht. Wir sagen nicht voraus, daß im Jahre 2050 eine Wirtschaftskrise eintreten werde. Die Zahlenwerte sind einfach nicht genau genug, um die Ergebnisse von *World3* – oder von jedem anderen Gedanken- oder Computermodell – in dieser Weise bewerten zu können.

Was aber kann man denn überhaupt bei dieser Übung zur Modellierung von Technologie-Wirkungen lernen?

Technologie und Märkte verhindern Grenzüberziehung nicht

Die Lektion 1 lautet: Wenn man eine Grenze beseitigt oder hinausschiebt und das Wachstum weitergeht, stößt man auf eine andere Grenze. Wenn das Wachstum in dieser komplexen, begrenzten Welt exponentiell verläuft, zeigt sich die nächste Grenze unerwartet rasch. Die Grenzen sind also *mehrschichtig. World3* enthält nur einige dieser verschachtelten Grenzen. In der »realen« Welt gibt es weit mehr Grenzwerte, als in *World3* modelliert sind. Die meisten Grenzen sind scharf, spezifisch und örtlich verschieden. Die Ozonschicht und der Gehalt der Atmosphäre an Treibhausgasen gehören zu den wenigen Grenzen, die globaler Natur sind.

Man muß erwarten, daß die verschiedenen Regionen der »realen Welt«, wenn sie denn weiterwachsen, zu unterschiedlichen Zeiten in anderer

Reihenfolge an verschiedene Grenzen stoßen. Aber in jeder Region würde der Ablauf der Entwicklung mit aufeinanderfolgenden vielfachen Grenzen der gleiche sein wie in *World3*. Wenn eine Gesellschaft unter Streß gerät, werden ihre Signale der Überlastung in allen durch die Weltwirtschaft zunehmend miteinander verketteten Regionen gleichzeitig wahrgenommen. Alle Regionen innerhalb der Freihandelszone der Erde werden auch Grenzen gleichzeitig erreichen.

Die Lektion 2: Je erfolgreicher die Gesellschaft durch wirtschaftliche und technische Anpassung eine Grenze verschiebt, um so wahrscheinlicher rennt sie später gleichzeitig gegen mehrere dieser Grenzen. Bei den meisten Computerläufen von *World3* – auch solchen, die hier nicht gezeigt werden – gehen nicht die Landflächen, die Nahrung, die Ressourcen zu Ende, die Menschheit erstickt auch nicht an Schadstoffen, sondern *gerät an den Rand ihrer Handlungsfähigkeit*.

Nur eine einzige Variable repräsentiert in *World3*, was unter Handlungsfähigkeit zu verstehen ist: Es ist die Menge des jährlichen Industrieoutputs, die zur Behebung unterschiedlicher Probleme zur Verfügung steht. In der »realen Welt« gibt es viel mehr und unterschiedliche Faktoren, die zur Handlungsfähigkeit beitragen: die Zahl ausgebildeter Menschen mit Erfahrung, der Grad der politischen Aufmerksamkeit in der Öffentlichkeit, das finanzielle Risiko, das man eingehen kann, die Leistungsfähigkeit vorhandener Institutionen und ihre Fähigkeit zu organisieren und zu verwalten. Derartige Fähigkeiten lassen sich erweitern, wenn die Gesellschaft bereit ist, sie durch entsprechende Investitionen zu fördern. Aber ihre Möglichkeiten sind zu jeder Zeit beschränkt – sie können immer nur eine begrenzte Menge verarbeiten. Wenn Probleme exponentiell zunehmen und mehrere gleichzeitig auftreten, können sie auch den handlungsfähigsten Menschen über den Kopf wachsen, obwohl jedes einzelne dieser Probleme beherrscht werden könnte.

Die verfügbare Zeit erweist sich als die letzte und absolute Grenze in *World3*, ebenso wie, unserer Überzeugung nach, in der »realen Welt«. Wachstumsvorgänge, besonders exponentielles Wachstum, sind deshalb so tückisch, weil sie die für wirksame Aktionen verfügbare Zeit immer mehr verkürzen. Die Belastung eines Systems wächst immer rascher an, bis schließlich die Fähigkeit zum Handeln nicht mehr ausreicht. Bei einer langsameren Entwicklung wäre sie aber mit dem jeweiligen Problem noch fertig geworden.

Es zeigen sich drei weitere Ursachen, warum Technologie und der

Marktmechanismus die Probleme einer Gesellschaft, die sich mit exponentiell zunehmender Geschwindigkeit vernetzten Grenzwerten nähert, nicht mehr beheben können, obwohl Markt und Technologie bei langsamen Veränderungen der Gesellschaft gut funktionieren. Auch die Anpassungsmechanismen verursachen Kosten; das ist die erste dieser drei Ursachen. Weiter funktionieren auch die Anpassungsmechanismen über Regelkreise, in denen es Verzögerungen und verzerrte Signale gibt: Ursache zwei. Drittens sind der Markt und die Technologie lediglich Hilfsmittel, die den Zielen, den Grundsätzen und den Zeitvorstellungen der gesamten Gesellschaft dienen. Wenn die Ziele auf Wachstum ausgerichtet, die Zeithorizonte kurz sind und die Ethik unange-

Abbildung 6–1   Kostensteigerung bei der Emissionsfilterung

Rückhaltekosten in DM/Tonne

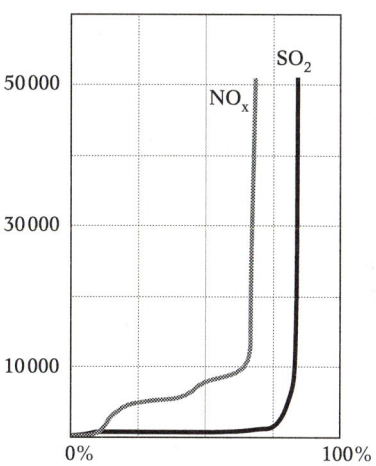

Grad der Abgasreinigung in %

Die Luftschadstoffe SO_2 und NO_X lassen sich zu relativ geringen Kosten bis zu einem beachtlichen Prozentsatz aus Rauchgasen abscheiden. Wenn dann aber eine noch weitergehende Reinigung verlangt wird, steigen die Kosten unverhältnismäßig stark an. Die Kostenkurve für SO_2 ist kalkuliert nach Angaben aus Osteuropa; die Kurve für NO_X bezieht sich auf Kalkulationen in Westeuropa (Quelle: J. Alcamo et al.).

messen ist, können Technologie und die Marktfunktion den Kollaps beschleunigen, anstatt ihn zu verhindern.

Die *Kosten* der Technologie und des Marktes manifestieren sich in den Ressourcen, in der Energie, in Arbeit, Geld und Kapital. Bei der Annäherung an Grenzen steigen die Kosten nichtlinear, ein weiterer Grund für das oftmals höchst überraschende Systemverhalten.

In den Abbildungen 3–17 und 4–6 wurde bereits gezeigt, wie schlagartig der Energieaufwand und die Abfallmengen ansteigen, wenn sich nicht erneuernde Rohstoffe aus geologischen Formationen niedriger Konzentration gewonnen werden. Hier zwei weitere Beispiele typischer nichtlinear steigender Kosten: In Abbildung 6–1 ist aufgezeichnet, wie die Kosten zur Ausfilterung jeweils einer Tonne Schwefeldioxid und Stickoxide als Funktionen der jeweils aus Rauchgasen entfernten Gesamtmengen verlaufen. Es ist relativ billig, bis knapp 80 Prozent des Schwefeldioxids auszufiltern. Dann aber schnellen die Kosten steil nach oben. Die Kosten zur Abscheidung von Stickoxiden steigen zwar langsam an, bleiben aber erträglich bis zu einer Rate von etwa 70 Prozent. Dann ist ein Schwellenwert erreicht; bei jeder noch weitergehenden Abscheidung entstehen enorme Mehrkosten.

Möglicherweise werden künftige technische Entwicklungen die beiden Kurven etwas weiter nach links verschieben, so daß weitergehende Gasreinigung wirtschaftlich erträglich wird. Aber grundsätzlich werden die Kurven auch dann gleichartig verlaufen. Die fundamentalen Gesetze der Physik erklären, warum die Kosten unbezahlbar werden, wenn hundertprozentige Reinigung verlangt wird. Wenn die Zahl der Emissionsquellen zunimmt, werden die steigenden Kosten zu einer unüberwindbaren Grenze. Es ist verhältnismäßig einfach, die von einem Kraftwagen emittierten Schadstoffe auf die Hälfte zu senken. Wenn sich die Zahl der in Betrieb befindlichen Kraftfahrzeuge verdoppelt, muß die Rate der Schadstoffbeseitigung pro Kraftwagen auf 75 Prozent gesteigert werden, damit die Qualität der Luft gleich bleibt. Verdreifacht sich die Zahl der Fahrzeuge, ist eine Reinigungsrate von 87,5 Prozent erforderlich – und damit ist dann meist die Grenze des noch Machbaren erreicht.

Hier zeigt sich, warum es ab einem gewissen Entwicklungsstand einfach falsch ist zu behaupten, eine Wirtschaft müsse nur weiterwachsen, um sich jede Schadstoffbeseitigung leisten zu können. Tatsächlich treibt Wachstum die Wirtschaft entlang einer nichtlinearen Kostenkurve bis zu dem Punkt, an dem weitere Schadstoffbeseitigung unbezahlbar wird. *Verzögerungen* bei den Reaktionen des Marktes und der Technologie können viel mehr Zeit beanspruchen, als die Wirtschaftstheorien berücksichtigen und sich die Gehirne der Menschen vorzustellen vermögen. Beispiele solcher Vorgänge haben wir alle am eigenen Leibe erlebt: die Ölpreiserhöhungen nach 1970 und um 1980.

Zum »Ölpreisschock« im Herbst 1973 führten viele Ursachen gleichzeitig. Eine grundsätzlich entscheidende Ursache aber war die damals weltweite Knappheit an Produktionskapital (also Ölquellen) gegenüber dem Verbrauchskapital für Erdöl (den Kraftwagen, Kesselfeuerungen und anderen Vorrichtungen, die Erdöl verbrennen). Kurz nach 1970 waren die Ölquellen überall auf der Erde zu über 90 Prozent ausgelastet. Der Ausfall eines an sich kleinen Teils der globalen Ölproduktion als Folge einer politischen Umwälzung im Nahen Osten konnte deshalb nicht durch verstärkte Förderung in anderen Regionen ausgeglichen werden. Der Ölmarkt reagierte mit Preiserhöhung; eine andere Möglichkeit gab es nicht.

Diese und eine zweite Preiswelle aus gleicher Ursache 1979 (siehe Abbildung 6–2) lösten fieberhafte wirtschaftliche und technische Reaktionen aus. Neue Ölquellen wurden gebohrt und größere Förderkapazitäten installiert. Kleine, bisher belanglose Ölvorkommen wurden plötzlich profitabel und in Produktion genommen. Doch die Exploration, der Aufbau und die Inbetriebnahme neuer Produktionsanlagen für Erdöl, von den Bohrtürmen bis zu Raffinerien und Tankern, erforderten natürlich Zeit.

Gleichzeitig beantworteten die Verbraucher die Preiserhöhungen mit Sparmaßnahmen. Die Autoindustrie entwickelte Modelle mit geringerem Verbrauch. Häuser und Wohnungen wurden wärmeisoliert. Stromversorgungsunternehmen legten in ihren Kraftwerken ölbefeuerte Dampfkessel still und investierten in moderne Kohlekessel und in Kernkraftwerke. Die Regierungen verordneten die verschiedensten Formen der Energieeinsparung und förderten die Entwicklung alternativer Energiequellen. Auch diese Reaktionen erforderten Jahre, führten schließlich jedoch zu einem dauerhaften Strukturwandel des Kapitals zur Energiebeschaffung und Nutzung.

Fast zehn Jahre hatte es gedauert, bis die Reaktionen des Marktes in Produktions- und Nutzungsverfahren bzw. neues Kapital umgesetzt waren und zu einem neuen Gleichgewichtszustand zwischen Ölversorgung und -bedarf geführt hatten. In dieser Anpassungsperiode hatten sich Energiesparverfahren und neues Produktionskapital für Erdöl mit solcher Vehemenz entwickelt, daß auch sie ihre Grenzen überzogen.

Bereits 1982 war viel zuviel Produktionskapital im Verhältnis zum abnehmenden Bedarf des Verbrauchskapitals entstanden. Die OPEC legte Förderkapazität still. Die Auslastung der Ölquellen in ihrem Einflußbereich war von 90 auf 50 Prozent zurückgegangen. Vier Jahre lang bewegte sich der Ölpreis nach unten; 1985 brach er fast zusammen. War der Preis 1973 viel zu rasch gestiegen, so fiel er jetzt viel zu tief. Mit der Schließung von Produktionsstätten breitete sich in Erdölfördergebieten Depression aus. Bemühungen zur weiteren Einsparung von Erdöl wurden eingestellt. Konstruktionspläne für noch sparsamere Autos landeten in der Ablage, und Investitionen in alternative Energiequellen versiegten. Wenn nach weiteren zehn Jahren oder etwas länger der Anpassungsmechanismus mit Volldampf in dieser Richtung weiter gelaufen ist, wird er die Bedingungen für das nächste Ungleichgewicht der Kapitalsektoren und die nächste Ölpreiserhöhung geschaffen haben.

Diese wechselnden Grenzüberziehungen und Mangellagen sind eine Folge der unvermeidlichen Verzögerungen auf dem Ölmarkt. Sie haben dazu geführt, daß international riesige Vermögenswerte wanderten, enorme Verschuldungen und Gewinne entstanden sind, daß es zu Wirt-

Abbildung 6–2   OPEC-Ölproduktionskapazität und Ölpreise am Weltmarkt

aktive OPEC-Förderkapazität in %   *Preis pro Barrel in $ (1982)*

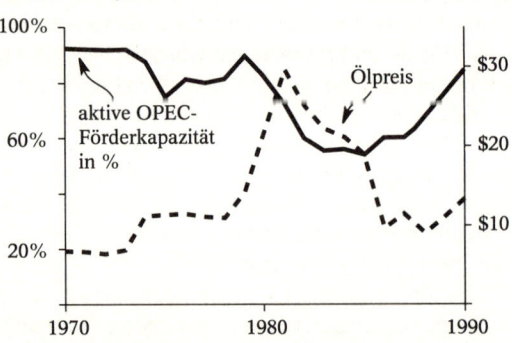

Als nach 1970 die Ölförderanlagen der OPEC-Länder fast voll ausgelastet waren, konnten an sich unbedeutende Förderausfälle extreme Preiserhöhungen verursachen. Die Preisschwankungen wirkten sich über ein Jahrzehnt aus und verursachten überall auf der Erde wirtschaftliche Schwierigkeiten.

schaftsbooms, Zusammenbrüchen und Bankkrachs kam; all das als Folgen des Versuchs, die relativen Größen des Produktions- und des Verbrauchskapitals für Erdöl einander anzupassen. All das hatte nichts mit der aktuell vorhandenen Menge des Erdöls in den Lagerstätten zu tun (die bekanntlich stetig fällt) und auch nichts mit Umweltschäden beim Erbohren, Fördern, Transportieren, Raffinieren und Nutzen des Erdöls. Der Preis als Informationssignal vom Markt informiert eben nur über die relative Knappheit bzw. den relativen Überschuß von Ölförderanlagen. Über die aktuell vorhandenen Mengen an Erdöl sagt er nichts – jedenfalls nicht, ehe sich der Ausbeutungsprozeß seinem endgültigen Ende zuneigt.

Die Signale vom Markt, wie etwa der Ölpreis, sind verzerrt, kommen verzögert und durch Spekulation entstellt; von privaten und öffentlichen Interessengruppen werden sie manipuliert. Daher kann ihnen die Gesellschaft keine verläßlichen Andeutungen über sich zeigende Beschränkungen entnehmen. Für Situationen, die sich über längere Zeit anbahnen, ist der Markt blind. Die eigentlichen Quellen und Senken für Durchflußmengen beachtet er nicht, solange sie nicht nahezu erschöpft und völlig überlastet sind. Dann aber ist es meist zu spät. Die ökonomischen Signale und technologischen Reaktionen können zu höchst wirksamen Reformen führen, wie das Beispiel der Ölpreisentwicklung zeigt. Doch Markt und Technologie sind nicht verknüpft mit den entscheidenden Sektoren des Umweltsystems und daher nicht in der Lage, über sich abzeichnende Grenzen zu informieren.

Zum Schluß stellt sich die Frage, welchem Zweck Technologie und Markt dienen. Sie sind kurzerhand Hilfmittel und weder mit höheren Einsichten noch mit besseren Fähigkeiten zur Voraussicht, zur Bescheidung und Rücksicht ausgestattet als die Menschen, die sich dieser Hilfsmittel bedienen. Was sie zustande bringen, hängt davon ab, wer sie zu welchen Zwecken nutzt. Bedient man sich des Marktes und der Technologie zur Durchsetzung dubioser Interessen oder aber um soziale Ungerechtigkeit zu schaffen und Gewalt auszuüben, dann werden auch die Ergebnisse entsprechend ausfallen. Sollen diese Instrumente unerreichbaren Zielen dienen, etwa um ständige materielle Expansion auf dem begrenzten Planeten zu sichern, dann versagen sie schließlich. Im nächsten Kapitel wird jedoch gezeigt, daß die Technologie und der Markt sehr wohl zu einer auf Dauer existenzfähigen Gesellschaft beitragen können, wenn sie für vernünftige und realistische Ziele eingesetzt werden.

Technologischer Fortschritt und ein flexibler Markt sind Vorbedingungen für eine überlebensfähige Gesellschaft. Als die Menschheit beschloß, künftig ohne die schädlichen Chemikalien FCKW auszukommen, schuf die Technologie erstaunlich rasch die dafür erforderlichen technischen Mittel. Und wenn das Preisgefüge nicht durch Sonderinteressen verzerrt wird und auch die Gemeinkosten für Umweltschäden reflektiert, wird der Markt nachhaltig die Entwicklung regenerativer und auf Dauer funktionsfähiger Energiequellen fördern. Ohne technische Kreativität, Unternehmertum und einen relativ freien Markt könnte sich keine aufrechterhaltbare Gesellschaftsform bilden. Aber ausreichend sind diese beiden Faktoren nach unserer Überzeugung nicht. Es sind noch weitere menschliche Fähigkeiten erforderlich, um die Welt überlebensfähig zu gestalten.

Technologie, Märkte und der Zerfall der Fischerei

»Ich weiß noch, wie wir damals mit acht Netzen 5000 Pfund Fische an Bord zogen. Heute braucht man dazu vielleicht 80 Netze. Damals wog der Kabeljau im Frühling 25 bis 40 Pfund. Heute sind es kleine Exemplare, nur fünf oder acht Pfund schwer ...« Der hier zitierte Fischer von den Fanggründen an der Georges Bank im Nordatlantik[7] hat im Grunde für alle Fischer dieser Erde gesprochen; man braucht lediglich die Namen der Fischarten und die Gewichtsangaben auszutauschen.
Um über vier Millionen Tonnen sanken im Jahr 1990 die Fangergebnisse der Hochseefischerei. Das war der erste signifikante Rückgang der eingebrachten Fischmenge seit 1972. Erst nach vielen Jahren wird man wissen, ob dies nur ein kurzzeitiger Rückschlag in einer sonst stetig steigenden Kurve der eingebrachten Fangmenge war, der erste Zyklus eines Einschwingprozesses oder aber der Beginn des Zusammenbruchs. Es gibt jedoch zahlreiche Anzeichen dafür, daß Fischbestände bereits überfischt worden sind und es auch schon regional zum Kollaps von Beständen gekommen ist. Die Ernährungs- und Landwirtschafts-Organisation der UN (FAO) vertritt die Ansicht, daß die Weltmeere auf Dauer allenfalls hundert Millionen Tonnen Fische jährlich zu liefern vermögen – etwa halb soviel wie das Rekordfangergebnis von 1989.
In neun der neunzehn von der FAO beobachteten Fanggebieten der Erde liegen die Fangquoten über der geschätzten Untergrenze der auf Dauer möglichen Fangmengen.[8] Nach Angaben der *National Fish and*

Wildlife Foundation sind in den USA vierzehn Fischarten (die insgesamt 20 Prozent der durchschnittlichen globalen Fänge ausmachen) ernsthaft dezimiert. Sie würden zwischen fünf und 15 Jahren zur Auffrischung ihrer Bestände benötigen, auch wenn der Fang ganz eingestellt würde.[9] Die Vorkommen von Thunfischen, die etwa 30 Jahre alt werden und ein Gewicht bis 700 Kilogramm erreichen können, sind zwischen 1970 und 1990 um 94 Prozent zurückgegangen. Um die Florida Keys im Golf von Mexico ist der Ertrag der Garnelen-Fischerei von 3 Millionen Kilogramm auf 1,2 Millionen Kilogramm jährlich gesunken.[10] Die Fischereiflotten an der indischen Küste bei Kerala haben schätzungsweise eine um 60 bis 100 Prozent zu hohe Fangkapazität für den Erhalt der Fischbestände.[11] In den Gewässern Norwegens können die Fangergebnisse nur gehalten werden, weil man statt der fast ausgerotteten wertvollen Arten jetzt eben minderwertige abfischt.

Der Fischereiausschuß für das Mittelmeer, eine Organisation der FAO, stellt fest:

»Ein besonders gravierendes Problem ist heute der Einfluß menschlicher Aktivitäten auf die Ökologie der Meere; sie hat rasche Wirkungen ... Das zeigt sich zuerst in abgeschlossenen kleineren Meeresbekken wie dem Mittelmeer und dem Schwarzen Meer. In diesen Gebieten beeinträchtigen die wachsende Bevölkerung sowie ... industrielle und landwirtschaftliche Aktivitäten einschließlich des Tourismus ... die Fischerei zusätzlich zu der eher klassischen Art der Belastung durch das umfangreiche unkontrollierte Abfischen.«[12]

Rund um den Globus verfügt die Fischerei über freie und gesunde Märkte. In den letzten Jahrzehnten hat sie eine ungewöhnliche technologische Entwicklung erlebt. Fang-Mutterschiffe mit Tiefkühlräumen und Anlagen zur Fischverarbeitung begleiten die Fangflotten, die jetzt längere Zeit die Fischgründe abfischen können und nach einem ertragreichen Fang nicht sogleich einlaufen müssen. Mit Radar, Sonar und Satelliten-Sensoren werden Fangflotten immer zielsicherer direkt zu den Fischschwärmen dirigiert. Mit 50 Kilometer langen Treibnetzen ist Massenfang auch in Tiefseegebieten möglich und lohnend geworden. Im Endergebnis überziehen immer mehr Flotten und Unternehmen die zum Erhalt der Bestände einzuhaltenden Grenzen. Diese Techniken haben nicht die Aufgabe, die Fischbestände zu erhalten und zu fördern, sondern nach Möglichkeit auch noch den letzten Fisch zu verarbeiten.

»Die Fänge mit Trawlern in Neuengland erreichten 1983 ihren Höchststand. Seitdem fallen sie stark. Die Bestände an Flundern und Schellfischen sind auf Tiefstand, ebenso wie die des Kabeljau. Thun- und Schwertfischbestände sind erschöpft. Viele Fischer in Neuengland sehen sich als die Opfer der brutalen Abräummentalität. Auch früher schon gab es Booms und Jahre mit Einbrüchen. Die Wissenschaftler aber sagen, diesmal sei es ganz anders, weil die Fangflotten so groß und die Fangtechnik so perfekt geworden sind, daß ihnen kein Fisch mehr entkommen kann.«[13]

Die meisten Menschen verstehen intuitiv, warum das geschieht. Fische sind eine Ressource im Gemeinbesitz. Auf dem Markt gibt es keine Reaktionen, die Fischereikonkurrenten davon abhalten könnten, ein Gemeinschaftsgut auszubeuten; im Gegenteil: der Markt belohnt diejenigen, die zuerst kommen und die größten Mengen ernten.[14] Wenn die Fänge knapper werden und auf dem Markt der Fischpreis anzieht, sind die wohlhabenden Konsumenten noch immer bereit zu bezahlen. Im Sushi-Markt von Tokio kann der Preis für ein Pfund Thunfisch durchaus auf 100 Dollar steigen.[15] Auch das wird nicht als ein Warnsignal knapp werdender Bestände verstanden und reizt nicht dazu, sie zu schonen. Die Reaktion ist eher pervers: Der hohe Preis spornt an zu noch stärkeren Anstrengungen, die schwindenden Thunfischbestände auszubeuten (Abbildung 6–3). Und der Markt lenkt die Fische nicht zu den Menschen, die am dringendsten Nahrung brauchen; denn Hungrige sind machtlos auf dem Markt.

»Zuwächse bei der Fischproduktion gehen in erster Linie in die Länder, die dafür bezahlen können … Das ist bedrohlich, denn hier wächst die Gefahr, daß zunehmend Teile der Fangergebnisse in die hochentwickelten Länder mit hoher Kaufkraft abfließen … und es immer weniger Fisch dort geben wird, wo er am dringendsten gebraucht wird – in den Entwicklungsgebieten.«[16]

Der Ökologe Paul Ehrlich hat in einem Gespräch mit einem japanischen Journalisten argumentiert, die Walfangindustrie Japans rotte mit den Walen doch die Quelle ihres eigenen Wohlstands aus. Die Antwort des Journalisten: »Sie halten die Walfangindustrie zu Unrecht für eine Organisation, die am Erhalt der Wale interessiert sei. In Wahrheit stellt sie aber eine riesige Kapitalpotenz dar, die versucht, die höchstmöglichen Gewinne zu erzielen. Wenn sie innerhalb von zehn Jahren die

Wale ausrotten kann und dabei 15 Prozent Gewinn erzielt, während bei einer nachhaltigen Fangrate der Gewinn nur 10 Prozent beträgt, dann wird man selbstverständlich die Wale in zehn Jahren ausrotten – und danach das Kapital eben zur Ausbeutung einer anderen Ressource verwenden.«[17] Ein völlig entsprechendes Argument hat einer unserer Freunde von einer Firma zu hören bekommen, die in Sabah tropische Nutzhölzer einschlägt.

Die Akteure auf dem Markt handeln konsequent rational, wenn sie sich bemühen, Ressourcen auszubeuten und dabei auszurotten. Sie handeln durchaus sinnvoll, wenn man von ihrem Standpunkt im System aus die Gewinne und die herrschenden Bedingungen betrachtet. Der Fehler liegt nicht bei den Menschen, sondern im System. Wenn ein völlig ungeregeltes Marktsystem Ressourcen für die Öffentlichkeit beherrscht, führt das unausweichlich zur Grenzüberziehung und zur Zerstörung des Gemeinbesitzes. Nur durch politische Beschränkungen geeigneter Art können Ressourcen geschützt werden. Aber es ist außerordentlich schwierig, solche Beschränkungen zu schaffen. Noch ein Beispiel:
»Fischereibiologen haben dringend empfohlen, das kommerzielle Fischen von Kabeljau in der Ostsee im nächsten Jahr zu untersagen, damit sich die dezimierten Bestände erholen können. Die Fischerei-

Abbildung 6–3   Rückgang der Thunfischbestände

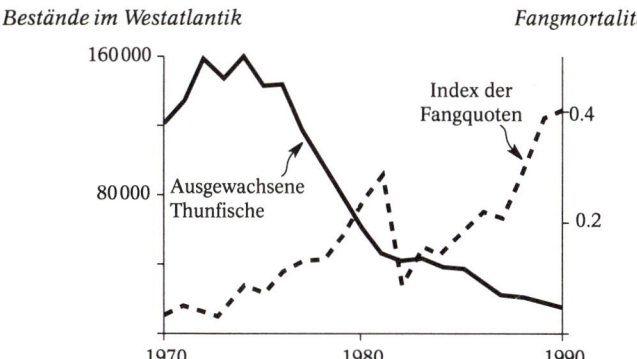

Im Westatlantik sind alle Bestände von ausgewachsenen Thunfischen (Exemplare über 10 Jahre alt) zu 94 % reduziert. Da Thunfische als wertvoll gelten und gute Erlöse bringen, werden die Fänge dennoch fortgesetzt (Quelle: ICCAT).

kommission für die Ostsee freilich hat auf ihrer Tagung in Warschau
diese Empfehlung zurückgewiesen und statt dessen versucht, eine
niedrigere Fangquote durchzusetzen – aber die Konferenz endete
ohne Beschluß.«[18]

Der Markt und die Technologie allein sind eben nicht fähig, die Fischbestände der Erde vor dem Kollaps zu bewahren. Ohne Bewußtsein für
Grenzen sind der Markt und die Technologie nur Instrumente zur
Grenzüberziehung. In geeigneten Grenzen, durch überwachende Institutionen gelenkt, können die Marktkräfte und die technologische Weiterentwicklung sehr wohl dazu beitragen, daß die Fischindustrie reiche
Fänge einbringen kann – für Generationen.

Schlußfolgerungen: Wie weit haben wir es bis jetzt gebracht?

Das exponentielle Wachstum der Bevölkerung und des Kapitals, des
Ressourcenabbaus und der Umweltverschmutzung hält noch ständig
an. Als Triebkräfte wirken die Bemühungen, menschliche Probleme zu
lösen, von der Arbeitslosigkeit und Armut bis hin zu dem gewichtigen
Drang nach Status, Macht und Selbstbestätigung.
Das exponentielle Wachstum kann sehr rasch Grenzen überrennen.
Wenn man eine Grenze überwindet, stößt es bald darauf gegen die
nächste. Durch die Wirkung von Rückkopplungen mit Verzögerungen
tendiert das globale Wirtschaftssystem zur Grenzüberziehung und zur
Erodierung der langfristigen Existenzgrundlagen. Einige der für die
Weltwirtschaft wichtigen Quellen und Senken sind bereits überlastet.
Die Technologie und der Markt funktionieren nur mit zeitlichen Verzögerungen und sind auf unvollständige Informationen angewiesen; diese
Elemente stellen selbst negative Rückkopplungen mit Verzögerung dar
und fördern die Tendenz der Wirtschaft zur Grenzüberziehung.
Die Technologie und der Markt reagieren entsprechend dem Wertsy-
stem in der Gesellschaft bzw. deren führender Schicht. Wenn das vorherrschende Ziel Wachstum ist, wird, so lange wie möglich, das Wachstum gefördert. Sind jedoch soziale Gerechtigkeit und langfristige Existenzfähigkeit vorherrschende Zielvorstellungen, dienen Technologie
und Markt auch diesen Zielen.
Wenn die Bevölkerung und die Wirtschaft die materiellen Grenzen der
Umwelt überzogen haben, gibt es nur noch zwei Möglichkeiten: entwe-

der Zusammenbruch infolge nicht mehr beherrschbarer Mangellagen und Krisen oder bewußte, freiwillige Reduzierung der Durchsatzmengen als soziale Gemeinschaftsaufgabe.

Im nächsten Kapitel wird sich zeigen, wie das System reagiert, wenn technologischer Fortschritt mit bewußten gesellschaftlichen Entscheidungen zur Begrenzung des Wachstums kombiniert wird.

Kapitel 7

Übergänge zur Nachhaltigkeit

*»Der Gleichgewichtszustand würde die Ressourcen in unserer
Umwelt weniger belasten, aber unsere moralischen Fähigkeiten viel
stärker fordern.«*
Herman Daly[1]

Die Menschheit kann auf drei verschiedene Weisen auf die Signale
reagieren, die uns die Überbeanspruchung der Ressourcen und die
Überlastung der Umwelt durch Schadstoffe anzeigen. Die eine Möglichkeit besteht darin, solche Signale bewußt zu verschleiern oder falsch zu
interpretieren.

Man baut eben noch höhere Kamine, um die Schadstoffe besser zu
verteilen, schüttet toxische Stoffe möglichst heimlich auf fremdes Terri-
torium, beutet Ressourcen noch effektiver aus, um Arbeitsplätze zu
erhalten und Kredite zu bedienen – während man doch die Ressourcen
gefährdet, von denen diese Arbeitsplätze und Schuldrückzahlungen
abhängen.

Man kann aber auch auf Grund solcher Symptome die Lasten der
Umwelt mit technischen und wirtschaftlichen Patentlösungen mindern,
ohne sich um die Beseitigung der Ursachen zu kümmern. Man kann die
Schadstoffemissionen beschränken, die Ressourcen besser nutzen,
Recycling einführen; man kann technisch nachhelfen, wo natürliche
Prozesse nicht mehr ausreichen, etwa mit Kläranlagen zur Abwasser-
reinigung. Auch bessere Empfängnisverhütung läßt sich entwickeln.
Solche Maßnahmen sind vielfach schon wirksam und dringend erfor-
derlich. Doch die eigentlichen Ursachen der Umweltbelastung beheben
sie nicht.

Die Umweltsymptome können aber auch drittens zu der Einsicht
führen, daß das gegenwärtige sozio-ökonomische System unlenkbar
geworden ist und nach Grenzüberziehungen jetzt der Kollaps droht.
Dann ist die angemessene Reaktion die *Umstrukturierung des Systems*.

In der Umgangssprache weckt allerdings der Begriff »Systemveränderung« höchst ungenaue und meist anrüchige Assoziationen. Der Terminus gehört zum gängigen Sprachschatz mancher Revolutionäre, die darunter gewaltsamen Machtwechsel verstehen. Mit »Strukturwandel« meint man auch physische Änderungen, etwa wenn Gebäude eingerissen werden, um moderneren zu weichen. Für die meisten bedeutet Strukturwandel etwas Schwieriges, Kostspieliges, Bedrohliches.

In der Systemforschung hat jedoch der »Strukturwandel« eine ganz präzise Bedeutung. Sie hat nichts zu tun mit Machtwechsel und rigoroser Sanierung. Ohne *grundlegenden* Strukturwandel verändern auch politische Revolutionen letztlich sehr wenig: Es sind am Ende nur andere Leute an der Macht und geben mehr Geld für oberflächliche Neuerungen aus, die zu den bislang schon gewohnten Ergebnissen führen.

Der hier angesprochene grundlegende Systemwandel aber ist die *Veränderung der Informationsketten* innerhalb eines Systems. Der Inhalt und die Aktualität der Daten, mit denen die Führungskräfte umgehen, muß verändert werden und ebenso auch die Zielvorstellungen, die Anreize zum Handeln sowie die Bewertung von Kosten; Faktoren also, die das Verhalten motivieren oder einschränken. Dieselben Menschen, Institutionen und materiellen Strukturen können sich völlig andersartig verhalten, wenn es überzeugende Gründe dafür gibt und man ihnen die Freiheit läßt, diese Veränderungen selbst vorzunehmen. Ein System kann sich durch eine neue Informationsstruktur über längere Zeit in sozialer und materieller Hinsicht völlig wandeln, neuartige Institutionen und Gesetze entwickeln, seine Infrastruktur verändern und Menschen für neuartige Tätigkeiten schulen. Solche Wandlungen können in sehr natürlicher und evolutionärer Form, also ruhig und friedlich, ablaufen. Neue Informationsstrukturen lösen in einem System spontan umfassende Veränderungen aus, ohne daß jemand Opfer zu bringen hat oder es zu gewaltsamen Einschnitten kommt, ohne daß Zwang ausgeübt werden muß, es sei denn, um einige an der bewußten Verdrehung oder Verdrängung wichtiger Information zu hindern. In der Menschheitsgeschichte hat es immer wieder strukturelle Veränderungen gegeben. Die tiefgreifendsten waren die Landwirtschaftliche Revolution und die Industrielle Revolution. Diese beiden evolutionären Wandlungsphasen – Revolutionen in engerem Sinne waren es nicht – haben im Endeffekt dazu geführt, daß jetzt die dritte Wandlung wohl ähnlichen Ausmaßes notwendig wird.

Das Weltmodell *World3* kann nicht von sich aus die evolutionäre Dynamik eines Weltsystems entwickeln, das sich neu strukturiert. Aber es ist ein taugliches Werkzeug, um relativ einfache Veränderungen auszutesten, die eine Gesellschaft zur Vermeidung des Kollapses nach Grenzüberziehung vornehmen könnte.

Die strukturellen Ursachen für Grenzüberziehung mit Kollaps bilden auch die Schlüssel, die eine Wandlung zum Positiven einleiten können. Deshalb hier noch einmal zusammengefaßt die Ursachen:

Die positiven Rückkopplungen, die zum exponentiellen Wachstum von Bevölkerung und Kapital führen.

Die materiellen Begrenzungen der Quellen und Senken, die auch dem Material- und Energiedurchsatz aus der Umwelt und in sie zurück gesetzt sind. Dieser Durchsatz dient zur Erhaltung von Bevölkerung und Kapital.

Die in den negativen Rückkopplungen zwischen den Begrenzungen und dem Bevölkerungs- und Wirtschaftswachstum wirksamen Verzögerungen sowie die verspäteten Reaktionen der Menschen auf die Wirkungen dieser negativen Rückkopplungen.

Die positiven Rückkopplungen, welche die Erosion von Quellen und Senken verursachen, wenn die Begrenzungen der Umwelt überschritten worden sind.

Im Kapitel 6 haben wir mit *World3* nur *quantitative* Veränderungen erprobt. Wir haben die Grenzen höher gesetzt, ließen kürzere Verzögerungszeiten wirken und setzten rascher wirkende, bessere technologische Mittel ein. Aber *strukturell* wurde nichts verändert. Als wir für Szenario 1 die im Modell enthaltenen strukturellen Beschränkungen wirkungslos gemacht hatten und es keine Grenzen, keine Verzögerungszeiten und keine Erosion gab, kam es auch nicht zu Grenzüberziehung und Zusammenbruch (siehe Abbildung 4–7 »Unendlichkeit rein, Unendlichkeit raus«). Aber Grenzen, Verzögerungen und Erosion sind eben wichtige Eigenschaften dieser Welt. Man kann ihre Wirkungen mildern oder verstärken, man kann sie mit technischen Mitteln manipulieren und mit ihnen auf unterschiedliche Art leben. Aber endgültig beseitigen kann man sie nicht.

Die strukturelle Ursache für Grenzüberziehung ist das exponentielle Wachstum der Bevölkerung und der Wirtschaft. Diese beiden Faktoren können die Menschen im Grunde am leichtesten verändern. Wir haben diese Charakteristik des Modells für die Szenarios in Kapitel 6 nicht verändert. Sie ist das Ergebnis der wirkenden gesellschaftlichen Normen und Wertvorstellungen, Anreize und Kosten, welche die Menschen veranlassen, im globalen Durchschnitt mehr Kinder zu zeugen, als der »Erhaltungsgeburtenrate« entspricht. Diese kulturell bedingten Lebenserwartungen und Gebräuche führen zu ungleicher Verteilung von Einkommen und Wohlstand, lassen uns die Menschen in Verbraucher und Produzenten einteilen, lassen uns die soziale Rangordnung nach materiellem Besitz taxieren. Diese Lebenshaltung weckt den Wunsch, lieber *mehr* zu ergattern als *genug*.

Wir werden jetzt die positiven Regelkreise verändern, die das exponentielle Wachstum antreiben. Dabei ergibt sich die Frage, wie man sich aus dem Zustand der Grenzüberziehung auf andere Weise befreien könnte, nicht in erster Linie durch Ausweitung der Grenzen und der Beseitigung von Verzögerung und Erosion, sondern durch Änderung der strukturellen Ursachen des Wachstums.

Freiwillige Wachstumsbeschränkung

Nehmen wir an, die Menschen hätten 1995 eingesehen, welche Bedrohung weiteres Bevölkerungswachstum für das Wohlergehen ihrer Kinder darstellt. Dazu wäre es freilich erforderlich, daß ihre Gesellschaften ihnen Anerkennung, einen gewissen materiellen Standard und Altersversorgung gewährleisten können, gleichgültig, wie viele Kinder sie gezeugt haben mögen. Vorausgesetzt wird ferner, daß es zu einer sozialen Verhaltensnorm wird, jedes Kind soweit wie irgend möglich angemessen ernährt und untergebracht sowie medizinisch betreut großzuziehen und ihm die bestmögliche Ausbildung zu vermitteln. Als Ergebnis solcher Voraussetzungen haben sich alle Paare entschlossen, ihre Familiengröße – im globalen Durchschnitt – auf zwei Kinder zu beschränken. Mittel zur Empfängnisverhütung stehen zur Verfügung. Deshalb gelingt auch ihr Vorhaben – ab dem simulierten Jahr 1995.

Diese Veränderungen bedeuten weitgehende Verschiebungen der empfundenen Kosten- und Nutzenbeträge, einen erweiterten Zeithorizont, die Fähigkeit, das soziale System als Ganzes zu überblicken, und das Vorhandensein neuer Wahl- und Durchsetzungsmöglichkeiten und Verantwortlichkeiten – mit anderen Worten: es wäre eine Informations-Umstrukturierung, gleichartig derjenigen, die in den Industrieländern abgelaufen ist und dort zu niedrigen Geburtenraten geführt hat.

Wenn man ausschließlich diese Veränderung in *World3* vornimmt, ergibt sich das Szenario 8. Es sollte mit Szenario 2 verglichen werden. Die erwünschte Familiengröße im Modell wurde auf zwei Kinder gesetzt und die Effektivität der Geburtenkontrolle auf 100 Prozent. Ab dem simulierten Jahr 1995 gibt es also bloß noch Wunschkinder. Die Bevölkerung steigt jetzt nur noch langsam. Die Altersstruktur bewirkt jedoch, daß die Bevölkerungszahl bis 2000 auf sechs Milliarden ansteigt und um 2040 rund 7,4 Milliarden erreicht. Die Konsumgüter und die Dienstleistungen pro Kopf sowie die Lebenserwartung steigen rascher und halten sich länger auf hohem Niveau als in Szenario 2: eine Folge des langsameren Bevölkerungswachstums. Für den Kapitalsektor stehen höhere Investitionen zur Verfügung, weil für Verbrauchsgüter und Dienstleistungen weniger Kapital gebunden ist. In der simulierten Welt wächst deshalb der Industrieoutput rascher und steigt höher als in Szenario 2.

Für eine gewisse Zeit übersteigt der Industrieoutput pro Kopf und Jahr 500 Dollar und liegt damit etwa doppelt so hoch wie 1990 im globalen Durchschnitt. Dennoch beginnt der Zerfall etwa zur selben Zeit wie im Szenario 2, aus vergleichbaren Gründen: Das große Industriekapital emittiert auch viel Schadstoffe und verbraucht große Mengen an Ressourcen. Umweltverschmutzung senkt die Ernteerträge. Kapital muß in die Landwirtschaft transferiert werden, um die Ernährung zu sichern. Nach 2030 ist auch Kapitalaufstockung zur Gewinnung sich erschöpfender Ressourcen notwendig, denn es wird immer schwieriger, neue Vorkommen zu finden und aus ärmeren Formationen Rohstoffe zu gewinnen.

Unter den in Szenario 8 vorgegebenen Umweltgrenzen und verfügbaren Technologien kann die Erde 7,4 Milliarden Menschen bei zunehmendem Industrieoutput nicht auf Dauer erhalten. Dann könnte vielleicht

Szenario 8
Dieser Computerlauf geht von der Voraussetzung aus, daß ab 1995 alle Paare auf der Erde beschließen, nur noch zwei Kinder zu zeugen, also sich selbst durch Nachkommenschaft zu »ersetzen«. Auch die Möglichkeiten zu dieser Geburtenbeschränkung bestehen. Infolge der Altersstruktur wächst die Bevölkerung dennoch weiter bis ins 21. Jahrhundert. Allerdings nimmt die Bevölkerungszahl immer langsamer zu. Dadurch kann der Industrieoutput schneller ansteigen, bis er schließlich durch die Erschöpfung der Ressourcen und durch Umweltverschmutzung zum Erliegen kommt.

Szenario 8   Geburtenbeschränkung ab 1995

Zustand der Welt

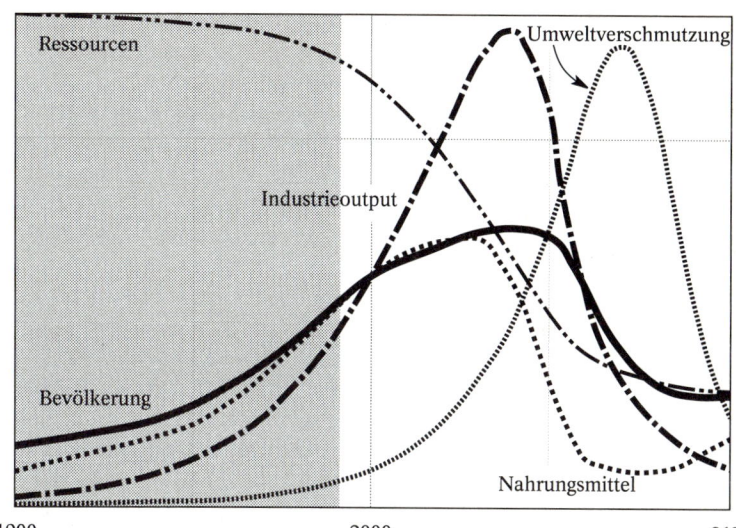

Materieller Lebensstandard

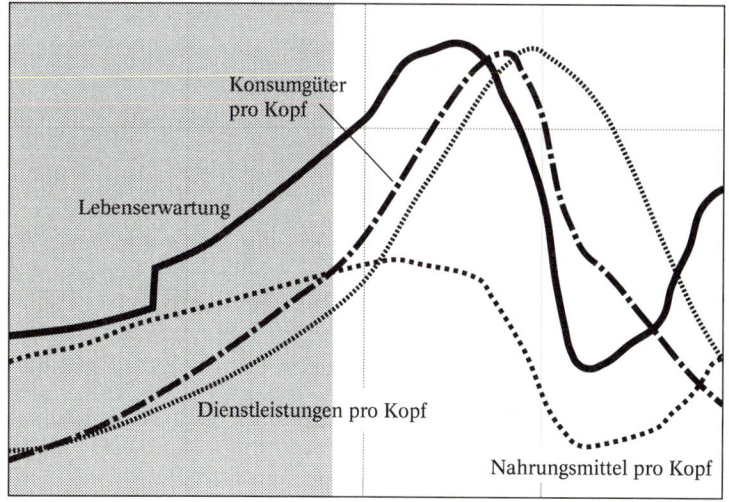

ein geringerer Industrieoutput weiterhelfen: Wie wäre es, wenn die Menschen nicht nur mit zwei Kindern pro Familie zufrieden wären, sondern auch mit einem geringeren Industrieoutput, mit einem bescheidenen, aber doch ausreichenden materiellen Lebensstandard? Wenn der erreicht ist, wenden sie sich anderen, nicht-materiellen Lebenszielen zu. Auch dies ist ein hypothetischer Wandel der Informationsstruktur, der nichts zu tun hat mit materiellen Dingen, sondern sich in den Köpfen der Menschen abspielen würde und sehr umfassend zu sein hätte. Denn er müßte bedeuten, daß die Menschen ihren Status im Gesamtsystem umbewerten und sich andere Lebensziele setzen als ein immer umfassenderes Produzieren und die zunehmende Anhäufung materiellen Reichtums.

Die Entwicklung der simulierten Welt mit jeweils zwei Geburten pro Familie und einer kulturellen Wertbestimmung dessen, was »genug« ist, wirksam ab 1995, demonstriert das Szenario 9. Diese simulierte Gesellschaft begnügt sich mit einem durchschnittlichen Industrieoutput von 350 Dollar pro Kopf und Jahr – gleich dem in Südkorea oder grob dem doppelten Wert in Brasilien vom Jahre 1990. Doch sollte man solche Vergleiche nicht allzu genau nehmen: Eine stabilisierte Gesellschaft, wie im Modell simuliert, wäre in vieler Hinsicht ganz anders beschaffen als heutige Wachstumsgesellschaften mit annähernd gleichem Bruttosozialprodukt. Ihr stünde ein höherer Anteil des Industrieprodukts für Gebrauchsgüter zur Verfügung, denn es wäre weniger Kapital durch Wachstumsinvestitionen und zum Ausgleich des Ressourcenabbaus und zur Bekämpfung der Umweltverschmutzung gebunden. Wenn solch eine hypothetische Gesellschaft auch noch ihre Militärausgaben senken und die Korruption zügeln könnte, wäre ihre stabilisierte Wirtschaft mit einem Industrieoutput von 350 Dollar pro Kopf und Jahr in der Lage, global etwa denselben materiellen Komfort zu bieten, den Europa 1990 im Durchschnitt aufzuweisen hatte.

Szenario 9
Wenn sich die Bevölkerung mit Familien mit je zwei Kindern und einem bewußt bescheidenen Industrieoutput zufriedengibt, könnte der materielle Lebensstandard um 50 % den durchschnittlichen Lebensstandard von 1990 übertreffen und sich über ein halbes Jahrhundert auf dieser Höhe halten. Die Umweltverschmutzung steigt aber und belastet die Landwirtschaft. Die Nahrungsmittelmengen pro Kopf werden geringer. Das senkt schließlich die Lebenserwartung. Die Bevölkerung nimmt ab.

Szenario 9   Geburtenbeschränkung und Produktionsbeschränkung ab 1995

Zustand der Welt

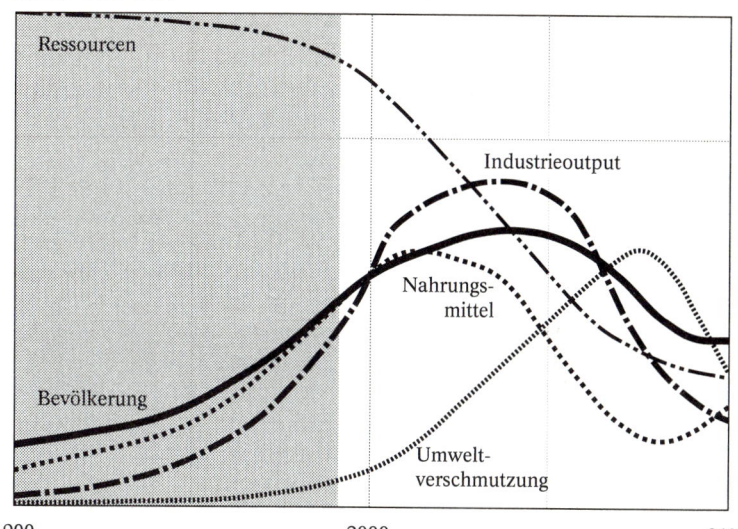

Ressourcen

Industrieoutput

Nahrungs-
mittel

Bevölkerung

Umwelt-
verschmutzung

1900   2000   2100

Materieller Lebensstandard

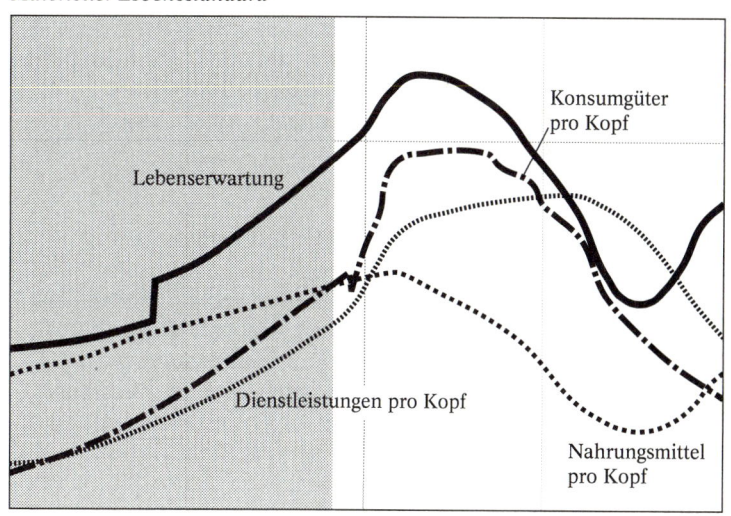

Konsumgüter
pro Kopf

Lebenserwartung

Dienstleistungen pro Kopf

Nahrungsmittel
pro Kopf

1900   2000   2100

Sobald in Szenario 9 die erwünschte Industrieproduktion pro Kopf
erreicht ist, sind keine Investitionen für Wirtschaftswachstum mehr
erforderlich. Nur die Kapitalabnutzung muß noch durch Investitionen
kompensiert werden. Doch die Kapitalabnutzung ist geringer, denn die
Nutzungsdauer des Kapitals wurde für dieses Szenario um ein Viertel
verlängert. Die freiwerdenden Investitionen werden den Dienstleistungen, der Nahrungsmittelproduktion oder dem Ressourcensektor je nach
Bedarf zugeschlagen.

Der in Szenario 9 simulierten Welt gelingt es nun, 7,3 Milliarden Menschen fast ein halbes Jahrhundert lang, von 2005 bis 2050, den
erwünschten Lebensstandard zu bieten. Die Dienstleistungen pro Kopf
steigen um 70 Prozent gegenüber dem Stand von 1990. Es wäre also
eine Welt mit hervorragendem Erziehungs- und Ausbildungssystem und
vorbildlicher Gesundheitsfürsorge für jedermann. Nach 2010 erreicht
die Nahrungsmittelproduktion ihren Höchststand; dann allerdings
sinkt sie ständig durch die Einwirkung von Schadstoffen. Deren Emissionen nehmen allmählich bis etwa 2075 zu. Immer mehr Investitionen
zur Melioration in der Landwirtschaft werden notwendig. Über eine
gewisse Zeitspanne bleiben sie auch verfügbar. Nach 2035 erfordert
aber auch der Ressourcensektor wegen sich ankündigender Erschöpfung der Lagerstätten mehr Kapital. Schließlich läßt sich der gesamte
industrielle Sektor nicht mehr aufrechterhalten.

Über zwei Generationen kann also diese simulierte Gesellschaft den
erwünschten materiellen Lebensstandard bewahren, während gleichzeitig Umwelt und Ernährungsbasis allmählich degenerieren. Es zeigt
sich also, daß die Sozialpolitik durch höheren technologischen Aufwand gestützt werden muß.

Wachstumsbeschränkung und verbesserte Technologie

Im Szenario 10 haben wir wieder eine Modellwelt vor uns, in der ab
1995 zwei Kinder pro Familie erwünscht sind und dieses Ziel auch
erreicht wird, weil man über eine perfekte Geburtenkontrolle verfügt.
Die Modellwelt beschränkt die Industrieproduktion pro Kopf auf 350
Dollar jährlich. Zusätzlich setzt sie aber auch ab 1995 neuartige Technologien ein, mit denen sie die Wirksamkeit der Rohstoffnutzung
erhöht und die Emissionen pro Produkteinheit senkt. Die Erosion landwirtschaftlicher Flächen wird beschränkt und der Ertrag gesteigert, bis

die Nahrungsmenge pro Kopf die gewünschte Höhe erreicht. Es handelt sich hierbei um dieselben Technologien, die schon im Kapitel 6 bei Computerläufen durchgetestet worden sind.

Nur nach Bedarf werden diese Technologien angewandt. Wirksam werden sie erst nach einer Entwicklungszeit von 20 Jahren. Selbstverständlich benötigen sie auch Kapital. Bei den Simulationen in Kapitel 6 hat sich gezeigt, daß nicht genug Kapital verfügbar war, um all diese Technologien funktionsfähig zu erhalten, denn in den Szenarios dieses Kapitels mußte die Gesellschaft auch noch mehrere Krisen infolge des vorherrschenden Wachstums bekämpfen – letzten Endes erfolglos, wie wir uns erinnern. In der Welt des stark beschränkten Wachstums von Szenario 10 ist kein Kapital zur Bekämpfung von Wachstumskrisen gebunden. Jetzt gibt es keine vom Wachstum hervorgerufenen und miteinander verketteten Probleme mehr. Die neuen Technologien können ausreichend mit Kapital ausgestattet werden. Über ein volles Jahrhundert bleiben sie ungestört in Funktion und senken pro Produkteinheit den Verbrauch sich erschöpfender Ressourcen um 80 Prozent, die Schadstoffemission um 90 Prozent. Der langsame Anstieg des landwirtschaftlichen Ertrags stagniert in den ersten 25 Jahren des kommenden Jahrhunderts, weil die Schadstoffemission steigt. Das ist ein verspäteter Effekt der Emissionen am Ende des 20. Jahrhunderts. Ab 2040 jedoch sinkt die Schadstoffbelastung, die Ertragsflächen erholen sich, und die Nahrungsproduktion steigt langsam bis zum Ende des nächsten Jahrhunderts.

Die Bevölkerungszahl pegelt sich bei knapp acht Milliarden ein und existiert dann mit dem erwünschten Lebensstandard fast ein Jahrhundert lang. Nach 2010 beträgt die normale Lebenserwartung etwas über 80 Jahre. Die Dienstleistungen pro Kopf erreichen einen Stand, der um 55 Prozent über dem des Jahres 1990 liegt. Es gibt genug Nahrung für jedermann. Die zunächst steigende Umweltverschmutzung geht wieder zurück, ehe irreversible Schäden entstehen konnten. Die Nutzung sich erschöpfender Rohstoffe schreitet so langsam voran, daß im simulierten Jahr 2100 noch immer die Hälfte der ursprünglich, also 1990, vorhandenen Menge im Boden ruht.

Kurz nach 2040 wird die der Umwelt aufgebürdete Gesamtlast allmählich geringer. Nach 2010 fällt die Abbaurate sich erschöpfender Ressourcen. Die Erosion der Ertragsflächen geht nach 2040 abrupt zurück. Die Schadstoffemissionen erreichen ihr Maximum um 2020. Der Rückzug aus dem Zustand der Grenzüberziehung hat eingesetzt. Ein unkon-

Szenario 10　Geburtenbeschränkung, Produktionsbeschränkung und Technologien zur Emissionsbekämpfung, Erosionsverhütung und Ressourcenschonung ab 1995

Zustand der Welt

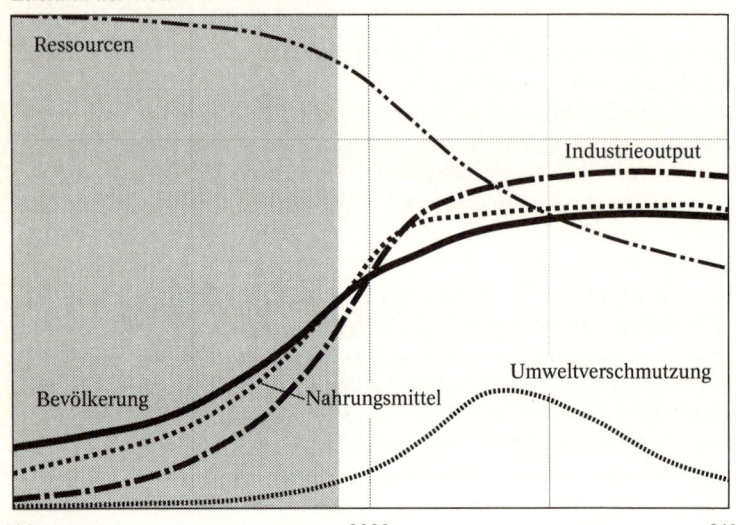

Materieller Lebensstandard

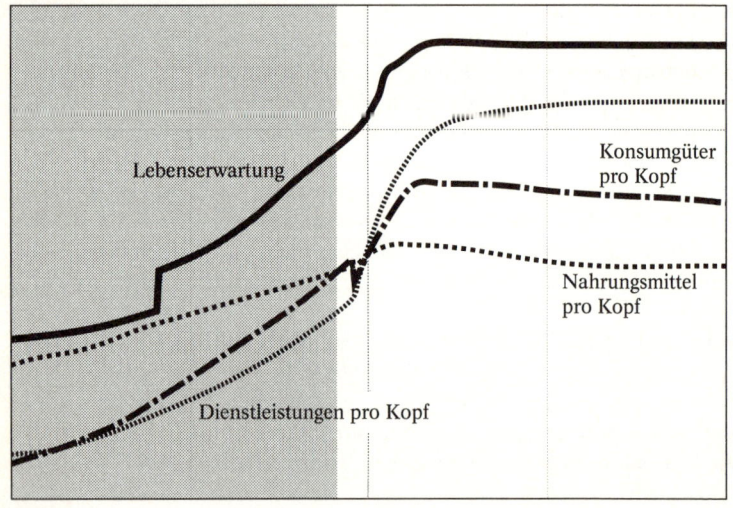

trollierter Zusammenbruch wurde vermieden. Das System zieht sich hinter seine Zusammenbruchsgrenzen zurück, vermeidet den Kollaps, hält den erreichten Lebensstandard und hält sich, wenn auch nicht vollständig, so doch im wesentlichen im Gleichgewicht.

In der Sprache der Systemdynamiker bedeutet *Gleichgewicht*, daß sich die Wirkungen positiver und negativer Rückkopplungen die Waage halten und daß sich die entscheidenden Bestandsgrößen des Systems – in unserem Falle Bevölkerung, Kapital, Ertragsflächen, landwirtschaftliche Fertilität, sich erschöpfende Rohstoffe und Umweltverschmutzung – einigermaßen auf gleicher Höhe halten. Gleichgewicht bedeutet aber nicht, daß sich die Bevölkerung und ihre Wirtschaft statisch verhalten oder stagnieren. Sie bleiben in gleicher Weise konstant wie etwa ein Fluß, durch den doch immer wieder neues Wasser fließt. Auch in einer Gesellschaft im Gleichgewicht – wie die in Szenario 10 – werden ständig Kinder geboren, während alte Leute sterben. Neue Fabriken, Straßen und Bauwerke werden errichtet und neue Maschinen gebaut. Die überholten Ausrüstungen werden aussortiert, zerlegt und ihr Material durch Recycling wiederverwertet. Auch in dieser Gesellschaft macht die Technologie Fortschritte, und es kommt zu Innovationen. Der ständige Fluß des materiellen Outputs pro Person bleibt zwar mengenmäßig etwa auf gleicher Höhe, doch seine Qualität ändert sich unablässig und fächert sich vielfältig auf.

Der Wasserstand in einem Fluß verändert sich ständig um einen mittleren Pegelstand. In diesem Sinne bleibt auch eine stabilisierte Gesellschaft im Gleichgewicht. Der aktuelle Pegel kann sich zeitweise ändern, entweder durch freiwilligen Entscheid oder durch unvorhersehbare Ereignisse wie Naturkatastrophen. Wenn die Schadstoffemissionen in den Fluß reduziert werden, kann er sich selbst durch einsetzende Naturprozesse wieder reinigen; neues und reiches aquatisches Leben entfaltet sich wieder. In gleicher Art kann sich eine dauerhaft existenz-

Szenario 10

Die Bevölkerung und der Industrieoutput werden hier ähnlich eingeschätzt wie in Szenario 9. Dazu werden Technologien eingesetzt zur Schonung der Ressourcen, zum Schutz der kultivierten Landflächen, zur Hebung der landwirtschaftlichen Erträge und zur Bekämpfung der Umweltverschmutzung. Die Bevölkerung steigt langsam auf 7,7 Milliarden bei einem beträchtlichen Lebensstandard und mit hoher Lebenserwartung, während gleichzeitig die Umweltverschmutzung zurückgeht. Der Zustand ist mindestens bis 2100 aufrechterhaltbar.

fähige Gesellschaft wieder vom Umweltschmutz befreien, neue Kenntnisse erwerben, ihre Produktionsprozesse wirksamer machen, Technologien verändern, ihr Management verbessern, für gerechtere Verteilung sorgen und sich diversifizieren – das heißt, reichhaltigere Lebensformen entwickeln. Das alles würde wohl sehr wahrscheinlich so kommen, sobald sich die Lasten des beständigen Wachstums abbauen.

Solch eine langfristig überlebensfähige Gesellschaftsform in der skizzierten Art des Gleichgewichtszustands (entsprechend Szenario 10) könnte die Menschheit tatsächlich erreichen, wenn wir nach den uns heute verfügbaren Kenntnissen über die Systeme unserer Umwelt die Möglichkeiten dafür abwägen. Nach diesem Szenario leben etwa 7,7 Milliarden Menschen auf der Erde. Sie haben genug zu essen und besitzen viel mehr Verbrauchsgüter im globalen Durchschnitt als heute. Es gibt ein hervorragendes Dienstleistungssystem und ansehnlichen Komfort für jedermann. Die Menschen entwickeln beträchtliche Anstrengungen und setzen ständig bessere Techniken ein, um ihre Landflächen zu schützen, die Emissionen zu senken und nichterneuerbare Rohstoffe immer effektiver und sparsamer zu nutzen. Da das Wachstum zurückgeht und schließlich endet, sind entstehende Probleme lösbar – und werden in der Tat gemeistert.

Wir denken, dies ist nicht nur das Bild einer machbaren, sondern auch einer wünschbaren Welt. Sicherlich ist sie reizvoller als die in den vorigen Kapiteln simulierten Welten, die wachsen, bis sie schließlich durch sich entwickelnde Bündel von Krisen abgewürgt werden. Dabei ist Szenario 10 keineswegs der einzige Computerlauf mit *World3*, bei dem sich ein Gesellschaftssystem im Gleichgewicht ergeben hat. Innerhalb der Systemgrenzen kann man wechselnd gewichten: Man kann sich für mehr Nahrung bei geringerem Industrieoutput entscheiden – oder auch umgekehrt. Es könnten mehr Menschen die Erde bevölkern und mit einem geringeren Industrieoutput leben oder weniger Menschen mit

Szenario 11
Für diesen Computerlauf gelten alle Voraussetzungen wie für Szenario 10. Allerdings wurden alle Maßnahmen bereits 1975 in Gang gesetzt. Die 20 Jahre Zeitgewinn hätten dazu geführt, daß die Bevölkerungszahl niedriger geblieben wäre und es weniger Umweltverschmutzung gegeben hätte. Die sich nicht regenerierenden Rohstoffe wären in größeren Mengen vorhanden; der mögliche Lebensstandard wäre etwas höher.

Szenario 11   Geburtenbeschränkung, Produktionsbeschränkung und Technologien zur Emissionsbekämpfung, Erosionsverhütung und Ressourcenschonung ab 1975.

Zustand der Welt

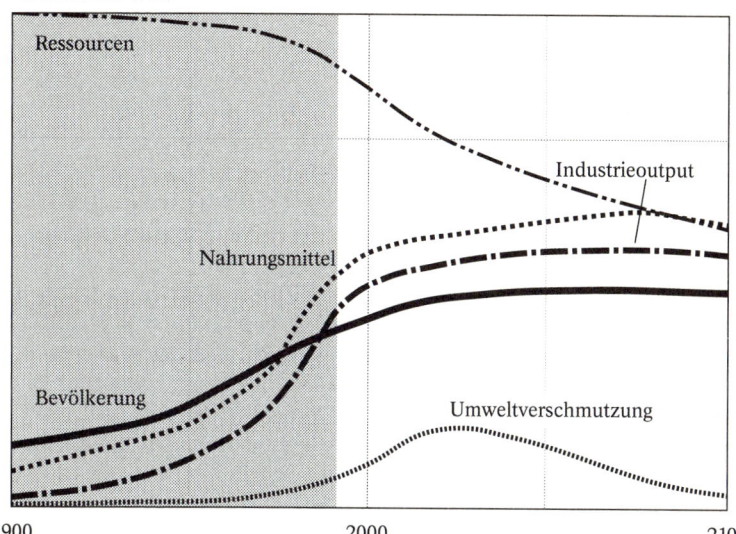

Materieller Lebensstandard

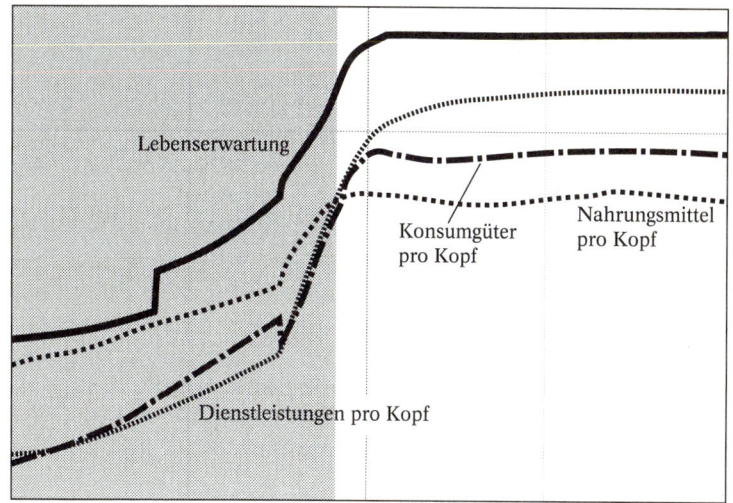

mehr Gütern. Die Gesellschaft könnte sich auch längere Übergangszeiten bis zum Gleichgewicht leisten, als wir für Szenario 10 angenommen haben – das allerdings hätte gewisse Mehrkosten zur Folge. Und die bis heute entstandenen Verzögerungen beim Übergang in eine dauernd existenzfähige Gesellschaft haben bereits Kosten verursacht.

Was zwanzig Jahre ausmachen können

Auch schon vor zwei Jahrzehnten waren Symptome erkennbar, die auf Überlastung der Umwelt hinwiesen. Wie wäre die Entwicklung verlaufen, wenn sich die Menschen damals bereits zu Maßnahmen entschlossen hätten, um die Umweltlast zu begrenzen?

Für das nächste Szenario haben wir vorausgesetzt, daß alle im Szenario 10 durchgetesteten Maßnahmen bereits im Jahre 1975 statt erst 1990 wirksam geworden sind (Familiengröße zwei Kinder, Industrieoutput pro Kopf 350 Dollar jährlich, Technologien zur Ressourcenschonung und Schadstoffvermeidung). Szenario 10 und 11 sind also äquivalent, außer eben dem 20 Jahre früheren Wirkungstermin der Maßnahmen in Szenario 11. Die Entwicklung verläuft qualitativ ähnlich. Die Unterschiede, die sich ergeben, fallen nicht sofort auf. Für die Menschen wären sie aber dennoch fühlbar. Die Gesellschaft von Szenario 11 steht auf einem sicheren Fundament und ist auch materiell bessergestellt. Statt bei fast acht Milliarden pegelt sich die Bevölkerungszahl bei 5,7 Milliarden ein. Der Verschmutzungsgrad beginnt 15 Jahre früher zu fallen und beeinflußt den landwirtschaftlichen Ertrag sehr viel weniger als in Szenario 10. Die Lebenserwartung steigt über 80 Jahre und bleibt auf dieser Höhe. Gegen Ende des 21. Jahrhunderts stehen mehr sich erschöpfende Rohstoffe zur Verfügung und können mit weniger Aufwand abgebaut werden.

Die erwünschte Höhe des Industrieoutputs pro Kopf wird früher

Szenario 12
Wenn man mit Maßnahmen zur Schaffung einer aufrechterhaltbaren Gesellschaft bis zum Jahre 2015 zuwartet, erreichen die Bevölkerungszahlen, die Industrie- und die Umweltverschmutzung zu hohe Werte. Auch die effektiven Technologien können dann einen Niedergang nicht mehr abwenden. Allerdings können sie später, gegen Ende des 21. Jahrhunderts, eine Erholung einleiten.

Szenario 12 Geburtenbeschränkung, Produktionsbeschränkung und Technologien zur Emissionsbekämpfung, Erosionsverhütung und Ressourcenschonung ab 2015.

Zustand der Welt

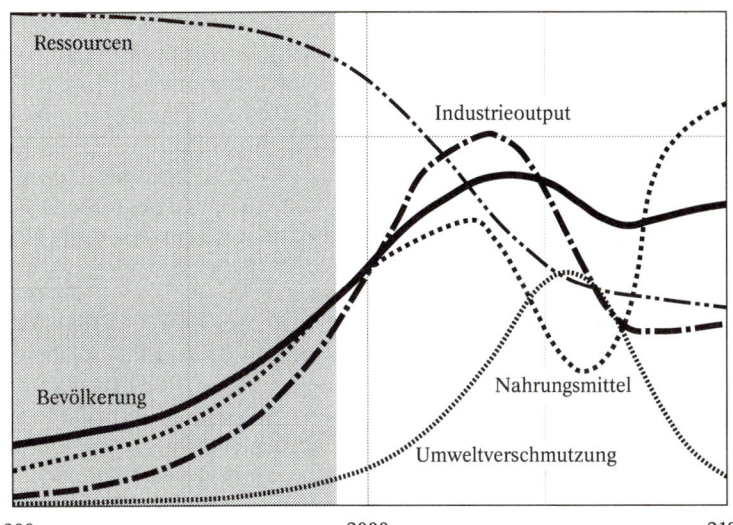

Materieller Lebensstandard

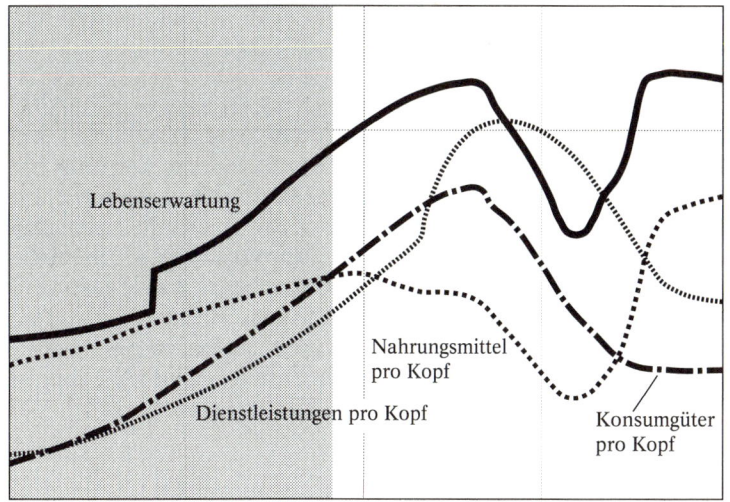

erreicht und läßt sich auf dieser Höhe halten. Die Kapitalversorgung der Technologien bereitet keine Probleme. Insgesamt hat die Gesellschaft mehr Handlungsfreiheit, ist von ihren Grenzen weiter entfernt und weniger nahe am Abgrund als im Szenario 10.

So sah also vor 20 Jahren eine damals noch erreichbare Zukunftsoption aus. Heute geht es so reibungslos nicht mehr.

Wenn wir jetzt aber unsere simulierten Maßnahmen zur Umstrukturierung 20 Jahre gegenüber Szenario 10 in die Zukunft verschieben, ergeben sich sehr viel größere Unterschiede, als man auch mit Kenntnissen über exponentielles Wachstum vermuten würde. Im Szenario 12 werden alle erwähnten Maßnahmen statt im Jahre 1995 (wie in Szenario 10) erst im simulierten Jahr 2015 wirksam. Und jetzt erweist sich, daß es dann bereits zu spät ist; schwerwiegende Störungen lassen sich nicht mehr vermeiden.

Die Bevölkerungszahl steigt im Szenario 12 auf 8,7 Milliarden. Die Industrieproduktion muß stärker zunehmen als in Szenario 10, denn jetzt muß einer Milliarde mehr Menschen der erwünschte Lebensstandard geboten werden. Diese zusätzliche industrielle Aktivität hat zusammen mit den 20 Jahre später einsetzenden Maßnahmen zur Emissionsvermeidung zur Folge, daß eine Krise durch Umweltverschmutzung entsteht. Zwar arbeiten die Technologien genauso wirkungsvoll wie in Szenario 10, aber es haben sich über 20 Jahre größere Schadstoffmengen angesammelt. Die Schadstoffe beeinträchtigen die Ernteerträge. Die Nahrungsmittel pro Person sinken, die Lebenserwartung geht zurück, und die Bevölkerungszahl fällt auf 7,4 Milliarden.

Infolge dieses Bevölkerungsschwunds und der technischen Fortschritte kann sich diese simulierte Welt allmählich wieder erholen. Nach 2055 fällt die Schadstoffkonzentration, die Nahrungsmittelproduktion und die Lebenserwartung steigen wieder. Jedoch sind zur Korrektur der Phase der Grenzüberziehung solch große Kapitalmengen gebunden, daß nicht mehr ausreichend Kapital verfügbar ist, um den materiellen Lebensstandard zu erhalten. Im Jahre 2025 wird zwar der erwartete Industrieoutput pro Kopf von 350 Dollar erreicht, aber er fällt dann wieder auf die Hälfte dieses Pegels. Die 20 Jahre, die man verstreichen ließ, bis man sich zur Schaffung einer dauernd existenzfähigen Gesellschaft entschließen konnte, haben den Gleichgewichtspegel für den erhaltbaren Lebensstandard gesenkt.

Wieviel ist zu viel?

Szenario 12 hat also demonstriert, wie die Entwicklung verläuft, wenn Strukturmaßnahmen ein wenig zu spät erfolgen. Szenario 13 zeigt jetzt, welche Folgen es hingegen hat, wenn man zu viel erreichen möchte. Es ist direkt mit Szenario 10 vergleichbar. Bei beiden Computerläufen sind dieselben Maßnahmen wirksam ab demselben Jahr 1995. Nur wollen die im Szenario 13 simulierten Menschen besser essen und wohlhabender werden: Die Nahrungsmittel pro Kopf sind um 50 Prozent höher gesetzt; als Industrieoutput pro Kopf sollen 700 Dollar erreicht werden, das Zweieinhalbfache des aktuellen globalen Wertes von 1990. Es zeigt sich, daß dieses Zielbündel auf Dauer für eine Bevölkerung von 8 Milliarden nicht eingehalten werden kann.

Der Industrieoutput erreicht niemals die angepeilte Höhe. Er steigt bis kurz nach 2030 auf knapp 500 Dollar und fällt dann langsam. Um 2065 wird zwar kurz die angestrebte Nahrungsmittelmenge erreicht, dann aber fällt auch sie wieder. Es sind viel zuviel technische Aktivität und ein zu hoher Kapitalaufwand erforderlich, um die Umweltschäden zu beheben und gleichzeitig einen beträchtlich höheren Lebensstandard zu schaffen. Im simulierten Jahr 2100 sinken die Nahrungsmengen und die verfügbaren Verbrauchsgüter jeweils pro Kopf und Jahr unter die entsprechenden Werte von Szenario 10, dessen Bevölkerung die ganze Zeit über mit »genug« zufrieden war.

Erlaubt es dieser Computerlauf, verläßlich abzuschätzen, welcher Lebensstandard »real« zu hoch wäre für acht Milliarden, die in einer Gesellschaft im Gleichgewicht leben sollen?

Mit Entschiedenheit: Nein. Die verfügbaren Zahlenwerte sind nicht präzise und verläßlich genug. Möglicherweise könnten mehr Menschen einen höheren Lebensstandard wahren. Aber Szenario 12 könnte sich auch viel zu optimistisch verhalten. Denken wir an die Kriege, die sozialen Konflikte, die Korruption in der »realen« Welt und all die Fehler, die Menschen ständig unterlaufen – aber nicht unserer simulierten Welt. *World3* eignet sich nicht dazu, die globale Entwicklung den verborgenen Grenzen präzise anzupassen. Kein heute verfügbares Computermodell kann dies leisten, möglicherweise auch keines in der Zukunft. *World3* liefert qualitative Lehren, keine quantitativen. Sie dürfen nicht als exakte Voraussagen gewertet werden und nicht als Planungsunterlagen für die Weltpolitik. Sie lassen aber generelle Schlüsse über das Systemverhalten zu, die noch keineswegs allgemein bekannt sind, aber

Szenario 13   Gleichgewicht mit besserer Ernährung und höherem Industrieoutput

Zustand der Welt

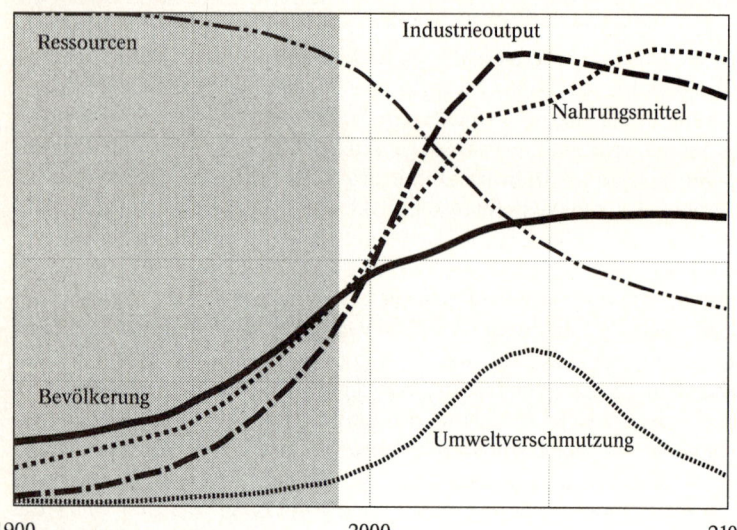

1900   2000   2100

Materieller Lebensstandard

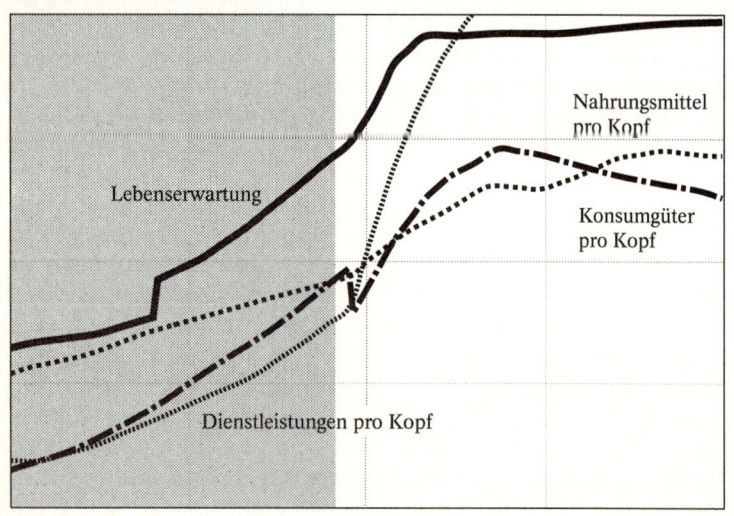

1900   2000   2100

für Entscheidungsträger von entscheidender Bedeutung wären. Denken Sie bitte einmal selbst nach, wie anders die Welt heute schon aussehen könnte, wenn folgende Erkenntnisse allgemein geläufig und anerkannt wären:

Der Übergang zu einer dauernd aufrechterhaltbaren Gesellschaft ist sehr wahrscheinlich ohne Bevölkerungsrückgang und ohne Senkung des Industrieoutputs möglich.

Notwendig wäre allerdings Beschränkung des weiteren Wachstums von Bevölkerung und Industrieoutput und eine entscheidende Steigerung der technischen Effizienz der Ressourcennutzung.

Es gibt viele gangbare Wege, wie eine aufrechterhaltbare Gesellschaftsform aufgebaut sein könnte, und unterschiedliche Kombinationen von Bevölkerungszahl, Lebensstandard, technologischen Investitionen sowie der Verteilung von Gütern, Dienstleistungen und Nahrung, die dazu führen.

Wenn die tragbaren Grenzen der Umweltbelastung erreicht oder schon überschritten sind, müssen die ertragbare Bevölkerungszahl und der erreichbare Lebensstandard sorgfältig gegeneinander abgewogen werden. Numerische Werte hierfür sind unbekannt. Sie verändern sich mit dem jeweiligen Stand der Technologie, mit den vorhandenen Kenntnissen, der jeweiligen Handlungsfähigkeit des Managements und den Veränderungen in der Umwelt. Die Tragfähigkeitsgrenze für Bevölkerungszahl und Lebensstandard kann ansteigen oder absinken. Aber gültig ist jeweils dasselbe Muster: Je mehr Menschen, um so geringer die materiellen Durchsatzmengen pro Person – oder desto wahrscheinlicher der Zusammenbruch.

Je mehr Zeit die Senkung der Durchsatzmengen und der Übergang zur Nachhaltigkeit beansprucht, desto niedriger sind die erhaltbare Bevökerungszahl und der ertragbare Lebensstandard. Große Verzögerungen bedeuten Zusammenbruch.

Szenario 13
Bei diesem Computerlauf sind alle Maßnahmen wie im Szenario 11 wirksam, mit Ausnahme eines höheren Lebensstandards und einer umfangreicheren Produktion von Konsumgütern. Das beansprucht die Ressourcen stärker. Zwar steigt der Lebensstandard tatsächlich, aber gegen Ende des 21. Jahrhunderts macht sich Instabilität bemerkbar.

Je höher die Zielvorstellungen für den Lebensstandard gesetzt werden, um so größer wird das Risiko, die Grenzen bis zur sozialen und wirtschaftlichen Erosion zu überschreiten.

Nach allem, was wir wissen und mit dem Computermodell durchgetestet haben, ist kein Zeitverlust mehr tragbar; die Belastung der Umwelt muß so rasch wie möglich reduziert und das Gesellschaftssystem informell in Richtung einer erhaltbaren Gesellschaft umstrukturiert werden. Wenn man die Lastenreduktion zurückstellt und den Übergang zur stabilen Gesellschaft hinauszögert, schiebt man bestenfalls um so größere Lasten auf künftige Generationen und schafft schlimmstenfalls die Voraussetzungen für den endgültigen Zusammenbruch. Es geht nicht an, auf unmißverständliche und für jedermann offensichtliche Signale aus der Umwelt zu warten. Wenn die erst mal eintreffen, ist es bei den im System wirkenden Verzögerungen bereits zu spät, um einen Zusammenbruch noch zu vermeiden.

Es gibt keine vernünftigen Gründe für weiteres Zuwarten. Nachhaltigkeit (Aufrechterhaltbarkeit, andauernde Existenzfähigkeit oder wie man den Begriff noch variieren mag) ist für viele Menschen ein neuer, vielleicht nicht leicht verständlicher Begriff. Dennoch gibt es rund um die Erde Menschen, die sich mit Überlegungen zur Entwicklung einer nachhaltigen Welt ständig befassen. Sie verknüpfen diesen Begriff mit dem Bild einer Welt, in die man sich nicht widerwillig, nachtrauernd und opferbereit, sondern vielmehr hoffnungsfroh und zuversichtlich begibt.

Die nachhaltige Gesellschaft

Die einfachste Beschreibung, was man unter »nachhaltig« verstehen soll, lautet wie folgt: Eine Gesellschaft ist dann nachhaltig, wenn sie so strukturiert ist und sich so verhält, daß sie über alle Generationen existenzfähig bleibt. Mit anderen Worten: Sie ist so weitsichtig, so wandlungsfähig und so weise, daß sie ihre eigenen materiellen und sozialen Existenzgrundlagen nicht unterminiert. Die Weltkommission für Umwelt und Entwicklung der UN bezeichnete eine Gesellschaft als nachhaltig, wenn sie »den Erfordernissen der Gegenwart angemessen gerecht wird, ohne die Möglichkeiten künftiger Generationen zu beschränken, ihren eigenen Bedürfnissen nachzukommen«.[2]

Im Sinne der Systemforschung ist eine Gesellschaft nachhaltig, wenn sie ausreichende Informations-, Sozial- und Verwaltungsstrukturen besitzt, die in der Lage sind, die positiven Rückkopplungen für exponentielles Bevölkerungs- und Wirtschaftswachstum so zu kontrollieren, daß die Fertilität etwa gleich der Mortalität ist und die Investitionsraten etwa den Raten der Kapitalabnutzung entsprechen. Technische Entwicklungen und soziale Wertungen können dann je nach Lage kontrollierte Verschiebungen zugunsten der Bevölkerungszahl oder des Kapitals zulassen. In einer nachhaltigen Gesellschaft muß die Kombination von Kapital, Bevölkerungszahl und Technologieeinsatz so gegeneinander abgewogen werden, daß ein angemessener Lebensstandard für jedermann gesichert ist. Für die materiellen Durchsatzmengen und den Energiedurchsatz gelten die drei von Herman Daly formulierten Bedingungen:[3]

Die Nutzungsrate sich erneuernder Ressourcen darf deren Regenerationsrate nicht überschreiten.

Die Nutzungsrate sich erschöpfender Rohstoffe darf die Rate des Aufbaus sich regenerierender Rohstoffquellen nicht übersteigen.

Die Rate der Schadstoffemissionen darf die Kapazität zur Schadstoffabsorption der Umwelt nicht übersteigen.

Wie immer solch eine Gesellschaft beschaffen sein mag, so wäre sie doch in vieler Hinsicht sehr verschieden von der Gesellschaft, in der die meisten Menschen heute leben. Das kollektive Bewußtsein wird gegenwärtig geprägt von der Erfahrung der Armut einerseits und des raschen materiellen Wachstums andererseits sowie den unablässigen Bemühungen, Wachstum aufrechtzuerhalten, koste es, was es wolle. Diese Wachstumsklischees in den Denkvorstellungen der meisten Menschen müssen erst einmal überwunden werden, bevor sich Vorstellungen über eine nachhaltige Gesellschaft entwickeln können. Ehe wir ausführen, was Nachhaltigkeit bedeuten könnte, müssen wir uns überlegen, was sie *nicht* bedeutet.

Nachhaltigkeit schließt Wachstum nicht aus. Eine auf dauerndes Wachstum geistig fixierte Gesellschaft wertet jede Wachstumskritik als Negation. Der Gründer des Club of Rome, Aurelio Peccei, hat darauf hingewiesen, daß eine derartige Reaktion ein Vorurteil durch ein anderes ersetzt:

»Alle, die dazu beigetragen haben, den Mythos des Wachstums zu erschüttern … wurden von den treuen Verteidigern der heiligen Kuh

des Wachstums verlacht und symbolisch gehängt, ersäuft und gevier-
teilt. Viele, die so über uns richteten, haben den Report [Die Grenzen
des Wachstums] … beschuldigt, er habe *Null-Wachstum* verlangt.
Klar, diese Leute haben überhaupt nichts verstanden, weder vom
Club of Rome noch vom Wachstum. Die Bezeichnung Null-Wachstum ist so primitiv wie die vom unendlichen Wachstum und so
nichtssagend, daß es ganz einfach Unsinn ist, in einer lebendigen,
dynamischen Gesellschaft so zu reden.«[4]

In einer dauerhaft existenzfähigen Gesellschaft bestünde großes Interesse an qualitativer Entwicklung, aber nicht an materieller Expansion.
Man würde materielles Wachstum als Mittel für bestimmte Zwecke
schätzen, aber nicht als einen unerschütterlichen Auftrag. Man wäre
weder grundsätzlich für noch gegen Wachstum, sondern würde zwischen den jeweiligen Arten und Zwecken von Wachstum klar unterscheiden. Man würde fragen: Wachstum zu welchem Zweck und zu
wessen Gunsten, zu welchen Kosten wie lange? Von welchen Quellen
kann es gespeist werden, und welche Senken belastet es? Man würde
entsprechend allen Kenntnissen über die begrenzte Umwelt nur Wachstum zulassen, das bestimmten sozialen Zielen dient und die Stabilität
fördert. Wenn der jeweilige Zweck des Wachstums erreicht wäre, würde
es wieder gestoppt werden.
Eine nachhaltige Gesellschaft würde den gegenwärtigen Lebensstandard aller nicht einfach festschreiben können. Sie könnte auf keinen
Fall die Armen in ihrer Armut lassen, aus zwei Gründen: 1. Die Armen
könnten und dürften sich mit einem solchen Schicksal nicht zufrieden-
geben. 2. Ein Bevölkerungsteil in dauernder Armut würde eine Stabilisierung der Bevölkerungszahl verhindern – sofern man nicht brutalen
körperlichen Zwang gegen ihn anwendet. Aus wohlerwogenen praktischen und moralischen Gründen müßte die Gesellschaft zur Stabilisierung materielles Auskommen und Sicherheit für alle bieten. Jede sich
offerierende materielle Wachstumsmöglichkeit, jeder zusätzlich trag-
bare Ressourcenverbrauch und jeder sich durch höhere Effektivität und
durch Änderungen des Lebensstils der Wohlhabenden bietende Freiraum müßte für die Bevölkerungsteile genutzt werden, die am bedürftig-
sten sind. Das sind Voraussetzungen, um Gleichgewicht zu erreichen
und zu erhalten.
Ein Zustand der Nachhaltigkeit bedeutet nicht, daß in der Gesellschaft
Mutlosigkeit und Stillstand herrschen, etwa bei hohen Arbeitslosen-

und Konkursquoten, wie sie heute üblich sind, sobald das Wachstum
stagniert. Der Unterschied zwischen einer nachhaltigen Gesellschaft
und einer wirtschaftlichen Rezession ist etwa so groß wie zwischen dem
Anhalten eines Kraftfahrzeugs durch Betätigen der Bremse oder dem
Aufprall des Wagens auf eine Betonmauer. Wenn die heutige Wirtschaft
ihre jeweiligen Grenzen überzieht, kippt die Entwicklung so rasch und
unerwartet, daß sich weder die Menschen noch die Unternehmen
anpassen und neu orientieren können. Aber der Übergang zur Nachhaltigkeit würde langsam und allmählich erfolgen. Menschen wie Unternehmen könnten deshalb den ihnen angemessenen Platz in der neuen
Gesellschaft finden.

Es ist nicht einzusehen, warum eine Gesellschaft im Gleichgewicht
technisch und kulturell primitiv sein sollte. Von materiellen Nöten und
materiellem Gewinnstreben wenigstens teilentlastet, stehen der Gesellschaft bislang ungeahnte Möglichkeiten zur Entfaltung konstruktiver
Kreativität offen. Unbelastet durch die hohen Kosten des Wachstums
kann sie die Technologie ebenso wie die Kultur weiterentwickeln. John
Stuart Mill, einer der großen klassischen Moralphilosophen und Ökonomen, die sich auch mit der Vorstellung einer Wirtschaft im Rahmen
der Umwelt auseinandersetzten, schrieb vor mehr als 100 Jahren über
den »stationären Zustand«, wie er ihn nannte, folgende Zeilen:

> »Ich kann … den stationären Zustand von Kapital und Vermögen
> nicht mit der Abneigung betrachten, den die politischen Ökonomen
> der alten Schule zum Ausdruck bringen. Ich bin eher der Ansicht,
> daß dieser Status insgesamt in unserer gegenwärtigen Lage ein bedeu-
> tender Gewinn wäre. Ich gestehe, daß ich keineswegs entzückt bin
> von den Lebensidealen derjenigen, die denken, der normale Zustand
> sei der beständige Kampf der Menschen, vorwärtszukommen … daß
> das Niedertrampeln, Niederringen, die Ellbogenstöße und das Treten
> auf die Fersen des Vordermanns … das erstrebenswerteste Los der
> Menschheit sei … Der Hinweis erübrigt sich, daß ein stationärer
> Zustand von Kapital und Bevölkerung keinen stationären Zustand
> menschlichen Fortschritts bedeutet. Es gäbe auch dann soviel
> Anreize für alle Arten kultureller, moralischer und sozialer Fort-
> schritte wie zuvor; genausoviel Freiraum, um die Lebenskultur zu
> verbessern, und die Chancen dafür wären auch besser.«[5]

Eine nachhaltige Welt könnte nicht rigide strukturiert sein, so daß die
Bevölkerung, die Produktion oder sonstige Prozesse krankhaft erstarrt

wären. Gegenwärtig trifft man öfter auf die seltsame Vorstellung, daß eine Welt der Bescheidung strikt zentralisiert reglementiert und regiert werden müsse. Solch eine Art der Kontrolle ist wohl unmöglich – aber auch nicht notwendig. Natürlich gäbe es auch in einer aufrechterhaltbaren Gesellschaft Gesetze, kulturelle Verhaltensregeln, Standards und soziale Übereinkünfte wie in jeder Gesellschaft. Einige dieser Regeln würden in einer nachhaltigen Gesellschaft anders aussehen als heute. Doch so ungewöhnlich wären sie auch wieder nicht, denn es existieren schon Beispiele für derartige Regelungen, etwa die internationalen Abkommen zum Schutz der Ozonschicht.

Regeln zum Schutz der Nachhaltigkeit würden aber, gleich allen anderen praktikablen sozialen Regeln, nicht die persönliche Freiheit einengen, sie würden Freiheitsrechte viel eher schaffen und gegen diejenigen schützen, die sie zerstören wollen.

Das Verbot, Banken zu überfallen, beschränkt natürlich die persönliche Freiheit der Bankräuber, aber nicht die Freiheit derjenigen, die nie auf die Idee kommen, Banken auszurauben. Das Verbot schützt im Gegenteil die Freiheit, sein Geld auf die Bank zu tragen und es dort wieder abzuheben. Verbote gegen räuberische Ausbeutung von Ressourcen und gegen Umweltverschmutzung sind im Sinne der Freiheit genauso zu beurteilen.

Man braucht kein überwältigendes Vorstellungsvermögen, um zu erkennen, daß bereits wenige soziale Strukturelemente wie etwa die Rückkopplung wichtiger neuer Information über Kosten, Folgen und Sanktionen ausreichend wären, um eine Gesellschaft nachhaltig werden und bleiben zu lassen. Sie könnten Evolutionen in Gang setzen, Kreativität und Wandel fördern und würden viel mehr Freiheiten zulassen, als sie in einer Gesellschaft möglich sind, die sich weiterhin gegen Grenzen stemmt.

Manchmal hört man auch das Argument, eine nachhaltige Gesellschaft dürfe keine sich erschöpfenden Ressourcen mehr nutzen, weil die ja im Wortsinn nicht dauernd erhaltbar sind. Das ist aber eine viel zu starre Auslegung des Begriffs »nachhaltig«. Die Schätze in der Erdkruste würden sicherlich von einer Gesellschaft im Gleichgewicht sehr viel sorgfältiger und effizienter genutzt, preislich entsprechend bewertet und auch nach Möglichkeit für kommende Generationen bewahrt werden. Aber es gibt keinen Grund, warum man sie überhaupt nicht nutzen sollte, solange die Kriterien für Erhaltbarkeit beachtet werden: Entsprechend der Abbaurate müssen sich regenerierende Quellen erschlossen bzw.

ausgebaut werden, so daß künftige Generationen gleichartiger Ressourcen nicht beraubt werden.

Auch müßte eine derartige Gesellschaft nicht einheitlich gestaltet sein. Vielfalt ist ebenso die Grundlage wie das Ergebnis der unbestrittenen Nachhaltigkeit in der Natur; das gleiche würde für die menschliche Gesellschaft gelten.

Und diese nachhaltige Gesellschaft wäre ganz sicher weder undemokratisch noch langweilig, noch ohne Herausforderungen. Sicherlich würden Gesellschaftsspiele wie Wettrüsten oder die Anhäufung unbegrenzter Reichtümer vom gesellschaftlichen Spielplan gestrichen. Aber es gäbe noch immer Wettspiele, Herausforderungen, Probleme, die gelöst werden müssen, Gelegenheiten zur persönlichen Bewährung, zur Entfaltung von Fähigkeiten und zu befriedigender Lebensführung – befriedigender gewiß als heute.

Mit dieser Liste, wie eine nachhaltige Gesellschaft nicht zu sein bräuchte, haben wir auch schon weitgehend geschildert, wie sie sein könnte. Aber die Details ihrer Beschaffenheit können mit Sicherheit nicht von einigen Computer-Modellbauern bestimmt werden. Dazu sind die Ideen, Visionen, Talente und Erfahrungen von Milliarden Menschen dringend gefragt.

Wir haben dieses Buch nach einer strukturellen Analyse des Weltsystems verfaßt. Aber wir können nur die ungefähre Richtung angeben, in die wir uns bewegen müssen, damit die sich neu entwickelnde Weltordnung nachhaltig sein wird und ihre Grenzen einhält, bevor es zum Zusammenbruch kommt. Sie werden im folgenden zusammengefaßt. Jede einzelne Richtlinie kann aber auf hunderterlei Arten ergänzt und erweitert werden, und dies auf verschiedenen Ebenen, von den privaten Haushalten bis zu den Gemeinden, den Nationen und der Welt als Ganzes. Andere Menschen können mit Sicherheit besser beurteilen als wir, welche Folgen solche Strukturänderungen für ihr eigenes Leben, ihre Kultur und ihr politisches System haben würden. Jeder Schritt in diese Richtung ist ein Schritt hin zur Nachhaltigkeit.

Rückmeldungen verbessern:

Achten Sie auf die Lebensbedingungen der Menschen und die Zustände der regionalen sowie der globalen Quellen und Senken. Weisen Sie Regierungen und die Öffentlichkeit so weit wie möglich auf den Zustand der Umwelt und die wirtschaftlichen Bedingungen hin. Beachten Sie bei Wirtschaftsberechnungen auch die Umweltkosten. Berücksichtigen Sie die jetzt der Umwelt angelasteten externen Kosten in den Preisen; entwickeln Sie volkswirtschaftliche Indikatoren, die Kosten nicht mit Nutzen, oder Durchsatz mit Wohlstand verwechseln.[6]

Reaktionsgeschwindigkeit erhöhen:
Beachten Sie Anzeichen, die auf Umweltlasten hindeuten. Beschließen Sie vorweg Ihre Taktik zur Abwehr von Problemen, möglichst bevor sie akut werden, und halten Sie dazu die institutionellen und technischen Hilfsmittel bereit. Wecken Sie Flexibilität und Kreativität, kritisches Denken sowie die Fähigkeit, materielle und soziale Systeme auch bewußt zu verändern. Die Arbeit mit Computermodellen kann dabei hilfreich sein. Wichtiger ist aber die Schulung zum Denken in vernetzten Systemen.

Reduziere die Nutzung sich erschöpfender Rohstoffe:
Fossile Brennstoffe, Grundwasser und Mineralien sollten nur mit höchstmöglichem Wirkungsgrad genutzt werden. Brennstoffe lassen sich nicht wiederverwerten, aber für alle mineralischen Stoffe und Wasser ist Recycling anwendbar. Sich erschöpfende Rohstoffe sollten nur als Übergangsressourcen bis zum Ausbau sich nicht erschöpfender Quellen betrachtet werden.

Verhindere die Erosion sich regenerierender Ressourcen:
Die Produktivität von Böden, Wasservorkommen und der lebenden Umwelt einschließlich Wäldern, Fischbeständen und Wild sollte soweit wie möglich gefördert bzw. wiederhergestellt werden. Die Nutzungsrate darf nicht die Regenerationsrate übersteigen. Das erfordert Kenntnisse über die Regenerationsfähigkeit und auch wirksame soziale oder wirtschaftliche Sanktionen gegen mißbräuchliche Nutzung.

Achte auf maximale Effizienz:
Je mehr Wohlstand aus reduziertem Durchsatz erzielbar ist, um so höher steigt die Lebensqualität innerhalb der Grenzen der Umwelt. Höhere Wirkungsgrade sind in der Regel technisch möglich. Wirtschaftlich senken sie auf Dauer die Kosten. Höhere Effizienz ist unverzichtbar, wenn die Weltbevölkerung ohne Gefahr eines Zusammenbruchs versorgt werden soll.

Reduziere und beendige Wachstum von Bevölkerung und Kapital:
Die ersten fünf Punkte dieser Liste sind nur bis zu einem gewissen Ausmaß realisierbar. Deshalb ist dieser letzte Punkt von besonderer Bedeutung. Er verlangt zur Realisierung soziale und institutionelle Innovationen sowie einen Wertewandel. Man muß die auf Dauer

erwünschten und erhaltbaren Pegel der Bevölkerung und des Industrieoutputs bestimmen. Die Entwicklungsziele sind zu definieren mit der Idee des »genug« statt »mehr« im Hintergrund. Das erfordert aber auch eine Sicht des Zwecks der menschlichen Existenz, die ohne Wachstum auskommt.

Wir müssen im Zusammenhang mit diesem letzten und schwierigsten Schritt in Richtung auf Nachhaltigkeit noch auf die ungelösten Probleme hinweisen, die ständig zum Wachstum verleiten: Armut, Arbeitslosigkeit und ungedeckte nichtmaterielle Bedürfnisse. Wachstum in der gewohnten Art löst diese Probleme nicht. Solange keine besseren Lösungen in Sicht sind, wird die Gesellschaft freilich nicht vom Wachstum ablassen. Deshalb sind auf folgenden drei Gebieten neue Denkstrukturen besonders dringlich:

Armut:
»Teilen« ist im politischen Bereich ein verbotener Begriff – wahrscheinlich weil im Grunde befürchtet wird, daß gerechte Verteilung auch »zuwenig für alle« bedeuten könnte. Die Definitionen »auskömmlich« und »solidarisch« können uns helfen, zu neuartigen Ansätzen gegen das Problem der Armut zu kommen. Jedermann strebt nach der Gewißheit, auskömmlich leben zu können; und zwar in dem sozialen Einverständnis darüber, daß man dies auch zu sichern habe. Und es muß Einigkeit darüber bestehen, daß wir alle gemeinsam von diesem Prozeß des Überschießens der Grenzen betroffen sind. Es ist aber genug vorhanden, um über die Runden zu kommen, wenn wir vernünftig und geschickt vorgehen. Wenn wir es nicht tun, wird niemand den Konsequenzen entkommen.

Arbeitslosigkeit:
Menschen brauchen die Arbeit nicht zuletzt für das eigene Selbstverständnis, als persönliche Produktivität und zur Anerkennung als nützliche Mitglieder ihrer Gemeinschaft. Diese Bedürfnisse müssen erfüllt werden, und möglichst nicht durch erniedrigende Tätigkeiten. Gleichzeitig sollte aber die Existenz nicht vom Besitz eines Arbeitsplatzes abhängen. Um in dieser Hinsicht ein Wirtschaftssystem aufbauen zu können, das die Leistungsbeiträge aller Fähigen und Willigen nutzbar macht, bedarf es beträchtlicher kreativer Aktivitäten. Solch ein System sollte Arbeitsteilung und Freiraum zulassen und niemals Menschen ins Abseits stellen, die, aus welchen Gründen immer, zeitweilig oder auch auf Dauer arbeitsunfähig sind.

Ungedeckte nichtmaterielle Bedürfnisse:
Menschen brauchen weder riesige Autos noch klotzige Garderoben-
schränke – sondern Respekt und das Gefühl, attraktiv zu wirken,
nicht nur äußerlich. Sie brauchen Anregung und Abwechslung. Sie
benötigen auch nicht unbedingt ständige elektronische Unterhal-
tung, sondern das Gefühl, etwas Wichtiges mit ihrem Leben anfangen
zu können. Menschen brauchen Identität, Gemeinschaft, Anreize
und Anerkennung, auch Liebe und Spaß. Wenn man solche Bedürfnisse mit materiellen Dingen zu befriedigen sucht, führt das zu einem
unstillbaren Hunger nach Scheinlösungen für reale Probleme. Die
dadurch entstehende Leere ist eine der Triebkräfte für materielles
Wachstum. Eine Gesellschaft jedoch, die fähig ist, ihre nichtmateriel-
len Bedürfnisse zu artikulieren und sie zu befriedigen, hat auch
geringeren Bedarf an Durchsatzmengen und kann einen höheren
Grad menschlicher Befriedigung und Erfüllung geben.

Wie aber soll man solch ein soziales System schaffen? Nur durch Kreativität, nur wenn man die sich bietenden Gelegenheiten erkennt und
ergreift. Die gegenwärtige Generation hat nicht nur die Aufgabe, sich
wieder hinter die Grenzwerte der Umwelt zurückzuziehen. Sie muß
dazu auch die innere und äußere Seite ihrer Welt umgestalten. Dies
berührt jeden Lebensbereich; nicht nur technische und unternehmeri-
sche, auch kommunale, soziale, politische, künstlerische und geistige
Innovationen sind dazu erforderlich. Schon vor fünfzig Jahren hat
Lewis Mumford erkannt, daß dies eine ganz besondere *menschliche*
Aufgabe ist, eine Aufgabe, die die *Menschlichkeit* jedes einzelnen her-
ausfordert und fördert:
»Das Zeitalter der Expansion weicht jetzt dem Zeitalter des Gleichgewichts. Die Aufgabe der nächsten Jahrhunderte ist die Herstellung
dieses Gleichgewichts ... In der kommenden Periode geht es nicht
mehr um das Verhältnis Waffe und Mensch oder Maschine und
Mensch, sondern um die Wiedergeburt des Lebendigen, um den
Ersatz des Mechanischen durch das Organische und um die Wieder-
einsetzung der Person als dem eigentlichen Inhalt menschlicher
Bemühungen. Kultur, Humanisierung, Zusammenarbeit und Zusam-
menleben sind die Schlüsselworte für eine weltumspannende Kultur-
form. Jeder Lebensbereich wird sich ändern. Das wird die Erziehung
und die Wissenschaft genauso beeinflussen wie die Organisation der
Industrieunternehmen, die Städteplanung, die Entwicklung ganzer
Landstriche und den Austausch der Ressourcen.«[7]

Die Notwendigkeit, die gegenwärtige industrielle Welt des Wachstums auf die nächste Stufe ihrer Evolution zu heben, ist kein Unglück, sondern eine Chance. Wie man diese Chance ergreifen kann und wie man eine nachhaltige Gesellschaft zustande bringt, die nicht nur funktioniert, sondern auch Erfüllung gibt, ist eine Frage der Fähigkeit zur Führung, der Ethik, der Visionen und des Muts. Also Eigenschaften nicht von Computermodellen, sondern von Menschen mit Leib und Seele.

Um auf diesem Feld überzeugend zu argumentieren, müssen die Autoren jetzt ihre Computermodelle zur Seite legen, die weißen Kittel der Experten ausziehen und im nächsten Kapitel noch einmal als Normalmenschen erscheinen.

Kapitel 8

Überschwingen ohne Zusammenbruch

»Lassen sich ganze Nationen in nachhaltige Gesellschaften überführen? Solch ein Wandel wäre nur vergleichbar mit zwei anderen Wandlungsperioden in der Menschheitsgeschichte: der Landwirtschaftlichen Revolution gegen Ende der Jungsteinzeit und der Industriellen Revolution in den letzten zwei Jahrhunderten. Sie entstanden spontan, verliefen moderat und wurden den Menschen sicherlich nicht durchweg bewußt. Die nächste Wandlungsperiode jedoch muß ein ganz bewußter Vorgang sein, vom besten Wissen geleitet, das Wissenschaft heute bereithält ... Wenn es tatsächlich soweit kommt, wird dies ein bislang einzigartiges Unternehmen in der Menschheitsgeschichte sein.«
William D. Ruckelshaus[1]

Seit zwei Jahrzehnten läßt uns persönlich die Aufgabe der Nachhaltigkeit nicht mehr los. Wir reden, schreiben und forschen darüber. Wir kennen viele Tausende von Menschen in allen Teilen der Welt, die auf ihre Weise mit ihren Fähigkeiten und in ihren Kulturen demselben Ziel zuarbeiten. Wenn wir in offiziellem Auftrag für etablierte Institutionen tätig sind und die Politiker sprechen hören, fühlen wir uns oft frustriert. Aber die Arbeit mit den Menschen außerhalb der Institutionen ermutigt uns dann wieder.

Überall finden sich Menschen, die sich über den Zustand dieses Planeten, über das Los anderer Menschen und über die Zukunft ihrer Kinder und Enkel Sorgen machen. Sie nehmen die mißliche Lage der Menschheit und die Zerfallserscheinungen der Umwelt wahr und halten es für fraglich, ob die in den gegenwärtigen Strukturen verankerten Wachstumstrends die Lage jemals bessern können. Sie wären willens, zu einer nachhaltigen Gesellschaft beizutragen, wenn es nur Anzeichen dafür gäbe, daß ihre Bemühungen überhaupt irgend etwas verändern können. Was sollen wir denn tun? fragen sie. Was können Regierungen tun? Und Großfirmen? Welche Beiträge könnten die Schulen leisten, die

Religionen und die öffentlichen Medien? Und die Bürger: die Produzenten, die Verbraucher und die Eltern?

Wir glauben, daß durch solche Fragen geleitetes ernsthaftes Experimentieren wichtiger ist als spezifische Antworten – obwohl die natürlich wohlfeil sind, etwa die »50 Tips zur Rettung unserer Erde«. Hier einige davon: Kaufe nur ein Auto mit sehr geringem Kraftstoffverbrauch. Sorge für die Wiederverwertung deiner Trinkbecher, der Konserven- und Getränkedosen und votiere bei politischen Wahlen bewußt – sofern du zu den privilegierten Menschen gehörst, die über Autos, Pfandflaschen, Konservendosen und Wahlrecht verfügen. Man kann noch einiges mehr tun, was nicht so ganz einfach ist: Versuche einen genügsameren Lebensstil; zeuge nicht mehr als zwei Kinder in deinem Leben; bemühe dich, irgendeiner verarmten Familie zu helfen, aus ihrer verzweifelten Lage herauszukommen; verdiene deinen Lebensunterhalt auf ehrliche Weise; übernimm die Verantwortung über irgendein Stück Land, zum Beispiel deinen Garten, daß er in umweltverträglicher Form gedeiht; vermeide es soweit wie irgend möglich, Kräfte zu unterstützen, die Menschen unterjochen oder an der Umwelt Raubbau treiben.

All dies ist nützlich, ja dringend, aber natürlich auch viel zuwenig. Denn hier geht es um eine Umwälzung, nicht um eine politischer Art wie etwa die Französische Revolution. Es geht um einen sehr viel tiefer greifenden Wandlungsprozeß wie die Agrarische Revolution und die Industrielle Revolution.[2] Das Sammeln alter Flaschen und Bierdosen für das Recycling ist eine nützliche Sache, kann aber natürlich solch einen grundsätzlichen Wandlungsprozeß nicht auslösen.

Was aber dann? Um hierauf befriedigende Antworten zu finden, ist es wohl erforderlich, diese beiden großen Menschheitsrevolutionen zu verstehen, deren Ursachen und Verlauf von den Historikern heute recht gut überblickt werden.

Die beiden Menschheitsrevolutionen:
Landwirtschaft und Industrie

Nach fast unermeßlichen Zeiträumen langsamsten Bevölkerungswachstums hatte die Menschheit vor etwa achttausend Jahren die Größe von zehn Millionen erreicht. Für die damaligen Verhältnisse waren es bereits zu viele Menschen. Denn sie waren Nomaden, die vom Jagen und Sammeln, also von genießbaren Pflanzen und von Wildbeständen lebten. Die hatte es fast überall im Überfluß gegeben, doch nun wurden die Reviere allmählich knapp. Die Menschen spürten dies und reagierten unterschiedlich. Manche Gruppen verstärkten ihre Wanderungsbewegungen auf der Suche nach Nahrung, verließen ihre angestammten Zentralgebiete in Afrika und im Nahen Osten und stießen in andere, noch wildreiche Regionen vor.

Andere Gruppen begannen, Tiere zu domestizieren (also eigenes »Wild« zu halten), und bauten genießbare Pflanzen an. Das hatte eine gravierende Folge: Sie mußten dort bleiben, wo sie gesät hatten: *Sie wurden seßhaft.* Das war damals für die Menschen etwas völlig Neuartiges. Indem sie ganz einfach an Ort und Stelle blieben, begannen die Vorläufer unserer Landwirte zwangsläufig, die Oberfläche der Erde zu verändern. Auch die Gedankenwelt der Menschen wandelte sich damit in einer Weise, die zuvor völlig unvorstellbar gewesen war.

So wurde es jetzt zum erstenmal sinnvoll, überhaupt Landflächen, Boden, zu besitzen. Die Menschen, die all ihr Hab und Gut nicht mehr in Ledersäcken auf dem Rücken durch die Landschaft schleppen mußten, konnten auch Besitz ansammeln. Manchen gelang das besser als anderen. Jetzt entwickelten sich die Vorstellungen über Besitz, den man vererben konnte, über Formen des Handels, über Geld und auch über Macht. Es wurde möglich, daß einzelne Menschen vom Nahrungsüberschuß leben konnten, den andere erwirtschafteten. Sie spezialisierten sich; sie produzierten Töpfe und Handwerkszeug im Ganztagsjob. Spezialisten entstanden, auch solche für das Lesen und Schreiben, als Musiker und Priester, als Soldaten und Herrscher. Die ersten Städte entwickelten sich mit Berufshandwerkern, Kaufleuten, Unterhaltungskünstlern, Armeen und Bürokratien.

Wir sind heute die geistigen Erben dieser Menschen und betrachten die Landwirtschaftliche Revolution als einen großen Schritt nach vorn. Für die damals lebenden Menschen jedoch war es ein sehr zweischneidiger »Fortschritt«. Viele Anthropologen vertreten heute die Ansicht, daß die Landwirtschaft keineswegs ein besseres Leben bescherte, sondern kurzerhand erzwungen war, weil man sich dem Bevölkerungswachstum anpassen mußte. Seßhafte Bauern konnten von einem Hektar Land viel mehr Nahrungsmittel gewinnen, als Jäger und Sammler einzubringen vermochten. Aber die Pflanzennahrung hatte einen geringeren Nährstoffgehalt und war viel eintöniger; ihre Beschaffung war sehr viel mühsamer als das Jagen und Sammeln. Außerdem waren die Bauernkulturen viel empfindlicher gegen Störungen von außen als die Lebensformen der Nomaden; man war abhängig vom Wetter, gefährdet durch Seuchen (die sich in einer geschlossenen Siedlung weit schneller ausbreiten als in der freien Wildbahn), durch feindliche Gruppen (die Nomaden wichen einfach aus) und wurde unterdrückt von Machtgruppierungen, die sich in der eigenen Gemeinschaft bildeten. Seßhafte Leute können sich auch nicht weit von ihren eigenen Abfällen absetzen: Die ersten lokalen Umweltverschmutzungen entstanden.

Dennoch, die Landwirtschaft hat sich als erfolgreiche Reaktion auf die Mangelerscheinungen in der freien Wildbahn erwiesen. Sie machte beständiges langsames Bevölkerungswachstum möglich. Über die Jahrhunderte jedoch war der Zuwachs riesig: von den anfänglich zehn Millionen auf rund 800 Millionen um 1750 n. Chr. Um diese Zeit etwa prägten sich aber erneut Mangelerscheinungen durch das Bevölkerungswachstum aus; wiederum waren Grenzen des Wachstums erreicht. Knapp wurden besonders die bebaubaren Landflächen und die Energie. Eine weitere tiefgreifende Revolution der Menschheit war fällig.

In England begann man erstmals, die reichlich vorhandene Kohle anstelle des knapp gewordenen Brennholzes zu verwenden. Damit kann man heute den Beginn der Industriellen Revolution markieren. Sofort aber entstanden auch Probleme: Zur Gewinnung der Kohle mußten große Erdmengen bewegt und Minen unter den Erdboden getrieben werden; man mußte Wasser abpumpen, Kohle transportieren, Kanäle bauen und Verfahren zum gesicherten Rauchabzug entwickeln. Dazu mußten Arbeitskräfte um die Bergwerke herum angesiedelt werden. Man brauchte Wissenschaft, technische Kreativität und Innovationen. Sie erhielten die höchsten Ränge im kulturellen Wertesystem.

Wiederum veränderte sich alles, auch gedanklich, in einer zuvor unvorstellbaren Weise. Die Verwendung der Kohle führte fast unmittelbar zur Entwicklung der Dampfmaschine. Nicht mehr die Landflächen, die Maschinen erwiesen sich jetzt als die wichtigsten Produktionsmittel. Der Feudalismus wich dem Kapitalismus. Überall wurden Straßen, Eisenbahnen und Fabriken mit riesigen Schornsteinen errichtet; die Städte dehnten sich aus. Für die Menschen war es wieder eine Segnung höchst zweischneidiger Art. Die Fabrikarbeit war viel mühevoller und entwürdigender als Feldarbeit. Im weiten Umkreis um die Fabriken häuften sich Dreck, Schrott und Abfälle. Der Lebensstandard der in der damaligen Industrie beschäftigten Menschen lag weit unter dem eines freien Bauern. Doch Fabrikarbeit war immer noch besser als ständiger Hunger in überschuldeten Bauernkaten.

Es ist gewiß recht schwer, heute nachzuempfinden, wie umfassend die Industrielle Revolution die Gedankenwelt der Menschen verändert hat. Denn in dieser industriellen Gedankenwelt leben wir noch immer. Der Historiker Donald Worster hat die grundsätzliche Wirkung der Industrialisierung vielleicht analytischer beschrieben, als es die meisten Erben und Nutznießer dieser Entwicklung vermögen:

»Die Kapitalisten … versprachen, daß sie durch die technische Macht über die Erde und ihre Schätze jedermann ein gerechteres, nützlicheres und produktives Leben bieten könnten … Ihre Methode war recht einfach: Sie lösten den einzelnen aus allen traditionellen Fesseln der Hierarchie und der Gemeinschaft, gleichgültig, ob das nun Fesseln waren, die Menschen angelegt hatten, oder Fesseln der Natur und der Erde … Dazu mußte jedem beigebracht werden, der Erde und seinen Mitmenschen mit einem gesunden Selbstbewußtsein zu begegnen. Die Menschen müssen nun … beständig überlegen, wie man zu Geld kommt. Sie müssen ihre ganze Umgebung – das Land, die natürlichen Ressourcen, auch ihre eigene Arbeitskraft – als Waren betrachten, aus denen man auf dem Markt Profite ziehen kann. Sie müssen das Recht einfordern, ohne Beschränkung und Regelung von außen Güter zu produzieren, zu verkaufen und einzukaufen … Als dann die Begehrlichkeit immer stärker, die Märkte immer größer und umfassender wurden, reduzierten sich auch die Bande zwischen den Menschen und der Natur bis zum nackten Instrumentalismus.«[3]

Diese Betrachtung der ganzen Welt als wirtschaftliches Instrument hat zu unglaublichem materiellen Erfolg geführt und zu einem System, das nun immerhin einen großen Teil der Weltbevölkerung von über fünf Milliarden versorgt. Die sich ausbreitenden Märkte haben die Ausbeutung der Umwelt von den Polen bis in die Tropen zur Folge, von den höchsten Kämmen der Gebirgsketten bis in die Tiefen der Ozeane. Der Erfolg der Industriellen Revolution hat, nicht anders als die Wirkung der Agrarischen Revolution, wiederum zu Mangelerscheinungen geführt. Aber nun mangelt es nicht mehr nur an Wild, an bebaubarem Land, nicht nur an Brennstoffen und Metallen, sondern in erster Linie an der Kapazität der Umwelt, noch mehr Schadstoffe aufzunehmen und umzusetzen.

Damit ist nun wiederum eine umfassende Wandlungsperiode fällig geworden: die Dritte Revolution.

Die nächste Revolution: Zur nachhaltigen Gesellschaft

Keiner der ersten Ackerbauern mit geschliffenen Steinwerkzeugen aus dem Jahre 6000 v. Chr. hätte sich vorstellen können, wie heute in Iowa gesät und geerntet wird, und kein englischer Bergarbeiter hätte sich 1750 ein Bild von der Produktionslinie in den Toyota-Werken machen können. Genauso unmöglich ist es für jeden von uns zu beschreiben, wie die Welt in einer nachhaltigen Gesellschaft aussehen wird. Vorhersagen läßt sich lediglich, daß auch die Revolution zur Nachhaltigkeit eine enorme Bereicherung bringen, aber auch zu Verlusten gegenüber dem vorhergehenden Zustand führen wird. Auch sie wird das Gesicht der Erde und Fundamente menschlicher Selbsterkennung, Institutionen und Kulturen verändern. Und es werden, wie auch bei den beiden schon geschichtlichen Revolutionen, Jahrhunderte vergehen, bis sie sich voll entwickelt hat. Tatsächlich ist sie, soweit sich das beurteilen läßt, längst in Gang gekommen. Ihre nächsten Entwicklungsschritte müssen sich aber dringend anschließen, damit es eine Revolution bleibt, eine Wandlungsperiode – und nicht in den Zusammenbruch umschlägt.

Niemand kann uns lehren, wie man eine Revolution der Erhaltbarkeit dirigieren und durchführen soll. Es liegt keine Checkliste vor, auf der man die erforderlichen nächsten zwanzig Maßnahmen abhaken kann. Auch diese Revolution läßt sich, wie ihre Vorgängerinnen, nicht vorausplanen und schon gar nicht diktieren. Ihr Ablauf folgt nicht einer Wunschliste von Regierungen oder von Computer-Modellbauern. Auch die Nachhaltigkeits-Revolution entwickelt sich als ein organischer und evolutionärer Prozeß. Er ersteht aus Visionen, Einsichten, Empfindungen, Versuchen und Aktionen von Milliarden Menschen. Keine Einzelperson und keine Menschengruppe ist verantwortlich dafür, daß sie entsteht und wie sie abläuft. Niemand wird sich in dieser Hinsicht ein Verdienst zuschreiben können, doch jedermann kann zu ihr beitragen.

Unsere Kenntnisse und Erfahrungen als Systemforscher weisen uns auf zwei Eigenschaften komplexer Systeme hin, die für diese Art von grundlegenden Revolutionen von besonderer Bedeutung sind.

Zum einen: Der Schlüssel für jede Art von Systemwandel heißt Information. Damit ist nicht unbedingt bessere Information gemeint, also ausführlichere Statistiken und größere Datenbanken, sondern neuartige Informationswege, neue Informationsempfänger, neue Informationsinhalte und neuartig übermittelte Regeln und Zielinhalte (Regeln und

Ziele stellen selbst Informationen dar). Mit anderen Informationsstrukturen ausgestattete Systeme verhalten sich auch anders. Für die ehemalige Sowjetunion war zum Beispiel die Politik der *Glasnost* ein gänzlich neuartiges Informationssystem. Es öffnete ungewohnte Informationskanäle und führte zu raschesten Veränderungen in Osteuropa. Und das alles lief ab ohne eigentliche Lenkung. Streng kontrolliert und gelenkt war dagegen das alte Informationssystem, das dementsprechend Informationskanäle verschloß. Die Abschaffung dieser Kontrolle setzte unvermeidbar eine Umstrukturierung des gesamten Systems in Gang, die zunächst naturnotwendig turbulent und unberechenbar abläuft, bis sich ein neuartiges System gebildet hat, das mit den neuartigen Informationen verträglich ist.

Zum anderen: Alle Systeme setzen Veränderungen der Informationsflüsse erheblichen Widerstand entgegen, besonders wenn sie geltenden Regeln und Zielvorstellungen widersprechen. Daran können Versuche einzelner Menschen, die anders vorgehen und andere Ziele erreichen wollen, als die Systemregeln vorschreiben, restlos scheitern. Deshalb arbeiten wir aber persönlich auch lieber mit Menschen als mit Institutionen. Dennoch können nur einzelne Menschen Systemumstrukturierungen einleiten, wenn sie erkennen, daß neue Informationen und Zielvorstellungen erforderlich sind, und darüber öffentlich reden.

Wir haben des öfteren am eigenen Leibe erfahren, wie schwierig es ist, ein materiell gemäßigtes Leben zu führen, wenn das Sozialsystem den Verbrauch hoch einschätzt, ihn von jedermann erwartet und belohnt. Dennoch kann der einzelne in dieser Richtung sehr weit gehen. In einem Wirtschaftssystem, das vor allem Produkte mit schlechtem Energiewirkungsgrad bietet, bereitet es große Schwierigkeiten, die Energie effizient zu nutzen. Trotzdem kann man unter den Produkten entsprechend auswählen und, falls notwendig und möglich, eigene Wege einer effektiveren Energienutzung finden. Wenn man neuartige Informationen durchsetzen will, stößt man auf erheblichen Widerstand in einer Umgebung, die nur die gewohnten Arten von Informationen vernehmen und entsprechend handeln will.

Wenn Sie selbst erfahren wollen, was wir hiermit meinen, so versuchen Sie doch einfach mal in öffentlicher Diskussion, den Wert materiellen Wachstums in Frage zu stellen. Es genügt schon, wenn Sie den Unterschied zwischen Wachstum und Entwicklung betonen. Man braucht etwas Mut und muß sich eindeutig ausdrücken, wenn man Informationen verbreiten will, die das etablierte System und seine Struktur heraus-

fordern. Scheinbar passiert nichts, aber jede kleine Aktion kann doch den Samen für einen Wandel legen.
Wir haben vielerlei Mittel erprobt bei unserer Suche nach Wegen, eine friedliche Umstrukturierung dieses Systems zu fördern, das, wie alle Systeme, gegen Transformationen Widerstand mobilisiert. Die uns wichtigsten Mittel finden sich in diesem Buch: rationale Analyse der Lage, Datenkenntnis, Denken in Systemzusammenhängen und Strategieversuche mit Computermodellen. Solche Mittel stehen allen offen, die Kenntnisse in Wirtschaft und Wissenschaft besitzen. Sie sind, vergleichbar etwa dem Recycling, nützlich, notwendig – und ungenügend. Aber was nun wirklich genügend wäre, wissen wir nicht. Zum Abschluß möchten wir immerhin fünf andere »Instrumente« aufführen, die uns als äußerst nützlich erscheinen. Wir zögern aber ein wenig, sie zu nennen, denn wir sind keine Experten für ihren Einsatz und müssen Worte gebrauchen, die Wissenschaftler nicht allzu gerne artikulieren oder in ihre Schreibautomaten tippen. Sie werden in der zynischen Arena der Öffentlichkeit vielfach als zu unscharf und zu unpräzise belächelt. Es handelt sich um: Visionen, um Zusammenarbeit, um Wahrheitsliebe, um Lust am Lernen und um brüderlichen Umgang miteinander.
Wenn man sich diese Begriffe zu eigen macht – ohne die Empfindung, sich etwas dabei zu vergeben –, kann auch dies für den Übergang in eine nachhaltige Gesellschaft von erheblichem Belang sein.

Visionen

Visionen zu haben bedeutet, sich vorstellen zu können, was man *eigentlich* haben will und sehen möchte; nicht das, was uns herkömmlich als begehrenswert gelehrt worden ist, und auch nicht das, was man nach gemachten Erfahrungen nunmehr vernünftigerweise haben will. Echte Visionen sind frei von Überlegungen, ob das auch »machbar« ist, frei von Unglauben und erfahrenen Enttäuschungen. Die Vorstellungskraft bewegt sich ungehemmt durch den Raum der Träume.
Besonders jungen Menschen gelingt dies oft spielend und überzeugend. Manche Leute empfinden dagegen Visionen oft als schmerzlich, denn die Vorstellung, was sein könnte, kann das, was nun mal ist, noch unerträglicher machen. Viele werden niemals zugeben, daß sie Visionen und Vorstellungen haben, weil sie befürchten, daß sie dann als unrealistisch gelten. Sie werden wohl auch diesen Abschnitt nur widerwillig

zur Kenntnis nehmen, sofern sie ihn überhaupt lesen. Außerdem sind viele Menschen durch ihre Lebenserfahrungen innerlich so ernüchtert, daß sie Visionen einfach für unmöglich halten. Und das ist in Ordnung: Solche Menschen braucht man auch. Visionen benötigen als Gegengewicht die Skepsis.

Ganz im Sinne der Skeptiker müssen wir einräumen, daß es für die Weltgemeinschaft nicht möglich ist, den Weg zu einer aufrechterhaltbaren Gesellschaftsstruktur visionär zu erkennen. Visionen ohne Handeln sind nutzlos. Aber das Handeln ohne Visionen hat kein faßbares Ziel. Visionen sind absolut erforderlich zur Motivierung und Lenkung des Handelns. Visionen, die von vielen Menschen gleichartig empfunden und als Ziel anerkannt werden, sind in der Lage, neue Systeme zu schaffen.

Visionäre menschliche Beweggründe können zu neuartigen Informationen, neuen Rückkopplungen, neuen Verhaltensweisen, neuartigen Erkenntnissen und neuen Technologien führen. Sie fördern auch die Schaffung neuartiger Sozialleistungen, neuer materieller Strukturen und Machtverhältnisse in der Gesellschaft. Dies hat schon vor 150 Jahren Ralph Waldo Emerson erkannt:

»Jede Nation und jeder Einzelne schafft spontan um sich eine materielle Sphäre, welche ihre innere Moral und ihre Gedankenwelt widerspiegelt. Man beobachte nur, wie jede geltende Wahrheit und auch jeglicher Irrtum – alles Ergebnisse von Gedanken – sich mit wissenschaftlichen Gesellschaften, Gebäuden, Städten, Sprachen, festlichen Gebräuchen oder Tageszeitungen bekleiden. Man erkennt dann, wie die heute vorherrschenden Ideen als Abstraktionen im Apparat der Gemeinschaft eingebettet sind und wie Bauholz, Ziegel, Kalk und behauener Stein sich zu konventionellen Formen fügen und die gemeinsamen Ideen in den Köpfen der Menschen zum Ausdruck bringen. Daraus folgt natürlich, ... daß auch kleine Änderungen der Vorstellungen die äußeren Umstände ändern. Die geringste Ausweitung der Ideenwelt, die kleinste Änderung der Empfindungen gegenüber den Mitmenschen kann erstaunliche Wandlungen der äußeren Dinge und Menschen zur Folge haben.«[4]

Eine neue Gesellschaft kann niemals zustande kommen, wenn sie nicht visionär vorgezeichnet wird. Diese Vision baut sich aus den Beiträgen sehr vieler Menschen auf, bis sie dann einigermaßen zusammenschließt und überzeugend wirkt. Wir halten jetzt einige visionäre Ideen fest, die unseren Vorstellungen von einer nachhaltigen Gesellschaft entsprechen, in der wir gerne leben wollten.[5] Diese Liste steht hier nur als Einladung, sie weiterzuentwickeln.

Nachhaltigkeit, Effizienz, ausreichende Ausstattung, Gerechtigkeit, gleiche Rechte und Gemeinschaftssinn gelten als hohe soziale Werte. Entscheidungsträger verdienen sich hohen Respekt und sind mehr daran interessiert, ihre Aufgaben vorzüglich zu erledigen, als ihre Jobs zu behalten. (Wir erinnern daran, daß es sich hier um Visionen handelt, nicht um das, woran wir uns gewöhnt haben.)

Materielle Versorgung und Sicherheit gelten für alle. Deshalb sind als gesellschaftliche Normen geringe Sterbe- und niedrige Geburtenraten bei stabiler Bevölkerungszahl wünschenswert.

Arbeit belohnt die Menschen und demütigt sie nicht. Ein Lohnsystem, das Initiativen freisetzt, stets das Beste für die Gesellschaft zu leisten, sichert den Menschen die Versorgung mit den wesentlichen materiellen Gütern.

Die Wirtschaft ist ein Mittel zum Zweck, nicht der Zweck an sich. Sie dient dem Wohlergehen der Menschen sowie auch der Umwelt, nicht umgekehrt.[6]

Effiziente, sich erneuernde Energiequellen und wirksame Recycling-Systeme genießen Vorrang.

Technische Systeme reduzieren Schadstoffemissionen und Abfallmengen auf ein Minimum. Es herrscht der Konsens, nicht mehr Schadstoffe und Abfälle entstehen zu lassen, als die Natur verarbeiten kann.

Regenerative Landwirtschaft verbessert die Böden und nutzt natürliche Prozesse, um Nährstoffe entstehen zu lassen, Pflanzenkrankheiten einzudämmen und in reichlichen Mengen giftfreie Lebensmittel zu produzieren.

Das Ökosystem wird in seiner Vielfalt erhalten; die Kulturen harmonieren mit ihm; deshalb wird auch auf kulturelle Vielfalt geachtet. Es herrscht Toleranz.

Flexibilität und soziale wie technische Innovationen genießen hohe Geltung. Die Wissenschaften werden zum Blühen gebracht.

Eindringendes Verständnis für das Verhalten von Systemen ist auch ein Ziel des Schulwesens.

Man legt Wert auf Dezentralisierung der wirtschaftlichen Mächtegruppierungen, der politischen Einflußnahme und des wissenschaftlichen Sachverstands.

Die politischen Strukturen lassen die Balance zwischen kurz- und langfristigen Zielen zu. Die Belange der Enkel gelten als wichtig.
Bürger wie auch Regierungen erwerben zunehmend Fähigkeiten zur gewaltfreien Konfliktlösung.
Die Medien zeigen die Komplexität der Welt und versuchen gleichzeitig, zwischen den verschiedenen Kulturen durch unvoreingenommene Berichterstattung zu vermitteln.
Lebensziele und Wertvorstellungen privilegieren nicht die Anhäufung materieller Güter.

Netzwerk-Strukturen

Ohne Netzwerk-Strukturen, die uns informieren und unterstützen, könnten wir unsere Aufgaben nicht erfüllen. Die meisten Netzwerke, Gruppierungen, denen wir angehören, sind ganz unspektakulärer Art. Sie treten nach außen oft kaum in Erscheinung, doch ihre Wirkungen sind keineswegs zu unterschätzen. Solche Gruppen verbreiten Informationen in gleicher Weise wie offizielle Institutionen, oftmals aber intensiver. Sie sind vielfach Geburtsstätten neuer Informationen, aus denen wiederum neue Strukturen entstehen können.
Viele informelle Gruppierungen haben als Nachrichtennetze nur lokale Bedeutung; andere wirken international. Es sind schlicht und einfach Gruppen von Menschen, die miteinander in Kontakt stehen, Daten, Ratschläge und Ideen austauschen und vor allem Anregungen vermitteln. Besonders wichtig ist es, daß sie ihren Mitgliedern das Gefühl vermitteln, mit ihren Vorstellungen und Interessen nicht allein zu sein.
Eine solche informelle Gruppe, die sich spontan gebildet hat, ist von Natur aus nicht hierarchisch, sondern stellt ein Maschenwerk von Beziehungen zwischen Gleichen dar. Keine Verpflichtung und kein materieller Anreiz hält solche Gruppen zusammen, sondern gegenseitiges Verständnis, der Konsens über gemeinsame Werte sowie das Gefühl, gemeinsam mehr erreichen zu können als allein.
Wir kennen – beispielsweise – informelle Gruppen von Farmern, die neue organische Anbaumethoden erproben und ihre Erfahrungen austauschen. Es gibt derartige Netzwerke unter Journalisten mit ökologischem Interesse; unter »grünen« Unternehmern; unter Teams, die Computermodelle schreiben und erproben und Computerspiele zusammenstellen; nicht zu vergessen sind die Verbraucherverbände. Es gibt sie in

tausenderlei Variationen. Sie bilden sich, wenn Menschen mit ähnlichen Interessen miteinander in Kontakt geraten und die Verbindung wahren wollen. Manche solcher Gruppen können so anwachsen und so aktiv werden, daß sie schließlich zu offiziellen Organisationen mit Büros und Budgets mutieren. Die meisten aber entstehen und vergehen dann wieder, je nach lokalem Bedarf.

Gruppen, die sich mit aufrechterhaltbaren Gesellschaftsformen befassen, scheinen ihre Aktivitäten in der Regel auf lokaler Ebene zu entwickeln, breiten sich aber manchmal auch weltweit aus. Sie sind von besonderer Bedeutung, weil sie – als Beitrag zu einer aufrechterhaltbaren Gesellschaft – das jeweilige lokale Ökosystem in Einklang mit seinen Begrenzungen zu halten suchen. Sie tragen dazu bei, das Empfinden von Gemeinschaft und Gemeinsinn wieder zu verbreiten, das im Verlauf der Industriellen Revolution zum guten Teil verlorengegangen ist.

Den Gruppen, die sich auf lokaler Ebene bilden, wäre zu empfehlen, nach Möglichkeit weltweite Kontakte aufzunehmen, denn das befähigt sie, sich an den internationalen Informationsströmen zu beteiligen, die über die Erde leider so ungleich verteilt sind wie die Produktionsmittel. Allein in Tokio soll es mehr Telefonanschlüsse geben als in ganz Afrika. Entsprechendes gilt natürlich auch für Computer und Telefax-Geräte, für die Dichte der Flugverbindungen, für Kontakte und Treffen auf internationaler Ebene.

Nun kann man natürlich einwenden, daß Afrika, ebenso wie andere unterrepräsentierte Regionen, viel Wichtigeres zu tun habe, als Telefone zu installieren und Briefe zu faxen. Aber gerade ihre Probleme können die Unterrepräsentierten ohne Nachrichten-Netzwerke nicht angemessen formulieren. Und umgekehrt kann die Welt auch von den Leistungen der Unterrepräsentierten nichts profitieren, wenn ihre Stimmen nicht zu hören sind. Die Entwicklung der elektronischen Kommunikationsmittel war einer der wichtigsten Schritte zu höherem Wirkungsgrad von Materialmengen und Energie. In den Grenzen des künftig zulässigen materiellen Durchsatzes sollte es für alle Menschen möglich werden, sich an den lokalen und globalen Nachrichtennetzen zu beteiligen.

Wahrhaftigkeit

Ein System wird funktionsunfähig, wenn seine Informationsströme deformiert und verzerrt sind. Es gehört zu den wichtigsten Inhalten der Systemtheorie, daß Informationen im System nicht verzögert, verfälscht oder unterdrückt werden dürfen.

Fast alltäglich erkennen wir Unwahrheiten im Gespräch (auch gelegentlich aus dem eigenen Mund), besonders aber in Äußerungen von Werbeleuten und Politikern. Vielfach werden sie vorsätzlich geäußert; die Redner sind sich dessen bewußt, manchmal auch die Zuhörer. Man will auf diese Weise Fakten manipulieren, verharmlosen, ablenken, Aktionen verzögern, sich rechtfertigen, Macht gewinnen oder unangenehme Wahrheiten verstecken. »Die ganze Menschheit ist letztlich in Gefahr«, meinte Buckminster Fuller, »wenn jeder von uns es nicht mehr wagt, sich wahrhaftig zu äußern.«[7]

Jedes Aufdecken einer Lüge in der Öffentlichkeit auf jeder Ebene, jedes Aussprechen einer Wahrheit – so gut man sie versteht – kann da helfen. Es hilft, wenn man sagt – selbst wenn es nur ganz leise ist –, daß zum Beispiel Besitz nicht glücklich macht; daß Wachstum für die Reichen den Armen nicht hilft; daß es kein »weg« gibt, wohin man Abfall werfen kann; und daß man Dinge nicht deshalb tun sollte, nur weil sie »wirtschaftlich« sind. Worte mögen uns als ein schwaches Werkzeug erscheinen, besonders in einer Welt, die aus guten Gründen nicht zuhören will. Tatsache ist aber, daß immer wieder wiederholte Worte, die schließlich ihr Echo in den Köpfen von Menschen fanden, jede Revolution hervorgebracht haben.

Wir haben hier – als Beispiel – die Vorurteile und Worthülsen einmal zusammengestellt, auf die wir bei Gesprächen über die Grenzen des Wachstums immer wieder gestoßen sind. Unsere Antworten sind jeweils dazugesetzt:

Behauptung: Eine Warnung vor zukünftigen Ereignissen ist immer eine Vorhersage des Unheils.
Antwort: Solch eine Warnung ist eine Empfehlung, es anders zu machen als bislang.

Behauptung: Das Gerede über die Umwelt ist ein Luxus, den wir uns nicht leisten können.
Antwort: Die Umwelt ist die Grundlage alles Lebens und auch der Wirtschaft.

Behauptung: Ein Ende des Wachstums verewigt die Armut der Armen.

Antwort: Die gegenwärtigen Formen des Wachstums haben den Armen nichts genutzt. Sie brauchen ein Wachstum, das speziell auf ihre Bedürfnisse abgestimmt ist.

Behauptung: Alle Erdbewohner sollten den Wohlstand der reichsten Nationen erlangen.

Antwort: Alle materiellen Bedürfnisse müssen materiell, alle nicht-materiellen auf nichtmaterielle Art gedeckt werden.

Behauptung: Wachstum ist immer gut.

oder: Jegliches Wachstum ist schlecht.

Antwort: Wir brauchen Entwicklung, nicht grundsätzlich Wachstum. Wo immer zur Weiterentwicklung materielle Expansion erforderlich sein sollte, muß das angemessen und in aufrechterhaltbarem Rahmen erfolgen.

Behauptung: Die Technik löst alle Probleme.

oder: Die Technik schafft nur Probleme.

Antwort: Es kommt darauf an: Welche Techniken reduzieren den Durchsatz, erhöhen den Wirkungsgrad, erweitern die Rohstoffquellen, machen die Umweltsignale verständlicher und bekämpfen die Armut? Wie können sie sozial gefördert werden? Und was können wir dazu beitragen?

Behauptung: Das Marktsystem bringt schon automatisch die Zukunft zustande, die wir brauchen.

Antwort: Wir relativieren das: Wie nutzen wir das Marktsystem und verwandte Einrichtungen, um die von uns gewünschte Zukunft zustande zu bringen?

Behauptung: Die Industrie ist die Ursache allen Übels.

oder: Die Industrie löst alle Probleme.

oder: Regierungen verursachen die Probleme.

Antwort: Alle Menschen und ihre Institutionen üben ihre Funktionen im Rahmen eines umfassenden Systems aus. Wenn das auf Grenzüberziehung strukturiert ist, tragen alle Mitspieler im System gewollt oder ungewollt zum Überziehen von Grenzen bei. In einem auf Nachhaltigkeit strukturierten System tragen sie aber zur Nachhaltigkeit bei – auch Ökonomen werden da ihre Rolle spielen.

Behauptung: Nichts berechtigt zu Optimismus.
oder: Es gibt nur Grund für Optimismus.
Antwort: Die Vorzüge und Fehlentwicklungen des gegenwärtigen Zustands müssen entschlossen erkannt und artikuliert werden, ebenso wie die Chancen künftiger Entwicklungen und die zu erwartenden Schwierigkeiten. Besonders wichtig ist aber der Mut, die Lasten der Gegenwart mitzutragen, ohne dabei die Perspektiven für eine besser gestaltete Zukunft aus den Augen zu verlieren.

Behauptung: Das Weltmodell *World3* ist gut.
oder: Es ist schlecht.
Antwort: Alle Modelle, auch die in unseren Köpfen, sind in einem gewissen Maße richtig, jedoch viel zu einfach und dadurch auch falsch. Wichtig ist, wie wir vorgehen, um zu erkennen, inwieweit die Modelle hilfreich sind und inwieweit nicht.

Dies führt uns zu den Problemen des Lernverhaltens.

Lernverhalten

Alle Visionen und Kommunikation sind nutzlos, wenn sie nicht zu Handlungen führen. Und die Schaffung eines nachhaltigen Zustands erfordert nun einmal Handlungsbereitschaft. Neue landwirtschaftliche Anbaumethoden müssen entwickelt, neue Formen des Geschäftslebens gefunden und die alten modifiziert werden. Landflächen müssen wiederhergestellt, Naturparks wirksam geschützt, Energiesysteme umgewandelt und internationale Abkommen geschaffen werden. Neue gesetzliche Regelungen sind auszuarbeiten, viele alte sind abzuschaffen. Kinder müssen geschult werden – viele Erwachsene auch.
Jeder Mensch muß in diesem Wandlungsprozeß seine eigene Handlungsposition finden. Wir können sie für ihn nicht bestimmen. Aber wir möchten doch einen Vorschlag machen, wie man seine Aufgaben erledigen sollte: bescheiden. Nicht mit unumstößlichem Plan, sondern als Experiment: das eigene Handeln zum Lernen benutzen. Die Abgründe menschlicher Unwissenheit sind tief. Gerade in einer Epoche, in der die Menschheit stärker als jemals zuvor gegen die dynamischen Begrenzungen dieses Planeten vorstößt, kann niemand, auch kein Entscheidungsträger, die Situation einigermaßen durchschauen. Und es gibt noch keine verbindlich anerkannte Politik, um die Lage zu meistern.

Lernen schließt die Bereitschaft ein, behutsam vorzugehen, zu experimentieren und Informationen über die Wirkung von Handlungen einzuholen, einschließlich der sehr unliebsamen Erkenntnis, daß Handlungen und Vorgehensweisen auch scheitern können. Es gibt keinen Lernprozeß, ohne daß man Fehler begeht, sie sich eingesteht, von ihnen lernt und weitermacht. Lernen bedeutet, entschlossen neue Wege zu gehen, aber gleichzeitig offen zu sein für die Vorgehensweisen anderer Menschen und deren Erfahrungen. Man muß bereit sein, auch seine eigenen Wege zu ändern, wenn es sich zeigt, daß andere Vorgehensweisen besser zum Ziel führen könnten.

Heute wissen die Entscheidungsträger im Grunde nicht besser als andere Menschen, wie man eine nachhaltige Gesellschaft zustande bringen kann; die meisten von ihnen sind sich nicht einmal bewußt, daß dies erforderlich ist. Der Übergang zu einer nachhaltigen Gesellschaft bringt es also mit sich, daß sich jeder als ein lernender Entscheidungsträger verhält – auf den verschiedensten Ebenen, von der Familie bis zur Nation. Und die Entscheidungsträger müssen ermutigt werden in ihrem Lernprozeß; man muß ihnen zubilligen, auch Fehler zu machen und einzugestehen. Niemand ist lernfähig, wenn man ihm nicht geduldig und mit Nachsicht entgegenkommt. In einer Periode der Grenzüberziehung und angesichts eines möglichen Zusammenbruchs bleibt freilich nicht mehr viel Zeit für Geduld und Nachsicht. Man fordert entschlossenes und zuverlässiges Handeln. Der Ausgleich zwischen solch widersprüchlichen Erfordernissen verlangt klares Denken, Menschlichkeit und Ehrlichkeit.

Zuneigung und Solidarität

Wann immer jemand die menschliche Fähigkeit anspricht, anderen mit schwesterlicher oder brüderlicher Zuneigung entgegenzukommen, läuft er Gefahr, Hohn zu ernten. Den Hauptunterschied zwischen Optimisten und Pessimisten macht es letztlich aus, ob die jeweiligen Menschen glauben, daß man auf einer Basis der Zuneigung zusammenarbeiten könne oder nicht. Pessimisten sind immer dann in der Vorhand, wenn eine Gesellschaft dazu erzieht, Egoismus oder Zynismus zu züchten. Pessimismus ist nach unserer Auffassung ein problematischer Faktor in unserem Sozialsystem und eine bestimmende Ursache seiner Instabilität. Eine Kultur, die nicht in der Lage ist, die besten menschlichen

Qualitäten zu entwickeln und sie auch nicht zu artikulieren bereit ist, leidet an einer tragischen Verzerrung ihrer inneren Informationen. »Welche Qualität einer Gesellschaft läßt die menschliche Beschaffenheit zu?« fragte der Psychologe Abraham Maslow und fügte hinzu: »Welche menschliche Qualitäten läßt die Gesellschaft zu?«[8]

Die Revolution der Nachhaltigkeit sollte auch eine Wandlungsperiode werden, die die besten Seiten der menschlichen Natur freisetzt und fördert. Der große Wirtschaftswissenschaftler John Maynard Keynes schrieb 1932 beispielsweise:

>»Das Problem der Ansprüche und der Armut sowie der wirtschaftliche Kampf zwischen den Klassen und Nationen ist letztlich nichts als eine erschreckende, vorübergehende und unnütze Verwirrung. Denn die westliche Welt besitzt längst die erforderlichen Ressourcen und technischen Mittel, um die ökonomischen Probleme zu mildern und sie zu einer zweitrangigen Sorge zu machen – wenn diese westliche Welt nur fähig wäre, ihre Kräfte entsprechend zu organisieren … So könnte der Tag nicht mehr allzu fern sein, an dem die ökonomischen Probleme auf den Rücksitz unseres Fahrzeugs verbannt werden, wohin sie auch gehören, damit Herz und Verstand sich unserer wirklichen Probleme annehmen können: den Problemen des Lebens und der zwischenmenschlichen Beziehungen, der Kreativität und der Religionen.«[9]

Und der große italienische Industrielle Aurelio Peccei befaßte sich zwar ständig mit Wachstum und Grenzen, Wirtschaft und Umwelt, Ressourcen und Regierungen – vergaß aber niemals den Hinweis, daß die Lösung der globalen Probleme mit einem »neuen Humanismus« zu beginnen habe:

>»Der Humanismus in unserer Epoche muß Prinzipien und Normen ändern, die bislang als unverletzlich galten, aber nicht mehr unseren Zielen gerecht werden; er muß die Entstehung eines neuen Wertesystems fördern, das den inneren Ausgleich wiederherstellt und zu neuen geistigen, ethischen, philosophischen, sozialen, politischen, ästhetischen und künstlerischen Motivationen anregt, um die innere Leere unseres Lebens auszufüllen; er muß in uns Liebe, Freundschaft, Verständnis, Solidarität und Opferwillen neu wecken und uns verständlich machen, daß wir desto größeren Gewinn haben, je enger diese menschlichen Qualitäten auch andere Lebensformen und unsere Schwestern und Brüder überall umfassen.«[10]

In einer Gesellschaft, deren Vorzeichen in andere Richtungen deuten, ist es sehr schwierig, von Werten wie Liebe, Freundschaft, Großzügigkeit, Verständnis und Solidarität zu reden. Wir wagen es dennoch und appellieren an unsere Leser, nachsichtig mit sich selbst und mit anderen zu sein, wenn sie mit den Schwierigkeiten einer sich ändernden Welt konfrontiert werden. Registrieren wir den Zynismus in unserer Umgebung, bedauern wir ihn – aber teilen wir ihn nicht.

Der Versuch, diese Welt in dem Bereich der Umweltgrenzen zu halten, hat nur im Geiste globaler Partnerschaft Aussicht auf Erfolg. Der

Abbildung 8–1   Zeithorizonte in World3

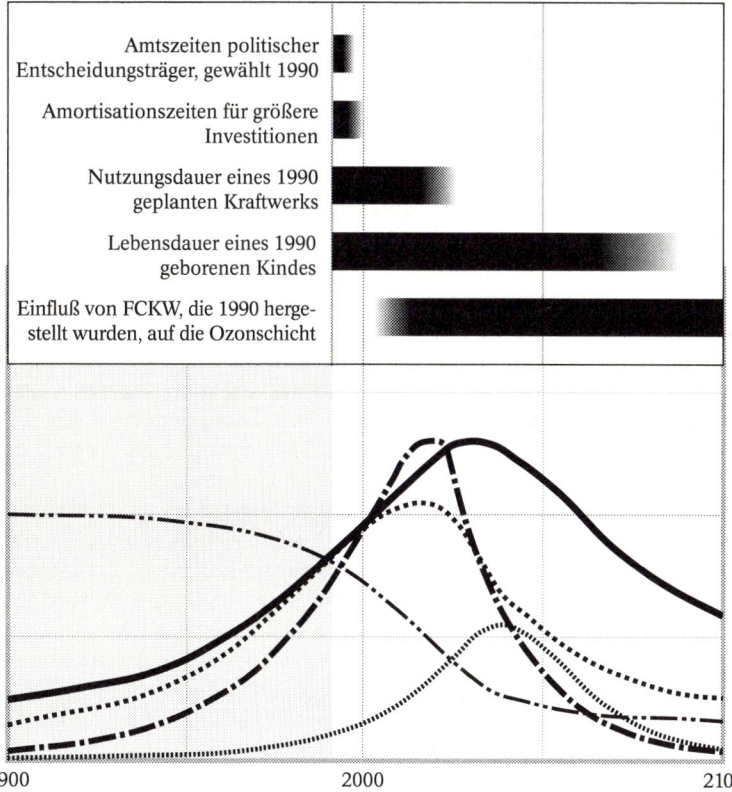

Zusammenbruch läßt sich nur vermeiden, wenn die Menschen lernen, sich und andere mit Nachsicht zu beurteilen. Liegt aber solch ein umfassender Wandel – von der gesteigerten Effizienz der Ressourcen bis zu menschlicher Zuneigung und Solidarität – wirklich im Bereich des Realen? Kann man die Welt tatsächlich zurückschrauben hinter die Umweltgrenzen und damit den Zusammenbruch vermeiden? Haben wir noch genügend Zeit? Lassen sich in globalem Rahmen genug Geld, Technologie, Freiheit, Visionskraft, Solidarität, Verantwortlichkeit, Voraussicht, Disziplin und Zuneigung mobilisieren?

Dies sind naturgemäß diejenigen Fragen, die von allen in diesem Buch behandelten Fragenkomplexen am schwierigsten zu beantworten sind. Die herkömmliche Sorglosigkeit vieler schlecht informierter Menschen, besonders mancher Entscheidungsträger, führt dazu, daß sie solchen Fragen ausweichen. Viele um das Schicksal dieser Welt besorgte Menschen sind angesteckt vom Zynismus ihrer Umgebung. Man tendiert dann zu der Auffassung, daß wir vor schweren Problemen stehen, daß noch schwerere folgen werden und daß es wohl keine echten Chancen mehr gibt, sie zu lösen.

Wir haben jetzt wiederholt betont, daß die Welt nicht vor einer vorausbestimmten Zukunft steht, sondern daß sich mehrere Möglichkeiten ergeben. Man kann wählen: Ein Gedankenmodell lautet, daß diese begrenzte Welt de facto doch keine Grenzen habe. Wenn man sich für dieses Modell entscheidet, führt das noch weiter über die Grenzen hinaus und, nach unserer Ansicht, zum Zusammenbruch.

Die Grenzen sind real und eng, so sagt das zweite Gedankenmodell. Es ist nicht mehr genügend Zeit vorhanden; die Menschen können sich nicht bescheiden und nicht verantwortlich handeln. Wenn sich die Menschheit für diesen Gedankengang entscheidet, dann kommt es auch so – bis zum Zusammenbruch.

Nach dem dritten Gedankenmodell sind die Grenzen ebenfalls real und eng, aber noch ist Zeit, wenn auch keine mehr zu verlieren. Es gibt genug Energie, Ressourcen, Geld, Umweltkapazität und menschliche Fähigkeiten, um einen Wandel einzuleiten, die dritte große Revolution der Menschheit: die Umwelt-Revolution.

Auch dieses Modell kann falsch sein. Alle Anzeichen jedoch, alle globalen Daten und auch unser Computermodell machen es wahrscheinlich, daß dieses Gedankenmodell im wesentlichen richtig ist. Wenn wir auch nicht sicher sein können, so wollen wir doch versuchen, in diesem Sinne zu handeln.

Anhang

Forschung und Lehre mit World3

Eine Anleitung für den Leser

»*Wenn ein Computermodell eine so vollkommene Gestalt erreicht hat und wenn soviel Mühe und Intelligenz darauf verwendet worden sind, seine Methodik in allen Einzelheiten verständlich darzustellen, dann kann man seine Schlußfolgerungen nicht einfach vom Tisch wischen, ohne auf ähnliche Methoden zurückzugreifen und neue Fragen zu stellen, die mit neuen Modellen beantwortet werden müssen.*«
Etienne van de Walle[1]

Wir haben in den vorhergehenden acht Kapiteln grundlegende Einsichten und Schlußfolgerungen zu den Ursachen und Folgen des materiellen Wachstums im System *unserer Umwelt* vorgestellt. Sie sind das Ergebnis zweijähriger Bemühungen unseres Forscherteams, das dabei als Forschungsinstrument das formale mathematische Computermodell *World3* geschaffen hat. Man benötigt dieses Modell nicht, um die Plausibilität unserer Ergebnisse zu beurteilen. Die Mehrzahl unserer Leser braucht nur ein gewisses intuitives Verständnis für dynamische Vorgänge, das ja auch die Lebenserfahrung mit exponentiell verlaufenden Änderungen, mit Begrenzungen, Verzögerungen und den üblichen Irrtümern bei Beobachtung und Reaktion vermittelt.

Daher werden die meisten Leser selbst beurteilen können, welche Glaubwürdigkeit sie unseren Ergebnissen beimessen wollen, ohne auf den Computer zurückzugreifen.

Wenn Sie allerdings für eigene Untersuchungen oder für Lehrzwecke *World3* selbst benutzen wollen, müssen Sie *World3* im Detail kennen. Zum Beispiel können Sie die hier vorgestellten Szenarios selbst ablaufen lassen. Sie können aber auch neue, eigene Szenarios entwickeln, welche dann die Auswirkungen Ihrer eigenen Annahmen aufzeigen. Oder Sie können computergestütztes Lehrmaterial zusammenstellen, das anderen helfen kann, die Grundlagen der Systemanalyse zu verstehen oder auch andere Entwicklungspfade zu untersuchen. Wenn Sie

Abbildung A–1   Umweltverschmutzung

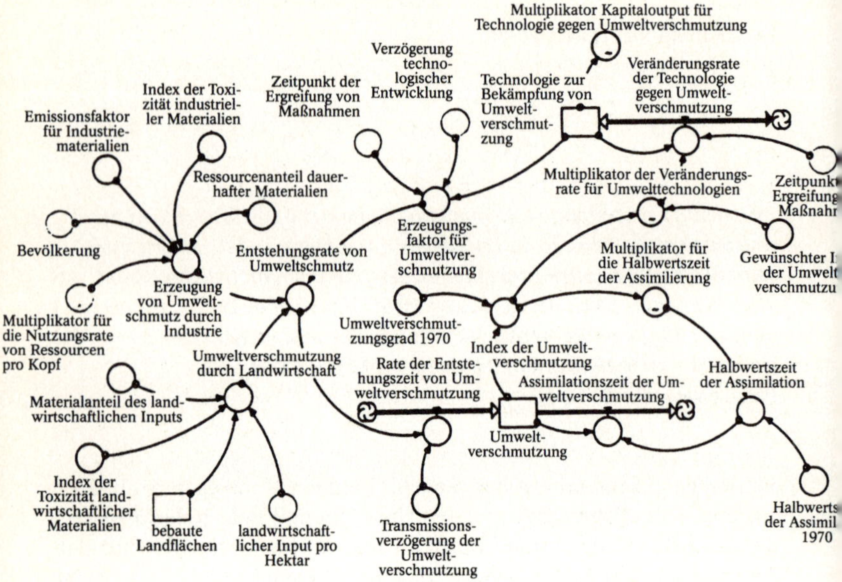

Multiplikator Kapitaloutput für
Technologie gegen Umweltverschmutzung

Verzögerung techno-
logischer Entwicklung

Veränderungsrate
der Technologie
gegen Umweltverschmutzung

Zeitpunkt der
Ergreifung von
Maßnahmen

Technologie zur
Bekämpfung von
Umweltverschmutzung

Index der Toxi-
zität industriel-
ler Materialien

Emissionsfaktor
für Industrie-
materialien

Multiplikator der Veränderungsrate für Umwelttechnologien

Zeitpunkt
Ergreifung
Maßnahr

Ressourcenanteil dauer-
hafter Materialien

Multiplikator für
die Halbwertzeit
der Assimilierung

Erzeugungs-
faktor für
Umwelt-
verschmutzung

Gewünschter I
der Umwelt
verschmutzu

Bevölkerung

Entstehungsrate von
Umweltschmutz

Erzeugung
von Umwelt-
schmutz durch
Industrie

Multiplikator für
die Nutzungsrate
von Ressourcen
pro Kopf

Umweltverschmut-
zungsgrad 1970

Index der Umwelt-
verschmutzung

Halbwertszeit
der Assimilation

Umweltverschmutzung
durch Landwirtschaft

Rate der Entste-
hungszeit von Um-
weltverschmutzung

Assimilationszeit der Um-
weltverschmutzung

Materialanteil des land-
wirtschaftlichen Inputs

Umwelt-
verschmutzung

Index der
Toxizität land-
wirtschaftlicher
Materialien

bebaute
Landflächen

landwirtschaft-
licher Input pro
Hektar

Transmissions-
verzögerung der
Umwelt-
verschmutzung

Halbwerts
der Assimil
1970

Abbildung A–2   Sich nicht regenerierende Ressourcen

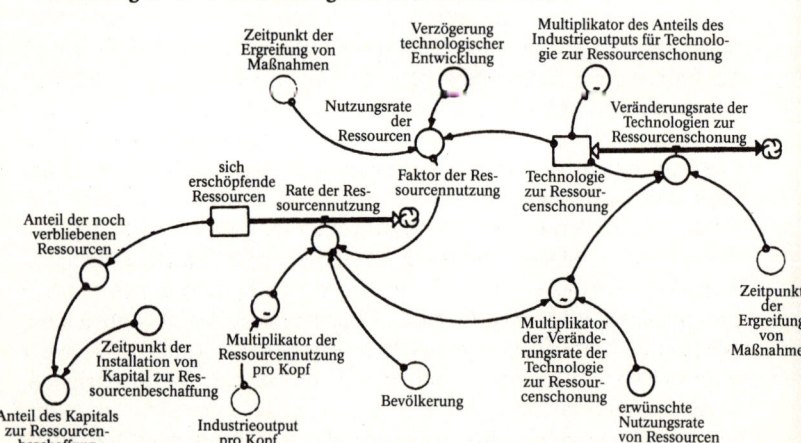

Zeitpunkt der
Ergreifung von
Maßnahmen

Verzögerung
technologischer
Entwicklung

Multiplikator des Anteils des
Industrieoutputs für Technologie zur Ressourcenschonung

Nutzungsrate
der
Ressourcen

Veränderungsrate der
Technologien zur
Ressourcenschonung

sich
erschöpfende
Ressourcen

Faktor der Res-
sourcennutzung

Rate der Res-
sourcennutzung

Technologie
zur Ressour-
censchonung

Anteil der noch
verbliebenen
Ressourcen

Zeitpunk
der
Ergreifung
von
Maßnahme

Zeitpunkt der
Installation von
Kapital zur Res-
sourcenbeschaffung

Multiplikator der
Ressourcennutzung
pro Kopf

Multiplikator
der Veränder-
ungsrate der
Technologie
zur Ressour-
censchonung

Bevölkerung

Anteil des Kapitals
zur Ressourcen-
beschaffung

Industrieoutput
pro Kopf

erwünschte
Nutzungsrate
von Ressourcen

jedoch die Arbeitsweise des Modells nicht voll verstehen, sind auch die Ergebnisse, die es liefert, nicht eindeutig zu durchschauen.

Wir teilen hier mit, was Sie benötigen, um mit *World3* selbst zu arbeiten. Zunächst finden Sie in diesem Anhang neun Diagramme, sogenannte Wirkungsdiagramme. Sie zeigen die einzelnen Elemente des Modells und ihre gegenseitigen Wirkungsbeziehungen. Weiterhin werden die einzelnen Veränderungen bei den Modellgleichungen besprochen, die wir vorgenommen haben, um aus der Version von *World3*, mit der vor zwanzig Jahren die Unterlagen für »Die Grenzen des Wachstums« entstanden sind, die aktuelle Version *World3/91* zu entwickeln, die diesem Buch zugrunde liegt. Wir haben die ursprünglichen Gleichungen in der Computersprache DYNAMO in (mathematisch gleichwertige) STELLA-Gleichungen umgewandelt, so daß sie auf modernen Macintosh-Mikrocomputern lauffähig wurden. Ferner wurden sieben Veränderungen bei den Konstanten und den Tabellenfunktionen von *World3* vorgenommen, die sich aufgrund genauer Analyse der globalen Daten der letzten zwanzig Jahre ergaben. Auch wurde die Darstellung der Einflüsse des technologischen Wandels auf die Koeffizienten im Modell verändert.

Zum Schluß finden Sie dann Angaben, von wo Sie die Hilfsmittel beziehen können, die Sie für eigene Arbeiten mit *World3/91* benötigen: die technische Dokumentation des Modells, einen Satz der *World3/91*-Modellgleichungen für Macintosh- oder IBM-kompatible Computer sowie die zugehörige Simulations-Software für Ihren Computer-Typ.

Elemente und Verknüpfungen von World3

Das Modell besteht aus fünf Sektoren: Umweltverschmutzung, sich erschöpfende Ressourcen, Bevölkerung, Landwirtschaft (mit Nahrungsmittelerzeugung, Bodenfruchtbarkeit, Landentwicklung und Erosion) und Wirtschaft (mit Industrieoutput, Dienstleistungsoutput und Arbeitsplätzen). Die wichtigsten Elemente und ihre gegenseitigen Verkopplungen in diesen Sektoren sind auf den Abbildungen A–1 bis A–9 grafisch dargestellt. Aber die Bezeichnungen der STELLA-Gleichungen (wie sie im Modell selbst abgekürzt benannt sind) wurden auf diesen Darstellungen nicht verwendet. Wir haben sie unmittelbar verständlicher formuliert.

Eine Begründung für die Struktur von *World3* und eine weitergehende

Erklärung der Modellgleichungen finden Sie hier nicht. Mit Ausnahme der bereits erwähnten Veränderungen sind die numerischen Werte aller Koeffizienten und die genaue Form aller Relationen von *World3* in dem technischen Bericht »Dynamics of Growth in a Finite World«[2] auf 637 Seiten dokumentiert. Er enthält auch eine vollständige Liste aller Gleichungen in der *World3*-Software und die jeweils notwendigen Veränderungen, um alle Szenarios in »Die Grenzen des Wachstums« ablaufen zu lassen.

Abbildung A–3   Bevölkerung

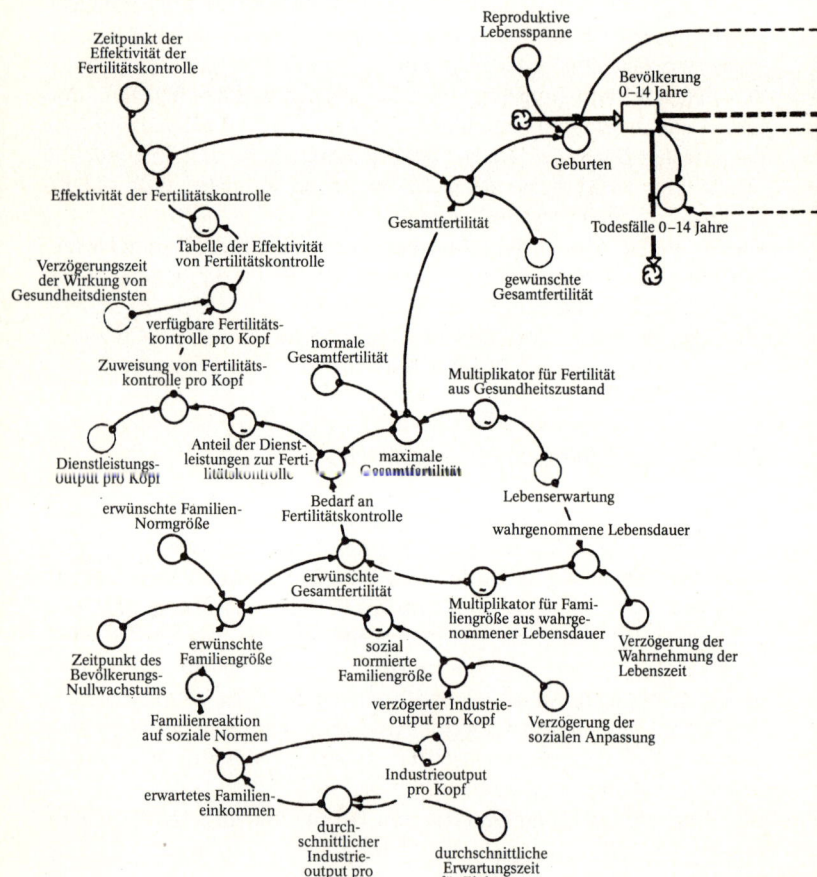

Die STELLA-Version von World3

Ursprünglich wurde *World3* in der Simulationssprache DYNAMO geschrieben.[3] Da es aber für die Computerfamilie Macintosh keinen DYNAMO-Compiler gibt, haben wir *World3* in STELLA[4] umgeschrieben. Gegenüber DYNAMO läßt STELLA vor allem längere und verständlichere Variablen-Namen zu. Die Struktur von *World3* blieb dabei erhalten, nur die Namen der Elemente wurden geändert.

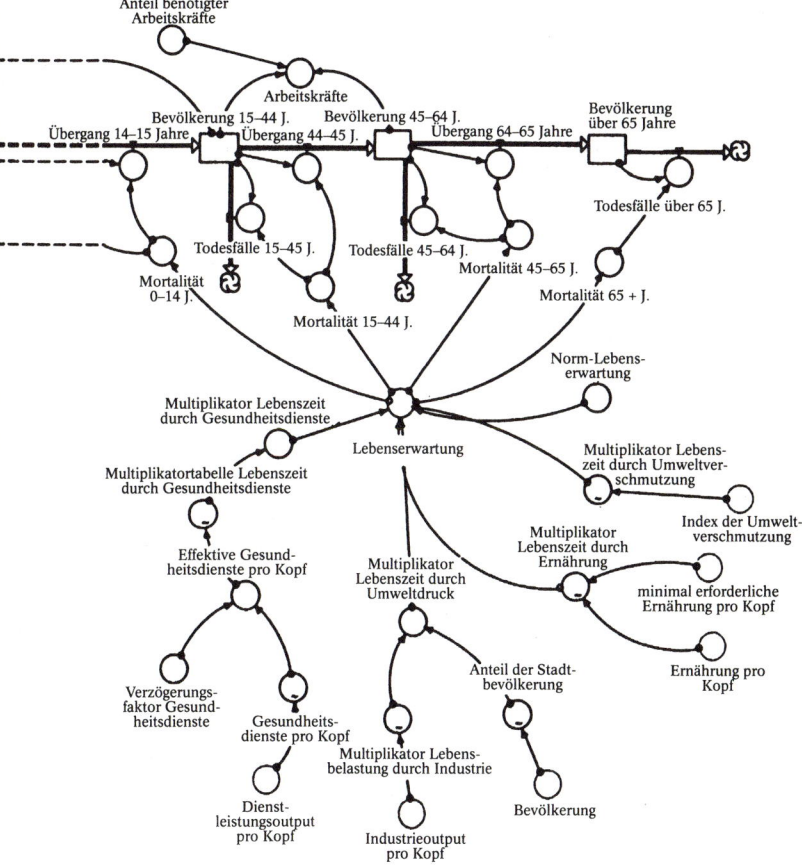

STELLA verwendet Funktionen, die sich von denen in DYNAMO etwas unterscheiden. Deshalb mußten in den Gleichungen von *World3* einige Veränderungen vorgenommen werden, um sie für STELLA kompatibel zu machen:

In vier Gleichungen wurden materielle Verzögerungsfunktionen dritter Ordnung (DELAY3 in DYNAMO) durch Informationsverzögerungen dritter Ordnung (SMTH3 in STELLA) ersetzt. Das bleibt ohne Auswirkung, wenn sich die jeweilige Verzögerungszeit über die gesamte Simulation nicht ändert, wie das in *World3* und *World3/91* tatsächlich der Fall war.

In drei Fällen konnten Informationsverzögerungsfunktionen erster Ordnung (SMOOTH in DYNAMO, SMTH1 in STELLA) nicht in STELLA realisiert werden, weil sich sonst (unzulässige) algebraische

Abbildung A–4   Nahrungsmittelproduktion

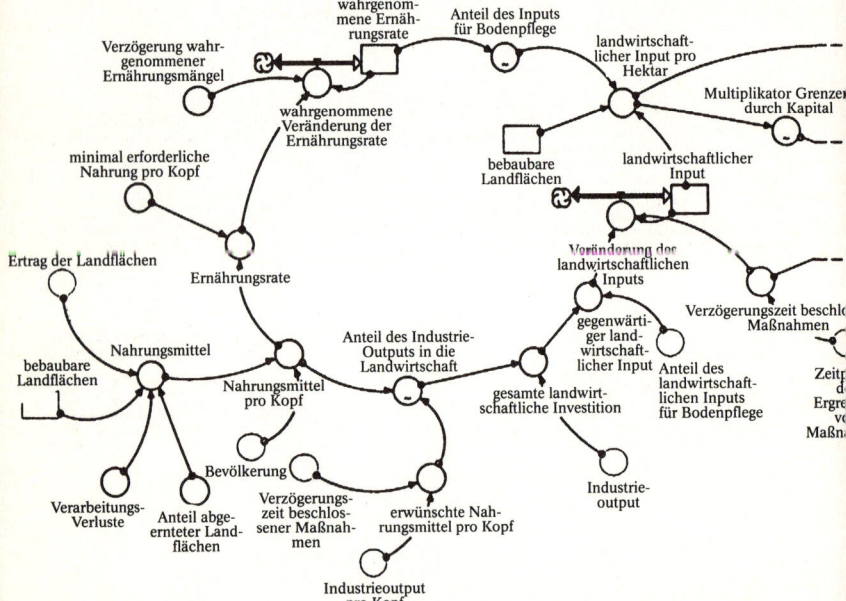

Rechenschleifen ergeben hätten. Die entsprechenden Zusammenhänge wurden durch gleichwertige Strukturen mit Beständen und Flüssen nachgebildet. Die CLIP-Funktion in DYNAMO, die zu bestimmten Simulationenzeiten eines Computerlaufs zwischen zwei Input-Größen umschaltet, wurde durch eine IF/THEN/ELSE-Bedingung in STELLA ersetzt.

Alle diese notwendigen Anpassungen an die Syntax von STELLA haben keinerlei Einfluß auf die numerischen Ergebnisse des *World3*-Simulationsmodells. Der Output der STELLA-Version ist mit dem Output der Version DYNAMO identisch (bei gleichartigen Annahmen für ein Szenario).

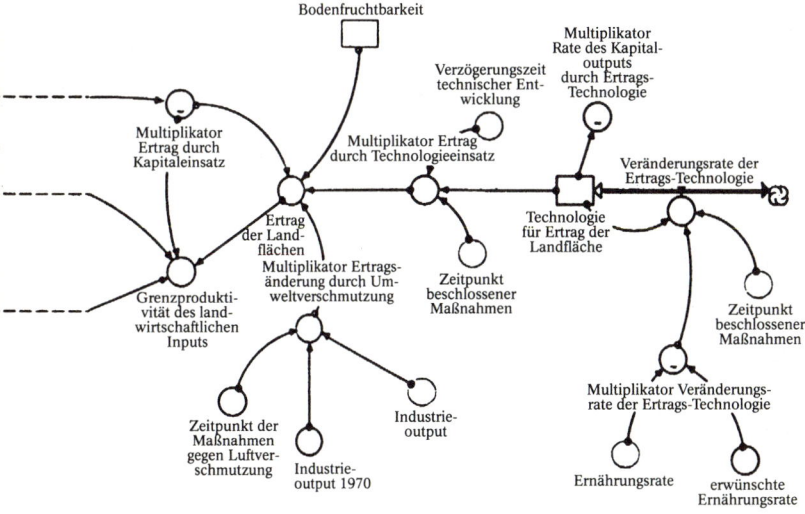

Abbildung A–5 Bodenfruchtbarkeit

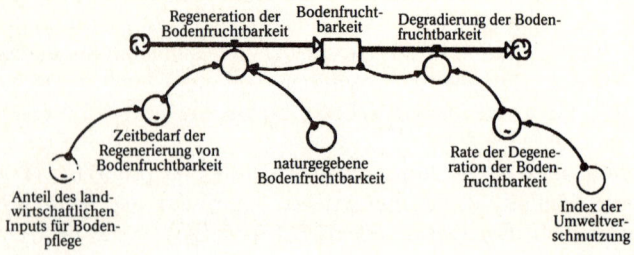

Regeneration der Bodenfruchtbarkeit

Bodenfrucht- barkeit

Degradierung der Bodenfruchtbarkeit

Zeitbedarf der Regenerierung von Bodenfruchtbarkeit

naturgegebene Bodenfruchtbarkeit

Rate der Degeneration der Bodenfruchtbarkeit

Anteil des landwirtschaftlichen Inputs für Bodenpflege

Index der Umweltverschmutzung

Abbildung A–6 Landentwicklung und Landverlust

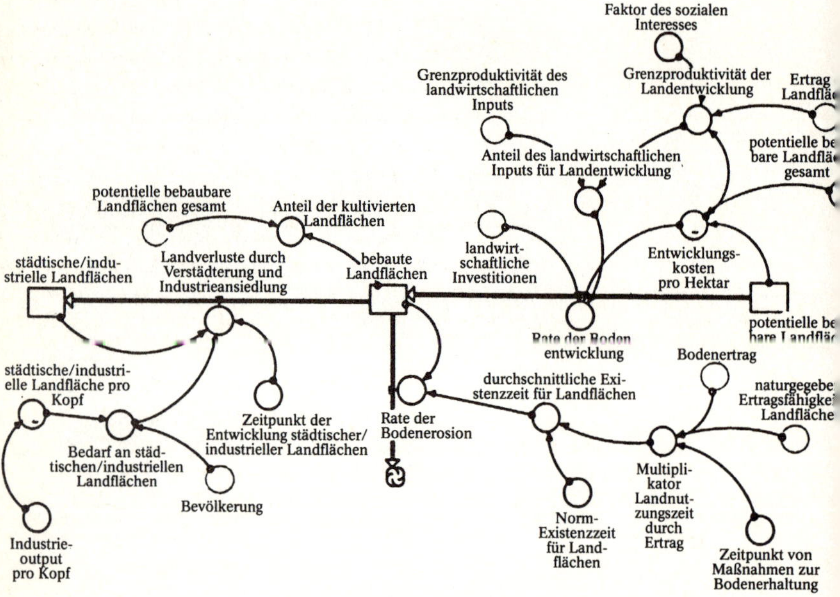

Faktor des sozialen Interesses

Grenzproduktivität des landwirtschaftlichen Inputs

Grenzproduktivität der Landentwicklung

Ertrag Landflä

Anteil des landwirtschaftlichen Inputs für Landentwicklung

potentielle be bare Landflä gesamt

potentielle bebaubare Landflächen gesamt

Anteil der kultivierten Landflächen

landwirtschaftliche Investitionen

Entwicklungskosten pro Hektar

städtische/industrielle Landflächen

Landverluste durch Verstädterung und Industrieansiedlung

bebaute Landflächen

potentielle be bare Landflä

städtische/industrielle Landfläche pro Kopf

Rate der Boden entwicklung

Bodenertrag

naturgegebe Ertragsfähigke Landfläche

Zeitpunkt der Entwicklung städtischer/ industrieller Landflächen

Rate der Bodenerosion

durchschnittliche Existenzzeit für Landflächen

Bedarf an städtischen/industriellen Landflächen

Multiplikator Landnutzungszeit durch Ertrag

Bevölkerung

Norm-Existenzzeit für Landflächen

Zeitpunkt von Maßnahmen zur Bodenerhaltung

Industrieoutput pro Kopf

Umwandlung von World3 in World3/91

Nach der Anpassung von *World3* an STELLA haben wir das Modell getestet: Wir ließen es die Entwicklung von 1970 bis 1990 (mit den Ausgangswerten von 1970) nachrechnen. Dabei zeigte sich, daß sich die entscheidenden Variablen im Modell (so zum Beispiel die für Bevölkerung und Nahrungsmittelproduktion) genauso veränderten wie die realen Daten in diesen zwei Jahrzehnten: Es gab keinerlei Anlaß, an den Gleichungen Strukturänderungen vorzunehmen. Die empirischen Daten über das Verhalten des »realen« globalen Systems deuteten jedoch an, daß bei mehreren Koeffizienten bzw. Tabellenfunktionen kleinere Korrekturen angebracht waren. Dies führte zu insgesamt sieben Veränderungen der Parameter in folgenden Sektoren:

Abbildung A–7   Industrieoutput

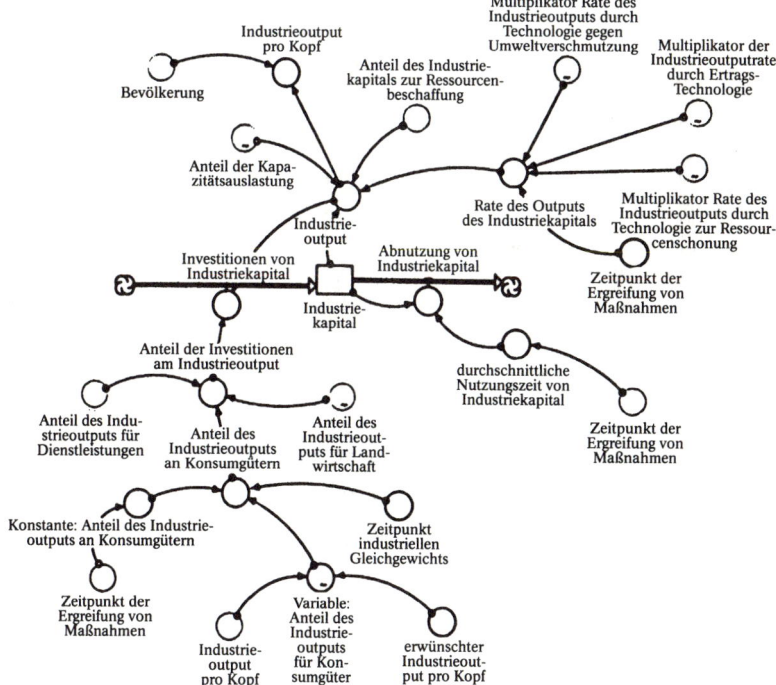

Abbildung A–8 Dienstleistungen

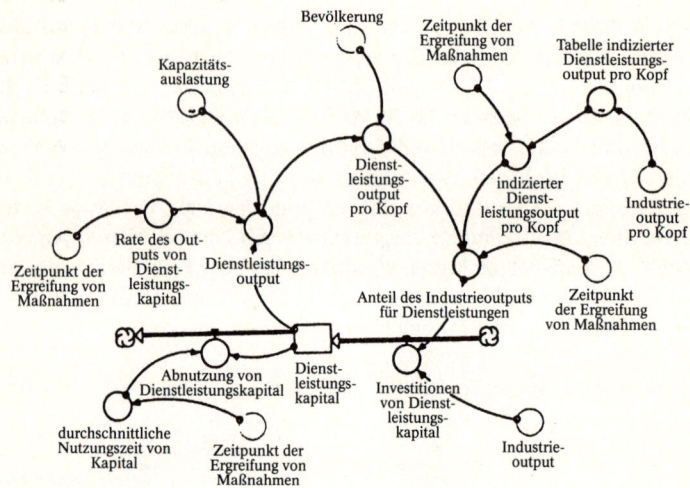

Abbildung A–9 Arbeitsplätze

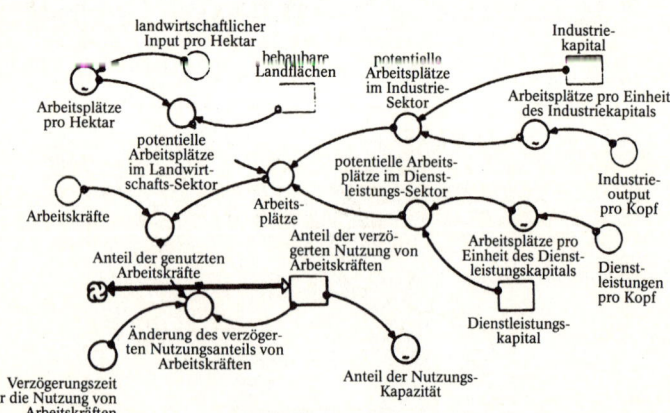

Landwirtschaft
Die Daten über die Entwicklung der letzten zwanzig Jahre zeigen, daß in der Originalversion von *World3* die Auswirkung der Erosion auf den Bestand der bebaubaren Landfläche unterschätzt wird, ebenso wie die Auswirkungen zusätzlicher landwirtschaftlicher Inputs auf die Ertragssteigerung. Diese Fehler in den Annahmen heben sich zwar gegenseitig auf: Die vom Modell errechnete Nahrungsmittelproduktion zwischen

Abbildung A–10   Geändertes Verhältnis zwischen landwirtschaftlichem Input und Bodenertrag

Multiplikator Grenzertrag von Landflächen durch Kapital

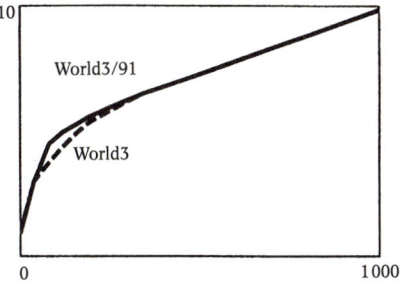

Landwirtschaftlicher Input pro Hektar

Abbildung A–11   Geändertes Verhältnis zwischen Gesundheitszustand und Fertilität

Multiplikator Fruchtbarkeit

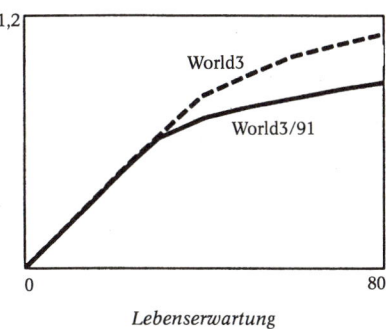

Lebenserwartung

1970 und 1990 stimmte mit den historischen Daten sehr weitgehend überein. Um aber die Parameter realistischer zu gestalten, haben wir die normale durchschnittliche Existenzzeit von Böden mit Pflanzenwachstum von 6000 Jahren auf 1000 Jahre verringert und gleichzeitig die Tabellenfunktion, die den Einfluß von landwirtschaftlichen Inputs auf den Ertrag bestimmt, in einem engen Bereich entsprechend erhöht.

Abbildung A–12　Geändertes Verhältnis zwischen Nahrungsmenge und Lebenszeit

Multiplikator Lebenszeit durch Nahrungsmenge

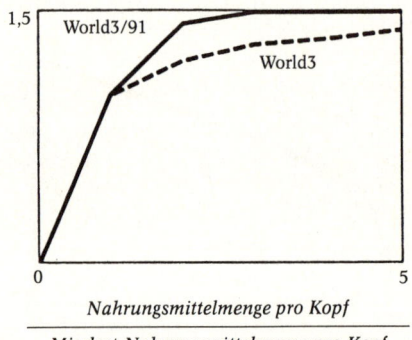

Nahrungsmittelmenge pro Kopf

Mindest-Nahrungsmittelmenge pro Kopf

Abbildung A–13　Geändertes Verhältnis zwischen Gesundheitsdiensten und Lebenserwartung

Multiplikator Lebenszeit durch Gesundheitsdienste

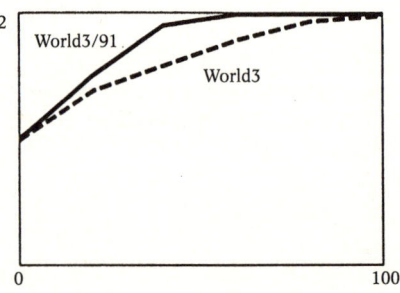

Wirksame Gesundheitsdienste pro Kopf

Bevölkerung
World3 hat die Rate der Abnahme der Geburtenraten wie auch der Sterberaten über die beiden letzten Jahrzehnte unterschätzt. Auch diese beiden Fehler heben sich gegenseitig weitgehend auf. Die Berechnung der Weltbevölkerung erwies sich als sehr weitgehend korrekt. Aber auch diesem Fall haben wir die jeweils zuständigen Koeffizienten korrigiert: Der Fruchtbarkeits-Multiplikator wurde gesenkt, der den Einfluß des Gesundheitszustandes auf die Fertilität mitbestimmt. Außerdem wurde die Norm-Familiengröße von 4,0 auf 3,8 reduziert. Der Einfluß der Nahrungsmittelversorgung auf die durchschnittliche Lebenszeit wurde angehoben. Ferner wurde die Wirkung von Gesundheitsdiensten auf die mittlere Lebenserwartung verstärkt, auch bei sehr niedrigen Werten der Dienstleistungen pro Kopf.

Ressourcen
Die praktischen Erfahrungen der letzten 20 Jahre in den hochindustrialisierten Ländern weisen darauf hin, daß wir ursprünglich den Ressourcen-Bedarf pro Einheit des Industrieoutputs zu hoch angesetzt haben. Bei höheren Werten des Industrieoutputs pro Kopf wurde deshalb der Ressourcenbedarf etwas vermindert.

Abbildung A–14   Geändertes Verhältnis zwischen Industrieoutput und Nutzung von sich nicht regenerierenden Ressourcen pro Kopf

Multiplikator Ressourcennutzung pro Kopf

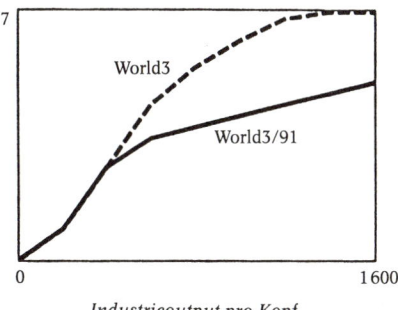

Industrieoutput pro Kopf

Technologien

Für die Studien zu den »Grenzen des Wachstums« wurden Maßnahmen zum Test möglicher Auswirkungen neuer Technologien allgemein durch abrupten Wechsel von einem zu einem anderen Koeffizienten oder von einer Tabellenfunktion zu einer anderen simuliert. Für die Szenarios in diesem Bericht jedoch haben wir die adaptive, sich allmählich wandelnde Technologie-Struktur genutzt, die in Kapitel 7 unseres technischen Berichts dokumentiert ist. Bei diesem adaptiven Vorgehen wird ein zu erreichendes Entwicklungsziel gesetzt, so zum Beispiel die Erreichung eines bestimmten (niedrigeren) Grades der Umweltverschmutzung. Wenn beim Modell-Lauf der jeweilige Zustand der Umwelt von dem Zielzustand negativ abweicht, also die Umweltverschmutzung größer als erwünscht ist, so wird Kapital in neue Technolo-

Abbildung A–15   Stella-Programmstruktur zur Simulierung der adaptiven Technologie für landwirtschaftliche Erträge

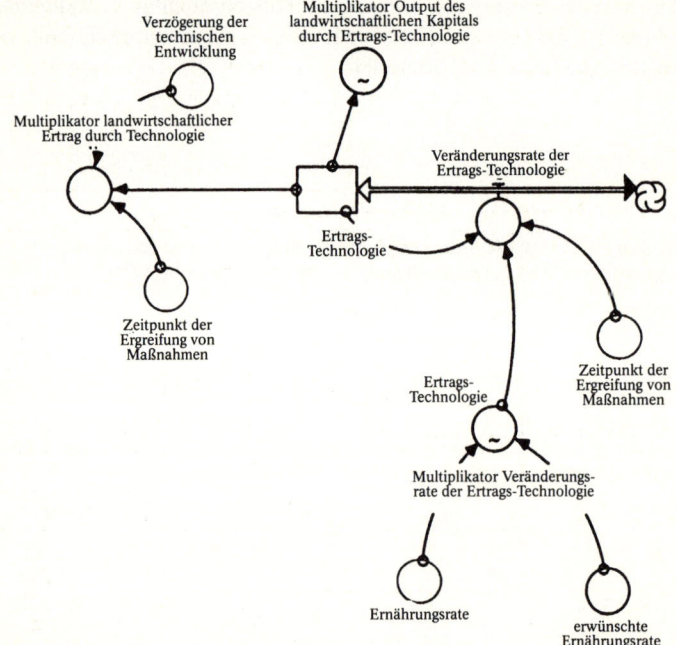

gien transferiert. Nach einer Verzögerungszeit zur Simulierung technischer Entwicklungszeiten und des Zeitbedarfs zu ihrer Verbreitung werden die Koeffizienten im Modell so verändert, daß sie die Wirkungen solcher Technologien simulieren, also in diesem Falle den Grad der Umweltverschmutzung senken. Dieser adaptive Prozeß wiederholt sich so lange, bis der Zielwert erreicht ist.

Zur Beschaffung des Kapitals für solche technologischen Fortschritte werden im Modell relativ bescheidene Mengen des Industriekapitals von der Produktion abgezweigt, um die Technologien zu entwickeln und aufrechtzuerhalten. Das STELLA-Flußdiagramm auf Abbildung A–15 illustriert, wie dies Verfahren am Beispiel neuer Technologien zur Hebung landwirtschaftlicher Erträge im Modell realisiert wird.

Szenarios

Nachdem die erwähnten Veränderungen in das Modell übernommen worden und alle Ausgangswerte, die technologisch Maßnahmen in Gang setzen, auf Null gesetzt waren, lieferte *World3/91* einen Computerlauf, der mit dem sogenannten Standard-Lauf von »Die Grenzen des Wachstums« deckungsgleich ist. Er wird jetzt Szenario 1 genannt. Alle weiteren Szenarios in diesem Buch sind durch Verändern der Voreinstellungen des Modells gegenüber dem Nullzustand von Szenario 1 entstanden.

Tabelle A–15   Skalen der Variablen in den Szenarios

Zustand der Welt		
Variable	Minimalwert	Maximalwert
Bevölkerung	0	13×10^9
Nahrungsmittelproduktion	0	6×10^{12}
Industrieoutput	0	4×10^{12}
Umweltverschmutzung (Index)	0	40
Sich erschöpfende Ressourcen	0	2×10^{12}
materieller Lebensstandard		
Variable	Minimalwert	Maximalwert
Nahrungsmittel pro Kopf	0	1000
Konsumgüter pro Kopf	0	250
Dienstleistungen pro Kopf	0	1000
Lebenserwartung	0	90

Die Skalen der Szenarios

Jedes Szenario zeigt als Kurven den Verlauf von fünf Variablen über den »Zustand der Welt« in der oberen und von vier weiteren Variablen über den »materiellen Lebensstandard« in der unteren Grafik. Wir haben die numerischen Skalen für die jeweiligen Variablen nicht auf der vertikalen Achse der Grafiken aufgetragen, weil nach unserer Ansicht die genauen numerischen Werte nicht von großer Bedeutung sind – viel wichtiger sind die Veränderungen, die sich von Szenario zu Szenario ergeben.

Für technisch interessierte Leser geben wir hier die jeweiligen Skalen an. Für die neuen Größen gelten sehr unterschiedliche Skalen. Auf der Tabelle A–15 sind sie vom jeweiligen Minimalwert (immer = 0) bis zum Maximalwert zusammengestellt. Alle Skalen sind linear geteilt und in allen Szenarios deckungsgleich. Über die Bedeutung der numerischen Werte (besonders der Indexzahlen) können Sie in der technischen Dokumentation nachlesen, in der jede Variable beschrieben ist.

Technische Dokumentation von World3

Der technische Bericht »Dynamics of Growth in a Finite World« dokumentiert *World3* und alle Modellteile und Annahmen ausführlich. Diese von Dennis L. Meadows und weiteren Mitgliedern des ursprünglichen Forschungsteams am MIT, das »Die Grenzen des Wachstums« erarbeitet hat, verfaßte Dokumentation enthält die Entstehungsgeschichte des Weltmodells, beschreibt den Entwicklungszweck, definiert jede Variable. Jeder einzelne Wirkungszusammenhang wird dort genau definiert, beschrieben und begründet. Sie enthält eine vollständige Liste aller Gleichungen in der Simulationssprache DYNAMO sowie eine sehr große Anzahl von Modell-Läufen, die das Verhalten in allen fünf Sektoren darstellen. Die Dokumentation steht allen Interessenten zur Verfügung und kann von Productivity Press, 2067 Massachusetts Avenue, 4th Floor, P. O. Box 3007, Cambridge, MA 02140, U.S.A., bezogen werden. Tel. (001) 617497-5146, Telefax (001) 617868-3524.

Die Simulations-Software

Die Computersprache DYNAMO, in der *World3* ursprünglich programmiert wurde, ist am Massachusetts Institute of Technology (MIT)
speziell zur Analyse systemdynamischer Vorgänge entwickelt worden.
Sie ist noch immer die vorwiegend von Wissenschaftlern und Interessenten, die mit Mainframe-Computern oder IBM-kompatiblen Mikro-
computern arbeiten, eingesetzte Simulationssprache. Wie schon berichtet, wurde aber für diesen Bericht das Weltmodell in die Simulationssprache STELLA übertragen (die bis Mitte 1992 nur für Macintosh-
Computer verfügbar war). Grundsätzlich steht das Weltmodell *World3/91*
allen Interessenten zur Verfügung. Es gehört zum Programm des Laboratory for Interactive Learning der University of New Hampshire.

Ergänzendes Lehrmaterial

Das Laboratory for Interactive Learning hat außerdem umfangreiches
Lehrmaterial über Umweltschutz und nachhaltige Entwicklungspfade
veröffentlicht. Dazu gehören Bücher, Planspiele und andere Materia-
lien, welche den Inhalt dieses Buches direkt ergänzen und vor allem für
Lehrzwecke geeignet sind. Sie erhalten auf Wunsch eine kostenlose
Broschüre mit Informationen über diese Lehrmittel und wie sie bezogen
werden können: Laboratory for Interactive Learning, Hood House,
University of New Hampshire, Durham, NH 03824, USA.

Glossar: Begriffe der Systemforschung

Aufrechterhaltbar, Aufrechterhaltbarkeit (s. a. nachhaltig, Nachhaltigkeit): Zustand eines Systems, das sich so verhält, daß es (nach menschlichem Ermessen) über unbeschränkte Zeiträume ohne grundsätzliche oder unsteuerbare Veränderungen (→ Zusammenbruch) im Rahmen der gegebenen Umwelt existenzfähig bleibt und vor allem nicht in den Zustand der → Grenzüberziehung gerät. A. ist ein inoffizieller Begriff und gibt die amerikanische Bezeichnung »sustainability« wieder. Der analoge deutsche Begriff ist »Nachhaltigkeit«, der jedoch in manchen Wendungen und syntaktischen Zusammenhängen irreführend wirken kann.

Durchsatz, Durchsatzmenge: Der → Fluß von Materialien und Energie, der durch ein → System von den → Quellen zu den → Senken fließt. Dabei werden die Materialien und Energien vielfach verändert und umgewandelt durch Konstruktion, Recycling, chemische Umwandlung, Energieumsetzung u. ä. Im menschlichen System bestimmt weitgehend die Größe des D. die → Grenzüberziehung.

Exponentielles Wachstum: Zunahme einer Größe, wobei der relative Zuwachs in gleichen Zeitabschnitten stets einem bestimmten Prozentsatz der schon vorhandenen Menge entspricht, z. B. das Anwachsen eines Bankkontos durch Zins und Zinseszins. Die Bevölkerung wächst exponentiell, wenn der jährliche Bevölkerungszuwachs einen gleichbleibenden Prozentsatz der schon vorhandenen Bevölkerung darstellt. Beim e. W. verdoppelt sich eine wachsende Größe jeweils in gleichen Zeitspannen (jährlich, monatlich, bei Mikroben auch in wenigen Minuten) auf das 2fache, 4fache, 8fache, 16fache usw.

Flußgrößen, Fluß: Die Veränderung einer → Zustandsgröße in der Zeiteinheit, normalerweise ein Fluß von Materie oder Energie in oder aus einer Grundgröße. Alle F. werden in der Maßeinheit der Zustandsgröße pro Zeiteinheit angegeben. Wichtige F. in *World3* sind die Geburten und Todesfälle pro Jahr, die jährlichen Kapitalinvestitionen und die jährlichen Raten der Kapitalabnutzung, die jährlich entstehenden bzw. absorbierten Schadstoffe sowie die jährlich verbrauchten sich erschöpfenden Ressourcen.

Gleichgewicht: Dynamischer Zustand, in dem der Zufluß in eine → Zustandsgröße gleich dem Abfluß aus dieser Zustandsgröße ist. G. einer Bevölkerung liegt vor, wenn die Zahl der Geburten plus der Zahl der Zuwanderer in gleichen Zeitspannen der Zahl der Todesfälle plus der Zahl der Auswanderer entspricht. Die Wassermasse eines Sees ist im G., wenn der Zufluß gleich dem Abfluß plus der Verdunstung ist. Das Wasser selbst wird zwar ständig erneuert, aber die Menge bleibt gleich. Daher wird dieses G. dynamisch genannt.

Grenzen: Im Sinne dieses Buches sind G. nicht als geographische Begrenzungen zu verstehen, sondern allgemein als Höchstbelastungen, die man der Umwelt aufbürden kann, ohne ihre lebenswichtigen Funktionen nachhaltig zu stören. Sie werden durch ablaufende Prozesse bestimmt. So ist z. B. die Höchst-G. des menschlichen Wasserverbrauchs abhängig vom Gesamtniederschlag, dem Mindestwasserstand der Seen und Flüsse, der Erreichbarkeit von Wasservorkommen, der Wasserverschmutzung etc. Begrenzt sind in erster Linie die → Durchsatzmengen zwischen → Quellen und → Senken. Eine der wenigen geographisch definierbaren G. ist die Ozonschicht.

Grenzüberziehung: Zeitweiliger Zustand, bei dem für die Dauer nicht überschreitbare → Grenzen überschritten sind. In der besonderen Bedeutung dieses Buches ist darunter zu verstehen, daß die auf unbestimmte Dauer mögliche Ertragskapazität der Umwelt überschritten ist. G. wird verursacht durch → Verzögerungen oder fehlerhafte bzw. falsch verstandene Informationen über Systemgrenzen, die es unmöglich machen, das System in den auf Dauer erträglichen Grenzen zu halten. G. kann auch als Ergebnis einer zu hohen Wachstumrate auftreten, so daß das hohe Moment der Veränderung ein Hinausschießen über Grenzen unvermeidbar macht. G. muß durch Systembeschränkung rückgängig gemacht werden, da sonst die Gefahr eines → Zusammenbruchs droht.

Linear: Verhältnis zwischen Ursache und Wirkung, wenn eine Änderung der Ursache eine proportionale Änderung der Wirkung hervorruft. → nichtlinear.

Nachhaltig, Nachhaltigkeit: Eingeführter Begriff der Systemdynamik (»sustainability«). Vgl. die Erklärung unter »aufrechterhaltbar«.

Negative Rückkopplung: Eine geschlossene Kette von Ursachen und Wirkungen, in der eine Veränderung so weitergegeben wird, daß sich eine weitere Veränderung gegensinnig zur ursprünglichen Veränderung ergibt. → Positive Rückkopplungen tendieren zu ungebremstem Wachstum, während n. R. das Wachstum regulieren und dazu tendieren, ein System in akzeptablem Zustand zu halten bzw. es zu stabilisieren. N. R. werden auch *Gegenkopplung* genannt (z. B. in der Elektronik).

Nichtlinear, Nichtlinearität: Ein Zusammenhang zwischen Ursache und Wirkung, der nicht linear ist, d. h. bei einer Veränderung der Ursache gibt es keine gleichbleibend proportionale Veränderung der Wirkung. Wenn man z. B. mit 10 kg Dünger auf einer bestimmten Landfläche 12 % Erntezuwachs erzielt und mit 20 kg Dünger der Ernteertrag 24 % höher wird, ist die Beziehung zwischen Düngermenge und Ernteertragssteigerung linear. Aber mit 1000 kg Dünger wird man keinen 1200 % höheren Ertrag erzielen: Bei solchen Düngermengen ist das Verhältnis Düngermenge zur Ertragssteigerung nichtlinear geworden (tatsächlich wird man mit solch einer Überdüngung den Boden ruinieren).

Positive Rückkopplung: Geschlossene Kette von Ursache und Wirkung, in der eine Veränderung so weitergegeben wird, daß sich eine gleichsinnige noch stärkere Veränderung ergibt. Eine p. R. kann sich als Teufelskreis auswirken, wenn das von ihr verursachte → exponentielle Wachstum nicht erwünscht ist bzw. gefährliche Folgen hat.

Quelle: Der Ursprung der Material- und Energieflüsse, die im System genutzt werden. Unterirdische Kohlenlager sind die Q. der abgebauten Kohle; auf sehr lange Dauer gesehen sind aber Bäume die Quelle der Kohle, da sie aus unterirdisch verkohltem Holz besteht. Die Q. der Wälder sind wiederum Bodennährstoffe, Wasser und Sonnenenergie. Q. und → Sinks können sich überlappen. So sind z. B. Bodenbakterien die Sinks für biologische Abfallstoffe und gleichzeitig Q. der Bodennährstoffe, da die biologischen Abfälle zu Pflanzennährstoffen abgebaut werden.

Rückkopplung: Eine in sich geschlossene Kette von Ursachen und Wirkungen. Generell gehen R. von einer → Zustandsgröße aus über → Flüsse und Entscheidungsglieder und wirken auf die Zustandsgröße so zurück, daß sich diese ändert (→ positive Rückkopplung, → negative Rückkopplung).

Senke: Das letzte Ende der Material- oder Energieflüsse in einem System. Für täglich benutzte Materialien ist – oberflächlich gesehen – z. B. die Schutthalde die S.; für das bei der Verbrennung entstehende Kohlendioxid ist die Atmosphäre die S. Bei genauer Betrachtung zeigt sich jedoch, daß die eigentlichen S. keine geographischen Orte sind, sondern vielmehr oft sehr langfristige Prozesse. So ist z. B. die S. für im Wald herumliegendes Holz tatsächlich die Mikrolebewelt (Schimmelpilze und Bakterien), die Holz in Bodennährstoffe zerlegen, die S. für Kohlendioxid die Bildung von Kalkstein, in dem das Kohlendioxid für Jahrmillionen gebunden wird. Die S. bestimmen zusammen mit den → Quellen die Begrenzungen der Umwelt.

System: Die Gesamtheit miteinander verknüpfter und sich gegenseitig beeinflussender Elemente, die entsprechend einem bestimmten Zweck organisiert ist. Das S. hat eine gänzlich andere Qualität als die Summe seiner Elemente. S. können bestimmte Verhaltensformen zeigen, so dynamisches, adaptives, zielsuchendes, sich selbst erhaltendes und evolutionäres Verhalten. → auch Systemverhalten.

Systemverhalten: Die für ein bestimmtes → System typischen Veränderungen seiner Elemente im Zeitablauf, wobei Wachstum, Schwund, dynamisches → Gleichgewicht, Chaos, Schwingungen und Kombinationen dieser Erscheinungen auftreten können.

Verzögerung, Verzögerungszeit: Die Zeitspanne zwischen Ursache und Wirkung, z. B. infolge ablaufender physikalischer Prozesse mit Zeitbedarf. So verstreicht etwa zwischen der ersten Investition zum Bau eines Kraftwerks und seiner Inbetriebnahme eine Zeitspanne von mehreren Jahren, die zum Aufbau der Gebäude, Anlagen und der Infrastruktur benötigt wird. Gleichartig verzögert machen sich nach der Ausbringung eines Pestizides die Folgen bemerkbar. Verzögerungen treten auch bei der Informationsübertragung auf. Infolge der unregelmäßigen, aber ständigen Veränderungen des Wetterverlaufs müssen die Wetterdaten über mehrere Jahre zu Mittelwerten verrechnet werden, ehe eine langfristige grundsätzliche Veränderung (Klimaänderung) erkennbar wird.

Zusammenbruch: Unkontrollierbar verlaufender Rückgang von Bevölkerung und/oder Wirtschaft, der dann eintritt, wenn bestimmte physikalisch nicht erweiterbare Grenzen überschritten worden sind und angesammelte Vorräte nicht mehr ausreichen; die Gefahr des Z. besteht vor allem, wenn positive → Rückkopplungen die Erosion fördern, so daß eine Degradierung der Umwelt eintritt.

Zustandsgröße, Bestandsgröße: Eine bestimmte Quantität (auch der Pegelstand) von Material, Energie oder auch Information. Die Z. bestimmen den gegenwärtigen Gesamtzustand eines Systems und sind das Ergebnis früherer Zu- und Abflüsse. Z. verändern sich meist nur langsam; sie können daher als → Verzögerung wirken. Die wichtigsten Z. in *World3* sind Bevölkerung, Industriekapital, landwirtschaftliches Kapital, Dienstleistungskapital, Umweltverschmutzung (die Menge der wirksamen Schadstoffe) und sich erschöpfende (sich nicht erneuernde) Ressourcen.

Weiterführende Literatur

Über Systemdynamik und Computer-Simulation

Hartmut Bossel: *Simulation dynamischer Systeme · Grundwissen, Methoden, Programme.* Braunschweig-Wiesbaden, Vieweg Verlag, 2. Aufl. 1992. Mit Begleitdiskette.
Einführender Text zur Modellentwicklung, Simulation und Untersuchungen der Systemdynamik mit lauffähigen Modellen und Simulationssoftware DYSAS in BASIC auf der Begleitdiskette.

Hartmut Bossel: *Modellbildung und Simulation · Konzepte, Verfahren, Modelle und Simulationsprogramme.* Braunschweig-Wiesbaden, Vieweg Verlag, 1992, mit Begleitdiskette.
Grundlegendes, allgemeinverständliches Lehrbuch zur Systemdynamik und Modellbildung mit einer einmaligen Sammlung von 50 lauffähigen Modellen dynamischer Systeme aus Alltag und Umwelt und der vielseitigen Simulationssoftware SIMPAS auf TurboPascal-Basis auf der Begleitdiskette.

Hartmut Bossel: *Umweltdynamik · 30 Programm für kybernetische Umwelterfahrungen.* München, TeWi Verlag, 1985.
30 Simulationsmodelle (in BASIC) aus dem Umwelt- und Ressourcenbereich mit ausführlicher Hintergrundbeschreibung, mit DYSAS-Simulator.

Jay W. Forrester: *Industrial Dynamics.* Cambridge, MA, Wright-Allen Press, 1961. Vertrieben durch Productivity Press.
Grundlegendes Fachbuch der angewandten Systemforschung, das deren grundlegende Methoden an Beispielen der Industriesysteme schildert.

Jørgen Randers et al.: *Elements of System Dynamics Methods.* Cambridge, MA, MIT Press, 1980. Vertrieben durch Productivity Press.
Eine Schriftensammlung von Experten der Systemdynamik, das die Philosophie dieses Fachgebiets sowie seine prinzipiellen Methoden darstellt, auch die zur Lösung schwieriger Modellierungsprobleme wie etwa zur Bewertung und Anwendung.

The System Dynamics Revue. Erhältlich bei der System Dynamics Society, MIT E40–294, Cambridge, MA 02139.
Fachzeitschrift über Probleme und Entwicklungen auf dem Gebiet der Systemdynamik.

Modellierung sozialer Systeme

Gerald O. Barney et al.: *Managing a Nation*. The Microcomputer Software Catalog, second edition. Boulder, CO, Westview Press, 1991.

Quellen-Handbuch für Forschungs- und Lernprogramme auf globaler und nationaler Ebene. Enthält eine Übersicht über die verfügbaren Mikro-Computerprogramme sowie die Darstellung und Simulation wichtiger Sektoren der Volkswirtschaft. Jeweils getrennte Kapitel unterrichten über Modelle, Spiele und Simulationen auf den Gebieten der Landwirtschaft, der Demographie und der Wirtschaft. Weitere Kapitel schildern nationale und globale Modelle. Ein Abschnitt listet Daten-Quellen, Veröffentlichungen, Modelliersprachen und Prinzipien der Modellierung für Anfänger und Fortgeschrittene auf.

Jay W. Forrester: *World Dynamics*. Deutsche Ausgabe: *Der teuflische Regelkreis*. Stuttgart, Deutsche Verlags-Anstalt, 1971.

Enthält eine ausführliche Beschreibung der Philosophie der Systemmodellierung und des Weltmodells *World2*, des unmittelbaren Vorläufers von *World3*. Das Werk des Begründers der Systemdynamik kann auch als eine Art Vorläufer von »Die Grenzen des Wachstums« betrachtet werden.

Dennis L. Meadows et al.: *Dynamics of Growth in a Finite World*. Cambridge, MA, Wright-Allen Press, 1974. Vertrieben durch Productivity Press.

Technische Dokumentation des Weltmodells *World3;* enthält die Entstehungsgeschichte und schildert seinen Verwendungszweck und seine Aussagefähigkeit. Jede einzelne Modellvariable ist beschrieben und wird begründet. Ebenso werden alle kausalen Hypothesen behandelt, die in *World3* verarbeitet sind. Enthält eine vollständige Liste aller Gleichungen in der Simulationssprache DYNAMO sowie eine sehr große Anzahl von Modell-Läufen, die das Verhalten in allen fünf Sektoren darstellen.

Dennis L. Meadows und Donella A. Meadows: *Toward Global Equilibrium*, Collected Papers. Deutsche Ausgabe: *Das dynamische Gleichgewicht*. Stuttgart, Deutsche Verlags-Anstalt, 1974.

Eine Sammlung von dreizehn Vorstudien, die zur Gestaltung von *World3* benutzt worden sind und über Einzelprobleme wie Schadstoffverbreitung, Bevölkerungswachstum und Geburtenbeschränkung etc. unterrichten.

Daten und Fakten zum Zustand der Erde

Hartmut Bossel: *Umweltwissen · Daten, Fakten, Zusammenhänge*. Berlin-Heidelberg-New York, Springer Verlag, 1990.

Die grundlegenden Zusammenhänge zwischen Bevölkerungsentwicklung, Wirtschafts- und Technikentwicklung, Umwelt und Ressourcen werden in einer kompakten Daten- und Faktensammlung dargelegt.

Lester Brown et al.: *State of the World*. New York-London, W. W. Norton.

Berichtet jährlich über Landwirtschaft, Energie, Abfallprobleme, Transport und Wasservorkommen.

Populations Reference Bureau. World Population Data Sheet, beziehbar bei
PRM, 777 Fourteenth Street NW, Suite 800, Washington, DC 20005.
Jährlich neu erscheinende Wandkarte mit den jeweils jüngsten demographischen Daten über Bevölkerung, Geburten- und Sterberaten etc. in den verschiedenen Ländern der Erde.

Ruth Leger Sivard: *World Military and Social Expenditures.* Erhältlich von
World Priorities, Box 25140, Washington DC 20007.
Jährlicher Bericht über die Ausgaben für Rüstung und für soziale Zwecke wie
Ausbildung, Gesundheitsfürsorge und Wirtschaftsentwicklung.

FAO: The State of Food and Agriculture. Rom, UN Food and Agricultural
Organisation.
Die Jahresberichte der UN-Organisation für Ernährung und Landwirtschaft.

World Bank: World Development Report. New York-Oxford, Oxford University Press.
Jahresberichte der Weltbank bei den UN. Außer globalen Daten enthalten sie
auch Analysen der UN-Agenturen und unterrichten über deren Entwicklungsziele.

Gleichgewicht und nachhaltige Gesellschaftsformen

Richard Eliot Benedick: *Ozone Diplomacy,* New Directions in Safeguarding the
Planet. Havard University Press, 1991.
Einer der führenden UN-Unterhändler der USA beschreibt die Geschichte
des Ozonlochs von den ersten wissenschaftlichen Hinweisen bis zur Unterzeichnung des Londoner Übereinkommens, in dem international die Beendigung der FCKW-Produktion vereinbart werden konnte.

Hartmut Bossel: *Bürgerinitiativen entwerfen die Zukunft · Neue Leitbilder,
neue Werte, 30 Szenarien.* Frankfurt/Main, Fischer Taschenbuch Verlag,
1978.
Grundlegender Überblick über Entstehung und Veränderung von Werten und
Leitbildern und ihren Einfluß auf die gesellschaftliche Entwicklung, mit einer
Sammlung von 30 Szenarien (verschiedene gesellschaftliche Problembere-
che) jeweils sowohl unterschiedlicher »ökonomistischer« (Wachstum) wie
»ökologischer« Ausrichtung (Nachhaltigkeit).

Herman Daly: *Steady-State Economics.* Washington, DC, Island Press, 1991.
Sammlung von Essays des führenden Wirtschaftstheoretikers über Fragen
einer mit der Umwelt im Gleichgewicht stehenden Wirtschaft.

Herman Daly und John Cobb: *For the Common Good.* Boston, Beacon Press,
1989.
Ein Wirtschaftsfachbuch, das ausführlich die Gründe analysiert, warum die
gegenwärtige Wirtschaftstheorie nicht den Erfordernissen des Gesamtsystems
Menschheit und Umwelt gerecht werden kann. Die Grundzüge der modernen
Kapitalwirtschaft werden nicht in Frage gestellt, doch empfehlen die Autoren
Zusätze und Korrekturen, die für eine nachhaltige Zukunft erforderlich sind.

Paul R. Ehrlich und Anna H. Ehrlich: *Healing the Planet*. Reading, Mass, Addison-Wesley Publishing Company, 1991.
Beschreibt besonders die Art der Signale, die andeuten, daß auf die Dauer unverträgliche Belastungen der Umwelt aufgebürdet werden.

Florentin Krause, Hartmut Bossel, Karl-Friedrich Müller-Reißmann: *Energiewende – Wachstum und Wohlstand ohne Erdöl und Uran*. Frankfurt/Main, S. Fischer, 1980.
Zeigte erstmals die großen Möglichkeiten besserer Energienutzung und regenerativer Energieträger mit Berechnungen für die Bundesrepublik Deutschland. Führte u. a. zu entsprechenden Untersuchungen der Enquete-Kommission »Zukünftige Kernenergiepolitik« des Deutschen Bundestags.

Donella H. Meadows: *The Global Citizen*. Washington, DC, Island Press, 1991.
Sammlung von Zeitungskolumnen aus den Jahren 1985 bis 1990 über Wachstum, Umweltbegrenzungen und auch in der Zukunft nachhaltige Gesellschaftsformen. Behandelt persönliche Lebensstile in der modernen Gesellschaft und bietet Stellungnahmen zu Fragen der Energienutzung, der Landwirtschaft, des Abfallmanagements und der Schadstoffemissionen.

E. F. Schumacher: *Small is Beautiful*. New York, Harper & Row, 1973.
Das Buch, dessen Titel zu einem Schlagwort der Umweltbewegung geworden ist, gehört bereits zu den Klassikern der ökologischen Literatur und behandelt Probleme der Armut und der Entwicklung sowie wirtschaftliche Grundprobleme.

World Commission on Environment and Development: *Our Common Future*. Oxford, Oxford University Press, 1987.
Dieser Bericht der angesehenen UN-Kommission berichtet über eine von ihr gelenkte zweijährige Studie mit Anhörungen, die sie in fast allen Teilen der Erde zu Problemen der Umwelt und Entwicklung veranstaltet hat. Zu den Grundproblemen gehören Fragen zukünftiger nachhaltiger Gesellschaftsformen. Das Werk enthält eine ausführliche Datensammlung und Zitate aus den Anhörungen.

Berichte an den Club of Rome

Dennis L. Meadows u. a.: *Die Grenzen des Wachstums*. Stuttgart, Deutsche Verlags-Anstalt, 1972.
Die weiterhin lieferbare deutsche Ausgabe des ersten Berichts an den Club of Rome.

Aurelio Peccei: *The Human Quality*. Oxford, Pergamon Press, 1977. Deutsche Ausgabe: *Die Qualität des Menschen*. Stuttgart, Deutsche Verlags-Anstalt, 1977.
Enthält eine Autobiographie des Gründers des Club of Rome, dessen Lebensweg durch die Folterkammern des Faschismus und die Vorstandsetagen von Großunternehmen führte. Er berichtet über die Motivationen, die zur Gründung des Club of Rome führten und über die neue Menschheitsrevolution, die ihm schon vor fast Jahrzehnten unumgänglich erschien.

Aurelio Peccei: *One Hundred Pages for the Future.* New York, Pergamon Press, 1989.

Eduard Pestel: *Jenseits der Grenzen des Wachstums.* Stuttgart, Deutsche Verlags-Anstalt, 1988.
Der ehemalige deutsche Sprecher des Club of Rome und frühere Wissenschaftsminister von Niedersachsen berichtet über die Wirkungen, die »Die Grenzen des Wachstums« weltweit ausgelöst haben. Pestel hat selbst ein Systemdynamisches Forschungsinstitut in Hannover gegründet und ein nationales »Deutschland-Modell« über die Entwicklung der Bundesrepublik aufgestellt, dessen Ergebnisse sich über fast zwei Jahrzehnte als weitgehend gültig erwiesen haben.

Eduard Pestel und Mihailo Mesarović: *Menschheit am Wendepunkt,* Stuttgart, Deutsche Verlags-Anstalt, 1974.
Zweiter Bericht an den Club of Rome.

Anmerkungen

Vorwort der Autoren

1 Donella H. Meadows, Dennis L. Meadows, Jørgen Randers, William W. Behrens III, *The Limits to Growth*, New York, Universe Books, 1972; deutsch *Die Grenzen des Wachstums*, Stuttgart, DVA, 1972.

2 *World1* war der erste Entwurf eines Weltmodells von Professor Jay Forrester am MIT und entstand auf Anregung des Club of Rome. Die ausgearbeitete Fassung *World2* wurde für die ersten veröffentlichten Computer-Berechnungen über globale Wachstumtrends und ihre Wirkungen genutzt, dokumentiert in *World Dynamics* von Jay Forrester; deutsch *Der teuflische Regelkreis*, DVA, Stuttgart, 1971. *World3* ist eine erweiterte Fassung von *World2* mit differenzierter Struktur und mit einer viel umfangreicheren Datenbasis. Es beruht aber weiter auf der von Jay Forrester entwickelten Technik der Modellierung dynamischer Systeme und seinem Weltmodellkonzept.

3 In der technisch-wissenschaftlichen Dokumentation *The Dynamics of Growth in a Finite World*, Dennis L. Meadows et al., Productivity Press, Cambridge, MA, 1974, sind alle technischen Einzelheiten, Variablen und Gleichungen des Computerprogramms *World3* veröffentlicht. Das Buch *Toward Global Equilibrium* (deutsch *Das globale Gleichgewicht*, Stuttgart, DVA, 1974) von Donella H. Meadows und Dennis L. Meadows enthält Fallstudien und Untermodelle, die zum Aufbau des gesamten Weltmodells genutzt wurden.

4 Die Schlagzeilen sind in der Reihenfolge des Zitats folgenden Zeitungen entnommen: Saskatoon Star Phoenix (Kanada), Cleveland Plain Dealer (USA) und Mainichi Daily News of Tokyo (Japan).

5 *Die Grenzen des Wachstums*, S. 17.

6 Thomas Vargish, *Why the Person Sitting Next to You Hates Limits to Growth*, Technical Forecasting and Social Change, 16, 179–189 (1980).

Zum Verständnis bestimmter Begriffe

1 Robert Goodland, Herman Daly und Salah El Serafy, Introduction to *Environmental Sustainable Economic Development: Building on Brundtlandt*, World Bank Environment Working Paper Nr. 46, Juli 1991, pp. 2–3.

Kapitel 1 – Grenzüberschreitung

1 Aurelio Peccei, *One Hundred Pages for the Future* (New York, Pergamon Press, 1981), S. 15. Peccei war ein italienischer Industrieller und Gründer des Club of Rome.

2 Die Weltkommission für Umwelt und Entwicklung wird nach ihrer Vorsitzen-
   den Gro Harlem Brundtlandt, der Ministerpräsidentin von Norwegen, vielfach »Brundtlandt-Kommission« genannt. *Our Common Future*, Oxford
   University Press, 1987, S. 8.

Kapitel 2 – Die treibende Kraft: exponentielles Wachstum

1 Thomas E. Lovejoy: Plenarvortrag, American Institute of Biological Scien-
   ces, 14. Aug. 1988. Thomas E. Lovejoy ist Tropenökologe und stellvertreten-
   der Direktor für Auslandsangelegenheiten des Smithsonian Instituts.
2 Die Berechnung stammt von J. Scott Armstrong in *Long-Range Forcasting*,
   New York, John Wiley and Sons, 1985, S. 102.
3 Die Denksportaufgabe verdanken wir Robert Lattes. Wenn Sie selbst erproben wollen, wie rasch exponentielles Wachstum an Grenzen stößt, dann
   essen Sie morgen mal eine Erdnuß, übermorgen zwei Nüsse und dann an
   jedem folgenden Tag immer doppelt so viele Nüsse wie am Vortag. Wie viele
   Tage werden Sie das wohl durchhalten?
4 Population Reference Bureau, *1991 World Population Data Sheet*.
5 Lester Brown (ed.), *State of the World 1992*, New York, W. W. Norton,
   1992.
6 United Nations Food and Agriculture Organization (FAO), *The State of
   Food and Agriculture 1990*, Rom, 1991, S. 14.

Kapitel 3 – Die Grenzen: Quellen und Senken

1 World Commission on Environment and Development, *Our Common
   Future*, New York und Oxford, Oxford University Press, 1987, S. 8.
2 Herman Daly, *Toward Some Operational Principles of Sustainable Development*, Ecological Economics, 2 (1990), S. 1–6.
3 *The Hunger Report 1990*, jährlich herausgegeben vom Alan Shaw Feinstein
   World Hunger Program (Brown University, Box 1831, Providence, RI 02912).
4 Ebenda.
5 G. M. Higgins et al., *Potential Population Supporting Capacities of Lands
   in Developing World*, FAO, Rom, 1982. Der Inhalt dieser technischen Studie ist in einem populären Bericht von Paul Herrison zusammengefaßt:
   Land, Food and People, FAO, Rom, 1984. Der Faktor von 16 beruht auf
   extrem optimistischen Annahmen und hat nur Gültigkeit für solche Länder,
   deren Entwicklung auf einem niedrigen Niveau der Erträge einsetzt. Über
   die Verhältnisse in den Industrieländern hat die FAO keine entsprechende
   Studie zusammengestellt.
6 Die Meere als Quelle von Nahrungsmitteln sind noch enger begrenzt als die
   Nahrungsquellen auf den Kontinenten. In Kapitel 6 wird berichtet, daß
   Grenzen für Nahrungsmittel aus den Meeren entweder bereits überschritten
   oder doch zumindest sehr bald erreicht werden. Futuristische Formen der
   Zucht von Nahrungsmittel ohne Flächenanbau, wie etwa von Hefe in Gär-
   Konvertern, werden allenfalls sporadische Bedeutung gewinnen, vor allem,
   weil sie sehr energie- und kapitalintensiv sind. Zuchtformen von Nahrungs-

mitteln, die nicht auf Landflächen wachsen und ihre Energie nicht durch Sonneneinstrahlung über die Photosynthese gewinnen, sind weit weniger aufrechterhaltbar als die gegenwärtigen Kulturformen.

7 World Resource Institute, *World Resources 1990–91,* New York und Oxford, Oxford University Press, 1990, S. 88.

8 Lester Brown, *State of the World 1991,* New York und London, W. W. Norton, 1991, S. 3.

9 WCED, 1987, zit. in Anm. 1, S. 125.

10 United Nations Population Fund, *The State of World Population 1990,* New York, 1990, S. 10.

11 Z. B. in: Michael J. Dover und Lee M. Talbot, *To Feed the Earth: Agro-Ecology for Sustainable Development,* Washington DC, World Resources Institute, Juni 1987.

12 Über »organische« und »ökologische« Landwirtschaft sowie über »Low-Input«-Anbauformen (mit geringen Mengen an Düngern und Pestiziden) gibt es eine sehr umfangreiche Literatur. Informationsmaterial kann bei der International Federation of Organic Agricultural Movements (IFOAM) bezogen werden. Über kommerzielle US-Farmen dieser Art unterrichten alle Ausgaben von *New Farm Magazine,* Rodale Press, Emmaus, Pennsylvania. Eine wissenschaftliche Studie über organische Anbauformen in den USA findet sich bei U.S. National Research Council, *Alternative Agriculture,* Washington DC, National Academy Press, 1981. In Deutschland informiert über IFOAM und den ökologischen Landbau die Stiftung Ökologie und Landbau, 6702 Bad Dürkheim, Postfach 15 16.

13 Eine Zusammenfassung dieser Probleme und Potentiale in Scientific American, September 1989, S. 128: Pierre R. Crosson und Norman J. Rosenberg, *Strategies for Agriculture.*

14 2100 Kubikkilometer Wasser werden in erster Linie für Bewässerung genutzt. Die restlichen 1400 Kubikkilometer fließen, meist verschmutzt, in Gewässer zurück. Siehe World Resources Institute, *World Resources 1990/91,* New York und Oxford, Oxford University Press, 1990, S. 170.

15 Die Gesamtkapazität aller Staubecken beträgt zwar rund 6000 Kubikkilometer. Davon ist aber nur etwa die Hälfte ganzjährig nutzbar. Eine Zusammenfassung eines russischen Übersichtsberichts über Stauseen auf der Erde findet sich in *World Resources 1990/91* (a.a.O.), S. 170.

16 Die Wasserentnahmen haben in den letzten Jahrzehnten um vier bis acht Prozent zugenommen. In den Industrieländern beginnen sie sich zu stabilisieren. Der Wasserverbrauch in Entwicklungsländern wird sehr wahrscheinlich um zwei bis drei Prozent jährlich weiter zunehmen.

17 Einige Fallstudien hierzu in Malin Falkenmark, *Fresh Waters as a Factor in Strategic Policy and Action,* in Arthur H. Westing (ed.), *Global Resources and International Conflict,* New York und Oxford, Oxford University Press, 1986.

18 Siehe zum Beispiel Sandra Postel, *Saving Water for Agriculture,* in Lester Brown (ed.), *State of the World 1990,* New York und London, W. W. Norton,

1990, S. 45–47; Jayanta Bondyopadhyay, *Riskful Confusion of Draught an Man-induced Water Scarcity*, Ambio 18, 1989: S. 184–292; Danilo Anton, *Thirsty Cities*, IDRC Reports, Oktober 1990; Chandran Nair, *Bankogks' Deteriorating Groundwater*, 14th WECD Conference, Kuala Lumpur, 1988.

19 Die forststatistischen Daten in diesem Abschnitt stammen aus: Sandra Postel and John C. Ryan, *Reforming Forestry*, in Brown, 1991 (siehe oben), S. 74–92, und vom World Resources Institute, World Resources 1990/91 (siehe oben), S. 101–120.

20 Postel and Ryan, a.a.O.

21 International Institute for Applied Systems Analysis (IIASA), Laxenburg (Österreich), *Options*, September 1990, S. 4.

22 Ebenda, S. 10.

23 Postel and Ryan, a.a.O., S. 88.

24 World Commission and Environment and Development, *Our Common Future*, New York und Oxford, Oxford University Press, 1987, S. 149.

25 Siehe *Extinction: Are Ecologists Crying Wolf?* Science, Vol. 253, 16. August 1991, S. 736 sowie weitere Artikel in diesem Heft über ernsthafte Bedenken der Ökologen.

26 Peter M. Vitousek, Paul R. Ehrlich, Anne H. Ehrlich und Pamela A. Matson, *Human Appropriation of the Products of Photosynthesis*, BioScience, Vol. 36, No. 6, Juni 1986, S. 368.

27 Die Niederlande importieren biologische Produkte, deren Anbauflächen zwischen dem Vierfachen und dem Siebenfachen ihrer eigenen Fläche betragen. Vor allem handelt es sich hierbei um Tierfutter aus der Dritten Welt. Siehe Rijksinstituut voor Volksgezondheid en Milieuhygiene (RIVM), *National Environmental Outlook*, 1990–2010, Bilthoven, RIVM, 1990.

28 Kommerzielle Energien sind die auf dem Energiemarkt gegen Entgelt bezogenen Energiemengen. Dazu zählen nicht die von den Menschen »privat« beschafften Energiemengen, etwa durch Sammeln von Brennholz und dem Verbrennen von Tierdung und anderen trockenen Biomassen. Diese »nicht-kommerziellen« Energien gehören meist zu den sich regenerierenden Energien, auch wenn sie nicht dauernd zur Verfügung stehen. Immerhin decken sie etwa 15 Prozent des gesamten Energiebedarfs der Menschheit.

29 G. R. Davis, *Energy for the Planet Earth*, Scientific American, Volume 263, September 1990, S. 55.

30 Aus Christopher Flavin und Nicholas Lensson, *Designing a Sustainable Energy System*, in Lester Brown (ed.), *State of the World 1991*, New York und London, W. W. Norton, 1991, S. 21.

31 »Produktion« ist eine irreführende Bezeichnung für das Fördern fossiler Brennstoffe an die Erdoberfläche. Produziert hat diese Energieträger die Natur über Jahrmillionen. Die Menschen bauen sie nur ab und transportieren sie nach oben aus Ölfeldern, Bergwerken und Erdgaslagern. Produktion ist jedoch der übliche Terminus für diese Bereitstellung, vor allem auch in kombinierten Begriffen wie etwa »Verhältnis Reserve zu Produktion«. Deshalb benutzen wir ihn ebenfalls.

32 Natürlich benötigen auch die Industrieanlagen für die Prospektion, Erboh-
    rung, den Abbau, das Fördern, den Transport und die Raffinierung fossiler
    Energieträger selbst Energie. Wenn es keine anderen Begrenzungen für die
    Energiequellen gäbe, so wäre die letzte Grenze für den Einsatz fossiler Ener-
    gie dann erreicht, wenn der Energiebedarf der Förderung die gesamten geför-
    derten Energiemengen übersteigt. Siehe Charles A. S. Hall und Cutler J. Cle-
    veland, *Petroleum Drilling and Production in the United States: Yield per
    Effort and Net Energy Analysis, Science*, Vol. 211, 6. Februar 1981, S. 576.

33 Über Gasreserven siehe H. J. M. de Vries, *The Carbon Dioxide Substitution
    Potential of Methane and Uranium Reserves*, in P. Okken, R. Swart und
    S. Zwever (ed.), *Climate and Energy: The Feasibility of Controlling CO_2
    Emissions*, Dordrecht, Kluwer Academic Publishers, 1989. Zur Überschät-
    zung von Reserven siehe John D. Sterman, George P. Richardson und
    Pal Davidson, »*Modeling the Estimation of Petroleum Resources in
    the United States*«, *Technological Forcasting and Social Change*, 33,
    S. 219–248 (1988).

34 Diese Information sowie die meisten hier angeführten Daten stammen von
    Amory Lovins und dem Rocky Mountain Institute. Weitere Informationen
    über die Möglichkeiten zur Erhöhung der Energienutzungsgrade im Trans-
    portwesen, der Industrie und in Gebäuden finden sich in *Scientific Ameri-
    can*, Vol. 263, No. 3, September 1990.

35 Über unterschiedliche Schätzwerte siehe bei Jose Goldemberg et al., *Energy
    for a Sustainable World*, Washington DC, World Resources Institute, 1987;
    Energy 2000: A Plan of Action for Sustainable Development, Dänisches
    Energieministerium, April 1990; Amulya K. N. Reddy, *Energy Strategies for
    Sustainable Development in India*, ein Arbeitspapier, das der Konferenz
    Global Collaboration on a Sustainable Energy, Kopenhagen, April 1991,
    vorgelegt worden war; Arnold P. Fikett, Clark W. Gellings und Amory
    Lovins, *Efficient Use of Electricity*, Scientific American, Volume 263, No. 3,
    September 1990, S. 64; M. Grubb et al., *Energy Policies and the Greenhouse
    Effect*, Volume 2: *Country Studies and Technical Options*, The Royal Insti-
    tute of International Affairs, Worcester, Billing & Sons Ltd., 1991.

36 Rocky Mountain Institute Newsletter, Frühling 1991. Beide Preisangaben im
    Dollarwert von 1987.

37 Eine gut kommentierte Übersicht findet sich bei Christopher Flavin und
    Nicholas Lensson, *Designing a Sustainable Energy System*, in Lester
    Brown (ed.), *State of the World 1991*, New York und London, W. W. Nor-
    ton, 1991.

38 Meridian Corporation, *Characterization of U.S. Energy Resources and
    Reserves*, prepared for Deputy Assistant Secretary for Renewable Energy,
    DOE, Alexandria VA, Juni 1989; Idaho National Engineering Laboratory et
    al., *The Potential of Renewable Energy:* An Interlaboratory White Paper,
    prepared for the Office of Policy, Planning and Analysis, DOE, in support of
    the National Energy Strategy, Solar Energy Research Institute, 1990; DOE,
    EIA, Annual Energy Review 1989, Washington DC, 1990.

39 Das günstigste Speichermedium hierfür ist wahrscheinlich Wasserstoff, der durch Elektrolyse von Wasser mit solar gewonnener Elektrizität freigesetzt wird. Wasserstoff kommt auch in Frage als Treibstoff für Straßenfahrzeuge und andere Transportmittel. Eine Übersicht hierüber bei Joan M. Ogden und Robert H. Williams, *Solar Hydrogen*, World Resources Institute, Washington DC, Oktober 1989.

40 Amory B. Lovins, *Openpit Mining*, Earth Island, London, 1973, S. 1.

41 Eine systematische Übersicht über die möglichen Ursachen findet sich bei John E. Tilton (ed.), *World Metal Demand*, Washington DC, Resources for the Future, 1990.

42 Hierzu folgende Gesamtwerte als Beispiel: 1985 produzierte die Wirtschaft der USA 187 Millionen Tonnen Haushaltsmüll, 628 Millionen Tonnen Industrieabfälle; davon waren 265 Millionen Tonnen gefährlicher Sondermüll; 72 Millionen Tonnen bei der Energieerzeugung, 1400 Millionen Tonnen Abfälle bei der Landwirtschaft, 1300 Millionen Tonnen Abfälle beim Bergbau (ohne den Anteil beim Kohlenabbau), 98 Millionen Tonnen Bauschutt und 8,4 Millionen Tonnen Klärschlamm. (OECD, Environmental Data, Compendium 1989, Paris 1989, S. 155.)

43 Nanotechnologie ist die praktische Nutzung von Molekülen als Maschinenelemente zum Aufbau von Produkten durch Anlagerung von Molekül um Molekül, prinzipiell in gleicher Weise, wie sich auch lebende Materie aufbaut. Die Biotechnologie ist ein besonders raffinierter Zweig der Nanotechnologie zur Nutzung der Moleküle der DNS, den Bausteinen des Erbgutes. Eine optimistische Beschreibung der Möglichkeiten, welche die Nanotechnologie bietet, findet sich bei: K. Erik Drexler und Chris Peterson, *Unbounding the Future: The Nanotechnology Revolution*, New York, William Morrow and Company, Inc., 1991. Siehe auch die Sonderausgabe von *Scientific American: Materials for Economic Growth*, September 1986, und die Sonderausgabe von *Science*, 29. November 1991.

44 Earl Cook, *Limits to Exploitation of Nonrenewable Resources*, Science, 20. Feburar 1976.

45 Die G7-Staaten sind die USA, Japan, Großbritannien, Frankreich, Deutschland, Italien und Kanada.

46 Barry Commoner, *Making Peace with the Planet*, New York, Pantheon Books, 1990.

47 California Air Resources Board, *Air Review 3*, No. 7, Februar 1991, S. 45.

48 Näheres siehe: Rijksinstituut voor Volksgezondheid en Milieuhygiene, *Concern for Tomorrow*, Bilthoven, RIVM, 1989.

49 *National Environment Outlook* 1990–2010, Bilthoven, RIVM, 1991.

50 WCED, a.a.O., S. 224.

51 WCED, a.a.O., S. 224, 226.

52 Nordic Environment, No. 9, September 1991, S. 2.

53 Näheres bei: William K. Stevens, *Northern Hemisphere Snow Cover Found to Be Shrinking, New York Times*, 30. Oktober 1990, C4; *The Ghosts of Coral Past, U.S. News and World Report*, 23. September 1991; Keith

Schneider, *Ranges of Animals and Plants Head North*, New York Times, 13. August 1991, C1; *Science*, 12. Oktober 1990, S. 213.

54 Eine sorgfältige Zusammenfassung der vorherrschenden Meinungen mehrerer hundert Wissenschaftler aus 25 Ländern findet sich bei: World Meteorological Organization/United Nations Environment Program International Panel on Climate Change, *Climate Change: The IPCC Scientific Assessment*, Cambridge University Press, 1990.

55 Diese Daten gewinnt man bei der Analyse von Bohrkernen aus den Eiskappen der Antarktis. Die Polareismassen haben sich über Jahrtausende Schicht um Schicht aufgebaut. In jeder Schicht sind kleine Luftblasen eingeschlossen, die aus prähistorischen Epochen stammen. Die Isotopen-Analyse liefert Daten über das Alter der jeweiligen Schichten und Hinweise über die damals herrschenden Temperaturen; die direkte chemische Analyse der eingeschlossenen Luft ergibt deren Konzentration an Kohlendioxid und Methan.

56 Ken Geiser, *The Greening of Industry*, Technical Review, August/September 1991, S. 64.

57 Ebenda.

58 Lester Thurow, *Technical Review*, August/September 1986. Thurow ist der Dekan der Sloan School of Management am MIT.

59 Eine ausführliche Diskussion über die IPAT-Formel bei: Paul R. Ehrlich und Hanne H. Ehrlich, *Healing the Planet*, Reading, MA, Addison-Wesley, 1991.

60 Wir haben diese Aussage von Amory Lovins übernommen, der sie erstmals formuliert hat.

Kapitel 4 – Dynamik des Wachstums in der begrenzten Welt

1 William R. Catton Jr., *Overshoot: the Ecological Basis of Revolutionary Change*, Urbana, University of Illinois Press, 1980.

2 Unter ökologischer Tragfähigkeit versteht man die Größe der Bevölkerung, die von der Umwelt ohne zeitliche Beschränkung erhalten werden kann. Ursprünglich wurde der Begriff zur Bewertung relativ einfacher Systeme aus einer Population und ihrem Ressourcen-System benutzt, so etwa für die Zahl der Schafe, die sich von einer bestimmten Weidefläche ernähren können, ohne sie zu schädigen. Wenn man den Begriff auf menschliche Populationen anwendet, wird er sehr viel komplexer, da Menschen sehr verschiedenartige Ressourcen nutzen und der Umwelt höchst unterschiedliche Arten von Abfällen zurückliefern. Ebenso unterschiedlich sind die eingesetzten Technologien, die Institutionen und die Lebensformen. Die ökologische Tragfähigkeit ist ein dynamischer Begriff und niemals konstant. Sie ändert sich mit der Witterung sowie anderen äußeren Umständen und mit der Belastung durch die biologischen Arten, die von diesem Ökosystem leben.

3 Siehe zum Beispiel: R. Boyd, *World Dynamics, A Note*, Science, Vol. 177, 11. August 1972; T. W. Oerlemans et al., *World Dynamics, Social Feedback May Give Hope for the Future*, Nature 238, 4. August 1972; H. S. Cole et al., *Models of Doom*, New York, University Books, 1973.

4 Sören Jensen in: *New Scientist* 32, 1966, S. 612.
5 Environment Canada, Department of Fisheries and Oceans, *Toxic Chemicals in the Great Lakes and Associated Effects*, Vol. I., Contaminant Levels and Trends, März 1991.
6 E. Dewailly et al., *High Levels of PCBs in Breast Milk of Inuit Women from Arctic Quebec, Bulletin of Environmental Contamination and Toxicology*, 43 (1989), S. 641–646.
7 P. J. H. Reijnders in: *Nature* 324, 4. Dezember 1986, S. 456.
8 J. M. Marquenie und P. J. H. Reijnders, *Global Impact of PCBs with Special Reference to the Arctic*, Proceeding of the 8th International Congress of Comité Arctique Internationale, Oslo, 18.–22. September 1989, NILU, Lillestrom, Norwegen.
9 WCED, *Our Common Future*, Oxford University Press, 1987, S. 102.
10 Siehe: *New Cause of Concern on Global Warming, New York Times*, 12. Februar 1991, C6.
11 W. M. Stigliani, *Chemical Time Bombs*, IIASA, Laxenburg (Österreich), *Options*, September 1991, S. 9.
12 Der Industrieoutput pro Kopf ist der wichtigste Indikator für den materiellen Lebensstandard in unserem Modell. Der Kennwert von 270 für den Industrieoutput pro Kopf entspricht grob dem globalen Durchschnitt des globalen Bruttosozialprodukts pro Kopf von $ 3500 im Jahre 1991. Aus verschiedenen Gründen kann der Industrieoutput pro Kopf nicht direkt in das Bruttosozialprodukt pro Kopf umgerechnet werden. Er bezeichnet tatsächliche materielle Produkte wie Autos, Häuser und Kühlschränke und unterliegt damit nicht inflationären Entwicklungen wie monetäre Größen. Weiterhin ändert sich der industrielle Anteil am Bruttosozialprodukt mit dem Niveau der Entwicklung. Bei steigendem Bruttosozialprodukt steigt zunächst auch der Anteil des Industrieoutputs; später fällt er jedoch, sobald der Dienstleistungsoutput rascher zunimmt als der Industrieoutput. Die Werte des Industrieoutputs werden im Modell zu dem Dollarwert in der Weltwirtschaft des Jahres 1970 berechnet – zu dem Zeitpunkt also, an dem die Gleichungen des Modells aufgestellt worden sind.

Kapitel 5 – Rückzug hinter die Grenzen: Das Ozonproblem

1 F. Sherwood Rowland, wie von Paul Brodeur zitiert in *Annals of Chemistry: In the Face of Doubt, New Yorker*, 9. Juni 1986, S. 80. Rowland ist Atmosphärenchemiker an der Universität von Kalifornien in Irvine und einer der Wissenschaftler, denen es gelang, die Zerfallsprozesse in der Ozonschicht zu entschlüsseln.
2 Arjun Makhijani, Annie Makhijani und Amanda Bickel, *Saving Our Skins: Technical Potential and Policies for the Elimination of Ozone-Deleting Chlorine Compounds*, Environmental Policy Institute and the Institute for Energy and Environmental Research, September 1988, S. 83.
3 *Saving our Skins*, a.a.O., S. 77.

4 Siehe zum Beispiel: Robin Russell Jones, *Ozon Depletion and Cancer Risk,* *The Lancet,* 22. August 1987, Vol. II, No. 8556, S. 443; *Skin Cancer in Australia, The Medical Journal of Australia,* 1. Mai 1989; Alan Atwood, *The Great Cover-up, Time* (Australia), 27. Februar 1989; Medwin M. Mintzis, *Skin Cancer: The Price for a Depleted Ozone Layer,* EPA Journal, Dezember 1986.

5 Office of Air and Radiation, U.S. Environmental Protection Agency, *Assessing the Risks of Trace Gases in the Earth's Atmosphere,* Vol. VIII, Dezember 1987.

6 Richard S. Stolarski und Ralph J. Cicerone, *Stratospheric Chlorine: A Possible Sink for Ozone, Canadian Journal of Chemistry* 52, 1974, S. 1610.

7 Mario J. Molina and F. Sherwood Rowland, *Stratospheric Sink for Chlorofluormethanes: Chlorine Atomic Catalysed Destruction of Ozone,* Nature 249, 1974, S. 810.

8 Zitiert in Richard E. Benedick, *Ozone Diplomacy,* Cambridge, MA, Harvard University Press, 1991, S. 12.

9 J. C. Farman, B. G. Gardiner und J. D. Shanklin, *Large Losses of Total Ozone in Antarctica Reveal Seasonal ClO/NO_2 Interaction,* Nature 315, 1985, S. 207.

10 Die Periode, in der die Wissenschaftler zwar Daten über den abnehmenden Ozongehalt zur Kenntnis nahmen, aber den Vorgang selbst noch nicht erkannten, hat Paul Brodeur beschrieben; a.a.O., S. 87.

11 James G. Anderson, W. H. Brune und M. J. Proffitt, *Ozone Destruction by Chlorine Radicals within the Antarctic Vortex: The Spatial and Temporal Evolution of ClO-O_3 Anticorrelation Based in situ ER-2 Data,* Journal of Geophysical Research 94, 30. August 1989, S. 11, 474.

12 Mario J. Molina, *The Antarctic Ozone Hole,* Oceanus 31, No. 2, Sommer 1988.

13 Du Pont stellte nach der Wahl von Ronald Reagan zum Präsidenten der USA im Jahre 1980 die Forschung nach Ersatzstoffen für die FCKW ein.

14 Der politische Entscheidungsprozeß wird ausführlich und übersichtlich von Richard E. Benedick, dem damaligen Chef-Unterhändler der Vereinigten Staaten, in *Ozone Diplomacy* beschrieben; a.a.O. (Anm. 8).

15 Mario J. Molina, *Stratospheric Ozone: Current Concerns* (Paper presented at the Symposium on Global Environmental Chemistry – Challenges and Initiatives, 198th National Meeting of the American Chemical Society, 10.–15. September 1989, Miami Beach, Florida). Molina war Mitautor von F. Sherwood Rowland bei der Abfassung einer der ersten wissenschaftlichen Veröffentlichungen über den Ozonschwund in der Stratosphäre.

16 The Industrial Coalition for Ozone Layer Protection, 1440 New York Avenue NW, Suite 300, Washington, DC 20005.

17 William K. Stevens, *Summertime Harm to Shield of Ozone Detected over U.S., New York Times,* 23. Oktober 1991.

Kapitel 6 – Technologie, Märkte und Grenzüberziehung

1 Stewart L. Udall in: William R. Catton, Jr., *Overshoot: The Ecological Basis of Revolutionary Change*, Urbana, University of Illinois Press, 1980, S. XV. Udall war Abgeordneter des U.S. Kongresses und U.S.-Innenminister.

2 Jeremy Bray in: *Environment* 14, Mai 1972, S. 44.

3 Julian Siman und Herman Kahn, *The Resourceful Earth*, Oxford, Basil Blackwell, 1984, S. 3.

4 Wie dieses Buch zustande kam, ist ein Beispiel für den technischen Fortschritt: Als vor 20 Jahren *Die Grenzen des Wachstums* entstanden, brauchten wir noch einen Großrechner, um mit *World3* zu arbeiten. Jetzt arbeiteten wir mit Personal- und Laptop-Computern, die man auch auf dem Schoß halten kann. Mit denen verfaßten wir auch den Text des Buches; die Grafiken wurden damit erstellt und die Seiten umbrochen. *Die Grenzen des Wachstums* wurden damals noch auf elektrischen Schreibmaschinen getippt.

5 Eine besonders scharfsinnige und fundierte Studie über Technologie findet sich bei C. S. Lewis, *The Abolition of Man*, in: Herman Daly, *Toward Steady-state Economy*, San Francisco, Freeman Press, S. 321.

6 Diese Annahme stammt aus dem Jahre 1970 und wurde dann für Computerläufe im simulierten Jahr 1975 als angenommene Technologie wirksam. Im realen Jahr 1990 zeigte sich dann, daß einige dieser damals vorweggenommenen Technologien bereits in der Weltwirtschaft real wirksam waren. Deshalb haben wir für die neuen Computerläufe entsprechende Veränderungen an *World3* vorgenommen. So wurde zum Beispiel der Ressourcenbedarf für jede Einheit des Industrieprodukts beträchtlich reduziert: Die Welt hat bereits einen besseren Ressourcen-Nutzungsgrad erreicht. Diese numerischen Veränderungen werden im Anhang näher erläutert. Sie sind in allen Computerläufen, die in diesem Buch veröffentlicht werden, wirksam gewesen. Weitere Reduzierungen wurden dann in einigen Szenarios mit den in diesem Kapitel beschriebenen »Anschalt-Technologien« in *World3* wirksam.

7 Diana Dumanoski, *Study by the Northeast Fisheries Center Warns that the Level of Cod on the Georges Bank Has Dropped and Is Heading for a Major Collaps*, Boston Globe, 5. November 1988, S. 1.

8 Über die Produktion der Fischindustrie siehe FAO, *Yearbook of Fisheries Statistics: Catches and Landings*, (Rom, FAO, erscheint jährlich). Hochrechnungen über aufrechterhaltbare Fangquoten siehe: M. A. Robinson, *Trends and Prospects in World Fisheries*, Rom, FAO, 1984.

9 *New York Times*, 16. Juli 1991, C4.

10 Die Daten über Thunfische und Garnelen stammen aus *Audubon*, September/Oktober 1991, S. 34, 44.

11 John Kurien und T. R. Thankapan Achari, *Overfishing Along Kerala Coast: Causes and Consequences, Economic and Political Weekly*, 1.–8. September 1990.

12 J. F. Caddy und R. C. Griffiths, *Recent Trends in the Fisheries and Environ-ment in the General Fisheries Council for The Mediterranean Area*, FAO, *Studies and Reviews: General Fisheries Council for the Mediterranean* 63, United Nations, Rom, 1990.

13 Lawrence Ingrassia, *Dead in the Water: Overfishing Threatens the Wipe Out Species and Crush Industry*, Wall Street Journal, 16. Juli 1991, S. 1.

14 Eine klassische Analyse dieses Phänomens lieferte Garret Hardin mit *The Tragedy of the Commons, Science*, 3. Dezember 1968, S. 1243.

15 Carl Safina, National Audubon Society, persönlicher Bericht.

16 Paul Lunven, *The Role of Fish in Human Nutrition, Food and Nutrition* 8, 1982, S. 9–18.

17 Paul Ehrlich in: R. J. Hoage, ed., *Animal Extinction: What Everyone Should Know*, Washington, DC, Smithsonian Institution Press, 1985, S. 163.

18 *Nordic Environment*, 9. September 1991.

Kapitel 7 – Übergänge zur Nachhaltigkeit

1 Herman Daly, *Toward a Stationary-State Economy*, in: John Harte und Robert Socolow, *Patient Earth*, New York, Holt, Rinehart and Winston, 1971, S. 237.

2 WCED, *Our Common Future*, a.a.O.

3 Herman Daly gehört zu den wenigen, die ernsthaft darüber nachdachten, welche Art von sozialen Institutionen geeignet wären, einen dauerhaft auf-rechterhaltbaren gesellschaftlichen Zustand zu fördern. Sein Konzept ist eine überlegenswerte Kombination von Marktstrukturen und regulierenden Wirkungskräften. Näheres ist zum Beispiel nachzulesen bei Herman Daly, *Institutions for a Steady-State Economy*, in: *Steady State Economics* Washington, DC, Inland Press, 1991.

4 Aurelio Peccei, *The Human Quality*, Oxford, Pergamon Press, 1977, S. 85.

5 John Stuart Mill, *Principles of Political Economy;* erste Veröffentlichung 1848.

6 Siehe als Beispiel Raul Solorzano et al., *Accounts Overdue: Natural Resource Depreciation in Costa Rica*, Washington, DC, World Resources Institute, Dezember 1991.

7 Lewis Mumford, *The Condition of Man*, New York, Harcourt Brace Jovano-vich, 1944, S. 398 f.

Kapitel 8 – Überschwingen ohne Zusammenbruch

1 William D. Ruckelshaus, *Toward a Sustainable World, Scientific Ameri-can*, September 1989, S. 167. Ruckelshaus war unter Präsident Richard Nixon Leiter der U.S. Umweltbehörde (U.S. Environmental Protection Agency) und kehrte unter Präsident Ronald Reagan auf diesen Posten zurück. Er ist Mitglied der World Commission on Environment and Devel-opment. Gegenwärtig ist er Geschäftsführer der Browning Ferris Industries, Inc.

2 Eine bestimmte Ahnung, daß die Situation wieder reif sei für eine Jahrtau-send-Revolution, verbreitet sich schon seit einiger Zeit. Das Zitat von Ruk-kelshaus ist nur ein Beispiel dafür, daß diese Idee einer beginnenden neuen Wandlungsperiode auch in die Öffentlichkeit dringt. Vgl. zum Beispiel auch die U.S.-Fernsehserie »Rettet diesen Planeten« (»Race to Save the Planet«, Sender WGBH-TV, Boston, MA) sowie Alexander King und Bertrand Schneider, *The First Global Revolution*, New York, Pantheon Books, 1991, und Lester Brown (ed.), *State of the World 1992*, New York und London, W. W. Norton, 1992.

3 Donald Worster (ed.), *The Ends of the Earth*, Cambridge University Press, 1988, S. 11 f.

4 Ralph Waldo Emerson, *War*, Lesung in Boston im März 1838. Veröffentlicht in *Emerson's Complete Works*, Vol. XI, Boston, Houghton, Mifflin & Co., 1887, S. 177.

5 Eine Beschreibung, wie sich eine Gesellschaft mit diesen charakteristischen Eigenschaften tatsächlich entwickeln könnte, ist nachzulesen bei Dennis A. Meadows (ed.), *Alternative to Growth-I*, Cambridge, Mass., Ballinger Books, 1977. Distributed by Heronbrook Publications, P. O. Box 844, Dur-ham, NH 03824.

6 Eine Darstellung solcher Wirtschaftsformen bei Herman Daly und John Cobb, *For the Common Good*, Boston, Beacon Press, 1989.

7 R. Buckminster Fuller, *Critical Path*, New York, St. Martin's Press, 1989.

8 Abraham Maslow, *The Farthest Reaches of Human Nature*, New York, Viking Press, 1971.

9 J. M. Keynes, Vorwort zu *Essays in Persuasion*, New York, Harcourt, Brace and Company, 1932.

10 Aurelio Peccei, *One Hundred Pages for the Future*, New York, Pergamon Press, 1981, S. 184 f.

Anhang: Forschung und Lehre mit World3

1 Etienne van de Walle, *Foundations of the Model of Doom*, Science, 26. Dezember 1975, S. 1077 f.

2 Dennis L. Meadows et al., *Dynamics of Growth in a Finite World*, Cam-bridge, Mass., Wright-Allen Press, 1974. Vertrieben durch Productivity Press.

3 Alexander L. Pugh, II, *DYNAMO User's Manual*, 5. Aufl., Cambridge, Mass., MIT Press, 1976. George P. Richardson und Alexander L. Pugh, III, *Introduction to System Dynamics Modeling with DYNAMO*, Cambridge, Mass., MIT Press, 1981; beide vertrieben durch Productivity Press.

4 Barry Richmond et al., *STELLA for Business*, Hanover, N. H., High Per-formance Systems, 1987.

Was die Welt in ihrem Innersten zusammenhält

Eine Auswahl aus dem Programm der DVA

Dennis Meadows u. a.
Die Grenzen des Wachstums
1. Bericht des Club of Rome zur Lage der Menschheit
183 Seiten mit 48 Abbildungen

Reinhard Breuer (Hrsg.)
Der Flügelschlag des Schmetterlings
Ein neues Weltbild durch die Chaosforschung
240 Seiten mit 70 meist farbigen Abbildungen

Friedrich Cramer
Chaos und Ordnung
Die komplexe Struktur des Lebendigen
320 Seiten mit 80 Abbildungen

Hermann Haken / Maria Haken-Krell
Erfolgsgeheimnisse der Wahrnehmung
Synergetik als Schlüssel zum Gehirn
264 Seiten mit 176 Abbildungen

Ernst Pöppel
Grenzen des Bewußtseins
Über Wirklichkeit und Welterfahrung
192 Seiten mit 28 Abbildungen

Josef H. Reichholf
Das Rätsel der Menschwerdung
280 Seiten mit 23 Zeichnungen

Der schöpferische Impuls
Eine neue Sicht der Evolution
256 Seiten

Rudolf Kippenhahn
Atom: Forschung zwischen Faszination und Schrecken
352 Seiten